中国人民大学食品安全治理协同创新中心
中国人民大学法学院海商法保险法研究所　共同主办本卷

海商法保险法评论

—— 第八卷 ——

——保险法律制度专题
　　研讨集成

主　编◎贾林青　李寅武
副主编◎贾辰歌　崔载飞　王立华

HAISHANGFA
BAOXIANFA
PINGLUN

知识产权出版社
全国百佳图书出版单位

图书在版编目（CIP）数据

海商法保险法评论. 第八卷, 保险法律制度专题研讨集成 / 贾林青, 李寅武主编. —北京：知识产权出版社, 2017.5
ISBN 978-7-5130-4930-6

Ⅰ.①海… Ⅱ.①贾… ②李… Ⅲ.①海商法—研究—中国 ②保险法—研究—中国 Ⅳ.①D922.294.4 ②D922.284.4

中国版本图书馆 CIP 数据核字（2017）第 117704 号

内容提要

本书为中国人民大学海商法保险法研究所的系列刊物，本卷选取了多位学者、保险实务人员、法官、保险监管干部等科研成果，既肯定了《保险法》对规范调整保险市场的价值，又提出了修改和完善我国《保险法》的建议，有利于我国保险法律体系的健全和发展。

本书围绕着构建多层次保险法律制度体系的主题进行编辑。本卷分成三个部分，第一部分是针对《保险法》的第三次修改和亟待修改的《海商法》（海上保险合同制度）而展开研究和讨论；第二部分是就具体的保险产品的制度创新和发展而汇集了专家学者们的研究成果，特别是将讨论的重点集中在近年来大家热议的我国环境保护涉及的保险制度、食品安全治理涉及的食品安全责任保险、诉讼保全所涉及的诉讼财产保全责任保险、发展养老事业所涉及的"以房养老"保险等话题；第三部分是保险实务研究，该部分作为本系列丛书的保留栏目，是将保险立法与保险实务相互结合，用以检验保险立法的科学性、实操性的"试验田"。它通过选取保险实务中引起争议的焦点问题，进行分析讨论，达到明辨是非、验证观点、发现真理和提高研究水平的效果。

责任编辑：纪萍萍	责任校对：谷　洋
	责任出版：刘译文

海商法保险法评论（第八卷）
——保险法律制度专题研讨集成

贾林青　李寅武　主编
贾辰歌　崔载飞　王立华　副主编

出版发行：知识产权出版社有限责任公司	网　址：http://www.ipph.cn
社　址：北京市海淀区西外太平庄 55 号	邮　编：100081
责编电话：010-82000860 转 8387	责编邮箱：jpp99@126.com
发行电话：010-82000860 转 8101/8102	发行传真：010-82000893/82005070/82000270
印　刷：北京中献拓方科技发展有限公司	经　销：各大网上书店、新华书店及相关专业书店
开　本：720mm×960mm　1/16	印　张：19.25
版　次：2017 年 5 月第 1 版	印　次：2017 年 5 月第 1 次印刷
字　数：375 千字	定　价：65.00 元

ISBN 978-7-5130-4930-6

出版权专有　侵权必究
如有印装质量问题，本社负责调换。

建设保险强国的必要部分：
构建多层次保险法律制度体系
（代序）

为了落实"新国十条"提出的到 2020 年"由保险大国向保险强国转变"的宏伟目标，中国保监会于 2016 年 8 月发布《中国保险业发展"十三五"规划纲要》，成为我国保险业在"十三五"开局之年的大事件。该《纲要》将"法制化水平显著提高"作为中国保险业"十三五"之五年发展的主要目标之一，明确强调了"构建多层次的保险法律制度体系，强化保险公司合规经营，积极完善合规管控制度"的要求。显然，构建多层次保险法律制度体系成为建设保险强国的重要组成部分。

当然，构建多层次保险制度体系是一个系统化工程，并非颁布一个保险法就可完成的，更不是仅用一日之功便可一蹴而就的。因为，它应当是符合中国国情、适应中国保险市场发展需要的，由众多不同位阶的法律文件和诸多法律部门相互配套而形成的法律规范体系所构成。笔者设想的多层次保险法律制度体系，应当涵盖两条主线，一是以《保险法》为体系核心的保险法律规范群，二是保险法与相关立法分工合作的法律规范群。前者是由保险法（该保险法应当是广义的保险法，包括由保险合同制度和保险业法律制度所组成的《保险法》和《海商法》项下的海上保险合同制度部分）确立的基本保险法律规范、由众多具体的保险行政法规作为落实基本保险法律规范的具体制度内容和由保险监督管理机关颁布的行业监督管理规章提供具体保障而构建的保险法律规范群。后者则是因保险市场活动而涉及的保险立法与相关立法之间实施调整过程中的法律规范之间的相互科学地分工与和谐地配合而形成的适用关系体系。

广大的法律工作者和保险实务界专家应当树立信心，努力为构建多层次保险法律制度体系添砖加瓦。大家要集思广益，贡献各自的聪明才智。我们编辑出版的《海商法保险法评论》将力争成为大家发表和宣传彼此的真知灼见，为建设多层次保险法律制度体系而献计献策的平台。

《海商法保险法评论（第八卷）》围绕着构建多层次保险法律制度体系的主题进行编辑。本卷分成三个部分，第一部分是针对《保险法》的第三次修改和亟待修改的《海商法》（海上保险合同制度）而展开研究和讨论；第二部分是就具体的保险产品的制度创新和发展而汇集了专家学者们的研究成果，特别是将讨论的重点集中在近年来大家热议的我国环境保护涉及的保险制度、食品安全治理涉及的食品安全责任保险、诉讼保全所涉及的诉讼财产保全责任保险、发展养老事业所涉及的"以房养老"保险等话题；第三部分是保险实务研究，该部分作为本系列丛书的保留栏目，是将保险立法与保险实务相互结合，用以检验保险立法的科学性、实操性的"试验田"。它通过选取保险实务中引起争议的焦点问题，进行分析讨论，达到明辨是非、验证观点、发现真理和提高研究水平的效果。

参与本卷研究和讨论的人员，包括来自于司法审判第一线的法官和律师、来自大专院校、科研机构和保险实务界的专家和学者。我们甚至选编了在校大学生撰写的富有见解的社会调研报告。由此可见，本系列丛书是向社会各界开放的，欢迎大家踊跃借助本书提供的研究平台，参与我国保险法律制度体系的建设。

贾林青
2017 年元旦

目 录

第一编　保险立法修改论坛

《保险法》第三次修订专家建议稿
　（保险业法部分——第3、4、5、6、7章）
　　　　……………… 贾林青　姚　军　曹顺明　李祝用　刘　锐等　3
从审判实务谈保险法之修订 …………………… 刘竹梅　林海权　56
保险受益人之保险请求权利法律性质的再认识
　——论我国《保险法》之保险受益人规则制度的完善 ………… 贾林青　73
呼吁修改《保险法》第26条的建议及其理由
　——兼论保险索赔时效不应当规定为诉讼时效 ………………… 贾林青　79
论应将提供担保纳入保险资金的运用范围 ……………………… 贾辰歌　92
关于中国海上保险法律现代化的思考 …………………………… 朱作贤　101

第二编　保险产品的制度创新与完善发展研究

论中国"绿色保险"的建设与发展 ……………… 贾林青　贾辰歌　119
刍议保险在自然灾害治理中的作用 ……………………………… 何启豪　125
关于完善我国环境保险制度体系的法律思考 …………………… 乔　石　132
我国农业气象指数保险法制保障的制度安排 …………………… 刘慧萍　139
海洋环境责任的商业性强制保险制度构建 ……………………… 林　一　146
食品安全责任险在我国的适用与发展综述
　——"食品安全治理与保险的介入适用研讨会"侧记
　　…………………………………………………… 贾辰歌　方昕婕　161
食品安全问题的社会共治与规制研究
　——以食品安全责任保险研究为例
　　………… 李　渝　叶署铭　孙慧凌　魏若杨　陈子奇　贾辰歌　167
诉讼财产保全责任保险制度研究 ………………… 贾林青　贾辰歌　179
诉讼保全中责任保险担保方式的实务问题及对策研究 ………… 马　军　201
保险法视角下的诉讼财产保全保险 ……………………………… 方乐华　212
论我国"以房养老"保险制度的完善发展 ……………………… 孙惠珍　223

1

第三编 保险实务研究

以司法审判为视角论汽车责任保险的保障功能…………………… 刘建勋 233
论责任保险的发展趋向对现代侵权责任法的影响……… 贾林青 孙惠珍 242
保险法上告知义务违反与民法上欺诈之关系…………………… 雷桂森 256
论保险公司在网络保单项下免责条款说明义务的审查与认定
　　——以保险审判实务为视角………………………… 宋 硕 贾辰歌 265
论保险标的危险程度显著增加规则的司法适用………… 贾辰歌 宋 硕 273
海上货物运输之保险利益问题研究…………………… 王正华 陈 洁 282
P2P网络借贷中的保证保险研究……………………………… 岳晓琳 289

第一编

保险立法修改论坛

第一篇

煤矿立井施工技术

《保险法》第三次修订专家建议稿[1]

(保险业法部分——第3、4、5、6、7章)

执笔人：贾林青　姚　军　曹顺明　李祝用　刘　锐 等*

[建议稿的说明] 如今，《保险法》的第三次修订已经在紧锣密鼓地进行。为了在保险法修订中反映专家学者们的学术理想和研究成果，中国保险法学研究会接受中国法学会的委托，组织专家组分别对保险合同制度部分和保险业法部分的修订展开专题研究。本文便是专家组经过召开数次研讨会，围绕着保险业法部分的修订主题，听取来自保险业从业者、大专院校学者们介绍现行《保险法》的适用体会和经验，总结立法规定所存在的不足，收集对于修订《保险法》的保险业法部分的建议，反复进行修改之后形成的科研成果。

该专家建议稿集中体现了学术界的声音，并且基于如下的指导思想引导其修订的方向和特征：(1) 保险业法的修订应当反映我国保险市场的现实发展需要。当前，中国保险市场已经进入稳定发展和创新的阶段，近200家保险公司和众多保险中介机构参与保险经营活动。要想获取稳定发展的优势地位，必然要进行保险产品和保险服务的创新。不仅如此，社会生活的活力和科技的新发展也为保险市场的发展走向提供了新机遇，诸如互联网技术在我国金融、保险等领域的发展。因此，修订后的保险业法的法律规则应当有利于维护我国保险市场的正常秩序，并保护保险市场的发展。(2) 保险业法的修订应当提升其法律规则的系统性和科学性。由于我国保险市场是一个完整的市场结构，并且，它也是我国社会主义市场经济体系的组成部分，与其他诸多市场结构之间存在着相互分工和相互配合。这意味着用于调整保险市场的保险业法规则也需要科学的体系化。因此，修订保险业法部分就应当填补现行立法存在的不足和疏

---

[1] 该建议稿系中国保险法学研究会参与保险立法第三次修改的成果之一，是中国保险法学研究会接受中国法学会委托，由该研究会部分专家学者组成专家组经过多次研讨论证后形成的，并已作为参与我国《保险法》第三次修改工作的一部分而提交国务院有关部门。

* 贾林青，中国人民大学法学院教授，中国保险法学研究会副会长；姚军，中国平安保险集团首席律师，中国保险法学研究会副会长；曹顺明，中国再保险集团法律部总经理，中国保险法学研究会常务理事；李祝用，中国人民保险集团法律部总经理，中国保险法学研究会常务理事；刘锐，国家行政管理学院法律系教授，中国保险法学研究会常务理事。

漏，用以提高保险业法的整体系统性和科学性。例如，当前保险业呼声较高的放宽保险资金运用范围，就应当在修订后的保险业法中有所体现。(3) 保险业法的修订应当适当借鉴国外的先进经验。中国保险市场的存在不过30余年，相对于已经存在数百年的西方各国保险市场，保险业法的制定和适用经验存在欠缺是在所难免的。这就需要勇于吸收和借鉴欧美等保险业先进国家的保险业监督管理的经验，以便减少我国保险业法的不足，加快促进我国保险市场的发展。例如，我国已经全面建立和正式适用于保险市场风险管理的"偿二代"制度，就需要借鉴欧洲适用"偿二代"风险管理体系的经验。

第三章 "保险公司"的修改建议

一、修改本章题目

(一)（修改建议）

建议将本章题目修改为："保险组织"。

(二)（修改理由）

日前，保监会刚刚批准3家相互保险社的筹建许可，这标志着我国保险市场上的保险组织已经呈现多样化局面，具体表现：保险公司与非保险公司类型的保险组织并存；保险公司类型下，股份有限公司、有限责任公司、自保公司、相互保险公司并存；既有独立法人资格的保险公司，又有诸多的内资或者外资保险公司属下的、具有相对独立资格的分支机构。从而，第三章仍以"保险公司"为题目，已然与保险市场主体的现实不相吻合。因此，需要修改为："保险组织"，才能够涵盖既存的各类保险组织，也可以为将来的发展预留立法空间。

二、第68条

(一)（现行条文）

第68条"设立保险公司应当具备下列条件：

(一) 主要股东具有持续盈利能力，信誉良好，最近三年内无重大违法违规记录，净资产不低于人民币二亿元；

(二) 有符合本法和《中华人民共和国公司法》规定的章程；

(三) 有符合本法规定的注册资本；

(四) 有具备任职专业知识和业务工作经验的董事、监事和高级管理人员；

(五) 有健全的组织机构和管理制度；

(六) 有符合要求的营业场所和与经营业务有关的其他设施；

（七）法律、行政法规和国务院保险监督管理机构规定的其他条件。"

（二）（修改建议）

建议将第 68 条修改为：

第 68 条"设立保险公司应当具备下列条件：

（一）主要股东具有持续盈利能力，信誉良好，最近五年内无重大违法违规记录，净资产不低于人民币五亿元；

（二）有符合本法和《中华人民共和国公司法》规定的公司章程；

（三）有符合本法规定的注册资本；

（四）有具备任职专业知识和业务工作经验的董事、监事和高级管理人员；

（五）有健全的组织机构和管理制度；

（六）有符合要求的营业场所和与经营业务有关的其他设施；

（七）法律、行政法规和国务院保险监督管理机构规定的其他条件。

相互保险公司的设立条件，由国务院保险监督管理机构另行规定。"

（三）（修改理由）

目前保险法关于保险公司设立条件规定的太过简单，标准太低，而且从保险业界的角度，现在行业中存在很多乱象，一定要把实际控制人管住。建议提高申请设立保险公司的指标条件，因为当年修改保险法是为了让更多资本进入保险行业，把保险市场做大。现在整个保险业的"蛋糕"已经做大，下一步的重点应当是如何把保险市场做优，做出品牌。所以，修改《保险法》就一定要增加和严格其设立条件，提高对股东净资产和经营业绩的要求。这并非是让既存保险公司垄断市场，而是保险市场确实需要规范和调整，包括商业银行、信托机构等也都一样，避免因设立宽泛、通道过多而导致责任分散，必须进行严格规范和调整。

此外，由于相互保险公司已经是我国保险市场上的现实存在，将其在《保险法》中加以体现成为必然趋势。加之，其设立条件与一般的商业保险公司有所区别，故而，需增加一款"相互保险公司的设立条件，由国务院保险监督管理机构另行规定。"

三、第 69 条

（一）（现行条文）

第 69 条："设立保险公司，其注册资本的最低限额为人民币二亿元。

国务院保险监督管理机构根据保险公司的业务范围、经营规模，可以调整其注册资本的最低限额，但不得低于本条第一款规定的限额。

保险公司的注册资本必须为实缴货币资本。"

（二）（修改建议）

建议将第69条修改为：

第69条"设立保险公司，其注册资本的最低限额为人民币五亿元。

国务院保险监督管理机构根据保险公司的业务范围、经营规模，可以调整其注册资本的最低限额，但不得低于本条第一款规定的限额。

保险公司的注册资本必须为实缴货币资本。

相互保险公司的注册资本应当符合国务院保险监督管理公司的具体规定。"

（三）（修改理由）

与第68条的修改理由相同。

四、第79条

（一）（现行条文）

第79条："保险公司在中华人民共和国境外设立子公司、分支机构，应当经国务院保险监督管理机构批准。"

（二）（修改建议）

建议将第79条修改为：

第79条"保险公司在中华人民共和国境外设立保险类子公司、分支机构，应当经国务院保险监督管理机构批准。"

（三）（修改理由）

由于目前和今后我国保险公司到境外的投资活动必然不断扩大，可以是境外投资设立保险类分支机构，也可以是境外投资设立非保险类分支机构。如果是设立非保险类分支机构，则属于保险公司在境外的投资行为，应当运用资金运用的规则予以规范和监管，而境外投资设立保险类分支机构的，却属于第79条的适用范围。因此，需要在条文中进一步明确其调整范围适用于境外设立保险类分支机构。

五、第82条

（一）（现行条文）

"有《中华人民共和国公司法》第146条规定的情形或者下列情形之一的，不得担任保险公司的董事、监事、高级管理人员：

（一）因违法行为或者违纪行为被金融监督管理机构取消任职资格的金融机构的董事、监事、高级管理人员，自被取消任职资格之日起未逾5年的；

（二）因违法行为或者违纪行为被吊销执业资格的律师、注册会计师或者资产评估师或者资产评估机构、验证机构等机构的专业人员，自被吊销执业资格之日起未逾5年的。"

(二)(修改建议)

建议第 82 条修改为:"有《中华人民共和国公司法》第 146 条规定的情形或者下列情形之一的人员,不得担任保险公司的董事、监事、高级管理人员:

(一)被金融监督管理机构取消任职资格的金融机构的董事、监事、高级管理人员,自被取消任职资格之日起未逾 5 年的;

(二)被吊销执业资格的律师、注册会计师或者资产评估师或者资产评估机构、验证机构等机构的专业人员,自被吊销执业资格之日起未逾 5 年的。"

(三)(修改理由)

客观地讲,导致上述条文所涉及的这些专业人员被吊销执业资格的原因多种多样,但共性上均反映出这些专业人员在执业水平、职业操守、履职能力等诸多方面的欠缺,不适合担任保险公司的董事、监事、高级管理人员,而不仅仅是由于违法违纪。因此,只要被吊销执业资格也就应当纳入禁止担任保险公司的董事、监事、高级管理人员的范围,故取消现行法的类型限制更加有利于保险公司管理层的稳定和认真履职的需要。

六、第 84 条

(一)(现行条文)

第 84 条:"保险公司有下列情形之一的,应当经保险监督管理机构批准:

(一)变更名称;

(二)变更注册资本;

(三)变更公司或者分支机构的营业场所;

(四)撤销分支机构;

(五)公司分立或者合并;

(六)修改公司章程;

(七)变更出资额占有限责任公司资本总额百分之五以上的股东,或者变更持有股份有限公司股份百分之五以上的股东;

(八)国务院保险监督管理机构规定的其他情形。"

(二)(修改建议)

建议第 84 条修改为:

第 84 条:"保险公司有下列情形之一的,应当经保险监督管理机构批准:

(一)变更名称;

(二)变更注册资本;

(三)撤销分支机构;

(四)公司分立或者合并;

(五)修改公司章程;

（六）变更出资额占有限责任公司资本总额百分之五以上的股东，或者变更持有股份有限公司股份百分之五以上的股东。"

（三）（修改理由）

出于立法的严肃性和实用性的考虑，应该对该条的第八款等授权性条款进行明确或者限缩，需要立法规范的变更行为就要直接在条文中予以明确，尽量避免敞口的或者兜底性的条款。而该条第三款规定的"变更公司或者分支机构的营业场所"，在实操中理应属于报告事项，保险立法条文中无须体现。因此，建议删掉该条第三款"变更公司或者分支机构的营业场所"和第八款"国务院保险监督管理机构规定的其他情形"。

七、第86条

（一）（现行条文）

第86条："保险公司应当按照保险监督管理机构的规定，报送有关报告、报表、文件和资料。

保险公司的偿付能力报告、财务会计报告、精算报告、合规报告及其他有关报告、报表、文件和资料必须如实记录保险业务事项，不得有虚假记载、误导性陈述和重大遗漏。

（二）（修改建议）

建议第86条修改为："保险公司应当按照保险监督管理机构的规定，报送偿付能力报告、财务会计报告、精算报告、合规报告及保险监督管理机构以规章形式规定的其他有关报告、报表、文件和资料。

保险公司报送的报告、报表、文件和资料必须如实记录保险业务事项，不得有虚假记载、误导性陈述和重大遗漏。"

（三）（修改理由）

目前，保险公司需要向保险监督管理机构报送的报告过多，很多报告之间存在着内容重复的情况，如关联交易问题，不同口径下需要不同的披露。而且，经常是报送时间集中、重叠，造成保险公司很大的工作压力。根据中央简政放权的改革精神，本着实质重于形式的原则，建议取消有关公司治理、精算、资金运用等单独事项提交报告的要求，而应当将有关的内容集中整合到偿付能力报告之中。此外，还应当将风险管理报告、内控报告、合规报告等整合为一个全面的风险管理报告。建议保留必要的报告，仅报送偿付能力报告、财务报告、精算报告、合规报告等4个重要的报告，并与法律责任相联系，而对其他的报告材料则进行控制，写明需要报送的报告资料，授权给保险监督管理机构规定的规章以上层级的规范性文件。

八、第88条

(一)(现行条文)

第88条:"保险公司聘请或者解聘会计师事务所、资产评估机构、资信评级机构等中介服务机构,应当向保险监督管理机构报告;解聘会计师事务所、资产评估机构、资信评级机构等中介服务机构,应当说明理由。"

(二)(修改建议)

建议将第88条修改为:"保险公司聘请或者解聘提供年度审计服务的会计师事务所及精算服务机构,应当向保险监督管理机构报告;解聘提供年度审计服务的会计师事务所及精算服务机构的,应当说明理由。"

(三)(修改理由)

目前,该条文的规定范围过大,涉及的中介服务机构过多,对保险行业造成较大的负担,而这些中介服务机构能够向保险公司提供的中介服务又未必都是必要的。因此,从保险监管的必要性考虑,根据保险公司的实际需要,建议只留下向保险公司提供年审服务的会计师事务所和精算师事务所。

九、第92条

(一)(现行条文)

"经营有人寿保险业务的保险公司被依法撤销或者被依法宣告破产的,其持有的人寿保险合同及责任准备金,必须转让给其他经营有人寿保险业务的保险公司;不能同其他保险公司达成转让协议的,由国务院保险监督管理机构指定经营有人寿保险业务的保险公司接受转让。

转让或者由国务院保险监督管理机构指定接受转让前款规定的人寿保险合同及责任准备金的,应当维护被保险人、受益人的合法权益。"

(二)(修改建议)

建议将第92条修改为:

"经营有人寿保险业务的保险公司被依法撤销或者被依法宣告破产的,其持有的人寿保险合同及责任准备金,必须转让给其他经营有人寿保险业务的保险公司;不能同其他保险公司达成转让协议的,由国务院保险监督管理机构指定经营有人寿保险业务的保险公司接受转让。

转让或者由国务院保险监督管理机构指定接受转让前款规定的人寿保险合同及责任准备金的,应当维护被保险人、受益人的合法权益。

被依法撤销或者被依法宣告破产的保险公司转让其持有的人寿保险合同及责任准备金给其他保险公司的,参与各方应当采取公告形式通知人身保险合同的投保人、被保险人和受益人。"

（三）（修改理由）

建议本条中增加第三款，是考虑经营人寿保险业务的保险公司被依法撤销或者被依法宣告破产的，其所需转让的人寿保险合同数量众多，难以与各个合同项下的投保人、被保险人一对一地进行协商，因此，参与人寿保险合同转让的各家保险公司就有义务向社会公众进行公告，利用公告的形式向众多投保人、被保险人履行告知义务，也就维护广大投保人、被保险人合法权益的需要。

十、第94条

（一）（现行条文）

"保险公司，除本法另有规定外，适用《中华人民共和国公司法》的规定。"

（二）（修改建议）

建议将第94条修改为：

"保险公司，除本法另有规定外，适用《中华人民共和国公司法》的规定。

其他保险组织的设立和参与保险活动的规定，由国务院或者授权保险监督管理机构另行制定。"

（三）（修改理由）

适应我国保险市场主体类型多样化的发展需要，对于非保险公司类型的保险组织的法律适用，需要给予明文规定，因此，建议增加第二款。

第四章 "保险经营规则"的修改建议

一、第95条

（一）（现行条文）

第95条："保险公司的业务范围：

（一）人身保险业务，包括人寿保险、健康保险、意外伤害保险等保险业务；

（二）财产保险业务，包括财产损失保险、责任保险、信用保险、保证保险等保险业务；

（三）国务院保险监督管理机构批准的与保险有关的其他业务。

保险人不得兼营人身保险业务和财产保险业务。但是，经营财产保险业务的保险公司经国务院保险监督管理机构批准，可以经营短期健康保险业务和意外伤害保险业务。

保险公司应当在国务院保险监督管理机构依法批准的业务范围内从事保险经营活动。"

（二）〔修改建议〕

建议第 95 条修改为：

"保险公司的保险业务范围：

（一）人身保险业务，包括人寿保险、年金保险、健康保险、意外伤害保险等保险业务；

（二）财产保险业务，包括财产损失保险、责任保险、信用保险、保证保险等保险业务；

（三）互联网保险业务；

（四）国务院保险监督管理机构批准的与保险有关的其他业务。

保险人不得兼营人身保险业务和财产保险业务。但是，经营财产保险业务的保险公司经国务院保险监督管理机构批准，可以经营短期健康保险业务和意外伤害保险业务。

经国务院保险监督管理机构和有关部门批准，经营人身保险业务的保险公司可以经营企业年金、职业年金等年金业务。

保险公司根据自身发展战略和业务需要，可以依法设立或者委托保险资产管理公司，对于其开展保险业务以外的可经营性资产实施专业化的经营管理。

保险公司应当在国务院保险监督管理机构依法批准的业务范围内从事保险经营活动。"

（三）〔修改理由〕

之所以建议在"人身保险业务"中增加"年金保险业务"，是因为适应我国养老事业的发展需要，在我国的人身保险实践中存在着各人寿保险公司开发、宣传和推广的"年金保险"产品的情况。"年金保险"不同于企业年金、职业年金等年金业务，无须人力资源和社会保障部批准，属于保险监督管理机构监管的内容。为了符合实践需要，体现"年金保险"与企业年金、职业年金等须经国务院有关部门审批的年金业务的区别，建议在本条第一款第（一）项"人身保险业务"中增加"年金保险"业务。

同时，建议本条中增加一款："经国务院保险监督管理机构和有关部门批准，经营人身保险业务的保险公司可以经营企业年金、职业年金等年金业务和保险金信托业务。"按照保险原理和国外保险业务的实践，年金（即美国法下的"pension"）包括企业年金、职业年金等，属于保险公司可以经营的业务内容。而 2014 年国务院颁布的保险业新"国十条"就提出，"支持保险机构大力拓展企业年金等业务"。原劳动和社会保障部《企业年金试行办法》（劳动和社会保障部令〔2004〕第 20 号）、财政部《关于国有金融企业试行企业年金制度有关问题的通知》（财金〔2006〕18号）以及国务院办公厅《关于印发机关事业单位职业年金办法的通知》（国办发〔2015〕18号）等也都将企业年金、职业年金定义为"补充养老保险制度"。因此，建议在《保险法》中对保险公司可以经营年金业务做出规定。不过，我国年金业务的经营资格由人力资源和社会保障部颁发，实践中仅许可一些成立较早的养老保险公司经营，缺少明确的审批标准。年金业务属于传统的人身保险业务，具备专业能力的寿险公司均应可以经营。基于以上原因，同时，考虑到目前我国年金业务主要由人力资源和社会保障部管理的实际，建议在《保险法》中专门增加一款，由保监会和国务院有关部门共同审批保险公司经营年金业务的资质，明确相关标准，从实质上促进保险公司开展年金业务。

此外，为了开展与保险业务有关的保险资产管理活动，保险公司可以全额投资或者股份投资设立保险资产管理公司，也可以委托其他的保险资产管理公司，对于其开展保险业务所需保险资金以外的可经营性资产实施专业化经营管理，用以提升保险资产的利用效率，并确保保险资产保值增值，故建议就此增加一款规定。

尤其是，针对我国互联网金融和互联网保险迅猛发展的势头，应当增加列举互联网保险业务项目。因为，实践中，我国互联网保险包括两大类，一是众多保险公司利用互联网技术进行传统保险产品的展业活动，二是专门以互联网市场的各类参与者作为服务对象的新保险业务领域，涉及有关人身保险和财产保险新型保险产品等，无法将其简单地并入前述的人身保险业务和财产保险业务范围之内，需要单独列出。

二、第97条

（一）（现行条文）

第97条："保险公司应当按照其注册资本总额的百分之二十提取保证金，存入国务院保险监督管理机构指定的银行，除公司清算时用于清偿债务外，不得动用。"

（二）（修改建议）

建议将第97条修改为：

"保险公司应当按照其注册资本总额的百分之十提取保证金，存入国务院保险监督管理机构指定的银行，除公司清算时用于清偿债务外，不得动用。

前款规定的资本保证金达到二亿元的，可以不再提取。"

（三）（修改理由）

缴存保险保证金是对保险公司实施监管的重要方式，很多国家或地区保险法均规定了资本保证金制度，如美国和新加坡的相关法律规定保险公司须按照固定数额缴纳资本保证金，我国台湾地区保险法规定根据保险公司规模提取相对应的资本保证金。我国现行《保险法》规定了资本保证金按照保险公司注册资本的20%提取，在保险业起步之初对于维护保险市场稳定、保护被保险人利益具有重要作用。但随着我国保险业的发展，保险公司的规模不断扩大，一些大型保险公司尤其是保险集团的注册资本已经非常庞大，继续按照20%提取会造成因资本金的过度闲置占用所导致的资金浪费，对保险公司有消极影响，并在一定程度上限制了保险集团的正常发展。

同时，目前我国保险市场尚不成熟，一些小型的保险公司在经营运作上并不规范，在"偿二代"风险防范体系未全面实施且成熟运行的情况下，不宜直接取消此项制度。因此，采取一方面降低了提取比例（下调至10%），另一方面吸收了外国立法中按照固定数额缴纳的方式，我们认为较为合理。

三、第98条

（一）（现行条文）

第98条："保险公司应当根据保障被保险人利益、保证偿付能力的原则，提取各项责任准备金。

保险公司提取和结转责任准备金的具体办法，由国务院保险监督管理机构制定。"

（二）（修改建议）

建议将第98条修改为：

"保险公司应当依法提取各项责任准备金。保险公司提取责任准备金是以维持其偿付能力为目的，应当遵循保障被保险人利益、保证偿付能力的原则。

保险公司提取和结转责任准备金的具体办法，由国务院保险监督管理机构制定。"

（三）（修改理由）

保险公司提取各项责任准备金就是为了维持其偿付能力，而且要以相关的法定标准作为衡量保险公司履行该义务的标准，因此，建议增加"依法"提取的表述。由于该条已经规定，责任准备金的具体办法由监管机构另行制定，且目前巨灾责任准备金的具体提取方式和比例尚不明确，建议今后在巨灾保险条例等相关法规中再做补充规定，暂不在《保险法》中增加。

四、第101条

（一）（现行条文）

第101条："保险公司应当具有与其业务规模和风险程度相适应的最低偿

付能力。保险公司的认可资产减去认可负债的差额不得低于国务院保险监督管理机构规定的数额；低于规定数额的，应当按照国务院保险监督管理机构的要求采取相应措施达到规定的数额。"

(二)（修改建议）

建议将第101条修改为：

"保险公司应当具有与其经营中的风险程度相适应的最低偿付能力。保险公司偿付能力管理的具体办法，由国务院保险监督管理机构制定。"

(三)（修法建议）

"偿二代"建设的目标是科学准确地计量风险并提高对风险的敏感度，推动保险行业不断提升风险管理能力，是以风险管理作为核心的，建议吸收国务院法制办征求意见稿中的修改方式，删除本条第一句中的"业务规模"。

同时，条文中"认可资产减去认可负债的差额不得低于国务院保险监督管理机构规定的数额"等表述已无法适应"偿二代"下的相关要求，建议删除本条文的第二句话。

至于国务院法制办征求意见稿中的新增规定中大量使用的"实际资本""核心资本""认可资本""附属资本""权益性资本工具""债务性资本工具"等术语，在理论和实践中，这些术语无论是在保险业内，还是在整个金融业都缺乏统一的界定标准，且"偿二代"的相关规定还处于过渡实施期，极有可能因进一步完善修改而发生变化。为了给"偿二代"监管体系的发展预留空间，多位专家建议《保险法》中应使用规范的法学术语，对这些含义尚未形成统一共识的术语暂不写入《保险法》，仅原则性规定"保险公司偿付能力管理的具体办法，由国务院保险监督管理机构制定"。

五、第102条

(一)（现行条文）

第102条："经营财产保险业务的保险公司当年自留保险费，不得超过其实有资本金加公积金总和的四倍。"

(二)（修改建议）

专家们均建议删除该条规定。

(三)（修改理由）

随着我国保险行业监管体系的逐步建立与完善，与国际先进的保险监管理念接轨，总体的发展趋势是基于全面风险状况来确定最低资本要求，不宜采用硬性比例强制约束保险公司最低资本。因此，随着"偿二代"监管体系的实施，该条规定已经没有存在和适用的价值，应当予以删除。

六、第 105 条

(一)（现行条文）

第 105 条："保险公司应当按照国务院保险监督管理机构的规定办理再保险，并审慎选择再保险接受人。"

(二)（修改建议）

建议将第 105 条修改为：

"保险公司应当按照国务院保险监督管理机构的规定办理再保险，并审慎选择再保险接受人。

再保险的管理办法，由国务院保险监督管理机构制定。"

(三)（修改理由）

对于再保险的监管涉及特殊风险的再保险安排，均可以由保监会在相关部门规章中做出规定，包括国务院保险监督管理机构对涉及核风险、重大自然灾害风险、农业风险等特殊风险的再保险安排实施的特别监管，因此，建议增加一款规定："再保险的管理办法，由保监会制定"即可。

七、第 106 条

(一)（现行条文）

第 106 条："保险公司的资金运用必须稳健，遵循安全性原则。

保险公司的资金运用限于下列形式：

（一）银行存款；

（二）买卖债券、股票、证券投资基金份额等有价证券；

（三）投资不动产；

（四）国务院规定的其他资金运用形式。

保险公司资金运用的具体管理办法，由国务院保险监督管理机构依照前两款的规定制定。"

(二)（修改建议）

建议将第 106 条修改为：

"保险公司的资金运用必须稳健，遵循安全性原则。

保险公司的资金运用限于下列形式：

（一）银行存款；

（二）买卖债券、股票、证券投资基金份额等有价证券；

（三）投资不动产；

（四）发放贷款；

（五）依法对外担保；

(六) 投资非上市企业股权；

(七) 投资资产管理产品；

(八) 以风险管理为目的运用金融衍生品；

(九) 国务院规定的其他资金运用形式。

保险公司的保险资金用于发放贷款的，须符合以下条件之一：

(一) 由银行或其他金融机构提供担保；

(二) 以动产或不动产作为抵押；

(三) 以有价证券作为质押；

(四) 以人寿保险单作为质押；

(五) 符合国务院保险监督管理机构规定的其他担保条件。

保险公司资金运用的具体管理办法，由国务院保险监督管理机构依照前三款的规定制定。"

(三)（修改理由）

1. 参考《中国保监会关于加强和改进保险资金运用比例监管的通知》等规定，对保险资金运用的种类进行优化分类及完善，增加"投资债券、票据等债权性资产或发放贷款，投资股票、非上市公司股权等股权性资产，投资兼具债权性和股权性的混合型资产，投资公募及国家金融监管部门或授权机构备案的私募资产管理产品"等形式。

2. 之所以建议保险资金的运用形式中增加"依法发放贷款"，并明确规定相关条件，原因在于，保险业新"国十条"要求，"在保证安全性、收益性前提下，创新保险资金运用方式，提高保险资金配置效率。"近年来，我国保险资金运用的形式不断丰富，但与国外相比，保险资金尚不能直接用于发放贷款，建议参照国外经验和国内实践情况，拓展此种运用形式。一是参照国外立法，美国、德国、日本及我国台湾地区保险业法律法规中均规定保险资金可以用于发放贷款，如我国台湾地区"保险法"第146条就规定，"保险业资金之运用"包括"放款"。二是我国金融市场对于增加贷款渠道的需求已非常强烈，如住房反向抵押贷款、支农支小贷款、基础设施建设项目贷款等，保险资金能够为这些项目提供贷款将大大推动相关事业的发展。三是保险资金已经可以用于投资保险资产管理公司、信托公司等发行的债权投资计划、债权集合资金信托计划等，其实质便是将保险资金用于向企业贷款，但受到资金运用形式的限制，不得不采用设立金融产品的方式，造成交易结构、交易程序非常复杂，也浪费了大量的交易成本。因此，有必要直接放开保险资金用于贷款，提高保险资金运用的效率。四是实践中寿险保单质押贷款已经是我国寿险公司普遍开展的业务内容。截至2015年年底，寿险全行业保单质押贷款的规模达到2298.6亿元。将发放贷款纳入保险资金运用形式的范围，仅是基于保单质押贷款业务的实践，对《保险法》相关规定的拓展。

同时，保险资金运用遵守稳健、安全性的原则，参照我国台湾地区立法，建议对保险资金用于贷款时的担保要求做出规定，明确须符合以下条件之一：由银行或其他金融机构提供担保；以动产或不动产作为抵押；以有价证券作为质押；以人寿保险单作为质押；符合国务院保险监督管理机构规定的其他担保条件。保险资金用于发放贷款的比例监管、关联交易等问题，建议由中国保监会出台相关监管规定加以规范。

3. 至于增加"依法对外担保"，是出于避免保险资金大量闲置，提高保险资金利用效率，并借助保险资金的进入来提高我国担保业信用水平，促进担保业正常发展需要的考量。但是，基于保险资金运用所需遵循的稳健、安全原则，应当将对外担保纳入保险资产管理公司运用保险资金的范围。同时，由保监会对于保险资产管理公司运用保险资金对外提供担保的条件、担保金额、资产范围、资产比例等加以具体规定，使其成为保险资产管理公司管理和运用保险资金的具体内容，以便保险资产管理公司实施对外担保时遵照执行。从而，排除保险公司作为担保人介入对外担保活动的可能，形成对外担保与保险业务的明确区别，实现对外担保之风险与保险业务经营的隔离。

4. 在人身保险实务中，当发生保险事故导致被保险人死亡、伤残时，如受益人为未成年人、智力残障人士或年迈老人等，将可能出现受益人无法自行处理保险金的情形，使投保目的得不到充分实现。对此，一些国家以及我国台湾地区建立了保险金信托制度，允许投保人预先与保险公司签订信托合同，由保险公司担任受托人，管理和运用由保险金构成的信托财产，按照信托合同约定的方式，将信托财产分配给受益人，解决受益人难以使用或管理保险金的难题。由于信托具有信托财产独立、受托人管理专业化、避免遗产税等特点，保险金信托实际上使人寿保险产品成为了结合保险保障、延期支付、个人理财和税收筹划等功能的综合性金融服务产品，能同时满足投保人关于保护受益人利益、推迟保险金给付时间、保险金保值增值以及税收规划等多重需要，最大限度地保障受益人的利益。目前，国内保险市场对于保险金信托已存在较大需求，一些保险公司也推出了保险金信托业务，但基于现行《保险法》规定，只能由信托公司作为受托人，保险公司不能担任受托人。从资产规模、风险管理水平、专业实力等角度，国内保险公司普遍优于信托公司，并且，按照《信托法》规定的精神，并非仅有信托公司才能担任受托人，由保险公司担任保险金信托的受托人更有利于保障被保险人和受益人的利益。因此，建议参照其他国家及我国台湾地区的做法，在《保险法》中规定经营人身保险业务的保险公司可以经营保险金信托业务，担任受托人，以更好地促进保险业务发展，满足投保人需求。

5. 此外，建议根据当前保险资金运用实践情况增加相关的运用形式。与 2009 年《保险法》修改时相比，目前保险资金运用的形式已经大大拓宽，需要根据实践情况对《保险法》第 106 条做出修改。国务院法制办征求意见稿中增加了三种形式，"投资股权、投资保险资产管理产品、以风险管理为目的运用金融衍生品"。对此我们有以下意见：一是"投资股权"相对笼统，建议修改为"投资非上市企业股权"；二是根据保监会《关于保险资金投资有关金融产品的通知》（保监发〔2012〕91 号），保险资金可以投资商业银行理财产品、银行业金融机构信贷资产支持证券、信托公司集合资金信托计划、证券公司专项资产管理计划等金融产品，并不局限于保险资产管理公司发行的保险资产管理产品，建议将"投资保险资产管理产品"修改为"投资资产管理产品"；三是建议同意国务院法制办征求意见稿的表述，在金融衍生品前增加"以风险管理为目的"，避免保险公司开展一些风险过大的期货、期权交易。

综上，建议本条增加四种保险资金运用的形式，"（四）依法发放贷款；（五）依法对外担保；（六）投资非上市企业股权；（七）投资资产管理产品；（八）以风险管理为目的运用金融衍生品"；同时，增加一款对保险资金用于发放贷款的担保要求做出规定。

八、第 110 条

（一）（现行条文）

第 110 条："保险公司应当按照国务院保险监督管理机构的规定，真实、准确、完整地披露财务会计报告、风险管理状况、保险产品经营情况等重大事项。"

（二）（修改建议）

建议第 110 条修改为："保险公司应当按照国务院保险监督管理机构的规定，真实、准确、完整地披露财务会计报告、偿付能力信息、风险管理状况、保险产品经营情况等重大事项。"

（三）（修改理由）

之所以在重大事项中增加了"偿付能力信息"，原因是偿付能力是反映保险公司经营状态和风险程度的重要依据，但从具体内容看，"偿付能力信息"与"风险管理状况"存在一定的重复。不过，由于本条规定是目前监管机构对保险公司实施监管、对违规行为做出行政处罚的重要依据，为了突出"偿二代"下对于偿付能力信息的监管，建议采取上述表述方式。

九、第 112 条

(一)(现行条文)

第 112 条:"保险公司应当建立保险代理人登记管理制度,加强对保险代理人的培训和管理,不得唆使、诱导保险代理人进行违背诚信义务的活动。"

(二)(修改建议)

建议第 112 条修改为:

"保险公司应当按照国务院保险监督管理机构的规定建立保险营销员管理制度,加强对保险营销员的培训和管理。

保险公司与保险营销员之间的法律关系,按照双方所签订合同约定的权利和义务予以确认。"

(三)(修改理由)

由于本条文中所述的"保险代理人",特指我国保险代理人中的个人保险代理人,也就是保监会监管规则中所称的"保险营销员"。目前,实务界普遍认为《保险法》关于保险营销员的法律地位的规定并不明确,需要提供明确的法律依据。但是,就现存的近 300 万人的保险营销员群体,各家保险公司均对其名下的保险营销员队伍不仅提供职场,也实施相应的培训和管理,因此需要继续要求保险公司承担对保险营销员的培训和管理责任。不过,分析各家保险公司与各个保险营销员所签订的合同,虽然名为"保险代理合同",而其约定的内容却不尽相同,大多是约定代理的权利和义务,也有的还约定了保险营销员的职务、职责、工资和奖励机制等内容。法院分别根据合同约定内容的不同,认定保险营销员或者是代理人,或者是保险公司的员工。鉴于此,专家建议应将立法规定修改至与保险实务相一致,将"保险代理人"一词改为"保险营销员",将保险公司与保险营销员之间的法律关系,按照双方签订合同约定的权利和义务予以确认,并以"国务院保险监督管理机构的规定"为依据。

至于该条文中"不得唆使、诱导保险代理人进行违背诚信义务的活动"的规定部分,理应将其作为保险公司的一种禁止性行为,作为单独一项列入本章的第 116 条之中,故而建议将本条文删除。

十、第 115 条

(一)(现行条文)

第 115 条:"保险公司开展业务,应当遵循公平竞争的原则,不得从事不正当竞争。"

(二)(修改建议)

建议将第 115 条修改为:"保险公司开展业务,应当遵循公平竞争的原则,不得从事不正当竞争。

　　保险公司以共同保险方式经营保险业务，应当遵守自愿联合的原则，并符合国务院保险监督管理机构的规定。

　　有下列情形之一的，保险公司之间可以采用共保方式承保：

　　（一）承保巨灾损失风险的；

　　（二）根据法律、行政法规、部门规章或其他规范性文件，由政府部门或承担政府行政管理职能的组织推动实施的保险项目；

　　（三）有利于保护社会公共利益的；

　　（四）有利于提升对投保人、被保险人或受益人的服务的；

　　（五）其他经国务院保险监督管理部门核准的项目。"

　　本条修改为，"保险公司开展业务，应当遵循反垄断法以及公平竞争的原则，不得利用市场优势进行市场或价格的垄断，以及从事不正当竞争。"

　　（三）（修改理由）

　　从我国保险市场实践角度讲，该条的适用不仅涉及反不正当竞争，也与《反垄断法》的调整密切相关。由于我国《反垄断法》针对社会经济活动的整体进行规范调整，并未考虑到保险业的特殊情况作出特殊规定，特别是没有对于保险公司用于共同计算纯风险损失率、对特定风险实施共同保险（包括共同再保险）等正常经营行为的特殊需要，予以豁免考虑；反垄断执法机构对于保险行业自律公约的积极意义认识不到位，将保险行业的固定费率和支付代理手续费等认定为垄断行为。上述我国现行反垄断立法和执法标准，使得保险行业实施的一些符合保险市场规律和中国实际情况的正常做法，都处于违法的状态，随时可能遭受处罚。针对上述问题，在目前修改《反垄断法》难以实现的情况下，有效的解决方式便是在《保险法》中作出相应规定。

　　我们建议该条文在明确保险公司必须遵守公平竞争原则的同时，就保险公司之间以共同保险方式经营保险业务明文做出规定，应当遵守自愿联合的原则，并符合国务院保险监督管理机构的规定，从而将其与《反垄断法》所禁止的行业垄断行为加以区别。这对于保险业的反垄断执法标准的适用具有重要作用。同时，为减少反垄断执法中对共保可能产生的争议，建议参照我国台湾地区立法例，在该条款中进一步明确共保的适用条件和法律关系，明确规定："有下列情形之一的，保险公司可以采用共保方式承保：（一）承保巨灾损失风险的；（二）根据法律、行政法规、部门规章或其他规范性文件，由政府部门或承担政府行政管理职能的组织推动实施的保险项目；（三）有利于保护社会公共利益的；（四）有利于提升对投保人、被保险人或受益人的服务的；（五）其他经国务院保险监督管理部门核准的"。

十一、增加一条关于互联网保险业务的规定

（一）（修改建议）

增加一条规定："保险公司经营互联网业务，应当具备相应的专业技术人员和技术支持条件，并建立互联网保险活动的风险防范机制，保护投保人、被保险人和受益人的合法权益。

互联网保险业务的监督管理规则，由国务院保险监督管理机构制定。"

（二）（修改理由）

与前述的互联网保险业务的入法规定相适应，应当对保险公司从事互联网保险业务做出原则性规定，并强调保险公司必须具备的专业人员和技术支持等条件，并明确以保护投保人、被保险人、受益人的合法权益为目的。而具体的业务规则却应当由保监会加以规定。

十二、第116条

（一）（现行条文）

第116条："保险公司及其工作人员在保险业务活动中不得有下列行为：

（一）欺骗投保人、被保险人或者受益人；

（二）对投保人隐瞒与保险合同有关的重要情况；

（三）阻碍投保人履行本法规定的如实告知义务，或者诱导其不履行本法规定的如实告知义务；

（四）给予或者承诺给予投保人、被保险人、受益人保险合同约定以外的保险费回扣或者其他利益；

（五）拒不依法履行保险合同约定的赔偿或者给付保险金义务；

（六）故意编造未曾发生的保险事故、虚构保险合同或者故意夸大已经发生的保险事故的损失程度进行虚假理赔，骗取保险金或者牟取其他不正当利益；

（七）挪用、截留、侵占保险费；

（八）委托未取得合法资格的机构或者个人从事保险销售活动；

（九）利用开展保险业务为其他机构或者个人牟取不正当利益；

（十）利用保险代理人、保险经纪人或者保险评估机构，从事以虚构保险中介业务或者编造退保等方式套取费用等违法活动；

（十一）以捏造、散布虚假事实等方式损害竞争对手的商业信誉，或者以其他不正当竞争行为扰乱保险市场秩序；

（十二）泄露在业务活动中知悉的投保人、被保险人的商业秘密；

（十三）违反法律、行政法规和国务院保险监督管理机构规定的其他行为。"

（二）（修改建议）

建议第116条修改为："保险公司及其工作人员在保险业务活动中不得有下列行为：

（一）欺骗投保人、被保险人或者受益人；

（二）对投保人隐瞒与保险合同有关的重要情况；

（三）阻碍投保人履行本法规定的如实告知义务，或者诱导其不履行本法规定的如实告知义务；

（四）拒不依法履行保险合同约定的赔偿或者给付保险金义务；

（五）故意编造未曾发生的保险事故、虚构保险合同或者故意夸大已经发生的保险事故的损失程度进行虚假理赔，骗取保险金或者牟取其他不正当利益；

（六）挪用、截留、侵占保险费；

（七）委托未取得合法资格的机构或者个人从事保险销售活动；

（八）利用开展保险业务为其他机构或者个人牟取不正当利益；

（九）利用保险代理人、保险经纪人或者保险评估机构，从事以虚构保险中介业务或者编造退保等方式套取费用等违法活动；

（十）唆使、诱导保险代理人从事违背诚信义务的活动；

（十一）以捏造、散布虚假事实等方式损害竞争对手的商业信誉，或者以其他不正当竞争行为扰乱保险市场秩序；

（十二）泄露、出售或者非法向他人提供在业务活动中知悉的投保人、被保险人、受益人的商业秘密或者个人信息；

（十三）违反法律、行政法规规定的其他行为。"

（三）（修改理由）

专家认为，该条文列举的13类保险公司的禁止行为，有的值得商榷：其中，本条第（四）项规定，保险公司及其工作人员不得"给予或者承诺给予投保人、被保险人、受益人保险合同约定以外的保险费回扣或者其他利益"。在保险实践中，很多正常销售中的促销行为都因此规定受到了监管机关的处罚，如向投保人赠送一些电影票、参观券等，将其界定为保险以外的其他利益。在金融行业，给予优质客户、长期客户一些促销性质的礼品是正常的销售手段，是增强客户体验的方式，在银行、证券业也非常普遍，即使构成不正当的销售行为，也可以由《反不正当竞争法》来进行规制。因此，建议删除本项规定。

至于上述第112条有关保险公司"不得唆使、诱导保险代理人进行违背诚信义务的活动"，可以归入到本条文之中一并规定。

本条第（十三）项作为兜底性条款，要求保险公司及其工作人员不得从事"违反法律、行政法规和国务院保险监督管理机构规定的其他行为"。考虑到

"国务院保险监督管理机构规定"的监管规则种类繁多,包括各类通知、规定、意见等,此类兜底性条款常有被滥用的风险。因此,建议将本项修改为"违反法律、行政法规规定的其他行为"。

针对国务院法制办的《保险法(征求意见稿)》对该条文提出的如下修改意见,专家们也发表了如下看法:

一是增加"对保险产品作引人误解或者与事实不符的宣传或者说明"的行为。最高人民法院《关于贯彻执行〈中华人民共和国民法通则〉若干问题的意见(试行)》第68条规定,"一方当事人故意告知对方虚假情况,或者故意隐瞒真实情况,诱使对方当事人作出错误意思表示的,可以认定为欺诈行为。"因此,"作引人误解或者与事实不符的宣传或者说明"实际上属于欺诈行为,与《保险法》现有规定第(一)项中的"欺骗"重复,建议不予增加。

二是增加"未按照规定或者约定的期限履行保险合同约定的赔偿或者给付保险金义务"的行为。实践中,导致保险金无法按照约定期限支付的原因可能是多方面的,如被保险人在保险责任、损失计算等方面存在争议等,并不能简单归责于保险公司,且保险金赔偿问题应按照民事纠纷处理途径解决。因此,建议此项不予增加。

三是增加"唆使、诱导保险代理人从事违背诚信义务的活动"的行为,该项是将《保险法》第112条的规定移入,建议保留。

四是将本条第(十二)项修改为"泄露、出售或者非法向他人提供在业务活动中知悉的投保人、被保险人的商业秘密或者个人信息"。由于实践中存在保险公司工作人员私自截留受益人信息的情况,建议这里增加"受益人"。

第五章 "保险代理人和保险经纪人"的修改建议

一、本章结构的修改建议

(一)现行标题和结构

第五章"保险代理人和保险经纪人",其内容仅仅规定了保险代理人和保险经纪人。

(二)(修改建议)

第五章"保险中介人",分节规定保险代理人、保险经纪人和保险公估人(增加保险公估人的规定)。

(三)(修改理由)

专家们建议:根据我国保险中介市场的发展现状,本章首先应当在结构上做调整，一是本章的题目应当改为"保险中介机构"，用以体现保险中介在我国保险市场的重要地位和其在保险展业、风险定价、防灾防损、风险防范、损失评估、理赔服务等方面的积极作用，也避免了"保险代理人、保险经纪人和保险公估人"过长的文字表述，并适应保险中介类型多样化的发展需要。同时，应当明确保险营销员的法律地位，并与修改现行法第112条的规定相互呼应，为保险实务中确认保险营销员的法律地位提供法律依据。而且，应当增加保险公估人的规定。

二、第117条

(一)（现行条文）

"保险代理人是根据保险人的委托，向保险人收取佣金，并在保险人授权的范围内代为办理保险业务的机构或者个人。

保险代理机构包括专门从事保险代理业务的保险专业代理机构和兼营保险代理业务的保险兼业代理机构。"

(二)（修改建议）

建议第117条修改为："保险代理人是根据保险人的委托，向保险人收取佣金，并在保险人授权的范围内代为办理保险业务的机构或者个人。

保险代理机构包括专门从事保险代理业务的保险专业代理机构和兼营保险代理业务的保险兼业代理机构。

个人保险代理人是依法取得从事保险代理业务资格，以个人名义开展保险代理活动，享有代理人的权利和承担代理义务的保险营销员。"

(三)（修改理由）

由于现行法的本条文对于个人保险代理人未明确规定其法律内涵和法律地位，致使对其缺乏统一、科学的认定标准作为依据，因此，建议增加一款，明确认定个人保险代理人的标准。

三、第118条

(一)（现行条文）

"保险经纪人是基于投保人的利益，为投保人与保险人订立保险合同提供中介服务，并依法收取佣金的机构。"

(二)（修改建议）

建议将第118条修改为："保险经纪人是接受委托，向被保险人提供防灾防损或者风险评估、风险管理等咨询服务，或者基于投保人的利益，为投保人与保险人订立保险合同提供中介服务，并依法收取佣金的机构。

保险经纪人应当采取有限责任公司、股份有限公司等组织形式。"

（三）（修改理由）

由于第 118 条所规定的保险经纪业务范围与保险经纪人的实际业务活动范围并不符合。而作为贯彻"新国十条"有关"不断提升保险中介机构的专业技术能力，发挥中介机构在风险定价、防灾防损、风险顾问、损失评估、理赔服务等方面的积极作用"精神的具体内容，为了提升保险经纪服务社会的能力，扩大服务范围，应对于保险经纪人的内涵和业务范围的规定予以修改，使其与保险经纪活动的实际相一致。

而且，由于保险经纪人的保险中介服务的立足点和范围均不同于保险代理人，因此，不能简单地类比保险代理人的地位、中介服务范围的规定方法，而需要全面规定保险经纪人的地位和业务范围，并明确保险经纪人所应采取的组织形式。

四、增加一条保险公估人概念的规定

（一）（修改建议）

第×条：<u>保险公估人是指接受委托，专门从事保险标的或者保险事故造成经济损失的评估、勘验、鉴定、估损理算等业务，并按约定收取报酬的机构。</u>

（二）（修改理由）

在我国保险市场上，保险公估人已经成为保险中介领域的重要组成部分，具有不可替代的作用。因此，将保险公估人列入中国保险法来加以规定势在必行。这首先就需要对保险公估人的法律地位、业务范围做出明确的法律规定，有利于推动保险公估行业的健康发展，也是保险公估行业的普遍呼声。

五、第 119 条

（一）（现行条文）

第 119 条："保险代理机构、保险经纪人应当具备国务院保险监督管理机构规定的条件，取得保险监督管理机构颁发的经营保险代理业务许可证、保险经纪业务许可证。"

（二）（修改建议）

建议将第 119 条修改为："保险代理机构、保险经纪人<u>和保险公估人</u>应当具备国务院保险监督管理机构规定的条件，取得保险监督管理机构颁发的<u>相应的经营保险中介业务许可证，包括</u>经营保险代理业务许可证、保险经纪业务许可证<u>、保险公估业务许可证</u>。"

（三）（修改理由）

由于新增加保险公估人的规定，而且，其作为保险中介人的具体类型，同样应当向保险监管机构申请设立,依法经过许可,获取经营保险公估业务许可证,才能够开展保险公估业务,故本条款需要增加"保险公估人"。

六、第120条

(一)(现行条文)

第120条:"以公司形式设立保险专业代理机构、保险经纪人,其注册资本最低限额适用《中华人民共和国公司法》的规定。

国务院保险监督管理机构根据保险专业代理机构、保险经纪人的业务范围和经营规模,可以调整其注册资本的最低限额,但不得低于《中华人民共和国公司法》规定的限额。

保险专业代理机构、保险经纪人的注册资本或者出资额必须为实缴货币资本。"

(二)(修改建议)

建议将第120条修改为:"设立保险专业代理机构、保险经纪人、保险公估人注册资本的最低限额由国务院保险监督管理机构规定。"

删除第二款。

(三)(修改理由)

考虑到我国现行《公司法》已经取消了公司的最低资本限额,则设立保险专业代理机构、保险经纪机构、保险公估机构等保险中介机构所涉及的注册资本的最低限额,就应当由保监会专门予以规定。与此相适应,第二款也就因失去意义而应当取消。

至于第三款的取消,考虑到保险专业代理公司、保险经纪公司、保险公估公司无非是有限责任公司或者股份有限公司的具体类型,即使其股东投资尚未实际缴纳,但只要是在公司章程中予以承诺的,就可以依据《公司法》和《保险法》的规定向其追索,又有保证金或者职业责任保险提供的保障,故而,不必硬性要求必须是实缴货币资本。

七、第121条

(一)(现行条文)

第121条:"保险专业代理机构、保险经纪人的高级管理人员,应当品行良好,熟悉保险法律、行政法规,具有履行职责所需的经营管理能力,并在任职前取得保险监督管理机构核准的任职资格。"

(二)(修改建议)

第121条:"保险专业代理机构、保险经纪人、保险公估人的高级管理人员,应当品行良好,熟悉保险法律、行政法规,具有履行职责所需的经营管理能力,并在任职前取得保险监督管理机构核准的任职资格。"

(三)(修改理由)

与前文同理,第 121 条需要增加"保险公估人"。

八、第 122 条

(一)(现行条文)

第 122 条:"个人保险代理人、保险代理机构的代理从业人员、保险经纪人的经纪从业人员,应当具备国务院保险监督管理机构规定的资格条件,取得保险监督管理机构颁发的资格证书。"

(二)(修改建议)

建议将第 122 条修改为:"个人保险代理人、保险代理机构的代理从业人员、保险经纪人的经纪从业人员、保险公估人的公估从业人员,应当具备国务院保险监督管理机构规定的资格条件,取得保险监督管理机构颁发的资格证书。"

(三)(修改理由)

与前文同理,需要增加"保险公估人的公估从业人员"。

九、第 123 条

(一)(现行条文)

第 123 条:"保险代理机构、保险经纪人应当有自己的经营场所,设立专门账簿记载保险代理业务、保险经纪业务的收支情况。"

(二)(修改建议)

建议将第 123 条修改为:"保险代理机构、保险经纪人、保险公估人应当有自己的经营场所,设立专门账簿记载保险代理业务、保险经纪业务的收支情况。"

(三)(修改理由)

与前文同理,第 121 条需要增加"保险公估人"。

十、第 124 条

(一)(现行条文)

第 124 条:"保险代理机构、保险经纪人应当按照国务院保险监督管理机构的规定缴存保证金或者投保职业责任保险。未经保险监督管理机构批准,保险代理机构、保险经纪人不得动用保证金。"

(二)(修改建议)

建议将第 124 条修改为:"保险代理机构、保险经纪人、保险公估人应当按照国务院保险监督管理机构的规定缴存保证金或者投保职业责任保险。未经保险监督管理机构批准，保险代理机构、保险经纪人、保险公估人不得动用保证金。"

（三）（修改理由）

与前文同理，需要增加"保险公估人"。

十一、第126条

（一）（现行条文）

第126条"保险人委托保险代理人代为办理保险业务，应当与保险代理人签订委托代理协议，依法约定双方的权利和义务。"

（二）（修改建议）

建议将第126条修改为："保险人委托保险代理机构代为办理保险业务，应当与保险代理人签订委托代理协议，依法约定双方的权利和义务。

保险营销员从事保险代理业务的，应当与被代理的保险公司签订《个人保险代理合同》，约定保险代理的权利和义务。"

（三）（修改理由）

将现行法的"保险代理人"修改为"保险代理机构"，是将适用范围限于保险专业代理机构和保险兼业代理机构，并为增加第二款创造条件。

由于现行法对于保险营销员的法律地位的规定并不明确，实践中，保险公司与保险营销员所签保险代理合同大多属于代理关系。但是，也存在着同时约定了保险营销员的工作岗位和担任的职务、赋予其管理职责、薪酬津贴等内容的情况，法院处理此类纠纷时，按照劳动合同关系予以认定的。因此，需要保险立法予以明确，用《个人保险代理合同》约定代理权利和义务的，是认定个人保险代理人的法定标准。

十二、增加一个条款

（一）（修改建议）

增加第×条："保险经纪人可以经营下列保险经纪业务：

（一）为投保人拟订投保方案、选择保险公司以及办理投保手续；

（二）协助被保险人或者受益人进行索赔；

（三）再保险经纪业务；

（四）为委托人提供防灾、防损或者风险评估、风险管理咨询服务；

（五）保险监督管理机构批准的其他业务。"

（二）（修改理由）

增加这一条是为了明确保险经纪人的业务范围，以便与保险代理人的业务范围相区分。原因在于，社会公众作为保险消费者对于保险经纪人的概念和业务活动范围仍然比较陌生，因此，有必要借助保险立法层面的明示性规定，宣传保险经纪业务的特点和范围，以促进我国保险经纪行业的发展。

十三、第127条

(一)（现行条文）

第127条："保险代理人根据保险人的授权代为办理保险业务的行为，由保险人承担责任。保险代理人没有代理权、超越代理权或者代理权终止后以保险人名义订立合同，使投保人有理由相信其有代理权的，该代理行为有效。"

(二)（修改建议）

建议将第127条修改为："保险代理人根据保险人的授权代为办理保险业务的行为，由保险人承担责任。保险代理人没有代理权、超越代理权或者代理权终止后以保险人名义订立合同，使投保人有理由相信其有代理权的，该代理行为有效。但保险代理人擅自以保险人名义订立非保险合同的，由保险代理人自行承担法律责任。"

(三)（修改理由）

由于该条文有关保险表见代理的责任认定描述过于模糊，需要进一步明确界定保险表见代理的界限标准。特别是在保险代理人向客户推销非保险产品越来越普遍的情况下，该条款需要进行完善。如保险代理人没有代理权、超越代理权或者代理权终止后以保险人名义订立非保险合同（如其他金融产品合同），显然消费者应该承担基本的注意和谨慎义务，这种情况下表见代理不应该成立，而应当由保险代理人自行承担责任。

十四、第128条

(一)（现行条文）

第128条："保险经纪人因过错给投保人、被保险人造成损失的，依法承担赔偿责任。"

(二)（修改建议）

建议将第128条修改为："保险经纪人从事保险经纪业务，应当与委托人签订书面委托合同，依法约定双方的权利义务及其他事项。委托合同不得违反法律、行政法规及保险监管机构的有关规定。

保险经纪人应当按照与委托合同当事人的约定收取佣金，任何单位和个人不得干预经纪人获得佣金的权利。

因其在办理保险业务中的过错，给投保人、被保险人造成损失的，保险经纪人依法承担赔偿责任。"

（三）（修改理由）

之所以增加规定保险经纪人的经营规则，不仅是为了与第127条有关保险代理人的业务规则的规定相匹配，更是出于明示保险经纪人办理业务的基本模式，让社会公众选择保险中介时有所根据。

十五、第129条

（一）（现行条文）

第129条："保险活动当事人可以委托保险公估机构等依法设立的独立评估机构或者具有相关专业知识的人员，对保险事故进行评估和鉴定。

接受委托对保险事故进行评估和鉴定的机构和人员，应当依法、独立、客观、公正地进行评估和鉴定，任何单位和个人不得干涉。

前款规定的机构和人员，因故意或者过失给保险人或者被保险人造成损失的，依法承担赔偿责任。"

（二）（修改建议）

建议将第129条修改为："保险活动当事人、政府部门或其他单位和个人可以委托保险公估人等依法设立的独立评估机构或者具有相关专业知识的人员，对保险事故或者相关标的进行评估和鉴定。

接受委托，对保险事故或者相关标的进行评估和鉴定的机构和人员，应当依法、独立、客观、公正地进行评估和鉴定，任何单位和个人不得干涉。

前款规定的机构和人员，因故意或者过失给保险人、被保险人、委托人造成损失的，依法承担赔偿责任。"

（三）（修改理由）

首先，明确规定保险公估人的业务规则，当然是与前述第127条和第128条的规定相互配套，而且，在保险公估人的实务操作中，存在大量的接受非保险活动当事人、政府部门委托保险公估人，从事诸如货物监装监卸、事故后损失评估、技术鉴定、风险咨询等与保险业务没有直接关联关系的工作，一般都将这些业务笼统地归于保险公估人的"风险管理咨询和风险评估"或者"中国保监会批准的其他业务"。

这些业务的委托或者委托事项，与保险及保险当事人并不存在直接关联关系，但也构成了保险公估人的重要业务内容，比如在青岛黄岛爆炸、天津港8.12特大火灾爆炸事故中，保险公估人接受政府的委托，对于受灾的标的（非保险标的）进行了大量的查勘、定损工作，为相关部门和单位的后续赔偿工作提供了事实依据。这也是保险公估人作为保险中介人参与社会管理、维护社会公共利益的现实表现。因此，规定保险公估的业务规则，就应该全面严谨地对此予以体现。

十六、第130条

（一）（现行条文）

第130条："保险佣金只限于向保险代理人、保险经纪人支付，不得向其他人支付。"

（二）（修改建议）

建议将第130条修改为："保险佣金只限于向保险代理人、保险经纪人、保险公估人支付，不得向其他人支付。"

（三）（修改理由）

与前文同理，需要增加"保险公估人"。

十七、增加一个条款

（一）建议增加一个条款，并放在现行法第130条之后："保险专业代理机构、保险经纪人、保险公估人的分立、合并、变更组织形式、设立分支机构的，应当符合国务院保险监督管理机构规定的条件，并向保险监督管理机构备案。"

（二）（建议理由）

随着我国保险市场的深化发展，各类保险中介机构必然不断扩大。而且，与"放开前端"的保险监管政策相适应，对这些保险中介机构的组织监管也将逐步放宽，这意味着各类保险中介机构的设立、分立、合并等组织变更将成为工商管理的组成部分，并逐渐淡出保险监管机构的强制监管的视野。当然，保险监督管理机构仍然要从保险市场的发展需要出发，对各类保险中介机构所应具备的条件做出规定，并提供给工商行政管理机构，由其对各类保险中介机构的设立、分立、合并等实施工商管理，而对于保险监管机构只要求予以备案即可，以便从整体上把握各类保险中介机构的发展规模。

十八、第131条

（一）（现行条文）

"第一百三十一条 保险代理人、保险经纪人及其从业人员在办理保险业务活动中不得有下列行为：

（一）欺骗保险人、投保人、被保险人或者受益人；

（二）隐瞒与保险合同有关的重要情况；

（三）阻碍投保人履行本法规定的如实告知义务，或者诱导其不履行本法规定的如实告知义务；

（四）给予或者承诺给予投保人、被保险人或者受益人保险合同约定以外的利益；

（五）利用行政权力、职务或者职业便利以及其他不正当手段强迫、引诱或者限制投保人订立保险合同；

（六）伪造、擅自变更保险合同，或者为保险合同当事人提供虚假证明材料；

（七）挪用、截留、侵占保险费或者保险金；

（八）利用业务便利为其他机构或者个人牟取不正当利益；

（九）串通投保人、被保险人或者受益人，骗取保险金；

（十）泄露在业务活动中知悉的保险人、投保人、被保险人的商业秘密。"

（二）（修改建议）

建议将第131条修改为："保险代理人、保险经纪人、保险公估人及其从业人员在办理保险中介业务活动中，不得有下列行为：

（一）欺骗保险人、投保人、被保险人或者受益人，或者对保险产品进行引人误解或与事实不符的宣传、解释和说明等欺诈行为；

……

（八）利用业务便利为其他机构或者个人牟取不正当利益或者利用出售、转让等方式将其在业务活动中知悉的保险人、投保人、被保险人或受益人的商业秘密和信息非法提供给他人；"

……"

（三）（修改理由）

概括当前的保险实务情况，各类保险中介人在保险中介业务活动中误导投保人、被保险人或者受益人或者委托人，或者保险中介人非法将其在保险中介业务活动中知悉的投保人、被保险人或者受益人或者委托人的商业秘密和信息提供给他人，已经成为损害客户利益的重要表现，因此，应当明确纳入保险中介人的禁止行为的范围之内。其中，前者构成民法上的欺诈，并与欺骗相区别；后者所产生的客观效果亦可以纳入利用职务便利为其他机构或者个人谋取不正当利益的范围。故而，建议分别将它们各自在现行法第131条（一）和（八）项下单独表述。

第六章 "保险行业组织"的立法建议

一、"总则"部分中，增加一条实行自律监管体制的规定

（一）（修改建议）

建议增加如下条款：第×条：在国家对保险市场实行统一监督管理的前提下，依法设立保险行业协会等行业组织，实行行业内的自律性管理。

（二）（修改理由）

参考我国其他金融监管法的通常做法，均在总则部分对于实行行业内自律管理做出原则性规定，与相应的具体规定相互呼应。例如，《中华人民共和国证券法》第八条规定，"在国家对证券发行、交易活动实行集中统一监督管理的前提下，依法设立证券业协会，实行自律性管理。"《中华人民共和国证券投资基金法》第十条规定，"基金管理人、基金托管人和基金服务机构，应当依照本法成立证券投资基金行业协会（以下简称基金行业协会），进行行业自律，协调行业关系，提供行业服务，促进行业发展。"

因此，我国的保险市场监管体制也应当包括行政监管与自律监管两部分。除总则明文确立行政监管的，自律管理的规定就应属于首选模式。

二、增加一章规定的建议

（一）（修改建议）

建议增加有关第七章"保险行业组织"的规定。

（二）（修改理由）

考虑到我国保险业发展的现实需要，保险行业组织的作用日益明显，因此，建议增加有关保险行业协会的规定，作为保险行业协会成立、履行职责、协调和实现保险行业自律的社会功能的依据。

而且，使用"保险行业组织"的标题，意在涵盖以中国保险行业协会为代表的诸多类型的保险行业组织，以便适应我国保险市场结构多样化发展和利用各自保险行业组织来实现各领域自律管理的需要。

三、增加一条规定

（一）（修改建议）：有关保险行业协会性质的规定

第×条：保险行业协会是由全体会员自愿加入而结成的非营利性社会团体法人，是保险业的自律性组织。

保险行业组织接受中国保监会的业务指导、由社团登记管理机关进行监督

管理。

(二)（修改理由）

现行《保险法》第180条第一次将保险行业协会写入，已对其性质作出规定。此次修改要维持既定的内容，同时应当根据保险市场的发展需要而增加全面和具体的规定，扩展为独立一章。

目前社会上有多种行业协会，以保险行业协会作为代表的各类保险行业组织作为社团组织的一种，属于保险市场特有的自律性行业组织，其特性表现为行业性、自律性、非营利性、区域性，应当与其他商会性质的行业协会加以区别。

从保险行业组织的产生基础上考察，中国保险行业组织应当是保险业的各类市场主体基于自愿参加而成立的行业性自律组织，但他们在业务上需要接受中国保险监督管理委员会的指导。同时，该组织必须依法经社团登记机构的登记注册成立，并且其日常活动接受社团登记机构的监督管理。

四、增加一条规定

(一)（修改建议）

第×条：保险行业协会是中国保险行业的自律组织。保险公司应当加入保险行业协会。保险公司的分支机构应当加入地方性保险行业协会。

保险中介行业协会是各类保险中介人的行业自律组织。保险代理人、保险经纪人、保险公估人可以加入保险中介行业协会。

精算师、保险资产管理公司等特定行业群体可以自愿组建相应的行业协会。

全国范围的保险行业组织，其名称中应当冠以"中国"字样。地方性保险行业组织，其名称中应当冠以相应的地域称谓。

(二)（修改理由）

随着我国保险市场的日渐发展和成熟，其市场主体已经由单一的保险公司发展成包括保险公司、保险资产管理公司、各类保险中介人以及精算师等主体在内的多样化的市场结构。这就使建立多样化、多层次的市场自律体系，引导众多市场主体公平地参与保险活动变得非常必要。因此，针对保险市场各部分的发展需要，建立各类行业协会，并且，全国性和地方性保险行业组织体系也是我国保险立法需要解决的问题。为此，本条对于我国保险行业组织体系做出一般性规定。

五、增加一条规定

(一)（修改建议）

第×条：保险行业组织以会员章程为依据，开展相应的日常组织活动。

保险行业组织的权力机构为全体会员组成的会员大会。

保险行业组织设立会长1人、副会长3至5人。会长、副会长由会员大会依据会员章程的规定从保险业内有较大影响和较高声望的行业专家中民主选举产生，年龄一般不超过65周岁。

（二）（修改理由）

保险行业协会作为社团组织，由广大会员自愿结成，会员大会应当成为协会的最高权力机构，决定制定和修改章程，选举和罢免理事，选举和罢免会长、副会长，审议工作报告和财务报告，制定并修改会费标准，决定协会的合并、分立和终止事宜，确定保险行业发展方向以及业务创新等重大事项，决定其他应由会员大会审议的事宜。

现有的协会会长大多是保险监管机构委派的参照国家公务员管理的行政人员，落实党的十八届三中全会关于简政放权的精神，监管机构应当与行业协会彻底脱钩，故建议在第三款中规定"从本行业专家中民主选举产生"。

六、增加一条规定

（一）（修改建议）

"第×条：保险行业组织的会员章程应当由全体会员通过会员大会制定并通过产生。

保险行业组织为实现其自律管理作用，应当履行如下职责：

1. 制订和实施本协会组织的行业自律规则，监督和检查全体会员及其从业人员在日常活动中履行自律规则的情况。对于违反自律规则的行为，依据会员章程而采取相应的自律处罚措施；

2. 制订保险行业的执业标准和业务规范，组织相关的保险从业人员的从业考试和业务培训，并对相关保险从业人员进行从业资格管理；

3. 依法维护全体会员的合法权益，并向保险监督管理机构或者相关的管理机构反映会员的建议和要求；

4. 教育全体会员及其从业人员遵守法律、行政法规和自律规则；

5. 协调各会员间的保险业务活动，并开发建设有关业务信息的管理系统、收集和发布有关业务信息，向全体会员提供服务和交流，调解相关的保险业务纠纷；

6. 会员章程规定的其他职责。"

（二）（修改理由）

保险行业协会是自律性行业组织，其基本职责应当通过其会员章程予以明确规定，作为各自开展自律管理和活动的依据。

保险行业组织是社团组织，其具备的自律性质，使其自我管理和自我约束的方式区别于行政管理和行政监督。会员之间主要通过订立章程和自律公约、开发建设业务信息管理系统、发布行业规范、制定行业规则等方式实行行业自律的职能。因此建议在一般意义上增加规定保险行业组织的职责。

第六章 "保险业监督管理"的修改建议

一、章数变化

（一）（修改建议）

经过修改后，本章变为第七章。

（二）（修改理由）

由于增加"中国保险行业协会"一章，本章顺延。

二、建议增加一个条款规定监督管理的目标

（一）（修改建议）

建议增加一个条款，并放置在现行法第133条之前："为了促进保险业的合法、稳健运行，防范和化解保险业风险，保护投保人、被保险人和受益人的合法权益，促进保险业健康发展，国家对保险业实施监督管理。

保险业监督管理应当保护保险业的公平竞争，提高保险业竞争能力。"

（二）（修改理由）

增加该条规定是出于明确保险监管的目标，通过法律形式赋予保险业监督管理机构法定的监管权力，使其行使监管职权"有法可依"。而保险监管的目标，则是要通过"防范和化解保险业风险"，实现"保险业的合法、稳健运行"，以求达到"保护投保人、被保险人和受益人的合法权益"的效果。

不仅如此，保持保险业具有竞争能力也是实施保险业监督管理的目标之一。保险业监督管理机构在加强监督管理，促进保险业合法、安全、稳健运行的同时，还应当注意鼓励保险业提高竞争能力，允许保险业不断地进行业务创新，向市场提供更多的保险保障产品和服务，以满足经济发展对保险服务的需求，支持经济的稳定发展。保险机构不具有竞争能力就不能在激烈竞争的市场中占有一定的份额、保持盈利，最终将会被市场淘汰而倒闭。保险业机构的倒闭有可能引发保险业系统性风险，会对保险体系的稳定产生严重的负面影响。因此，不具有竞争能力的保险业不可能长期保持安全、稳健运行，从而保持保险体系的稳定。

与市场经济和新兴工业国家的保险业相比，我国保险业的国际竞争能力较弱。由于保险的治理结构和约束机制不健全，不公平竞争甚至恶性竞争的现象

在一定程度上还比较普遍。如果不能有效地解决这些问题，保险业监督管理的目标就难以实现。同时，我国目前仍是一个转型经济国家，保险业监督管理机构在加强监管的同时，还需要鼓励保险业保险机构业务创新，积极促进市场发展，维护公平竞争的市场秩序。因此，保护保险业公平竞争，提高保险业的竞争能力，就成为保险业监督管理机构为实现保险监管目标而必须履行的一项义务，同时也是维护保险市场有效运行、提高我国保险业效率的具体体现。

三、第133条

（一）（现行条文）

"保险监督管理机构依照本法和国务院规定的职责，遵循依法、公开、公正的原则，对保险业实施监督管理，维护保险市场秩序，保护投保人、被保险人和受益人的合法权益。"

（二）（修改建议）

建议将第133条修改为："保险监督管理机构依照本法和国务院规定的职责，遵循依法、公开、公正的原则，独立地对保险业实施监督管理，维护保险市场秩序，保护投保人、被保险人和受益人的合法权益。地方政府、各级政府部门、社会团体和个人不得干涉。"

（三）（修改理由）

之所以明确保险监管机构监管履行监管职责的独立性，增加"地方政府、各级政府部门、社会团体和个人不得干涉"的表述，主要考虑如下：（一）从法律层面赋予国务院保险业监督管理机构依法独立实施监督管理的权力是十分必要的，这对于加强保险业监督管理，促进我国保险业的健康发展，维护保险业的合法、稳健运行具有十分重要的意义。（二）保险业监督管理机构对保险业实施监督管理的主要目的是监督管理保险机构合法经营，维护保险业秩序，确保保险业安全、合法、稳健运行，发挥社会保障机制。（三）以法律的形式赋予保险业监管机构的独立监管权是国际上的通行做法。国际上权威机构观点认为，实现有效保险监管的一项先决条件是以法律的形式赋予监管机构独立监管权，监管者的独立性是监管制度中必不可少的重要内容。

四、第135条

（一）（现行条文）

第135条："关系社会公众利益的保险险种、依法实行强制保险的险种和新开发的人寿保险险种等的保险条款和保险费率，应当报国务院保险监督管理机构批准。国务院保险监督管理机构审批时，应当遵循保护社会公众利益和防止不正当竞争的原则。其他保险险种的保险条款和保险费率，应当报保险监督管理机构备案。

保险条款和保险费率审批、备案的具体办法，由国务院保险监督管理机构依照前款规定制定。"

（二）（修改建议）

建议将第135条修改为："关系社会公众利益的保险险种、依法实行的强制保险险种的保险条款和保险费率，应当报国务院保险监督管理机构审批。其他保险险种的保险条款和保险费率，应当报保险监督管理机构备案。

保险条款和保险费率的审批和备案方法，由国务院保险监督管理机构制定。"

（三）（修改理由）

之所以在修改建议中取消"新开发的人寿保险险种"的表述，原因在于这个提法的内涵和外延不好界定，有可能导致对保险实务的不同理解和适用上的混乱。考虑到落实"简政放权"精神的需要，应当将其纳入备案的范围。而且，在保险实务中，各家保险公司基本上是将其新开发的人身保险产品向保监会备案即可。

五、第136条

（一）（现行条文）

第136条"保险公司使用的保险条款和保险费率违反法律、行政法规或者国务院保险监督管理机构的有关规定的，由保险监督管理机构责令停止使用，限期修改；情节严重的，可以在一定期限内禁止申报新的保险条款和保险费率。"

（二）（修改建议）

建议将第136条修改为："未使用或实质性变更经审批、备案的保险条款或保险费率，由国务院保险监督管理机构责令保险公司停止使用，并根据具体情形进行行政处罚。未使用或实质性变更经审批、备案的保险条款或保险费率损害投保人、被保险人、受益人权益的，由国务院保险监督管理机构责令保险公司承担赔偿责任。

保险公司使用向国务院保险监督管理机构审批、备案的保险条款和保险费率违反法律、行政法规或者国务院保险监督管理机构的有关禁止性规定的，由保险监督管理机构责令停止使用，限期修改；情节严重的，可以在一定期限内禁止申报新的保险条款和保险费率。"

（三）（修改理由）

由于现行第136条主要存在以下问题：

第一，本条规定不利于对保险产品创新的保护。根据本条规定，即使保险公司使用的保险条款和保险费率仅仅是违反了国务院保险监督管理机构的有关规定，就会出现被要求限期修改和停止申报新的保险条款和保险费率的结果。但保险实务中，保险产品的创新往往是对滞后的保险监管规则的突破。因此，如若据此条的现有规定即对保险公司进行处罚，不利于鼓励保险公司对保险产品进行创新。

第二，本条规定过于一概而论，未区分具体的情况。因为，保险条款存在着报备条款和报批条款的区别。对于报备条款而言，主要是在保监会进行备案，对于此类条款，如违反法律、行政法规或者国务院保险监督管理机构的有关规定的，应当对保险公司进行相应处罚；对于报批条款而言，保险公司需报保监会审批同意后方可使用。因此，存在以下情形：

1. 保险公司未使用向保监会报批或者报备的保险条款和保险费率，或者保险公司使用的保险条款和保险费率变更了经保监会审批的条款内容的，保监会应当对涉事保险公司进行处罚。

2. 经保监会审批的保险条款和保险费率违反法律、行政法规或者保监会禁止性监管规定的，保监会应当对相应的不利后果承担主要责任；保险公司有过错的，保监会可制定相应的处罚规则对涉事保险公司进行处罚。

因此，提出的修改建议就力求保护保险公司的保险产品创新，并针对不同的条款类型和不同的违法违规情况，分别采取不同的处罚措施。

六、第138条

（一）（现行条文）

第138条："对偿付能力不足的保险公司，国务院保险监督管理机构应当将其列为重点监管对象，并可以根据具体情况采取下列措施：

（一）责令增加资本金、办理再保险；

（二）限制业务范围；

（三）限制向股东分红；

（四）限制固定资产购置或者经营费用规模；

（五）闲置资金运用的形式、比例；

（六）限制增设分支机构；

（七）责令拍卖不良资产、转让保险业务；

（八）限制董事、监事、高级管理人员的薪酬水平；

（九）限制商业性广告；

（十）责令停止接受新业务。"

（二）（修改建议）

建议将第138条修改为："对偿付能力不足的保险公司，国务院保险监督

管理机构应当将其列为重点监管对象,并可以根据具体情况采取如下措施:

(一) 责令增加资本金、办理再保险;

(二) 限制业务范围;

(三) 限制向股东分红、股东转让股权;

(四) 限制固定资产购置或者经营费用规模;

(五) 限制资金运用的形式、比例;

(六) 限制增设分支机构;

(七) 责令出售资产、转让保险业务;

(八) 限制董事、监事、高级管理人员的薪酬水平;

(九) 限制商业性广告;

(十) 责令停止接受新业务。

责令保险公司转让保险业务的,保险业务转让方案应经国务院保险监督管理机构批准,转让方案自批准时生效,无须投保人、被保险人等同意。保险业务转让方案应由国务院保险监督管理机构和保险公司予以公告并载明转让生效的时间。因转让保险业务涉及的经营条件与承保之时发生显著变化,承接的保险公司要求调整保险费率或保险金额的,经国务院保险监督管理机构批准,可相应调整保险费率或保险金额。"

(三)(修改理由)

显然,建议增加的第二款是专门针对现行第138条所列明的国务院保险监督管理机构应当对偿付能力不足的保险公司采取的转让保险业务的措施的具体化规定。

由于保险公司转让保险业务涉及相应的被保险人和受益人的权益,美国、日本、我国台湾地区等很多国家或地区的保险法均对这项监管措施的适用作出具体的规定。而我国《保险法》仅仅是列举了该项措施,却缺少具体操作性规定。

因此,建议借鉴其他国家或地区的立法经验,增加有关适用转让保险业务的具体操作内容,要点在于:一是明确转让保险业务的方案的生效条件必须经保险业监管机关的批准,用以确保对被保险人权益保护、市场稳定等方面的审查。监管机关审批同意并公告后即发生保险合同转让之效力,无须再征得投保人、被保险人等同意。二是保证实践中的操作性,一旦保险业务的经营条件与当初承保之时已发生显著变化,不调整保险费率或降低保险金额其他保险公司无法承接的,经监管机关批准,可相应调整保险费率或保险金额。

而建议增加限制股东转让股权,目的是维持保险公司的稳定,避免因股东转让其股权而引发保险公司资本情况的更大改变,进一步损害被保险人或者受益人的利益。

同样，建议将"责令拍卖不良资产"修改为"责令出售资产"，目的是让保险公司更加有利于改变自身的资产结构，增加用于保险偿付所需的现金流，改变和增强其保险偿付能力。

七、建议增加一个条款

（一）（修改建议）

建议增加一个条款，并放置在现行法第135条之后："国家鼓励保险公司的保险产品和保险服务的创新，对于创新类型的人身保险产品实行保护期制度。

创新类型的人身保险产品的保护期制度，由国务院保险监督管理机构和有关机构制定管理办法。"

（二）（修改理由）

增加这一条款，不仅是将"新国十条"有关鼓励保险产品和服务创新的精神上升为立法内容，也是对保险监管实务中适用于新类型人身保险产品的保护期的肯定。因为，大家很久以来已经认识到保险产品设立保护期的必要性。很多地方保监局、行业协会，甚至是保监会均对其进行尝试，故需要立法上给出明确的答案，建立相应的制度机制来提供保护和鼓励创新产品的依据。

八、建议删除第140条、第141条、第142条、第143条，即取消保险公司整顿制度，并删除第148条、第153条等条文中相应的文字

（一）（修改建议）

建议取消现行法有关保险公司整顿制度的规定，即取消现行法的第140条、第141条、第142条、第143条，而将上述条文所涉及的适用整顿的保险公司原因行为，作为重点监管对象而纳入第138条的适用范围，或者纳入第139条规定的责令改正的范围。

与此相适应，应当取消第148条的"被整顿"、第153条的"整顿"等文字表述。

（二）（修改理由）

之所以建议取消对保险公司的整顿制度，理由是，现行法有关整顿制度的规定与第138条、第139条所规定对重点监管对象实施的监管措施和接管制度并存，似有架床叠屋之感觉。因为，我国保险市场的实践表明，现行的保险公司整顿制度的特殊价值不明显，完全可以为重点监管制度和接管制度所取代。一旦保险公司出现诸如第138条或者第139条规定的情况时，适用这些条文规定的措施大多能够解决问题，而单独规定的整顿制度在实践并无多大的实际意义。如果按照第138条和第139条仍然不能解决问题的，直接适用接管的，才

具有法律价值，无须在138条、第139条与接管制度之间再多一个整顿制度。

九、第154条

（一）（现行条文）

第154条："保险监督管理机构依法履行职责，可以采取下列措施：

（一）对保险公司、保险代理人、保险经纪人、保险资产管理公司、外国保险机构的代表机构进行现场检查；

（二）进入涉嫌违法行为发生场所调查取证；

（三）询问当事人及与被调查事件有关的单位和个人，要求其对与被调查事件有关的事项作出说明；

（四）查阅、复制与被调查事件有关的财产权登记等资料；

（五）查阅、复制保险公司、保险代理人、保险经纪人、保险资产管理公司、外国保险机构的代表机构以及与被调查事件有关的单位和个人的财务会计资料及其他相关文件和资料；对可能被转移、隐匿或者毁损的文件和资料予以封存；

（六）查询涉嫌违法经营的保险公司、保险代理人、保险经纪人、保险资产管理公司、外国保险机构的代表机构以及与涉嫌违法事项有关的单位和个人的银行账户；

（七）对有证据证明已经或者可能转移、隐匿违法资金等涉案财产或者隐匿、伪造、毁损重要证据的，经保险监督管理机构主要负责人批准，申请人民法院予以冻结或者查封。

保险监督管理机构采取前款第（一）项、第（二）项、第（五）项措施的，应当经保险监督管理机构负责人批准；采取第（六）项措施的，应当经国务院保险监督管理机构负责人批准。

保险监督管理机构依法进行监督检查或者调查，其监督检查、调查的人员不得少于二人，并应当出示合法证件和监督检查、调查通知书；监督检查、调查的人员少于二人或者未出示合法证件和监督检查、调查通知书的，被检查、调查的单位和个人有权拒绝。"

（二）（修改建议）

建议将第154条修改为："保险监督管理机构依法履行职责，可以采取下列措施：

（一）对保险公司、保险代理人、保险经纪人、保险公估人、保险资产管理公司、外国保险机构的代表机构进行现场检查；

（二）进入涉嫌违法行为发生场所调查取证；

（三）询问当事人及与被调查事件有关的单位和个人，要求其对与被调查事件有关的事项作出说明；

(四) 查阅、复制与被调查事件有关的财产权登记等资料；

(五) 查阅、复制保险公司、保险代理人、保险经纪人、保险公估人、保险资产管理公司、外国保险机构的代表机构以及与被调查事件有关的单位和个人的财务会计资料及其他相关文件和资料；对可能被转移、隐匿或者毁损的文件和资料予以封存；

(六) 查询涉嫌违法经营的保险公司、保险代理人、保险经纪人、保险公估人、保险资产管理公司、外国保险机构的代表机构以及与涉嫌违法事项有关的单位和个人的银行账户；

(七) 对有证据证明已经或者可能转移、隐匿违法资金等涉案财产或者隐匿、伪造、毁损重要证据的，经保险监督管理机构主要负责人批准，申请人民法院予以冻结或者查封。

保险监督管理机构采取前款第 (一) 项、第 (二) 项、第 (五) 项措施的，应当经保险监督管理机构负责人批准；采取第 (六) 项措施的，应当经国务院保险监督管理机构负责人批准。

保险监督管理机构依法进行监督检查或者调查，其监督检查、调查的人员不得少于二人，并应当出示合法证件和监督检查、调查通知书；监督检查、调查的人员少于二人或者未出示合法证件和监督检查、调查通知书的，被检查、调查的单位和个人有权拒绝。"

(三) (修改理由)

建议在第 154 条第一款的第 (一)(五)(六) 项中增加"保险公估人"内容，是考虑到我国保险市场发展的现实需要，保险公估人已经成为保险活动的必要组成部分，其向委托人提供的保险公估服务当然应当纳入保险监督管理机构的监管范围。

十、建议增加一个条文

(一) (修改建议)

建议增加一个条文，放置在现行法第 154 条之后："保险行业组织的活动应当接受国务院保险监督管理机构的监督管理，保险监督管理机构有权对保险行业组织的设立、履行自律职责活动等进行监督、检查，纠正其违法行为。"

(二) (修改理由)

保险行业组织作为保险行业的自律组织，应当独立地履行其行业自律职能作用，但出于监督其依法认真履行职责的需要，应当将其纳入保险监督管理的范围之内。

第七章 "法律责任"的修改建议

一、章数变化

(一)(修改建议)

经过修改后,本章变为第八章。

(二)(修改理由)

由于增加"中国保险行业协会"一章,本章顺延。

二、第158条

(一)(现行条文)

第158条:"违反本法规定,擅自设立保险公司、保险资产管理公司或者非法经营商业保险业务的,由保险监督管理机构予以取缔,没收违法所得,并处违法所得一倍以上五倍以下的罚款;没有违法所得或者违法所得不足二十万元的,处二十万元以上一百万元以下的罚款。"

(二)(修改建议)

建议第158条修改为:"违反本法规定,擅自设立保险公司、保险资产管理机构或者非法经营商业保险业务、变相经营商业保险业务的,由保险监督管理机构予以取缔,没收违法所得,并处违法所得一倍以上五倍以下的罚款;没有违法所得或者违法所得不足三十万元的,处三十万元以上一百五十万元以下的罚款。"

(三)(修改理由)

出于维持我国保险市场正常经营秩序的需要,擅自设立保险机构和非法经营商业保险业务的行为必须严格禁止。鉴于此,本条规定的处罚力度不够,需要予以提高上调。但是,也不赞成罚款金额的大幅度上调而超过《刑法》有关规定的处罚水平。因为,本条规定的情形,同时也受《刑法》第174条的擅自设立金融机构罪的调整,现行条文规定的罚款上线已经超过了《刑法》第174条的擅自设立金融机构罪所规定的最高罚金额度,造成了行政处罚重于刑罚的事实,如果再大幅度提高行政处罚标准,将会使这一问题更为严重。这也恰好说明将刑事责任纳入保险法规定,与行政处罚一并规定的必要性。

不仅如此,"变相经营商业保险业务的"也是非常有害于保险市场秩序的,例如,现存的各种以"互助计划""某某联盟"等为名的非保险机构大都采取收取小额费用,发生互助事件后再均摊互助资金的模式,借助保险名义进行宣传,极易造成保险消费者将其与保险产品混淆。部分机构、网站或个人将虚设的"互助计划"包装成相互保险在互联网、微博、微信平台销售,采用低门槛、先收费、无服务的形式,可能诱发诈骗行为。由于传播速度较快,收费金额较小,容易给广大保险消费者造成经济损失。这些互联网公司不具备保险经营资质或保险中介经营资质,"互助计划"也非保险产品,没有基于保险精算进行风险定价和费率厘定,没有科学提取责任准备金,同时也没有政府部门的严格监管,在财务稳定性和赔偿给付能力方面没有充分保证。因此,建议将"变相经营保险业务"纳入本条规定的"法律责任"范畴,有利于保监会依法监管,依法处罚,避免"处罚盲区"。

但是,这既涉及传统保险公司利益和消费者权益保护,但同时又关系到互联网＋的创新发展。如果要增加规定,需要对"变相经营"做出明确界定,便于操作和认定,也可防止伤及新生事物。

三、第159条

(一)(现行条文)

第159条:"违反本法规定,擅自设立保险专业代理机构、保险经纪人,或者未取得经营保险代理业务许可证、保险经纪业务许可证从事保险代理业务、保险经纪业务的,由保险监督管理机构予以取缔,没收违法所得,并处违法所得一倍以上五倍以下的罚款;没有违法所得或者违法所得不足五万元的,处五万元以上三十万元以下的罚款。"

(二)(修改建议)

建议将第159条修改为:"违反本法规定,擅自设立保险专业代理机构、保险经纪人、保险公估人,或者未取得经营保险代理业务许可证、保险经纪业务许可证、保险公估业务许可证从事保险代理业务、保险经纪业务、保险公估业务的,由保险监督管理机构予以取缔,没收违法所得,并处违法所得一倍以上五倍以下的罚款;没有违法所得或者违法所得不足十万元的,处十万元以上五十万元以下的罚款。"

(三)(修改理由)

由于保险公估人已然纳入本法的规定内容,因此,为了与保险公估资质与责任对应,建议本条增加对保险公估人的规定,增加"保险公估人""保险公估业务许可证"及"保险公估业务"等文字表述。

此外,本条现有规定的处罚标准是否合理,应当根据本条规定的行为是否构成犯罪一并考虑,如果不受刑法调整,建议适当提高处罚标准,如果受刑法调整,建议提高的幅度尽量小一些。因此,建议修改为"没有违法所得或者违法所得不足十万元的,处十万元以上五十万元以下的罚款",这样修改,既保持该条内处罚额度的妥当衔接,也与前条规定的处罚保持适当平衡。

四、第160条

（一）（现行条文）

第160条："保险公司违反本法规定，超出批准的业务范围经营的，由保险监督管理机构责令限期改正，没收违法所得，并处违法所得一倍以上五倍以下的罚款；没有违法所得或者违法所得不足十万元的，处十万元以上五十万元以下的罚款。逾期不改正或者造成严重后果的，责令停业整顿或者吊销业务许可证。"

（二）（修改建议）

建议将第160条修改为："保险公司违反本法规定，超出批准的业务范围经营的，由保险监督管理机构责令限期改正，没收违法所得，并处违法所得一倍以上五倍以下的罚款；没有违法所得或者违法所得不足二十万元的，处二十万元以上一百万元以下的罚款。逾期不改正或者造成严重后果的，责令停业整顿或者吊销业务许可证。"

（三）（修改理由）

将处罚数额修改为"没有违法所得或者违法所得不足二十万元的，处二十万元以上一百万元以下的罚款"，理由与第159条的修改理由相同。

五、第162条

（一）（现行法条）

第162条："保险公司违反本法第八十四条规定的，由保险监督管理机构责令改正，处一万元以上十万元以下的罚款。"

（二）（修改建议）

建议将第162条修改为："保险公司违反本法第八十四条规定的，由保险监督管理机构责令改正，处十万元以上五十万元以下的罚款。"

（三）（修改理由）

将上述罚款修改为"处十万元以上五十万元以下的罚款"。理由：考虑"情节严重的"，还有"责令停业整顿或者吊销业务许可证"的处罚手段，建议适当降低罚款幅度。

六、第163条

（一）（现行条文）

第163条："保险公司违反本法规定，有下列行为之一的，由保险监督管理机构责令改正，处五万元以上三十万元以下的罚款：

（一）超额承保，情节严重的；
（二）为无民事行为能力人承保以死亡为给付保险金条件的保险的。"

（二）（修改建议）

建议将第 163 条修改为："保险公司违反本法规定，有下列行为之一的，由保险监督管理机构责令改正，处五万元以上三十万元以下的罚款：

（一）超额承保，情节严重的；
（二）为无民事行为能力人承保以死亡为给付保险金条件的保险的（父母为其未成年人投保以死亡为给付条件的情况除外）。"

（三）（修改理由）

本法第 33 条已然将父母为其未成年子女投保死亡保险排除在法律限制之外，与此相对应，适用本法规定的法律责任亦应当加以排除。因此，建议对未成年人父母投保情况予以除外。

七、第 164 条

（一）（现行条文）

第 164 条："违反本法规定，有下列行为之一的，由保险监督管理机构责令改正，处五万元以上三十万元以下的罚款；情节严重的，可以限制其业务范围、责令停止接受新业务或者吊销业务许可证：

（一）未按照规定提存保证金或者违反规定动用保证金的；
（二）未按照规定提取或者结转各项责任准备金的；
（三）未按照规定缴纳保险保障基金或者提取公积金的；
（四）未按照规定办理再保险的；
（五）未按照规定运用保险公司资金的；
（六）未经批准设立分支机构的；
（七）未按照规定申请批准保险条款、保险费率的。"

（二）（修改建议）

建议将第 164 条修改为："违反本法规定，有下列行为之一的，由保险监督管理机构责令改正，处十万元以上五十万元以下的罚款；情节严重的，可以限制其业务范围、责令停止接受新业务或者吊销业务许可证：

（一）未按照规定提存保证金或者违反规定动用保证金的；
（二）未按照规定提取或者结转各项责任准备金的；
（三）未按照规定缴纳保险保障基金或者提取公积金的；
（四）未按照规定办理再保险的；
（五）未按照规定运用保险公司资金的；
（六）未经批准设立分支机构的；

（七）未按照规定申请批准保险条款、保险费率的。"

（三）（修改理由）

建议修改为"处十万元以上五十万元以下的罚款"，理由同上。

八、第 165 条

（一）（现行条文）

第 165 条："保险代理机构、保险经纪人有本法第一百三十一条规定行为之一的，由保险监督管理机构责令改正，处五万元以上三十万元以下的罚款；情节严重的，吊销业务许可证。"

（二）（修改建议）

建议将第 165 条修改为：第 165 条："保险代理机构、保险经纪人、保险公估人有本法第一百三十一条规定行为之一的，由保险监督管理机构责令改正，处十万元以上五十万元以下的罚款；情节严重的，吊销业务许可证、责令停业整顿。"

（三）（修改理由）

之所以建议将"处五万元以上三十万元以下的罚款"修改为"处十万元以上五十万元以下的罚款"，并增加"责令停业整顿"的处罚措施，是因为对于此类行为确有必要，其他理由同上。

九、第 166 条

（一）（现行条文）

第 166 条："保险代理机构、保险经纪人违反本法规定，有下列行为之一的，由保险监督管理机构责令改正，处二万元以上十万元以下的罚款；情节严重的，责令停业整顿或者吊销业务许可证：

（一）未按照规定缴存保证金或者投保职业责任保险的；

（二）未按照规定设立专门账簿记载业务收支情况的。"

（二）（修改建议）

建议将第 166 条修改为"保险代理机构、保险经纪人、保险公估人违反本法规定，有下列行为之一的，由保险监督管理机构责令改正，处十万元以上五十万元以下的罚款；情节严重的，责令停业整顿或者吊销业务许可证：

（一）未按照规定缴存保证金或者投保职业责任保险的；

（二）未按照规定设立专门账簿记载业务收支情况的；

（三）未按照规定动用保证金的。

保险专业代理机构、保险经纪人、保险公估人未按照规定的条件分立、合并、变更组织形式或者设立分支机构的，适用前款规定。"

(三)（修改理由）

提高罚款幅度，会更加有利于达到预防和减少上述违法行为的出现，增加"未按照规定动用保证金的"行为和增加第二款规定，均是出于填补类似违法行为处罚疏漏的需要。

十、第 167 条

(一)（现行条文）

第 167 条："违反本法规定，聘任不具有任职资格的人员的，由保险监督管理机构责令改正，处二万元以上十万元以下的罚款。"

(二)（修改建议）

建议将第 167 条修改为："保险机构、保险中介机构违反本法规定，聘任不具有任职资格的人员的，由保险监督管理机构责令改正，处十万元以上五十万元以下的罚款。"

(三)（修改理由）

建议将"处二万元以上十万元以下的罚款"予以提高，目的是让各类保险机构对于聘任具有任职资格人员之重要性的重视。而列明保险机构、保险中介机构是为了明确本条适用的责任主体范围，也实现了本条规定的完整性。

十一、第 168 条

(一)（现行条文）

第 168 条："违反本法规定，转让、出租、出借业务许可证的，由保险监督管理机构处一万元以上十万元以下的罚款；情节严重的，责令停业整顿或者吊销业务许可证。"

(二)（修改建议）

建议将第 168 条修改为："保险机构、保险中介机构违反本法规定，转让、出租、出借其业务许可证的，由保险监督管理机构责令改正，没收违法所得，并处违法所得一倍以上五倍以下的罚款；没有违法所得或者违法所得不足二十万元的，处二十万元以上一百万元以下的罚款；情节严重的，责令停业整顿或者吊销业务许可证。"

(三)（修改理由）

如此修改是源于保险实践的需要。由于导致本条文所述违法行为的原因复杂多样，其所产生的结果也多种多样，不应当适用单一的处罚措施。因此，需要针对各类情况，分别适用不同的处罚措施。而列明保险机构、保险中介机构是为了明确本条适用的责任主体范围，也实现了本条规定的完整性。

十二、第169条

（一）（现行条文）

第169条："违反本法规定，有下列行为之一的，由保险监督管理机构责令限期改正；逾期不改正的，处一万元以上十万元以下的罚款：

（一）未按照规定报送或者保管报告、报表、文件、资料的，或者未按照规定提供有关信息、资料的；

（二）未按照规定报送保险条款、保险费率备案的；

（三）未按照规定披露信息的。"

（二）（修改建议）

建议将第169条修改为："违反本法规定，有下列行为之一的，由保险监督管理机构责令限期改正；逾期不改正的，处五万元以上二十五万元以下的罚款：

（一）未按照规定报送或者保管报告、报表、文件、资料的，或者未按照规定提供有关信息、资料的；

（二）未按照规定报送保险条款、保险费率备案的；

（三）未按照规定披露信息的。"

（三）（修改理由）

业界普遍认为，本条列举的第二项的责任范围过宽。因为，本条规定的保险公司报送、保管、提供、披露报告、报表、文件、资料、信息、条款、费率等的义务非常宽泛，没有对设定义务主体及设定义务规范层次的限定，有关文件、资料、信息等的边界也不清晰，因此义务主体遵守该项义务的成本很高。参考我国台湾地区"保险法"，对类似情形的规定是第168－1条，按该条规定，保险公司承担罚款处罚责任的前提不是未主动、如实履行财务报告、财产目录或其他有关资料及报告，而是在主管机关派员检查时，保险公司的负责人或职员"逾期"或不实提报前述材料。为此，建议在《保险法》第86条明确、谨慎列举需要提交的报告、资料范围，如偿付能力报告、财务会计报告、精算报告、合规报告、资金运用报告范围的同时，用本条第二项规定来界定其适用范围。

同时，建议对第169条的规定，仅对处罚数额进行修改，即将"逾期不改正的，处一万元以上十万元以下的罚款"修改为"逾期不改正的，处五万元以上二十五万元以下的罚款"。

十三、第170条

(一)（现行条文）

第170条："违反本法规定，有下列行为之一的，由保险监督管理机构责令改正，处十万元以上五十万元以下的罚款；情节严重的，可以限制其业务范围、责令停止接受新业务或者吊销业务许可证：

(一) 编制或者提供虚假的报告、报表、文件、资料的；

(二) 拒绝或者妨碍依法监督检查的；

(三) 未按照规定使用经批准或者备案的保险条款、保险费率的。"

(二)（修改建议）

建议将第170条修改为："保险机构、保险中介机构违反本法规定，有下列行为之一的，由保险监督管理机构责令改正，处二十万元以上一百万元以下的罚款；情节严重的，限制其业务范围、责令停止接受新业务或者吊销业务许可证：

(一) 编制或者提供报告、报表、文件、资料有虚假记载、误导性陈述或者重大遗漏的；

(二) 拒绝或者妨碍依法监督检查的；

(三) 未按照规定使用经批准或者备案的保险条款、保险费率的。"

(三)（修改理由）

由于本文规定的行政处罚过低，因此，适当提高了处罚幅度。同时，为了文字表述更加严谨、明确，进行了一定的文字调整。

十四、第171条

(一)（现行条文）

第171条："保险公司、保险资产管理公司、保险专业代理机构、保险经纪人违反本法规定的，保险监督管理机构除分别依照本法第一百六十条至第一百七十条的规定对该单位给予处罚外，对其直接负责的主管人员和其他直接责任人员给予警告，并处一万元以上十万元以下的罚款；情节严重的，撤销任职资格。"

(二)（修改建议）

建议将第171条修改为："保险公司、保险资产管理公司、保险专业代理机构、保险经纪人、保险公估人违反本法规定的，保险监督管理机构除分别依照本法第一百六十条至第一百七十条的规定对该单位给予处罚外，对其直接负责的主管人员和其他直接责任人员给予警告，并处五万元以上二十五万元以下的罚款；情节严重的，撤销任职资格。"

（三）（修改理由）

由于现有规定的行政处罚过低，故适当提高处罚标准，建议修改为"并处五万元以上二十五万元以下的罚款"。

十五、第 172 条

（一）（现行条文）

第 172 条："个人保险代理人违反本法规定的，由保险监督管理机构给予警告，可以并处二万元以下的罚款；情节严重的，处二万元以上十万元以下的罚款。"

（二）（修改建议）

建议将第 172 条修改为："个人保险代理人违反本法规定的，由保险监督管理机构给予警告，可以并处二万元以下的罚款；情节严重的，处三万元以上十五万元以下的罚款。"

（三）（修改理由）

由于现有规定的行政处罚过低，故适当提高处罚标准，建议修改为"情节严重的，处三万元以上十五万元以下的罚款"。

十六、第 173 条

（一）（现行条文）

第 173 条："外国保险机构未经国务院保险监督管理机构批准，擅自在中华人民共和国境内设立代表机构的，由国务院保险监督管理机构予以取缔，处五万元以上三十万元以下的罚款。

外国保险机构在中华人民共和国境内设立的代表机构从事保险经营活动的，由保险监督管理机构责令改正，没收违法所得，并处违法所得一倍以上五倍以下的罚款；没有违法所得或者违法所得不足二十万元的，处二十万元以上一百万元以下的罚款；对其首席代表可以责令撤换；情节严重的，撤销其代表机构。"

（二）（修改建议）

建议将第 173 条修改为："外国保险机构未经国务院保险监督管理机构批准，擅自在中华人民共和国境内设立代表机构的，由国务院保险监督管理机构予以取缔，处二十万元以上一百万元以下的罚款。

外国保险机构在中华人民共和国境内设立的代表机构从事保险经营活动的，由保险监督管理机构责令改正，没收违法所得，并处违法所得一倍以上五倍以下的罚款；没有违法所得或者违法所得不足二十万元的，处五十万元以上二百五十万元以下的罚款；对其首席代表可以责令撤换；情节严重的，撤销其代表机构。"

（三）（修改理由）

由于现有规定的行政处罚过低，故适当提高处罚标准。

十七、第174条

（一）（现行条文）

第174条："投保人、被保险人或者受益人有下列行为之一，进行保险诈骗活动，尚不构成犯罪的，依法给予行政处罚：

（一）投保人故意虚构保险标的，骗取保险金的；

（二）编造未曾发生的保险事故，或者编造虚假的事故原因或者夸大损失程度，骗取保险金的；

（三）故意造成保险事故，骗取保险金的。

保险事故的鉴定人、评估人、证明人故意提供虚假的证明文件，为投保人、被保险人或者受益人进行保险诈骗提供条件的，依照前款规定给予处罚。"

（二）（修改建议）

建议将第196条修改为："投保人、被保险人、受益人有下列行为之一的，进行保险诈骗活动，尚不构成犯罪的，应按照《中华人民共和国行政处罚法》相关规定给予行政处罚：

（一）投保人故意虚构保险标的，骗取保险金的；

（二）编造未曾发生的保险事故，或者编造虚假的事故原因或者夸大损失程度，骗取保险金的；

（三）故意造成保险事故，骗取保险金的。

保险事故的鉴定人、评估人、证明人故意提供虚假的证明文件，为投保人、被保险人或者受益人进行保险诈骗提供条件的，依照前款规定给予处罚。"

（三）（修改理由）

当前实务中，存在针对保险诈骗等不法行为法律制裁力度不够，不法投保人、被保险人屡次进行保险诈骗行为，性质恶劣且影响保险业的健康发展，因其尚不构成犯罪，就理应有明确的法律根据予以行政处罚。但由于本条规定的处罚依据不明确，致使对此类违法行为难以使用法律武器进行维权。因此，为了强化现行规定，针对上述行为的制裁，建议明确处罚的法律依据，具有行政处罚权的机关根据违法行为的事实、性质、情节以及社会危害程度进行行政处罚。并倡议在修改立法后，国务院部、委员会根据《行政处罚法》第十二条授权制定相应实施细则。

同时，建议该条款应当明确行政处罚的种类及具体适用情形。并因该条规定的情形包括了"保险诈骗罪"，因此，应当结合刑法的规定，对行政处罚也明确规定。

十八、第 175 条

（一）（现行条文）

第 175 条："违反本法规定，给他人造成损害的，依法承担民事责任。"

（二）（修改建议）

建议将第 175 条修改为："保险机构、保险中介人或者其他保险活动的参与人违反本法规定，给相对人或者他人造成损害的，应当依法承担相应的民事责任。"

（三）（修改理由）

本条规定的最大问题是责任主体不清，造成其适用的范围模糊。因此，必须明确规定其责任主体范围。

而且，加强对保险人监管的目的在于保护投保人、被保险人和受益人的利益，仅有行政处罚是不够的，还应当用民事责任的承担来填补遭受损失的投保人、被保险人或受益人以及第三人的利益损失。因此，若要切实保护受害人的利益，对于保险人的不法行为，在规定行政责任的同时，还必须规定相应的民事责任。

十九、第 176 条

（一）（现行条文）

第 176 条："拒绝、阻碍保险监督管理机构及其工作人员依法行使监督检查、调查职权，未使用暴力、威胁方法的，依法给予治安管理处罚。"

（二）（修改建议）

建议删除本条。

（三）（修改建议）

此类违法行为，应当按照《治安管理处罚条例》予以处罚，故本条规定实为多余。

二十、第 177 条

（一）（现行条文）

第 177 条："违反法律、行政法规的规定，情节严重的，国务院保险监督管理机构可以禁止有关责任人员一定期限直至终身进入保险业。"

（二）（修改建议）

建议将第 177 条修改为："保险机构、保险中介机构的人员、个人保险代理人等违反法律、行政法规的规定，情节严重的，国务院保险监督管理机构可以根据有关责任人员之违法行为的严重程度，分别情况对其处以 5 年、10 年、20 年直至终身进入保险业的处罚。"

（三）（修改理由）

由于本条缺乏责任主体的规定，而且禁止有关责任人进入保险业的尺度过于笼统、宽泛，因此，建议明确责任主体的范围，并区分具体情形分别规定限制期限或终身，否则可能导致监管权滥用。

二十一、第179条

（一）（现行条文）

第 179 条："违反本法规定，构成犯罪的，依法追究刑事责任。"

（二）（修改建议）

建议第 179 条修改为："保险活动的参与人和保险监督管理机构的工作人员等违反本法规定，构成犯罪的，依据《中华人民共和国刑法》追究其刑事责任。"

（三）（修改理由）

将保险刑事责任纳入《保险法》，既可以起到警示有关人等依法行事，也能够将《保险法》与《刑法》的适用关系予以明确。

二十二、在《保险法》附则部分增加一条关于大病保险的规定

（一）（修改建议）

"大病保险适用本法规定，法律、行政法规另有规定的，适用其规定。"

（二）（修改理由）

自 2012 年实施以来，大病保险迅速发展，已经成为国家进一步提升居民医疗保障水平的一项重要举措。《国民经济和社会发展第十三个五年规划纲要》也明确提出，下一个五年，将"全面实施城乡居民大病保险制度"。作为一项关系民生的保险制度，大病保险的法律法规建设仍较为滞后，目前尚没有出台任何相关法律法规或部门规章。

从国家相关政策规定和实践操作情况来看，一方面大病保险由商业保险公司提供风险保障服务，采用商业保险的经营模式；另一方面大病保险具有较强的政策性，属于准公共产品，适用《保险法》时具有较多特殊之处，应出台专项行政法规加以规范。因此，建议在《保险法》附则部分中增加一条关于大病保险的规定，为后续制度建设提供上位法依据，具体放置在现行法第 182 条之后。

从审判实务谈保险法之修订

刘竹梅[*]　林海权[**]

近年来,随着保险市场的发展,保险市场主体之间的纠纷逐渐增多,人民法院受理的保险纠纷案件逐年上升,案件类型日趋复杂多样,出现了一些新型、疑难问题。为配合2009年《保险法》的实施,最高人民法院先后出台了《关于适用〈中华人民共和国保险法〉若干问题的解释(一)》(以下简称《保险法司法解释(一)》)、《关于适用〈中华人民共和国保险法〉若干问题的解释(二)》(以下简称《保险法司法解释(二)》)、《关于适用〈中华人民共和国保险法〉若干问题的解释(三)》(以下简称《保险法司法解释(三)》),有效解决了保险审判实践中面临的一些争议和问题。在司法解释起草过程中,我们发现,审判实践存在的争议和问题有些在司法解释层面无法找到合适的解决方案,只有通过立法修订和完善才能真正解决。此次《保险法》的修订,为这些问题的解决提供了良好契机。我们期冀本次《保险法》的修订,能积极回应保险市场发展以及保险合同纠纷案件审理的需要,进一步推动保险法律制度的完善。

一、审判实务对保险法修订的需求

2009年《保险法》的修订,为保险业的发展创造了良好的法律环境,也为保险合同纠纷案件的审理提供了重要的法律依据。随着我国保险行业的发展,保险产品不断丰富,相关主体的利益关系更加复杂,保险合同立法亟须作出相应调整。

1. 明确保险合同的本质特征。早在各个国家的民法典产生之前,包括保险合同法在内的保险法即已经产生,19世纪、20世纪兴起的民商法典立法潮流也没能影响其独立性。相反,保险合同法自其产生就不断冲击着传统的合同法理论,并不断推进合同法理论的丰富和发展。保险合同法独立存在的原因,毫无疑问在于保险合同具有的不同于普通合同的内涵与特征,因此,明确保险

---

[*] 最高人民法院研究室副主任。
[**] 最高人民法院民二庭审判员。

的本质特征是保险合同立法的出发点❶,也是正确适用保险合同法的前提❷。当前大陆法系的保险立法是从合同的角度对保险进行界定❸,我国《保险法》也不例外❹。这种界定方式实际上是以"保险费"以及"保险给付"来界定保险制度,而由于对当事人提供的给付以及支付的对价是否属于保险给付或者保险费本身需要通过保险的界定来判断,该界定方式实际上是一种循环论证,没能揭示保险制度的本质特征。因此,这种界定方式实际上无法为保险与非保险的区分提供判断标准。我国保险审判实践中,曾就保证保险合同的性质展开激烈争论❺,该争议虽因 2009 年《保险法》明确将保证保险规定为保险而搁置,但对其内涵与保证有何本质区别尚有待厘清❻,实务中仍有观点认为其应为保证❼。从经济学角度看,保险是保险人运用以大数法则为基础的保险技术,分散或者转移风险的制度。但当前保险公司开发的保险产品已经不完全具备以上特征,有的保险产品虽以转移风险为目的,但其运作并不完全以大数法则为基础,有的保险产品甚至已经不再以转移风险为主要目的。例如,投资型保险产品虽仍有保障功能,但也存在投资理财的因素,这些保险产品是否仍然属于保险?❽ 保险合同立法如何应对这种变化?保险审判实践中是否仅依据保险合同法来审理相关案件?我们希望,本次《保险法》的修订能对保险合同作出更具

---

❶ 围绕风险从一方转移到另一方的合同,形成了一个独一无二的法律体系,我们将之称为保险法。【美】约翰·F·道宾:《美国保险法》,梁鹏译,法律出版社 2007 年版,第 1 页。

❷ 从保险合同纠纷案件审理角度来看,当事人的交易是否属于保险合同将决定投保人如实告知义务、保险利益原则等保险特有原则的适用。

❸ 例如,《日本保险法》第 2 条规定:"保险契约,无论使用保险契约、共济契约或其他任何名称,当事人一方约定以一定事由的发生为条件支付财产上的给付(生命保险契约以及伤害疾病定额保险契约的情形下不限于金钱给付),另一方对此约定支付与该一定事由发生的可能性相对应的保险费(包括共济费)之契约。"《韩国商法》第 638 条规定:"保险合同,即因一方当事人支付约定的保险费,并当发生财产、生命、身体上的不确定事故而致损失时,另一方支付一定的保险金额或其他金额。"我国台湾地区"保险法"第一条规定:"本法所称保险,谓当事人约定,一方交付保险费于他方,他方对因不可预料或不可抗力之事故所致之损害,负担赔偿财物之行为。"

❹ 《保险法》第 2 条规定:"本法所称保险,是指投保人根据合同约定,向保险人支付保险费,保险人对于合同约定的可能发生的事故因其发生所造成的财产损失承担赔偿保险金责任,或者当被保险人死亡、伤残、疾病或者达到合同约定的年龄、期限等条件时承担给付保险金责任的商业保险行为。"

❺ 保证保险作为一项保险业务,从 2000 年前后逐步发展起来,因其究竟属于保证还是保险存在不同认识,实践中引发大量纠纷,直接导致该业务的萎缩,甚至很长一段时间几乎没有保险公司愿意开展这项业务。保险业界和审判实务界多数倾向于将保证保险视为保险,但理论界对于保证保险的保险属性一直有不同声音,以梁慧星、樊启荣以及徐卫东教授为代表。参见樊启荣:"保证保险性质之探讨",载《云南财贸学院学报》2005 年第 5 期;梁慧星:"保证保险合同纠纷案件的法律适用",载《人民法院报》2006 年 3 月 1 日第 B01 版;徐卫东、陈泽桐:"保证保险合同若干法律问题研究",载《当代法学》2006 年第 3 期。

❻ 参见杨留强、翟伟静:"保证保险若干法律问题探讨",载《黑龙江省政法管理干部学院学报》2010 年第 4 期;贾林青:"重构保证保险制度的法律思考",载《保险研究》2012 年第 2 期;任自力:"保证保险法律属性再思考",载《保险研究》2013 年第 7 期;田金花等:"保证保险法律问题研究",载《经济研究导论》2014 年第 14 期。

❼ 吕日东:"保证保险的性质与法律适用",载《山东审判》2010 年第 2 期。

❽ 有学者认为,投连险的法律性质应当定位为"保险+信托"。其中,保险保障部分为保险法律关系,投资账户部分为信托法律关系;投连险合同实际上由一项传统保险合同和一项信托合同构成。李理:"投资联结保险:法律属性及现行保险法的冲突",载《河北法学》2005 年第 4 期。

包容性与精确性的界定，为独立的保险合同立法提供支撑，也为保险合同立法的适用划定范围。

2. 构建清晰保险合同法律关系。传统合同法理论以两方当事人之间的合同为模型，遵循合同相对性原理。早期保险实践中，与保险人订立保险合同的主体、保险合同保障对象以及保险金的归属往往为同一人，故可依据传统合同法理论来构建保险合同权利义务关系体系。当前保险实践中，以上三个主体可能是分离的。如何在合同法理论的框架内确定以上三个主体的法律地位，关系到相关主体之间的利益平衡，成为保险合同立法必须解决的问题，也直接影响相关保险合同纠纷案件的审理[1]。大陆法系保险合同立法区分投保人与被保险人、受益人，将投保人[2]作为保险合同的当事人、受益人作为为他人利益合同的受益第三人，对于被保险人的法律地位，则存在第三人与关系人两种立法模式，前者以德国为代表[3]，后者以日本、韩国和我国台湾地区为代表[4]。英美法系的保险合同立法与实践，没有严格区分投保人、被保险人与受益人。保险合同一方当事人为 Insurer，即保险人，另一方则通常是 Insured（有时表述为 Assured）。[5] Insured 一方面是与保险人缔结合同并承担给付保险费义务的主体，另一方面是保险合同的保障对象，在保险事故发生后因遭受损失而享有保险金请求权。需要注意的是，英美保险合同法的 Insured 并不等同于大陆法系

---

[1] 例如，被保险人可否行使任意解除权要求保单现金价值；投保人死亡后，解除保险合同权利由谁承继？

[2] Peter Schimikowski, Versicherungsvertragrecht, Verlag C. H. Beck, 4. Aufl., 2009, S. 59. 投保人是与保险人订立保险合同的主体，其作为保险合同当事人享有基于保险合同产生除保险金请求权之外的所有合同权利，包括要求交付保单、返回保险费、解除保险合同以及指定受益人等权利，同时也承担支付保险费以及如实告知、风险增加通知等义务。《日本保险法》将投保人界定为，保险合同当事人中负有保险费交付义务的人。我国台湾地区"保险法"将其界定为"本法所称要保人，指对保险标的具有保险利益，向保险人申请订立保险契约，并负有交付保险费义务之人。"以上界定并不严谨。首先，从合同法角度来看，直接参与订立合同的主体即为当事人，无须其他条件；其次，因任何人均不得为他人设定义务，故原则上与保险人订立保险合同的投保人需要承担支付保险费的义务，但并不排除投保人可以将该义务转移给他人承担，单纯支付保险费义务的转移仅是债务承担，并不会导致投保人身份的变更，也不影响投保人的合同地位；第三，保险利益的功能在于区分赌博、防范道德风险，其应属于保险合同订立或者理赔时需要考虑的事宜，影响的是合同效力或者是否可以获得赔偿等问题，不影响投保人的当事人身份。

[3] 在德国，被保险人是保险事故发生时遭受损害的主体，是为他人利益合同中的第三人。作为受保险合同保障的对象，被保险人在财产保险中享有保险金请求权，但并不是合同当事人。被保险人虽是保险金的实质权利人，但只有在投保人同意或者持有保单的情况下，才可直接向保险人主张权利，否则只能由投保人行使保险金请求权，待投保人取得保险金后向被保险人转交。被保险人不承担合同上的义务，保险人对被保险人没有请求权。当保险人不当给付时，其只能要求投保人承担恢复原状之义务。Peter Schimikowski, Versicherungsvertragrecht, Verlag C. H. Beck, 4. Aufl., 2009, S. 64.

[4] 在日本、韩国和我国台湾地区，被保险人是保险合同的关系人，其虽不是保险合同当事人，不享有保险金请求权之外的其他权利，但对保险人有直接的保险金请求权，同时也承担与风险评估及保险金请求权行使相关的一系列义务，如如实告知义务、风险增加通知义务、保险事故发生义务、减损义务等。

[5] E. R. Hardy Ivamy, General Principles of Insurance Law, 5th ed. Butterworths, 1986, pp. 5-6.

的被保险人,不能因此认为其以被保险人为中心来构建保险合同法律关系。❶事实上,在投保人与被保险人为不同主体的情况下,英美法系保险审判实践也是认为被保险人不具有合同解除权。❷ 我国当前《保险法》采纳大陆法系的做法,明确以投保人作为保险合同的当事人❸,被保险人总体上被认定为关系人❹,承担标的物转移、风险增加、保险事故发生等通知义务,但该观点在如实告知义务上并没有得到贯彻,《保险法》并没有如日本、韩国等将被保险人作为如实告知义务的主体❺。《保险法》对于被保险人利益的保护有自己的特色❻,但也存在可以改进的空间❼。从保险审判实践以及相关司法解释起草的情况来看,有以下两个问题需要注意:一是投保人的当事人地位应进一步明确。虽然《保险法》明确规定投保人是合同当事人,但要求将被保险人作为合同当事人的声音在理论界与实务界仍然不绝于耳,对被保险人是否享有保险金请求权之外的合同权利在理论上有争议,在实践中也有不同认识❽;二是存在将被保险人作为关系人必然存在的问题。被保险人虽承担特定的合同义务,但不是合同当事人,保险人因被保险人违反义务行使包括解除权在内的合同权利时,是仍必须向作为合同当事人的投保人行使,还是可以向非合同当事人的被保险人行使?

3. 准确定位保险合同法。保险合同是以转移危险为目的的射幸合同,在订立、生效、履行等方面具有不同于普通民事合同的一些特征,需要在法律上

---

❶ 施文森:《保险法判决之研究》上册,台湾三民书局2001年版,第123页。英美法上 Insured 一字,学者将之译为被保险人。若细加探究,Insured 不仅指以存有保险利益之财产为保险标的之人,同时亦指提出要保申请之人及于危险事故发生后享有向保险人请求赔偿之人。及至二百年前人身保险逐渐起步以后,始发现提出要保申请之人与以生命或身体为保险标的之人及日后受领保险金给付之人未必为同一人,实际上,有时亦不可能或亦不宜为同一人,于此场合,若仍以 Insured 涵盖此三者,难免误导,于是称前者为 Applicant for Insurance,后者成为 Beneficiary。由于人身保险制度系由财产保险制度推演而来,于二十世纪四十年代以前,人身保险于运作上始终受产险惯例之约束,除非保单或法令有特别规定,仍承袭产险上 Insured 一字加以概括,因此 Insured 一字系指何人而言,有时不易捉摸。

❷ North American Life Insurance Company v. John T. Wilson 111 Mass. 542, 1873 WL 8918 (Mass.) 该案中,法院认为,投保人与他人订立合同的情况下,该人无权确认合同无效,即使其交纳保险费。有法院甚至明确提出,仅仅只是被保险人的身份并不会使其取得合同当事人的法律地位。Re Interdiction of Lalehparvaran 132 So. 3d 439, 48, 655 (La. App. 2 Cir. 1/15/14)。The status as the insured does not make the insured a party to the contract and does not give the insured the rights of ownership.

❸ 《保险法》第12条第1款规定:"保险合同是投保人与保险人约定保险权利义务关系的协议"。

❹ 吴定富:《〈中华人民共和国保险法〉释义》,中国财政经济出版社2009年版,第30页。我国当前的保险法教科书多数将被保险人作为关系人,也有个别教科书将被保险人与投保人共同列为当事人。李玉泉:《保险法学——理论与实务》,高等教育出版社2007年版,第106页。

❺ 《保险法》第16条仅规定,投保人为如实告知义务主体。

❻ 最为典型的是指定受益人的权利,不管是大陆法系还是英美法系,一般是认为该权利归属于投保人或者保单持有人,只是基于保护被保险人的需要,投保人指定受益人需要经过被保险人同意,但我国《保险法》第40条规定被保险人也可以指定受益人。被保险人可以指定受益人得到台湾学者江朝国的认可。参见江朝国:"论被保险人有无指定受益人之权",载《保险法论文集》(三),瑞兴图书股份有限公司2002年版。

❼ 一方面,被保险人缺乏自由退出保险合同的权利,不利于其防范道德风险;另一方面,投保人故意制造保险事故的情况下,保险人免除保险责任,不符合被保险人的合理期待。

❽ 参见宫邦友、林海权:"保险法司法解释(三)论证会综述",载《商事审判指导》2014年第1期。

作出不同于普通民事合同的规定，这是保险合同立法独立存在的基础。问题是，如何把握保险合同的这些特征？这些特征是否足以导致保险合同可以不适用普通民事合同的一些基本规则？例如，对于保险合同的成立，有观点认为，保险合同的订立通常是以投保人填写投保单，保险人核保的形式订立的，因此，保险合同的订立只有"投保人要约、保险人承保"的形式，这也是《保险法》第13条的出发点。另一种观点认为，保险合同属于民事合同的一种，其订立仍然要遵守合同法的一般原则，应允许存在"保险公司要约、投保人承诺"的订立形式。此外，保险合同立法规定了一些不同于普通民事合同的制度，这些制度与合同法上的相关制度处于何种关系？例如，为帮助保险人准确评估风险，《保险法》第16条第2款规定，投保人故意或者因重大过失未履行如实告知义务，足以影响保险人决定是否同意承保或者提高保险费率的，保险人有权解除合同。为保障当事人基于真实意思订立合同，《合同法》第54条规定，当事人因重大误解订立合同的，可以请求变更或者撤销。《保险法》第16条和《合同法》第54条处于何种关系？《保险法》第16条是否排除《合同法》第54条的适用？投保人违反如实告知义务导致保险人因重大误解订立合同的，投保人是否可以自由选择行使解除权或者撤销权？投保人在不能依据《保险法》第16条解除合同后，是否仍可依据《合同法》第54条撤销合同？这取决于《保险法》如何定位保险合同法与合同法的关系，需要立法机关予以明确。

4. 合理保护保险消费者。随着现代保险从海上保险发展到陆上保险、从财产保险发展到人身保险，以普通消费者为投保人的财产保险以及人身保险逐渐成为保险市场的主体，加强保险消费者权益保护成为当前世界各国保险立法的一项重要原则。对于如何保护保险消费者，大陆法系的德国与日本采用不同立法模式。德国保险合同立法采"合同法＋保险合同法"的模式，通过民法规制一般交易条款的规则与保险合同法的特殊规则共同保护保险消费者的利益。[1] 日本立法机关则是保险合同法之外，制定专门的消费者保护法律，用于保障包括保险消费者在内的各类消费者的权益。[2] 在英美法系，美国主要是通过合理期待原则来保护保险消费者，[3] 英国保险立法与实践则对保险合同法律

---

[1] 关于一般交易条款，《德国民法典》对其订入、解释以及内容做了详细规定，这些规定同样适用于保险合同中的格式条款。2008年修订《德国保险合同法》强化了保险人的前合同义务，要求保险人在订立合同时向投保人履行建议义务和信息提供义务，保护投保人的知情权。

[2] 2008年修订的《保险法》虽也增加有关内容保护保险消费者，但保险消费者保护的任务主要是由2001年的《消费者合同法》以及2006年修订的《金融商品交易法》来完成，这两部法律要求保险人制定的格式条款应采用通俗易懂的语言，并对保险人的信息提供义务做了详细规定。

[3] 法院是在运用合理期待原则来保护消费者，而不是在具有平等谈判地位的当事人之间运用该原则来调整双方的权利义务关系。据介绍，美国大多数州的保险审判实践采用的是所谓"加强版"的合理期待原则，即使格式条款本身没有歧义，仍可能适用合理期待原则，按照被保险人的合理期待来确定格式条款的含义。［美］小罗伯特•H.杰瑞、道格拉斯•R.里士满：《美国保险法精解》，李之彦译，北京大学出版社2009年版，第22～27页。

第一编　保险立法修改论坛

制度作了全方位的改进，以实现对保险消费者的保护，甚至形成所谓的保险消费者保护法。❶ 我国《保险法》自1995年制定以来就十分关注投保人利益的保护，2009年《保险法》修订时基于投保人利益保护对投保人如实告知义务相关制度进行修订，并强化保险人的明确说明义务，增加保险格式条款无效的规定。这些制度与原有的不利解释原则构成相对完整的投保人利益保护体系。❷ 但从保险审判实践以及司法解释起草中了解的情况来看，保险人明确说明义务、无效格式条款以及不利解释原则在实践中的运作并不理想，没能起到充分保障投保人利益的作用。❸ 鉴于保险消费者保护在实践中存在的问题，结合国外保险合同法的最新发展，未来我国保险合同立法在完善保险消费者保护的相关制度上需要注意以下几个问题：首先，是否要区分消费保险合同与非消费保险合同？如区分，消费保险合同与保险消费者如何界定？❹ 其次，保险合同中的消费者与其他金融领域的消费者以及非金融领域的普通消费者在保护上是否需要区别对待？保险消费者保护的立法是置于保险合同法中，还是金融消费者保护法中，或者是统一的消费者保护法中？第三，对于实践中保险人可能在格式条款中订立不符合保险消费者合理期待的格式条款，如何完善现有制度予以规范？是借鉴大陆法系的不合理条款排除规则，❺ 还是英美法系的合理期

---

❶ John Birds, Insurance Law in the United Kingdom, Wolter Kluwer, 2010, p. 25. 自20世纪80年代以来，英国保险监管部门就致力于推动相关经营规则完善，以加强保险消费者的保护，并提出多项改革法案。除了行业内部的自律规范外，司法实践中保险消费者的保护主要体现在三个方面：一是在审理投保人不实披露、虚假陈述、违反保证与条件条款等案件中，弱化投保人的义务，避免保险人随意以投保人违反义务为由拒赔；二是基于最大诚信原则，要求保险人在合同订立时承担信息披露义务，并对其确认合同无效权利进行限制；三是根据1999年《消费者合同不公平条款条例》规范保险合同中的不公平条款。2012年3月，立法机关吸收司法实践的经验，制定了《消费者保险（披露与陈述）法案》，明确界定了消费保险合同，并对消费保险合同中投保人的披露与陈述义务以及保险人的救济权进行限制。2015年，立法机关又制定了《保险法》对包括消费保险合同在内的所有保险合同的保证与条件条款进行规范，并对非消费者保险的披露与陈述义务也进行限制。

❷ 参见林海权："保险法修订理念探析——从保护被保险人利益的视角"，载《人民司法》2009年第17期。

❸ 保险人明确说明制度在实践中已经完全形式化，保险人更关心的是投保人有没有在投保声明栏签字确认其履行明确说明义务，而没能真正向投保人解释说明合同条款；《保险法》第19条关于无效格式条款的规定未能提供判断格式条款是否有效的标准，难以为审判实践提供指导，实践中哪些条款应认定无效存在争议；不利解释原则仅能在格式条款经通常理解存在两种以上解释时做出有利于投保人的解释，对于如何防止保险人在格式条款中订入不符合合理期待的条款无能为力。

❹ 英国《消费者保险（披露与陈述）法案》以立法的形式对消费保险合同进行界定，值得借鉴。该法第1条规定："本法案中，消费保险合同是指以下主体之间订立的合同：(1) 完全或部分基于与个人贸易、营业或职业无关的目的订立合同的个人；(2) 经营保险业务的保险公司或者应参与保险交易成为合同主体的人（不管根据FSMA2000立法目的是否允许从事该行为）。消费者是指已经订立或拟订立消费保险合同的个人；保险人包括已经是或者即将是消费保险合同的另一方主体。"

❺ 例如《德国民法典》第305c条第1款规定："根据情况，特别是根据合同外观，一般交易条款中的调控如此不同寻常，以致使用人的合同相对人无须予以考虑的，不成为合同的组成部分。"我国台湾地区"消费者保护法"第14条规定："契约之一般条款未经记载于定型化契约中而依正常情形显非消费者所得预见者，该条款不构成契约之内容。"

61

待解释原则?[1]

二、保险法修订需遵循的原则

保险立法的功能在于为保险市场交易主体提供行为规范,为保险合同纠纷案件的审理提供裁判依据。对于《保险法》的修订,建议遵循以下基本原则:

1. 立足本国国情,借鉴域外经验。保险法属于舶来法,域外相关保险立法和实践已经相对较为成熟,在保险法的修订中可以适当借鉴域外经验。当然,由于保险行业发展所处阶段不同,保险实践中出现的问题也不一致,故我们在借鉴域外相关经验时坚持从本国国情出发,根据国内保险业实际状况决定是否移植域外相关规定。例如,保险单是保险合同的载体,是确定保险合同各方主体权利义务关系的依据。从保险市场发展来看,具有现金价值的保险单所占份额逐步增加,围绕具有现金价值的保险单的转让与质押业务也将逐步兴起,实践中对于保险单转让与质押如何操作目前存在不少争议。《保险法》如能借鉴美国、德国等相关做法,将保险单界定为权利凭证,将有利于保险单相关业务的开展。

2. 立足行业现状,顺应时代发展。当前保险审判实践中出现的争议和问题,一方面是因保险市场尚不成熟、市场主体行为不够规范产生的,另一方面也与保险市场不断发展、保险产品不断创新有直接关系。《保险法》的修订首先是立足行业现状,解决具体问题,同时考虑保险行业未来发展的需要,引导保险市场规范发展。近年来,互联网保险发展迅速,在保险市场上所占比重越来越大,因当前的《保险法》以传统的保险合同为规范模型,直接将所有规定适用于互联网保险将会产生一些严重的后果,亟须立法进行修订。

3. 坚持诚信原则,合理保护保险消费者。诚信原则是民法的基本原则。保险合同以转移风险为目的,属典型射幸合同,对诚实信用的要求高于一般普通合同,故理论界将保险合同称为最大诚信合同。《保险法》的修订应坚持最大诚信原则,引导和规范市场主体诚实守信,推动形成诚信市场环境。加强保险消费者保护是当前各国保险合同立法的基本原则,是保险监管部门监管工作的重要内容,也是2009年《保险法》修订的重中之重。《保险法》修订应当坚

---

[1] 合理期待原则的核心是,被保险人在购买保险时有权得到其合理期望得到的保险保障。关于合理期待原则的适用,美国法中曾存在弱化版、折中版以及强化版三种版本。弱化版认为,合理期待原则不能凌驾于明白无误的保单措辞之上,只有在保单存在歧义的情况下才适用合理期待原则。折中版认为,如果保单存在歧义,或者条款过分专业和晦涩,或者各项规定太多,使得被保险人未能察觉出当中包括除外责任条款,则应适用合理期待原则。强化版则认为,合理期待原则不仅仅是一项普通合同解释规则,其适用不以保单存在歧义为前提。也就是说,即使保单条款本身毫无歧义,合理期待原则也会创造出额外权利。从司法实践的发展来看,强化版本的接受者越来越多,甚至出现加强版本,即只要保单措辞、语法或组织能够让被保险人产生合理期待,法院就会适用该原则,作出不利于保险人的解释。[美] 小罗伯特·H. 杰瑞、道格拉斯·R. 里士满:《美国保险法精解》,李之彦译,北京大学出版社2009年版,第21~25页。

持加强保险消费者保护的理念，同时兼顾保险人的利益，保障保险行业的健康发展。

4. 尊重保险特性，注意与其他法律的衔接。保险是专门的保险机构利用特定的保险技术，向处于不确定状态的对象收取费用积累基金，为其分散或者转移危险的制度。基于保险具有的转移风险的特性，保险合同在订立、效力、履行等方面具有不同于普通民事合同的一些特征，需要在法律上作出不同于普通民事合同的规定，这是保险立法独立存在的基础。《保险法》的修订应当尊重保险特性，遵循保险原理。当然，保险合同属于合同，保险合同立法只是合同法的特别法，其制度设计仍应遵循合同法的基本原理。《保险法》除了规范保险合同外，还规范保险业的经营行为，这涉及公司法、证券法、反不正当竞争法、消费者权益保护法等相关法律，《保险法》修订时还需注意与这些相关法律的衔接与适用。

三、《保险法》保险合同章修订的具体建议

本次《保险法》修订，有关部门提交的修改文本主要集中在保险业法部分。从审判实践需求看，保险合同法部分有不少规定也亟须修订和完善。

（一）关于保险利益

《保险法》48条规定，被保险人在保险事故发生时没有保险利益的，不享有保险金请求权，但对于保险合同效力是否受到影响没有明确规定。立法解释认为，应根据保险事故对保险标的物造成损害的不同分别处理：保险标的物因保险事故的发生而灭失的，因为合同标的不存在，保险合同自然终止；保险标的物部分毁坏、没有灭失的，因为保险标的仍然存在，保险合同继续有效，如果以后再发生保险事故，且当时被保险人对保险标的具有保险利益的，保险人仍应按照保险合同的约定对被保险人承担赔偿保险金的责任。此外，投保人仍可要求解除保险合同，保险人应当将已经收取的保险费按照合同约定退回投保人，但可扣除自保险责任开始之日起至合同解除之日止应收的部分。[1] 该解释只是解决了保险事故发生后保险合同的效力问题，保险事故未发生时保险合同效力如何处理仍不明确。实践中，保险利益不存在或者消灭的情况较为复杂。保险利益除了可能因保险事故发生而消灭外，还可能因其他事由消灭；保险利益不存在可能是一时不存在，也可能是整个合同存续期间都不存在；一时不存在中，可能是保险合同成立时存在，合同存续期间消灭，也可能是成立时不存在，合同存续期间产生。此外，保险利益不存在的原因可能是当事人有意为之，也可能是无意产生的；当事人有意为之可能是出于善意，也可能是出于恶

---

[1] 安建主：《中华人民共和国保险法（修订）释义》，法律出版社2009年版，第82～83页。

意。因此,仅凭以上规则尚不足以解决所有问题。在此情况下,可以借鉴其他国家和地区的做法进行处理。例如,我国台湾地区"保险法"第17条规定:"要保人或被保险人,对于保险标的物无保险利益者,保险契约失其效力。"对于此处"失其效力"如何理解,少数观点认为,保险利益为保险合同生效条件。❶通说认为,该条规定表明,保险利益之存在,仅为保险合同失效原因,并非保险利益之存在为保险合同成立要件。保险利益并非保险合同应记载事项,可以看出保险合同成立时,保险利益纵尚未成立亦无不可。❷《德国保险合同法》第80条对保险利益对合同效力的影响分三种情况进行规定:"(1)保险合同生效时不存在或者当保险合同是为将来计划或其他利益订立,但上述利益并未实现的,投保人可以免除缴纳保险费的义务,但保险人有权请求投保人支付合理的业务费用;(2)保险合同生效后保险利益消灭的,保险人有权保有从保险合同生效之日起到保险利益消灭之日止的保险费。(3)投保人为了获取非法财产利益而以虚构之保险利益投保,则保险合同无效,保险人有权保有从合同生效之日至其知晓无效事由期间的保险费。"

(二)关于被保险人的保护

被保险人是受保险合同保障的对象,无论赋予被保险人何种法律地位,妥善保护被保险人,是保险合同立法无法回避的问题。

1. 投保人解除合同时被保险人的保护。《保险法》第15条规定,投保人可以在保险合同成立后解除保险合同。实践中,投保人与被保险人可能为不同主体,投保人任意解除保险合同会侵害被保险人对保险合同的合理期待,有必要通过立法建立相应制度,保护被保险人的利益。《保险法司法解释(三)》曾拟借鉴域外经验,增加相应规定,但受制于现有立法,难以实现,仅在第17条引入介入权,适用范围有限。建议本次《保险法》修订,借鉴德国、日本的相关规定,要求投保人解除保险合同时,应当通知被保险人;被保险人可以在限定时间内决定是否向投保人支付相当于保险单现金价值的款项,以维持保险合同效力;被保险人在限定时间内未表示同意解除保险合同的,投保人的解除行为发生法律效力。

2. 死亡险中的被保险人保护。为保护死亡险中的被保险人,《保险法》第34条规定,以死亡为给付保险金条件的保险合同,未经被保险人同意并认可保险金额的,合同无效。该规定对于防止不法分子以他人生命骗取保险金起到积极作用,但该规定所要求的"被保险人同意并认可保险金额"在实践中贯彻得并不理想,仍有不少保险人承保死亡险时不主动审查是否经过被保险人同意

---

❶ 可保利益之存在于归属,为保险契约之有效要件,而不以其为保险契约之成立要件。参见梁宇贤:《保险法新论》(修订新版),中国人民大学出版社2004年版,第79页。

❷ 江朝国:《保险法基础理论》,中国政法大学出版社2002年版,第171页。

并认可保险金额,导致市场上仍有一些未经被保险人同意的死亡险保险单,给保险人与投保人的逆向选择行为留下空间,社会效果不好。建议《保险法》在修订时能增加相应规定,保障第 34 条所要求的"被保险人同意并认可保险金额"得到实现。此外,有些被保险人在合同订立时同意他人为其订立死亡险,但保险合同存续期间,因与投保人关系发生变化,不同意以自己为被保险人订立死亡险,此时应该允许被保险人撤销在保险合同订立时作出的同意意思表示,维护被保险人的自主权。《保险法司法解释(三)》对此有相关规定,建议《保险法》可予适当吸收。

(三) 关于如实告知义务

1. 被保险人是否承担如实告知义务。《保险法》第 16 条第 1 款规定,投保人承担如实告知义务。投保人与被保险人不一致时,被保险人是否也承担如实告知义务,理论界与实务界存在争议。被保险人对保险标的物的风险状态更为清楚,对影响风险评估的重要事实的了解程度高于投保人,让被保险人承担如实告知义务更有利于保险人准确评估危险,更符合立法目的。《保险法》第 16 条仅规定投保人承担如实告知义务,导致实践中明知自己不符合承保条件的被保险人可以通过委托他人投保来规避如实告知义务,有违诚实信用。建议《保险法》修订时解决该问题。从国外相关立法来看,主要有两种路径:一是以日本、韩国保险合同立法为代表,明确规定被保险人承担如实告知义务;二是以德国保险合同法为代表,其虽未将被保险人规定为如实告知义务主体,但规定投保人与被保险人为不同主体时,被保险人知道或者应当知道的事项视为投保人应当知道且应当告知的内容。何种路径更为妥当,需要结合我国立法体系进行选择。

2. 投保人违反如实告知义务时,保险人是否仍可依据《合同法》行使撤销权。《保险法》第 16 条所规定的投保人如实告知义务与《合同法》第 54 条规定的意思表示瑕疵制度,都是为了解决当事人订立合同时存在的信息不对称问题,保障当事人所订立合同符合其真实意思。基于适用对象的不同,两项制度的构成要件与法律效果存在差别,但在具体案件中仍然可能存在交叉。如投保人违反告知义务的行为,同时符合《合同法》第 54 条规定的可撤销的条件,保险人除依据《保险法》第 16 条行使解除权外,是否还可依据《合同法》第 54 条行使撤销权?该问题在理论界争议很大,也给实务界带来很大的困扰,亟须通过立法机关予以明确。

3. 年龄不实告知的适用范围。《保险法》32 条规定,投保人申报的被保险人年龄不真实,并且其真实年龄不符合合同约定的年龄限制的,保险人可以解除合同,并按照约定退还保险单的现金价值。该条规定属于人身保险合同部分的内容,根据体系解释,应适用于人寿保险、健康保险和意外保险等所有人身保险合同。年龄对保险人决定是否同意承保人寿保险及厘定相关费率有重要影响，但并不当然是评估健康保险、意外保险等险种的风险的考量要素，故将年龄如实告知制度统一适用于所有人身保险产品，并不符合保险原理。建议将《保险法》第 32 条限缩适用于人寿保险。另该条第 1 款"按照合同约定退还保险单的现金价值"的表述不够严谨，建议与第 16 条规定相一致。

（四）关于保险人说明义务

关于保险人说明义务，2009 年《保险法》在原《保险法》第 17 条和第 18 条的基础上，从形式和内容上对保险人说明义务予以完善：形式上，将原《保险法》分开规定的两个条款统一于一个条文；在内容上，将保险人一般说明对象限于"保险人提供的格式条款"，并增加了格式条款的提供义务，明确说明的对象由原来的"责任免除条款"修改为"免除保险人责任的条款"，并对"免除保险人责任的条款"增加规定提示义务。修订后的保险人说明义务可以具体表述为："保险格式条款"：提供规则＋一般说明规则，"免除保险人责任的条款"：提示规则＋明确说明规则，两者共同构成我国现行保险人说明义务的完整内容，学者将其形象地概括为说明义务的"分别机制"。❶ 2009 年《保险法》的修订对于督促保险人切实履行说明义务，解决困扰实务界多年的保险欺诈等问题起到积极作用，但受制于各方面原因，该制度在实践中运行效果并不理想，理论界对该制度也颇有微词，值得本次《保险法》修订的重视。

1. 一般说明义务的履行方式及法律后果。关于保险人的说明义务，《保险法》第 17 条根据说明对象不同，分别规定了一般说明义务和明确说明义务。对于明确说明义务的履行及法律后果，《保险法》第 17 条第 2 款作了规定，但对于一般说明义务的履行及法律后果，《保险法》第 17 条第 1 款的规定并不明确，实践中对于如何适用该规定存在不同认识，建议《保险法》修订时给予明确。

2. 保险人明确说明义务的范围。《保险法》第 17 条对一般条款和免除保险人责任条款分别规定不同的说明义务，其立法旨意在于试图根据对投保人、被保险人利益影响的程度不同或者说重要性程度不同，将"免除保险人责任的条款"从所有保险格式条款中区分出来，对其设定更加严格的说明义务，设定更为严苛的法律后果。❷ 但实践上，免除保险人责任的条款并不天然比其他条款更为重要，一般说明与明确说明也并无本质区别，这种区分不同条款分别规范的机制在逻辑上存在天然缺陷，导致明确说明义务的范围不断扩大❸，产生

---

❶ 曹兴权：《保险缔约信息义务制度研究》，中国检察出版社 2004 年版，第 223 页。
❷ 王海波："论保险人说明义务'分别机制'的重构"，载《云南大学学报》（法学版）2010 年第 6 期。
❸ 马宁："论保险人说明义务的履行方式与标准——以对我国司法实务的考察为中心"，载《时代法学》2010 年第 2 期。

第一编　保险立法修改论坛

很多争议不说，还导致责任免除条款已经脱离原有的意义，理论界对此多有诟病。❶《保险法司法解释（二）》起草时，我们将保险人明确说明范围的界定作为一个重点问题进行研究，希望能够解决实践中存在的争议，但奈何争议太大，《保险法司法解释（二）》仅解决了部分争议问题，理论界与实务界存在的争议仍需通过《保险法》修订予以解决。

3. 保险人明确说明的标准。自 1995 年《保险法》确立保险人对"责任免除条款"的"明确说明义务"以来，对于如何判断保险人是否履行明确说明义务，理论界存在形式判断标准和实质判断标准。❷ 形式判断标准是以保险人说明义务的履行方式、形式进行判断，即只要保险人能够证明其以合理方式进行提示、说明，即认为其履行该义务，投保人是否了解相关条款的真实含义在所不问。❸ 实质判断标准是指以投保人对免除责任条款真实含义的实际理解为基准进行判断，即判断保险人是否履行明确说明义务，必须以投保人是否实际理解相关条款的真实含义进行判断，如果投保人未实际理解相关条款真实含义，保险人即使已经进行提示、说明的，仍然不能认为保险人已经尽到明确说明义务。❹ 严格依据"说明"的文义标准，保险人的"说明"不仅在于阐述和解释格式条款的内容，还应使对方明白、了解条款的相关信息，故判断保险人是否履行明确说明义务采用实质判断标准更为符合立法原意。应当说，要求保险人承担高标准的说明义务能够更好地保护投保人，但该标准在实践中运行效果并不理想，保险人更多是通过寻求投保人的签字确认来证明其履行明确说明义务，投保人是否真正理解在所不问，保险人明确说明义务的履行完全形式化。❺ 审判实践中，保险公司通常以投保人签字确认的投保声明栏为证据证明其已履行明确说明义务，对于该证据能否达到证明目的，审判机关陷入两难境地。一方面，保险公司的做法不符合《保险法》的立法本意，认为其履行明确说明义务不利于立法目的的实现；另一方面，如不认可投保声明栏的效力，则

---

❶ 参见梁鹏："新《保险法》下说明义务之履行"，载《保险研究》2009 年第 7 期；刘学生："保险合同法修订理念及立法基础评述"，载《法学》2010 年第 1 期；陈群峰："保险人说明义务之形式化危机与重构"，载《现代法学》2014 年第 6 期。

❷ 覃有土、樊启荣：《保险法学》，高等教育出版社 2003 年版，第 176 页。

❸ 于海纯："保险人说明义务程度标准研究"，载《保险研究》2008 年第 1 期。

❹ 于海纯："保险人说明义务程度标准研究"，载《保险研究》2008 年第 1 期。

❺ 1995 年《保险法》将保险人明确说明义务立法化，这直接催生了保险人在保险单上增加"保险人义务"章节和提醒投保人注意条款以及设计"投保人声明"栏目，保险公司希望通过留下投保人的签名确认来避免不必要的法律纠纷。当时的监管部门对此也是认可的。1997 年 6 月 17 日，中国人民银行（当时的保险监管机构）条法司曾颁布〔1997〕35 号复函，即《关于在车辆保险业务经营中明示告知含义等问题的复函》（以下简称《复函》），该《复函》第 1 条规定："保险公司在机动车辆保险单背面完整、准确地印上中国人民银行审批的或备案的机动车保险条款，即被认为是履行了《中华人民共和国保险法》规定的告知义务。投保人在保险单上签字，是投保人对保险单及保险条款的有关内容表示认可并接受约定义务的行为。"根据该《复函》，只要保险人向投保人提交了保险条款，无论投保人是否注意、理解了相应保险条款，特别是免责条款的存在及其内涵，均应视为保险人已完全履行了说明义务。

保险人如何证明其履行明确说明义务将成为难以完成的任务，这将导致其守法成本高于违法成本，反而不利于激励保险人主动履行明确说明义务。《保险法司法解释（二）》在该问题的解决方面作了很大的努力，但争议尚存，亟须立法机关从法律层面来解决该问题。

4. 网销、电销中的明确说明。随着互联网的发展以及营销方式的创新，网销、电销等已成为当前保险公司销售保险产品的重要渠道。与面对面的传统营销模式相比，网销、电销中的投保人与保险营销人员无须见面，保险营销人员在订立合同时并未向投保人提供书面保单，此时的保险人如何履行《保险法》第17条规定的提示和明确说明义务？《保险法司法解释（二）》起草过程中，我们对该问题进行了研究和论证，但考虑当时网销、电销的营销模式尚未成熟，同时受制于现有法律的规定，仅简单做了指引性的规定，存在的问题也需要通过《保险法》的修订才能解决。

（五）关于近因原则

《保险法》虽未对"近因原则"作出明文规定，但理论界均将"近因原则"作为保险理赔的基本原则，审判实践中也根据近因原则认定保险案件中的因果关系。实践中，如保险标的物的损失由承保风险、非承保风险、除外风险共同造成，但难以确定究竟是承保风险还是非承保风险或者是除外风险造成的，如何按照近因原则进行处理存在争议。《保险法》修订时，可否考虑引入比例原则，弥补适用近因原则导致的"全有或全无"模式存在的不足。

（六）人身保险部分的其他问题

1. 人身保险合同的复效。人身保险合同存续期间较长，为防止保险人仅因投保人未及时支付某期保险费解除保险合同，《保险法》确立了复效制度，允许投保人在逾期支付保险费之后的一定期限内补交保险费，恢复合同效力。《保险法》第37条规定，保险合同效力中止的，经保险人与投保人协商并达成协议，在投保人补交保险费后，合同效力恢复。该规定中的"保险人与投保人协商并达成协议"，实际上剥夺了投保人申请复效的权利，使保险合同复效制度丧失了应有的功能，不利于保护投保人的合法权益。建议参考《保险法司法解释（三）》第8条第1款关"保险合同效力依照保险法第三十六条规定中止，投保人提出恢复效力申请并同意补交保险费，除被保险人的危险程度在中止期间显著增加外，保险人拒绝恢复效力的，人民法院不予支持"的规定做相应修订。此外，关于保险合同复效的性质是订立新的合同还是原有合同的恢复，理论界存在分歧，这种分歧直接影响实务界对保险合同复效时投保人是否仍需承担如实告知义务、保险人是否仍需承担明确说明义务等问题的认识，建议《保险法》修订时一并给予明确。

2. 无民事行为能力人的死亡险。无民事行为能力人自我保护能力低，容易受到伤害，故应对以无民事行为能力人为被保险人订立死亡险给予规范。《保险法》第31条规定，投保人不得为无民事行为能力人投保以死亡为给付保险金条件的人身保险，保险人也不得承保；父母为其未成年子女投保的人身保险，不受前款规定限制。这种仅允许未成年人父母为未成年人投保死亡险的做法，虽能很好地保护未成年人免于被他人作为骗保的对象，但也带来新的问题。实践中，未成年人父母之外的其他人也可能为未成年人投保死亡险，一律不承认这类保险合同的效力并不尽合理。例如，有些未成年人所在的幼儿园、学校可能为未成年人投保附带死亡险的保险；有些未成年人外出旅游期间，负责看护未成年人的人员也可能为未成年人投保附带死亡险的意外险；还有的未成年人并不与父母一起生活，而是与祖父母、外祖父母等亲属生活在一起，这些人也可能为未成年人投保死亡险。对于以上这些保险合同，保险人通常都同意承保，收取保费并签发保险单，但当保险事故发生后可能以父母之外的其他人不得为未成年人投保死亡险为由主张合同无效，并拒绝给付保险金，引起纠纷。如果一律认定这类保险合同无效，纵容了保险人的不诚信行为，不利于保护未成年人家属的合理期待。《保险法司法解释（三）》将可以为未成年人投保死亡险的投保人扩张解释到经过未成年人父母同意的其他履行监护职责的人，建议《保险法》做相应修订。

3. 受益人的适用范围。受益人制度之所以存在，乃是因被保险人在保险事故发生时可能死亡，需确定一个主体来受领保险金。在非寿险的人身保险中，保险事故发生，被保险人仍然生存，仍可以作为领取保险金的主体，故非寿险产品实际无须受益人制度。实践中，有些非寿险产品中约定受益人，保险事故发生时，被保险人与受益人都要求领取保险金时，保险金应当给哪个主体容易产生争议。建议《保险法》增加相关规定明确，受益人制度只适用于寿险，非寿险中，被保险人仍是保险金的受领主体。

4. 受益人的变更。关于受益人的变更，《保险法》第41条规定，被保险人或者投保人变更受益人要书面通知保险人，保险人收到变更受益人的书面通知后，应当在保险单或者其他保险凭证上批注或者附贴批单。有观点认为，根据该规定，投保人或者被保险人变更受益人应当征得保险人同意，并且在保险人办理批注后才产生效力。这种观点不符合变更是单方法律行为的特征，不利于投保人或被保险人变更受益人。建议《保险法》参考《保险法司法解释（三）》第10条关于"投保人或者被保险人变更受益人，当事人主张变更行为自变更意思表示发出时生效的，人民法院应予支持。投保人或者被保险人变更受益人未通知保险人，保险人主张变更对其不发生效力的，人民法院应予支持。投保人变更受益人未经被保险人同意的，人民法院应认定变更行为无效"的规定进行修订。

5. 保单现金价值。具有现金价值的保险产品在市场上所占的份额越来越多，投保人通过解除合同要求保险人返还现金价值的情形越来越多。实践中，对于现金价值如何计算、如何给付等均有不同做法，引发众多纠纷，建议《保险法》修订时予以明确。此外，围绕现金价值，保险市场出现保单质押、保单转让等交易模式，因现有法律对于保单质押、保单转让的性质、规则并不明确，存在不少争议。建议本次《保险法》修订对现金价值的转让、质押等做较为详细的规范。

6. 医疗费用保险。医疗费用保险理论上属于损害填补保险，适用损害填补原则，被保险人不能就医疗费用保险获得超过实际支出的医疗费用的赔偿。当前《保险法》采取区分人身保险合同与财产保险合同的立法模式：财产保险适用损害填补原则，投保人不得重复保险，第三人造成保险标的物损失的情况下保险人享有保险代位求偿权；人身保险不适用损害填补原则，投保人可以投保多份人身保险，允许双重给付，甚至多重给付，第三人造成被保险人损害时保险人不享有保险代位求偿权。因医疗费用保险属于人身保险，适用人身保险的相关规定，实践中对于医疗费用保险是否适用损害填补原则产生众多争议和问题，建议《保险法》修订时明确，医疗费用保险适用损害填补原则。

7. 团体险。团体险在保险市场中占有相当比例。《保险法》相关规定以个体保险为规范模型，有些规定可能不适于直接适用于团体保险，且团体保险有一些自己特有的问题，实践中做法不一，争议较多，建议《保险法》对团体险给予专门规范。

（七）财产保险部分的其他问题

1. 保险标的转让。关于保险标的的转让，《保险法》第49条规定，保险标的转让的，保险标的的受让人承继被保险人的权利和义务。该规定的初衷在于弥补2009年修订前《保险法》第34条规定的不足。原《保险法》第34条规定"保险标的转让应当通知保险人，经保险人同意继续承保后，依法变更合同。但是，货物运输保险合同和另有约定的合同除外。"实践中，机动车辆转让的情形大量存在，但通知保险人办理批注手续的很少，严格根据原第34条规定，机动车辆转让没有通知保险人办理批注手续的，保险人不承担保险责任。这种处理方式受到理论界与实务界的诟病，故2009年《保险法》修订时做了完善，规定保险标的的转让时受让人可以承继合同，使合同继续有效，同时为了保护保险人的合理期待，增加规定了第2款、第3款和第4款的内容。第1款虽解决了保险标的转让后保险合同仍然可以有效、保险人仍需承担保险责任的问题，但其所采取保险标的受让人承继被保险人权利和义务的路径，法理上缺乏依据，实践中引发更多问题，例如保险合同主体是原所有人还是受让人、原所有人是否可以随时要求解除合同、由谁承担继续交费的义务等。建议回归法律关系的本源，以合同概括承受为法理基础，将其修订为，保险标的转让的，保险标的的受让人承继投保人的权利和义务。

2. 风险维持义务。关于风险维持义务，《保险法》第51条第1款规定，被保险人应当遵守国家有关消防、安全、生产操作、劳动保护等方面的规定，维护保险标的安全。该款仅要求被保险人承担风险维持义务，但对于风险维持义务的违反，第51条第3款规定，投保人、被保险人为按照约定履行其对保险标的安全应尽责任的，保险人有权要求增加保险费或者解除合同。该款认为投保人、被保险人均可能违反该义务。显然，第1款和第3款规定不一致，建议《保险法》修订时予以协调。此外，第51条第3款虽然规定投保人与被保险人违反风险维持义务时，保险人可以要求增加保险费或者解除合同，但对于已经发生的保险事故，保险人是否承担保险责任，没有规定，建议《保险法》修订时予以明确。

3. 超值保险。为防止被保险人通过保险合同获得不当利益，《保险法》第55条对超额保险进行规范。该条第3款规定："保险金额不得超过保险价值。超过保险价值的，超过部分无效，保险人应当退还相应的保险费。"定值保险中，除了可能存在保险合同约定的保险金额高于保险价值的超额保险之外，还可能存在保险合同约定的保险价值超过实际价值的超值保险，与超额保险一样，超值保险同样会导致被保险人获取不当利益，增加道德风险，故建议《保险法》修订时予以规范。

4. 责任保险。责任保险是以被保险人对第三者依法应负的赔偿责任为保险标的的保险。实践中，被保险人对第三者依法应付的赔偿责任，可能通过法院判决确定，也可能通过被保险人与第三人的调解确定。如被保险人与第三人在保险人没有参与的情况下确定赔偿责任，保险人通常不会认可赔偿数额，容易产生争议。故建议借鉴域外经验，规定保险人在被保险人与第三人纠纷处理中的介入权，维护保险人的利益，同时减少纠纷的发生。

四、《保险法》保险业法部分修订的具体建议

保险业法中有几方面的问题需要加强规范。

一是保险代理人的规范。保险代理人素质参差不齐、缺乏足够规范是造成当前保险销售误导现象严重的重要原因，侵害到保险消费者的合法权益，也极大影响保险行业形象。本次《保险法》修订取消保险销售人员资格核准等行政审批，同时增加规范性要求，这些措施非常好，但这些措施是否足以解决当前保险代理市场存在的问题？

二是保险产品的规范。保险市场的发展应当鼓励保险创新，但当前有些保险公司开发的一些产品，似乎已经偏离保险原理，导致大量纠纷产生，也给纠

纷解决带来很大难题，比如财产保险中的受益人。建议予以规范。

三是《保险法》主要规范保险合同和保险业，但有些条文可能会涉及其他相关法律，在修订时需要考虑与其他相关法律的衔接与适用。

1. 本次《保险法》修订增加的第 104 条规定，保险公司可以通过发行权益性资本工具、债务性资本工具以及国务院保险监督管理机构认可的其他资本工具提高偿付能力充足率，具体管理办法由国务院保险监督管理机构指定。保险公司发行次级债，应当经国务院保险监督管理机构批准。保险公司发行的权益性资本工具、债务性资本工具以及次级债等，是否属于《证券法》上的证券？是否应适用《证券法》的相关规定？

2. 本次《保险法》修订增加的第 147 条第 2 款对保险消费者进行界定，保险消费者是指在中华人民共和国境内购买保险产品或者接受保险服务的自然人、法人和其他组织，包括投保人、被保险人和受益人。保险法进入保险消费者概念后，是否需要考虑与《消费者权益保护法》中消费者概念的衔接，这涉及是否可以适用《消费者权益保护法》审理保险合同纠纷问题。

3. 本次《保险法》修订增加第 160 条对公司治理监管的规定，保险公司股东存在虚假出资、抽逃出资或者其他损害保险公司利益行为的，由国务院保险监督管理机构责令限期改正，情节严重的，可以限制其股东权利，并可以责令其转让所持的保险公司股权。本条涉及公司治理问题，赋予监管机构限制保险公司股东权利，并可责令转让，这在《公司法》上是否能够找到依据？

保险受益人之保险请求权利法律性质的再认识

——论我国《保险法》之保险受益人规则制度的完善

贾林青[*]

众所周知,保险纠纷案件是我国各地法院审理的民商事案件中呈现大幅度增长的局面。这使得广大法官在审理保险案件中仅仅把握和运用民法理论是不够的,还必须能够理解和适用商法理念,尤其是保险立法的条款和保险法理论才能够适应审理保险案件的需要。故而,研究和探讨保险法理论就是必要的理论准备。其中,有关保险受益人的制度建设就是重要的组成部分。由于保险受益人是商业保险活动的参与者之一,并因其介入保险关系而直接影响到保险合同之保障作用的适用效果和适用方向。因此,保险立法设计受益人制度的科学水平就关乎保险制度应有的社会功能能否得以发挥。鉴于此,笔者分析我国《保险法》针对受益人所适用的法律规则,深感其存在诸多法律疏漏需要进行修改,达到完善受益人制度而适应中国保险市场的发展需要,并为《保险法》的再一次修订提供参考意见。

一、确认保险受益人的法律地位是决定其保险请求权法律属性的基础

之所以讨论保险受益人在商业保险合同关系中的法律地位,缘于笔者对当前流行的说法——认为保险受益人是关系人——存在质疑。概括众多有关保险法的著述,谈到保险受益人的地位,基本的态度均持关系人的观点。何谓关系人,"是指保险合同的保险人和投保人之外,对于保险合同利益有独立请求权的人,包括被保险人与受益人"[❶]。他们"依据合同约定虽享有一些权利或承担一些义务,但其与保险合同当事人存在差别"[❷]。

---

[*] 中国人民大学法学院教授、中国保险法学研究会副会长。
[❶] 徐卫东:《保险法》,北京大学出版社2010年版,第58页。
[❷] 韩长印、韩永强:《保险法新论》,中国政法大学出版社2010年版,第79页。

但是，笔者认为，应当确认保险受益人是非保险人一方中具有独立法律地位的当事人之一，不赞成将受益人称作商业保险合同的关系人。这关系到构建保险关系的科学水平。

原因之一，虽然长期以来的传统保险法理论视保险受益人和被保险人为关系人，并将他们与投保人、保险人等当事人相区别。不过，保险关系的当事人与关系人的差别，除了表现在前者参加保险合同的签订，而后者则不参加签约以外，并没有本质上的不同。因此，没有必要将保险关系的主体类型过分复杂化，人为地硬性划分为当事人与关系人。

原因之二，是保险受益人、被保险人与投保人、保险人参与到保险关系中，各有各自的角色地位和职能作用，完全是适应社会生活多样化的需要，均是构成保险关系难以或缺的组成部分。仅以保险受益人为例，被保险人出于具体保险类型的保障特点或者因实际愿望的影响来指定他人为保险受益人（或称保险金受领人❶）。自被保险人依法指定时起，保险受益人就成为保险关系当然的参与者，其按照被保险人指定之时所表达的意思而独立享有或者与被保险人共同享有并依法向保险人行使的保险请求权，并且，保险受益人与被保险人一样均应当接受保险立法的规范调整，亦承担相应的义务，这与投保人和保险人并无本质上的区别。应当强调的是，保险受益人之保险请求权在保险关系中是至关重要的核心权利，该项权利的享有和行使直接体现着商业保险合同的保障效果，保险受益人在保险关系中的独立地位和重要作用由此可见一斑。所以，视保险受益人为关系人，会让人误以为保险受益人只是与保险活动有一定的关系，忽略其在保险关系中的独立地位和重要作用。因此，确认保险受益人（与被保险人）在保险关系中的当事人地位，能够表现其与投保人、保险人相互之间的平等关系。

二、保险受益人之保险请求权法律属性探究

如上所述，认定保险受益人为当事人的主要因素在于其享有的保险关系中核心性权利——保险请求权。与此相适应，需要按照其应有的法律性质来制定法律规则来规范保险受益人取得和行使该项权利。

首先，需要考察保险受益人之保险请求权的法律性质。正确理解保险受益人之保险请求权的法律性质，是科学地建立和运用法律规则的首要条件。因为，理论界关于该项权利的法律性质存在着不同的观点，具体涉及：

1. 保险受益人的保险请求权是其固有（原始）权利，还是传来（继受）权利？

对此，很多人持有固有权利的观点，"一般认为系基于其受益人身份所享

---

❶ 详见日本 2008 年《保险法》。

有的固有权利，并非自要保人或被保险人处继受而来，故其受益权取得的性质系原始取得，非继受取得"[1]，或者说，"受益人的受益权是固有权，并非继受而来"[2]。笔者的看法则截然相反，认为保险受益人享有的保险请求权是来自于被保险人的传来权利。客观来讲，尽管保险受益人只能基于被保险人的指定行为才能产生，此一主体身份始自被保险人实施指定行为完成之时。然而，保险受益人并没有由于他作为独立法律主体的介入而在保险关系中取得一项新增加的保险请求权。因为，按照等价交换规则，与投保人缴纳保险费的义务相对应，同一商业保险合同项下只能产生一项保险请求权。该项权利或者自商业保险合同签订时起归属于被保险人，或者基于被保险人的指定而转移给保险受益人，也就是说，保险受益人根据被保险人行使指定权过程中表达的转移保险请求权之意思而作为受让者继受了同一商业保险合同项下的同一个核心债权。

由此，保险受益人的保险请求权"受制于一个重要的前提：如果被保险人的行为使得保险保障归于无效，则被保险人的行为便会剥夺受益人的所有权利。这其实来源于合同法的基本规则：受益人的权利即便成为既得权利，也仍然必须受制于诺言人（保险人）所享有的、针对受诺人（被保险人）的抗辩权"[3]。不仅如此，从该项权利能否依法丧失的角度看，也印证了保险受益人享有的保险请求权属于传来权利，而非其固有权利。出于防止保险受益人对被保险人实施道德危险行为的考量，《德国保险契约法》第170条、《意大利民法典》第1922条、《日本商法典》第680条等[4]各国保险立法多有关于保险受益人丧失受益权的规定。我国《保险法》第43条第2款亦明文规定："受益人故意造成被保险人死亡、伤残、疾病的，或者故意杀害被保险人未遂的，该受益人丧失受益权"。不仅如此，被保险人指定保险受益人后，如果发现该受益人有不轨行为（如企图谋害被保险人）时，有权撤销该保险受益人的受益权[5]。相比之下，被保险人基于保险合同之保障对象的地位，其固有的保险请求权则不存在因法定予以剥夺而导致丧失的情况。据此，保险受益人享有的保险请求权属于传来权利，故而，需要确立的法律规则是，我国《保险法》涉及保险受益人的法律规定，应当建立如下的规则："保险受益人只能在被保险人原本享有的保险请求权范围内取得相应的权利，并且，不能大于，也不能优于被保险人原有的权利范围和权利效力。"

---

[1] 叶启洲：《保险法实例研习》，元照出版公司2013年版，第94页。
[2] 韩长印、韩永强：《保险法新论》，中国政法大学出版社2010年版，第82页。
[3] [美] 小罗伯特.H.杰瑞、道格拉斯.R.里士满：《美国保险法精解》，李之彦译，北京大学出版社2009年版，第158页。
[4] 详见傅廷中：《保险法论》，清华大学出版社2011年版，第119页。
[5] 参见李玉泉著《保险法》，法律出版社1997年版，第207页。

2. 保险受益人的保险请求权是债权，不同于继承权。

鉴于保险受益人之保险请求权的适用经常是出现在被保险人死亡的情况下，遭遇被保险人的遗产继承是不可避免的，引发了保险受益人的保险请求权是否属于继承权？有关保险金能否作为被保险人的遗产进行遗产分割等实务问题。

显而易见，保险受益人享有的保险请求权不是法定的，而是由投保人与保险人在保险合同中所约定的一项权利。该权利是与投保人缴纳的保险费形成对价关系的、本归属于被保险人的债权，其权利内容就是请求相对人（保险人）给付保险金。而保险受益人因被保险人的指定所取得的保险请求权，只是自被保险人之处受让而来的权利，并未改变其债权的性质。可见，该项保险请求权当然不同于依据《继承法》而行使的、以要求分割遗产为内容的继承权。

因此，必须在保险实务中将保险受益人行使的保险请求权与相关的继承权行使明确地予以区分。具体的法律界限是：保险受益人依据保险请求权所应获得的保险金，是保险人作为债务人向债权人——保险受益人履行的债务内容，属于保险受益人接受履行之后的个人财产，不得纳入被保险人的财产范围，也就不能作为被保险人的遗产而进入以其作为被继承人的继承程序。如果投保人自己既是被保险人，又是保险受益人的，则其作为被保险人死亡之后所遗留的保险请求权（债权）应当列入遗产范围❶，至于保险人向其支付的保险金却是其行使该权利所获得的对价履行内容。因此，作为法律规则的完善，《保险法》第42条第1款应当修改为"被保险人死亡后，有下列情形之一的，被保险人遗留的保险请求权作为遗产由其继承人依据《继承法》取得，并依法行使的，保险人应当按照保险合同的约定向其履行保险责任"。

3. 保险受益人的保险请求权是期待权，还是既得权？

在认定保险受益人之保险请求权性质时所涉及的此问题，存在着两者不同的学说。一种是期待权利说，认为商业保险领域的"受益人享有的受益权是一种期待权，在保险事故发生时，受益人才能取得受益权，且受益人在发生保险事故时必须生存"❷。因为，"要保人指定受益人后，如未抛弃其处分权（含变更及撤销原指定）者，受益人之受益权性质上仅属一期待利益，并非确定之权利，要保人得随时变更或撤销其指定，使其受益权消灭"❸，而且，该受益权

---

❶ 笔者认为，被保险人死亡时在保险合同项下所遗留给继承人的应当是作为债权的保险请求权，因其在死亡之时不可能行使该权利，却具备了该债权得以行使的前提条件（被保险人死亡的保险事故发生），为继承人依据继承法分得该权利，并向保险人行使提供了可能性。此时，继承人基于继承法通过继承程序被确认为新的债权人而从保险人那里取得的保险金并非被保险人的遗产。

❷ 徐崇苗、李利：《中国保险法原理与适用》，法律出版社2006年版，第195页。

❸ 叶启洲：《保险法实例研习》，元照出版公司2013年版，第96页。

"只有在保险事故发生后才能具体实现,转变为现实的财产权"❶。另一种是受益人地位说,认为保险受益人因被指定而获得的是"于保险事故发生前之地位,只是一种期待而已,非属受法律保护之权利"❷。笔者则提出第三种意见,称为既得权说,即保险受益人自其经指定而进入保险关系之时起就已然取得了具备全部权利构成要件而实实在在的保险请求权,而不仅仅是获得一种资格地位,也不应是期待权。

具体理由如下:根据被保险人的指定,被指定人获得保险受益人的资格地位只是为其参与商业保险活动奠定了前提条件,而其实质内容则必须借助保险受益人享有权利和承担义务来体现,享有保险请求权便具有典型意义。不仅如此,该项权利应当属于既得权。这意味着保险受益人自被指定时开始便取得了因具备全部要件而完整存在的保险请求权,其"权利成立的要件已经完全实现,即为既得权"❸,并非保险受益人可期待的未来权利。"保险赔付请求权作为保险合同的核心,是与保险人的保险责任对应的债权。它既是保险合同有效成立的必备内容,也是保险人的保险责任得以存在的对家条件"❹,故不可能是以一种等待取得的状态而存在于保险合同项下。如果说保险受益人有期待的话,就是行使该项权利所需的条件——保险事故的发生。因此,我国《保险法》完善涉及保险受益人的法律规则,应当规定:"《保险法》保护保险受益人自被指定时起取得的保险请求权。"

4. 保险受益人的保险请求权是否属于附条件权利?

提出此问题的理论基础当然是大陆法系民商法的附条件法律行为制度,据此,有的学者认为:"受益人于被保险人死亡前之地位,并不必解释为仅是事实上希望或期待而非权利,应解释为受益人以被保险人之死亡为条件,于指定之同时即时取得附条件之权利(一种财产权)。即被保险人之死亡并无发生创设受益人权利之效力,仅有确认受益人权利并具体化之效力而已"❺。笔者的看法是否定的,保险受益人的保险请求权属于一般的债权,并非附条件权利。理由在于,保险受益人自被保险人指定之时就已经取得的保险请求权作为既存的权利,其法律效力一并产生,该效力并没有特别的限制,第三人实施妨碍保险受益人行使该权利的行为均构成侵害而为法律所禁止。这显然是民商法的附条件法律行为理论无法涵盖的。因为,附条件法律行为之所附条件的限制力,仅仅作用于相关法律行为的效力上——或者延缓法律行为效力的产生,或者提

---

❶ 李玉泉:《保险法》,法律出版社1997年版,第206页。
❷ 江朝国:《保险法逐条释义(第一卷)》,元照出版公司2012年版,第232页。
❸ 郑云瑞:《民法总论(第五版)》,北京大学出版社2013年版,第123页。
❹ 贾林青:"论保险赔付请求权的法律性质和行使条件",载国家法官学院学报《法律适用》2002年第12期。
❺ 转引自江朝国:《保险法逐条释义(第一卷)》,元照出版公司2012年版,第230页。

前解除法律行为已有的效力。相比而言，在被保险人指定保险受益人时未表现以特定的条件来限制被指定者享有的保险请求权之意思的情况下，保险受益人取得的保险请求权的效力依法自被指定之时开始就不应当受到限制。至于保险事故的发生对于保险受益权的影响，只在于保险受益人能否向保险人行使该保险请求权，而不涉及该项权利的效力。因此，我国《保险法》完善涉及保险受益人的法律规则时，应当增加规定："被保险人在指定保险受益人时可以约定所附条件来限制其享有的保险请求权的效力。"

呼吁修改《保险法》第 26 条的建议及其理由

——兼论保险索赔时效不应当规定为诉讼时效

贾林青[*]

适应着中国保险市场的新发展和新变化，我国《保险法》进入了第三次较大规模的修改完善过程。2016 年 3 月，中国保险法学研究会接受中国法学会的委托，组织专家学者积极参与此次保险法的修改活动。其中，笔者针对现行保险法发表自己的修改意见，特别是就修改该法第 26 条关于诉讼时效的规定再次发出声音，并全面阐述如下理由分析。

一、保险审判实践显现的立法问题

关于被保险人或者受益人行使其享有的保险请求权的时效限制，我国现行《保险法》第 26 条规定"人寿保险以外的其他保险的被保险人或者受益人，向保险人请求赔偿或者给付保险金的诉讼时效期间为二年，自其知道或者应当知道保险事故发生之日起计算。人寿保险的被保险人或者受益人向保险人请求给付保险金的诉讼时效期间为五年，自其知道或者应当知道保险事故发生之日起计算"与原保险法相比较，现行法第 26 条将限定"对保险人请求赔偿或者给付保险金的权利"存续时间的"二年"和"五年"，并且明确表述为"诉讼时效"，形成了完全不同于原保险法之保险索赔时效的保险诉讼时效制度。然而，笔者认为此一变动导致保险索赔时效被诉讼时效所取代，却是一个错误之举，不仅缺乏民商法理论根据，也不利于保险实务和司法实务中的应用。

当然，涉及《保险法》第 26 条有关索赔时效的法律性质的问题，并非纯粹的学术争议，而是保险审判中需要解决的实践问题。仅举一例予以说明。2003 年 9 月 30 日，甲国际快递有限责任公司为其所有的一辆切诺基客车投保机动车保险，与中国 S 财产保险股份有限公司签订了机动车保险合同，具

---

[*] 中国人民大学法学院教授

体险种包括第三者责任险（保险金额10万元）、不计免赔险等，保险期限自2003年10月1日0时起至2004年9月30日24时止。2004年9月7日13时，甲国际快递有限责任公司的员工林乙驾驶该保险车辆在高速路上行驶过程中，将在高速路上行走的李丙撞倒，造成李丙当场死亡，保险车辆损坏。事故发生后，甲国际快递有限责任公司立即向中国S财产保险股份有限公司报案。该交通事故经当地公安交通管理机关认定，李丙承担交通事故的全部责任，林乙不承担事故责任。此后，李丙的法定继承人到其区人民法院起诉，要求甲国际快递有限责任公司承担相应赔偿责任。

2007年5月11日，某基层人民法院的《民事判决书》对本案做出判决：甲国际快递有限责任公司在该保险车辆投保的第三者责任险的范围内赔偿李丙的法定继承人的经济损失5万元和其他经济损失8195元。现已生效，甲国际快递有限责任公司依据已经生效的上述《民事判决书》于2007年5月25日履行了相关的赔偿义务。由于上述《民事判决书》认定，甲国际快递有限责任公司投保的第三者责任险具有强制性，而没有追加中国S财产保险股份有限公司进入该民事赔偿案而承担第三者责任险约定的赔偿责任。

此后，甲国际快递有限责任公司向中国S财产保险股份有限公司提交了索赔申请文件，得到的却是中国S财产保险股份有限公司的一纸"拒赔通知书"。于是，甲国际快递有限责任公司于2007年10月5日向法院提起诉讼，要求中国S财产保险股份有限公司向其履行保险赔偿责任。

本案的主要争议焦点，集中在《保险法》有关索赔时效之法律性质。首先，被告中国S财产保险股份有限公司一审中的反辩意见之一是：双方于2003年9月30日订立的机动车保险合同。该保险车辆的保险事故发生于2004年9月7日，甲国际快递有限责任公司自此可以根据保险条款约定或当时的法律法规向中国S财产保险股份有限公司提出索赔，但甲国际快递有限责任公司自2004年9月7日保险事故发生后直到2007年10月5日提起本案诉讼前并未向中国S财产保险股份有限公司提出过索赔。显然，已经超过了《保险法》（2002年原法第27条）规定的2年时限，原告所述报案和索赔的事实没有证据。而甲国际快递有限责任公司所说的第三者追加中国S财产保险股份有限公司为被告这是第三者行使的权利，并不是甲国际快递有限责任公司行使的权利。可见，甲国际快递有限责任公司一直怠于行使其依法享有的向中国S财产保险股份有限公司保险索赔的权利而导致法定的2年时效届满，因此，甲国际快递有限责任公司如今根据机动车保险条款来主张其实体权利的，法院不应支持。

一审法院查明，在另案处理的上述民事侵权赔偿案件中，李某的法定继承人曾于2005年9月27日向法院提出增加中国S财产保险股份有限公司为该案被告的申请，法院却因当时该案庭审等已经终结而未予追加。而甲国际快递有限责任公司在保险事故发生后一直未向中国S财产保险股份有限公司主张权利。一审法院据此认为：甲国际快递有限责任公司与中国S财产保险股份有限公司签订的机动车保险合同，双方当事人均应严格遵照执行。在另案处理的民事侵权赔偿案件中，保险车辆发生保险事故的时间是2004年9月7日，且系保险车辆司机在履行职务行为过程中发生交通事故，甲国际快递有限责任公司知道保险事故发生的时间，理应按照《保险法》的规定，在其知道保险事故发生之日起的2年内向中国S财产保险股份有限公司主张保险索赔的权利。但因甲国际快递有限责任公司未能提供证据证明其在保险事故发生后的2年期间内向中国S财产保险股份有限公司主张保险索赔权利，则该权利已经消灭。现甲国际快递有限责任公司在权利消灭之后就保险纠纷提起本案诉讼而主张索赔于法无据，故对甲国际快递有限责任公司关于中国S财产保险股份有限公司给付第三者责任保险赔偿金和承担本案诉讼费用的诉讼请求，本院不予支持。中国S财产保险股份有限公司关于甲国际快递有限责任公司起诉超过2年时限，其根据机动车保险条款主张实体权利的抗辩理由成立，本院予以采纳。

根据《保险法》（2002年原法）第27条关于"人寿保险以外的其他保险的被保险人或者受益人，对保险人请求赔偿或者给付保险金的权利，自其知道保险事故发生之日起二年不行使而消灭"的规定，明确了被保险人自知道保险事故发生之日起2年不行使，其权利消灭。被保险人不再享有赔偿的权利，该2年期间应为除斥期间。甲国际快递有限责任公司即使不知道民事侵权赔偿案件（另案）的具体审理结果，但并不影响甲国际快递有限责任公司在法定期间内向中国S财产保险股份有限公司主张保险索赔的权利。李某的法定继承人虽在另案中向法院申请追加中国S财产保险股份有限公司为被告，并不能证明甲国际快递有限责任公司依据机动车保险合同向中国S财产保险股份有限公司主张了保险索赔权利，故甲国际快递有限责任公司关于其起诉未过法定时限的诉讼主张不成立，本院不予采纳。于是，判决驳回甲国际快递有限责任公司的诉讼请求。

甲国际快递有限责任公司因不服一审判决而提起上诉，其上诉理由之一是：一审法院的判决适用法律错误。即其主要适用了《保险法》（2002年原法）第27条的规定，但其有关"该两年期间为除斥期间"的认定，显然是法律适用的错误。最高人民法院《关于审理保险纠纷案件若干问题的解释》（征求意见稿）第18条是这样规定的："保险法第二十七条中规定的'二年'、'五年'为诉讼时效期间。责任保险的保险事故发生之日是指依法确定被保险人的民事责任之日。"虽然该解释尚未正式施行，但已经公布出来征求公众意见，至少我们可以认为这是最高人民法院在理解这一法条时的原则和精神，而且最高人民法院的理解也是与实践操作相符的。众所周知，涉及第三者的责任保险，在确认被保险人的民事责任且被保险人向第三者进行赔偿之前，保险人根本不可能接受被保险人就此任何的索赔申请。事实上也是如此，在被保险人提供的机动车第三者责任保险格式化条款中，就要求"属于道路交通事故的，被保险人应当提供公安机关交通管理部门或法院出具的事故证明、有关的法律文书（判决书、调解书、裁定书、裁决书等）及其他证明"。本案所涉及的交通事故的第三者（受害人）的继承人已经另案就民事侵权赔偿依法提起诉讼并要求追加中国S财产保险股份有限公司为被告，而在法院的判决迟迟没有下达的前提下，甲国际快递有限责任公司如何能就第三者责任险凭空向中国S财产保险股份有限公司进行保险索赔？现一审法院以所谓超过2年的保险时效驳回了甲国际快递有限责任公司的实体请求。因此，请求二审法院予以纠正。

二审法院经审理查明的事实与原一审法院查明的事实一致。但二审法院认为：根据《保险法》（2002年原法）第27条的规定，甲国际快递有限责任公司对中国S财产保险股份有限公司提出索赔的时效为2年，自其知道保险事故发生之日起算。本案中的保险属于责任保险，根据中国保险监督管理委员会有关批复的意见，责任保险的保险事故是指第三人请求被保险人承担法律责任，保险事故发生之日应指第三人请求被保险人承担法律责任之日。本案的保险车辆发生交通事故，造成第三人李丙死亡的交通事故发生于2004年9月7日，而第三人李丙的法定继承人以另案起诉道路交通事故损害赔偿纠纷后，受诉的人民法院于2007年5月8日判决甲国际快递有限责任公司在投保的第三者责任险范围内赔偿第三人李丙的法定继承人的经济损失5万元和其他经济损失8195元。根据现有证据，应认定本案所涉保险事故的发生之日应为一审人民法院关于第三人李丙的法定继承人与甲国际快递有限责任公司之间的道路交通事故损害赔偿纠纷案的判决生效之日。故甲国际快递有限责任公司提起本案诉讼未超过索赔时效。原一审判决将保险车辆发生交通事故之日认定为保险事故发生之日有误，二审法院予以纠正。

可见，本案的当事人就保险索赔时效是除斥期间还是诉讼时效，各自的看法截然相左。一审法院认定为除斥期间，而二审法院则从该时效的起算根据入手，却未对其法律性质予以认定。这表明，保险索赔时效之法律性质的认定，不仅关系到被保险人行使保险请求权的效力，更关系到保险裁判的结果。

二、《保险法》的立法变化及其比较分析

1.《保险法》的立法变化

显而易见，上述案例的法律焦点在于，甲国际快递有限责任公司要求中国S财产保险股份有限公司承担保险责任的请求权是否因索赔时效届满而消灭。

对此问题，原 2002 年《保险法》与现行的 2009 年《保险法》作出了完全不同的规定。

原《保险法》第 27 条规定："人寿保险以外的其他保险的被保险人或者受益人，对保险人请求赔偿或者给付保险金的权利，其知道保险事故发生之日起二年不行使而消灭。"

"人寿保险的被保险人或者受益人对保险人请求给付保险金的权利，自其知道保险事故发生之日起五年不行使而消灭。"

经过修订后的现行《保险法》第 26 条规定："人寿保险以外的其他保险的被保险人或者受益人，向保险人请求赔偿或者给付保险金的诉讼时效期间为二年，自其知道或者应当知道保险事故发生之日起计算。"

"人寿保险的被保险人或者受益人向保险人请求给付保险金的诉讼时效期间为五年，自其知道或者应当知道保险事故发生之日起计算。"

比较上述法律条文，不论是各自的法律性质，还是彼此的适用目标、适用对象和适用效果等，两者之间存在着明显的区别。关键之处在于，原《保险法》是按照除斥期间的性质规定保险索赔时效的，而现行《保险法》则将保险索赔时效确立为诉讼时效。这一立法变化，既涉及被保险人或者受益人之保险请求权的行使事宜，更与司法实践的法律适用紧密相关。

2. 上述《保险法》变化的比较分析

如果比较上述的原《保险法》第 27 条和现行《保险法》第 26 条的规定，能够发现两者有关保险索赔时效法律定性的变化，对于保险司法实践中处理保险案件产生的不同影响。同时，针对上述所举案例进行分析来佐证，并在诸多方面产生不同的法律结果。

第一，两者的适用对象必然发生改变。由于诉讼时效与除斥期间的适用目标存在着极大的差异，这决定着各自的适用对象有所区别。其中，诉讼时效的适用目标是为了通过司法审判手段为保护权利人遭受侵害的民事权利，用以恢复权利人与义务人之间因义务人的侵害行为而遭到破坏的平等的经济地位。为此，就需要存在一个关键的法律前提，即权利人在其权利受到非法侵害时，才有权请求法院通过诉讼程序强制义务人履行其义务，用以实现自己的权利。因为，所谓诉讼时效，意味着权利人只能通过诉讼途径寻求法院对遭受侵害的民事权利实施强制保护，所以诉讼时效的适用对象是针对遭受侵害的民事权利，其权利人能够行使请求法院加以强制保护但却因其不行使该请求权的事实状态所存续的期间过程。相比之下，除斥期间的适用目标则是为了督促权利人在正常的状态下，主动、及时地向其义务人行使民事权利而适用的期间过程。因此，其适用前提就是有关法律规定的或者合同约定的权利人得以行使权利的条件，但却不要求存在义务人侵害该民事权利的行为作为条件，故除斥期间的适用对象应当是权利人在法定期间内不行使该民事权利的事实状态。

不过,运用以上时效的法律理论分析上述案例时,应当避免一种误解——本案中先有甲国际快递有限责任公司的司机林乙驾车发生交通事故,致李丙死亡,才有李丙的法定继承人向甲国际快递有限责任公司提起侵害赔偿之诉,进而才出现了甲国际快递有限责任公司因其在向受害人的法定继承人履行了民事赔偿责任之后,再行要求中国S财产保险股份有限公司进行保险赔偿的诉讼。因此,本案中的甲国际快递有限责任公司自发生交通事故以后,不向中国S财产保险股份有限公司行使索赔权的事实状态,是否意味着甲国际快递有限责任公司不行使的权利是因侵权而产生的请求权。笔者认为这的确是需要破解的一个节点。由于本案涉及的机动车第三者责任保险,其保险标的是被保险人(甲国际快递有限责任公司)依法应当向第三人(交通事故的受害人李丙及其家属)承担的民事赔偿责任。被保险人正是因该民事赔偿责任的存在,而向保险人中国S财产保险股份有限公司享有保险请求权。在民法理论上,该项请求权属于债权的具体类型,它并非因侵权行为(交通事故)所产生,而是产生于投保人(甲国际快递有限责任公司)与保险人(中国S财产保险股份有限公司)之间所签订的保险合同(机动车第三者责任保险合同)的约定。

所以,被保险人(甲国际快递有限责任公司)行使该项请求权的价值在于启动了保险人(中国S财产保险股份有限公司)承担保险赔偿责任所需的保险理赔程序。为此,适用保险索赔时效的目的,就在于督促被保险人或者受益人作为权利人在发生保险事故后,及时地向保险人行使保险请求权,进而让保险人尽快完成保险理赔程序,实现保险制度对社会公众提供的保障功能,以免因对保险请求权缺乏存续时间上的限制而造成被保险人或者受益人不及时行使该权利,拖延保险理赔时日,影响保险保障功能的发挥,甚至是增加保险纠纷。

第二,两者的适用期间存在性质上的区别。诉讼时效和除斥期间各自的适用目标决定了彼此的适用期间具有不同的特点。其中,诉讼时效的适用期间可因法定的中止、中断和延长情况的出现而发生改变。这使其成为可变时效,目的是考虑到权利人在行使请求权过程中有可能出现的各种事由会对诉讼时效产生的不同影响,以便有利于保护权利人寻求法律手段对其权益实施的强制保护。然而,除斥期间的适用期间则是法定的固定时间过程,不存在中止、中断的情况,也不会有延长情况的出现,故属于不变期间,实质上它就是用于界定和限制实体性民事权利之效力的存续时间的法律界限。其目的是让法律关系中的权利人和义务人在行使权利和接受权利人请求的过程中,有一个确定的、准确的时间依据,作为各方当事人衡量相应的民事权利存在与否的时间标准,以便于稳定当事人之间民事权利义务关系。

因此,如果运用原《保险法》第27条的规定和现行《保险法》第26条的规定，对本案案情加以分析的话，将会出现完全不同的适用情况。笔者认为，按照原《保险法》第 27 条确立的除斥期间性质的保险索赔时效，来判断本案涉及的机动车第三者责任保险中的被保险人甲国际快递有限责任公司请求保险人中国 S 财产保险股份有限公司赔偿保险金之权利的存续期间是"自其知道保险事故发生之日起"的"二年"时间。但保险索赔时效作为不变时效的适用期间，该法定的"二年"届满的话，必然出现适用除斥期间而消灭该保险请求权本身的法律结果。上述本案的一审法院正是如此理解原《保险法》第 27 条的立法精神，以 2 年的保险索赔时效期间届满为由而作出的驳回原告甲国际快递有限责任公司之诉讼请求的判决。而如果运用现行《保险法》第 26 条规定的诉讼时效来处理本案的，则被保险人甲国际快递有限责任公司就可能援引我国《民法通则》第 139 条、第 140 条的规定，导致该"二年"的时间届满而仍然使其享有的保险请求权仍然具有强制效力而获得法院支持的结果。也就是说，依此作出理论推断，保险合同中的被保险人或者受益人向保险人请求保险赔偿的权利可以凭借中止、中断或者延长等规则，超过法定的"二年"或者"五年"而长期存在。这看似是保护了被保险人或者受益人的请求权，但却与保险制度追求迅速赔付来实现保险保障功能的制度价值相悖，特别是有损保险人与被保险人之间的利益平衡关系。

第三，两者的适用效果存在差异。正如大家周知的，诉讼时效与除斥期间的适用效果截然不同。其中，诉讼时效的适用效果，按照我国《民法通则》第 135 条和第 138 条的规定精神，采纳的是诉权消灭说，即诉讼时效的届满并不导致权利人的权利本身消灭，而只是消灭附着于其上的胜诉权，从而有效地保护权利人通过诉讼途径来寻求法院依法强制义务人履行义务之权利。与此不同，除斥期间的适用效果则在于，其所针对的处于正常状态下的民事权利本身因除斥期间的届满而随之消灭，用以督促权利人在法定期间及时行使该权利，实现稳定权利义务关系的效果。

具体到本案，按照原《保险法》第 27 条的规定进行处理的，则借助法院认定的被保险人甲国际快递有限责任公司在法定的 2 年期间内不向保险人中国 S 财产保险股份有限公司提出保险索赔，其处理结果便是因该保险请求权本身的届时消灭而驳回原告甲国际快递有限责任公司的诉讼请求，具有向社会公众宣示此法律规定的保险索赔时效为除斥期间之适用效果的作用。但是，按照现行《保险法》第 26 条规定的诉讼时效进行处理的，假若被保险人作为原告而存在引起"二年"诉讼时效的中止、中断的法定事由或者延长的合理事由的，则其诉讼请求在超过该"二年"诉讼时效以后仍然可以得到法律支持，取得胜诉结果。

三、《保险法》修改建议及其修改理由和思考

1. 修改现行《保险法》第26条的建议

笔者建议将现行《保险法》第26条恢复为原《保险法》的表述："人寿保险以外的其他保险的被保险人或者受益人，对保险人请求赔偿或者给付的权利，自其知道或者应当知道保险事故发生之日起二年不行使而消灭。人寿保险的被保险人或者受益人对保险人请求给付保险金的权利，自其知道或者应当知道保险事故发生之日起五年不行使而消灭。"

因为，笔者认为，现行《保险法》第26条存在的立法错误表现为三点：

一是，现行《保险法》第26条混淆了保险责任与民事责任的法律性质。因为，保险人依据保险合同所承担的保险责任与民事责任根本是风马牛不相及的。从法律性质上讲，保险责任作为各国保险市场上的通用概念，是经过保险业长期发展而形成的行业习惯，它实质上就是保险人依据相应的保险合同所承担的合同义务（因保险合同所生债务），而并非因侵权或者违约而应当承担的民事责任。与此相适应，出于督促被保险人或者受益人及时行使保险赔偿请求权的需要，应当采取的是用于限定实体权利存续时间的除斥期间制度，而非用于限定权利保护期间的诉讼时效。

二是，现行《保险法》第26条混淆了知道（或者应当知道）出险与拒绝赔偿（或者给付）之间不同的法律意义。因为，被保险人或者受益人知道（或者应当知道）出险只是标志着其具备了行使保险请求权的条件，被保险人或者受益人据此开始得以向保险人行使保险请求权，保险人自此开始了履行保险责任的过程。而当保险人决定拒绝保险赔偿之时起，被保险人或者受益人认为保险人违约的（至于保险人是否违约，则是受诉法院依法加以审查和认定的），才意味着被保险人或者受益人自此得以向保险人追究违约责任。显然，诉讼时效自此开始计算才具有实际意义。可见，起算诉讼时效的只能是保险人拒绝保险赔偿或者给付之时，不可能是出险之时。不过，计算限定被保险人或者受益人行使保险请求权的保险索赔时效开始的标志，则只能是其得以行使该实体权利的知道（或者应当知道）出险之时。

三是，混淆了除斥期间与诉讼时效的制度作用。相比较而言，两者是两种不同的时效制度，它们各自的法律作用存在着根本差异。诉讼时效的制度作用，是在时间上督促权利人及时地通过司法诉讼来保护自己遭受侵害的民事权利，用以恢复权利人与义务人之间因侵害行为而遭受破坏的平等法律地位，强调时间过程对受害民事权利实施强制保护的作用。为此，诉讼时效的适用前提是存在权利人的权利遭受侵害。而除斥期间的制度作用则是用时间限制来督促权利人及时地向义务人行使实体民事权利，以此来启动义务人履行义务的过

程，强调时间过程对实体权利存续的影响。因此，除斥期间的适用前提仅仅是权利人自身不行使民事权利的事实状态。由于保险索赔活动的内容，在于被保险人或者受益人在知道（或者应当知道）出险时，开始得以向保险人行使保险请求权的时间点，而并非权利人不行使该权利之事实状态的继续，无有他人侵害其请求权的前提。因此，保险索赔所需的时效制度显然是用于限制权利人行使该实体请求权存续过程的除斥期间。如果分析《保险法》第26条的立法本意，应当是着眼于督促权利人在法定期间内及时向保险人行使保险请求权，故而，采取除斥期间才更能够与该立法目的相契合。然而，现行《保险法》第26条关于保险索赔时效，却被规定为诉讼时效，导致其无形中剥夺了被保险人或者受益人在起算诉讼时效之前本应存在和适用的除斥期间，实质上是不利于保险消费者的利益保护的。

2. 提出修改现行《保险法》第26条建议所依据的理由

针对现行《保险法》第26条存在的上述立法错误，笔者通过比较分析现行《保险法》第26条与原《保险法》第27条后，不仅发现两者引发的法律变化和保险审判中适用效果的改变。更是经过思考而形成如下的认识，并据此确立如下的修法理由：原《保险法》按照除斥期间来规定保险索赔时效的是科学的、合于法理的，而现行《保险法》将其修改为诉讼时效，不仅缺乏法理根据，也不利于其在保险实务和保险审判中的应用。

第一，保险审判实践中对此问题存在着不同看法

由于原《保险法》第27条没有正面对保险索赔时效给出称谓，所以，在类似本案的保险纠纷案件中，便可以看到在我国的保险实务和司法实践中，法院的法官、保险案件的当事人对于《保险法》有关保险索赔时效的规定存在不同的认识，其分歧就在于保险索赔时效是属于除斥期间，抑或应为诉讼时效，而这些认识又与司法裁判结果是息息相关的。而现行《保险法》将保险索赔时效明确定义为诉讼时效，虽然统一了该法律术语，但学术上仍然存在着不同观点。究其原因，缘于除斥期间和诉讼时效都是民法上关于时间对于民事活动产生法律影响的制度规则，都是具有及时确定法律关系之作用的法律事实，但二者的法律依据、适用内容和适用效果等均存在着本质区别。因此，着眼于中国保险市场的发展需要和完善我国保险立法，解决保险索赔时效的法律性质问题具有理论价值和实践意义。借助上述所举保险案例，便可让我们直面当事人之间对于保险索赔时效性质的争议所在。

第二，保险索赔时效的制度价值更符合除斥期间的法律理念

笔者认为，无论是保险索赔时效的制度价值，还是适用内容，均与除斥期间的法律内涵相吻合，这可以通过其适用目标、适用对象和适用时间的特点等方面得以体现。

首先，保险索赔时效的适用目标与除斥期间的法律目标相统一。《保险法》之所以设计保险索赔时效，其目标是为了督促被保险人或者受益人作为权利人在保险事故发生后，及时地向保险人行使保险请求权，进而让保险人尽快完成保险理赔程序，实现保险制度对社会公众提供的保障功能，以免因对保险请求权缺乏存续时间上的限制而造成被保险人或者受益人不及时行使该权利，拖延保险理赔的时日，影响保险保障功能的发挥，甚至是增加保险纠纷。

应当说，保险索赔时效的这一目标恰恰与除斥期间的法律目标相互吻合。因为，除斥期间是以确定具体的实体性民事权利存续时间的方式，达到保护该项民事权利的效果。这意味着适用"除斥期间制度的具体目的，是为了维护原有的法律关系"[1]，具体表现在，"除斥期间届满后，权利人不行使权利的并不引起新的法律关系而法律维持原有的现存秩序，不涉及法律关系的消灭与更新问题"[2]。由此可见，上述保险索赔时效适用目标完全被涵盖于除斥期间的适用目的的范围之内，从而，按除斥期间性质规定保险索赔时效的，就可以在保险实务中充分保护被保险金或者受益人合法权益，公平地协调保险合同双方当事人之间的权利义务关系，确保保险制度的保障功能有效实现。

其次，保险索赔时效是以被保险人或者受益人向保险人行使的保险请求权作为适用对象的，这当然也是除斥期间的构成内容。从保险制度角度说，被保险人或者受益人在保险合同关系中所享有的保险请求权就是其核心环节，是其所追求的保险保障目标的物质表现。如果从民商法角度讲，保险请求权实质上就是债权的具体类型，属于实体性民事权利，它是保险人与投保人基于平等自愿而协商建立的，以实现被保险人或者受益人的保险保障利益。不过，与其他各类实体性民事权利一样，存在于具体的保险合同关系之中的保险请求权不可能是毫无限制的，而要接受相应的法律规定和当事人约定的限制。其中，根据保险立法的规定或者保险合同的约定，在时间长度上对保险请求权的存续过程加以限制便是此类限制的具体表现。这是保险合同关系双方当事人之间权利义务正常实现的客观要求，更是我国社会主义市场经济活动有序发展的必然需要。而能够恰当地完成此类行为规范之调整任务的当属除斥期间制度。

众所周知，除斥期间是法律规定的某种民事权利的存续时间。权利人在法定的除斥期间内不行使该项民事权利的，法定的期间届满后，该民事权利即被除斥而消灭，故又称其为"预定时间"。而且，就除斥期间的适用范围来讲，笔者认为，它是以民法上的形成权作为主要适用对象的，但又不应仅仅局限于形成权。如果按照除斥期间的性质来规定保险索赔时效，完全可以满足除斥期

---

[1] 佟柔：《中国民法学·民法总则》，中国人民公安大学出版社1990年版，第308页。
[2] 王利民：《民法本论》，东北财经大学出版社2001年版，第565页。

间制度的法律功能。因为,被保险人或者受益人在保险合同关系中享有的保险请求权作为双务有偿的保险合同关系的组成部分,不可能无限制地长时间存在,而只有用称之为"保险索赔时效"名义的除斥期间才能够有效衡量保险请求权的存续期间,以便督促被保险人或者受益人在保险索赔时效期间及时地向保险人行使该项权利,从而,启动保险人的保险理赔程序,最终实现当事人建立保险合同关系的预期目的。可见,只有将除斥期间用于保险索赔过程,以保险请求权为适用对象,才能够既真正保护被保险人或者受益人在此时效期间内充分行使保险请求权,又可以避免保险合同关系出现长期不确定状态。

再有,保险索赔和理赔的实务,也需要适用不可变化的除斥期间来约束和督促权利人依法行使保险请求权。除斥期间的适用目标决定了其内容就是用于界定实体性民事权利存续时间的法律界限。那么,从稳定民事权利义务的角度出发,其在各国立法实践上大都属于不变期间,不会发生期间过程的中止、中断和延长等期间变化。以此为根据,让法律关系中的权利人和义务人在行使权利和接受权利人请求的过程中,有一个确定的、准确的时间过程,作为各方当事人衡量相应的民事权利存在与否的时间标准就是必要的。

如果分析保险索赔的客观效果,无非是借助被保险人或者受益人行使保险请求权的行为,在发生保险事故并造成保险标的损失的情况下,基于保险请求权利人提出的保险索赔,而及时启动保险人的保险理赔程序,满足被保险人或者受益人应得的保险赔偿金或者人身保险金,及时地恢复正常的生产或者生活。而完成这一法律活动的条件之一,就是保险立法为其提供明确的、不可变动的时间标准,用以让被保险人或者受益人在此除斥期间范围内适当地安排行使保险请求权的时间,而保险人则根据被保险人或者受益人提出的索赔申请,在理赔过程中衡量对方的保险请求权存在与否,为及时、迅速地进行理赔创造条件。因此,确立保险索赔时效为除斥期间,赋予其不变期间的性质,是被保险人或者受益人及时行使保险请求权,保险人迅速履行保险赔偿义务,稳定保险合同关系的有效保证。

第三、将保险索赔时效定性为诉讼时效是缺乏法理根据的

经过对比除斥期间与诉讼时效的本质区别,并结合司法实践经验,笔者进一步认识到诉讼时效的法律性质、适用对象和适用效果均与保险索赔时效相去甚远。

首先,按照诉讼时效性质来定位保险索赔时效缺乏相应的法律前提。根据民法理论,诉讼时效"是指权利人不行使权利经过法定期间,即发生权利功效减损法律效果的制度"[1]。也就是说,"权利人持续不行使民事权利而于期间届

---

[1] 王利明:《民法》,中国人民大学出版2008年版,第172页。

满时丧失请求法院保护其民事权利的法律制度"[1]。从形式上看，诉讼时效与除斥期间都是对行使民事权利的时间限制，具有督促权利人及时行使权利，保持社会关系稳定的制度。但是，与用于限制正常状态下的民事权利之存续期间的除斥期间不同，诉讼时效的适用需要存在一个关键的法律前提，即"权利人在其权利受到非法侵害时"[2]，方才有权请求法院通过诉讼程序强制义务人履行义务以实现其权利。因为，所谓诉讼时效，意味着权利人只能通过诉讼途径寻求法院对权利人遭受侵害的民事权利实施强制保护。

不过，用于规范被保险人和受益人行使保险请求权的保险索赔时效却无须此一法律前提的存在。因为，归纳我国的保险实务，被保险人或者受益人行使保险请求权，并不是出于该项保险合同之下的债权因保险人的违约而遭受侵害，而仅仅是基于发生保险事故而要求保险人依约自觉地向其承担保险责任[3]。显然，权利人行使保险请求权并不是为了向法院寻求法律的强制保护，更无须通过诉讼途径来行使该项权利。换一个角度讲，只有被保险人或者受益人行使保险请求权而提出保险索赔，并已启动保险理赔程序，而保险人经过理赔却作出拒赔决定以后，被保险人或者受益人不服的，才得以向法院提起诉讼来寻求法律强制保护。上述前后不同的两个法律环节，即保险索赔和保险诉讼存在本质差异，彼此的法律前提便有所区别，则对它们各自所应适用的时间限制也就截然不同——对前者适用的应当是除斥期间性质的保险索赔时效，而对后者所适用的则应当是诉讼时效。由此可见，从保险实务角度讲，保险索赔时效应当是存在于被保险人或者受益人行使保险请求权进行索赔环节的除斥期间，而诉讼时效则是保险人理赔而予以拒赔所引起的保险诉讼环节的时效制度。两者如此分工合作，才更加有利于保护保险消费者的利益。

其次，诉讼时效的适用对象不同于除斥期间，难以将其适用于保险索赔环节。相比较而言，诉讼时效的适用对象，是权利人在其民事权利受到侵害而能够请求法院实施强制保护却不向法院行使该项请求权的事实状态。这一适用对象不同于除斥期间。原因是，后者表现为一种正常状态下的民事权利——仅仅是权利人不行使的事实状态——依法存续的时间过程。

而根据我国《保险法》的规定来分析保险索赔时效的话，其内容在于约束被保险人或者受益人所享有的保险请求权在正常状态下的存续时间为"二年"或者"五年"，并非权利人因此项权利遭受相对人的侵害而寻求法院强制保护

---

[1] 张俊浩：《民法学原理》，中国政法大学出版社1991年版，第304页。
[2] 王利民：《民法本论》，东北财经大学出版社2001年版，第561页。
[3] 需要特别强调，保险责任是各国保险业基于长期保险业惯例而用于称谓保险人在保险合同项下承担的基本义务（债务），这完全不同于民法上的民事责任。大家在理解保险索赔时效时，必须注意区别保险责任与民事责任的本质区别。

的请求权行使与否的事实。因此，只能将保险索赔时效定性为除斥期间，而难以将其定性于诉讼时效的范畴。

再次，诉讼时效的适用效果不同于除斥期间，难以涵盖保险索赔时效。按照我国《民法通则》第135条和第138条的规定精神，关于诉讼时效的适用效果（法律效力）采纳的是诉权消灭说，即"诉讼时效并不使权利本身消灭，而只是消灭附着于其上的胜诉权"[1]。与此不同，除斥期间的适用效果却是其所针对的处于正常状态下的民事权利本身因期间届满而随之消灭。

如前所述，保险索赔是被保险人或者受益人向保险人正常行使保险请求权，用以启动保险人理赔程序，实现保险人自愿承担保险责任的过程，而不是通过诉讼途径来寻求法院依法强制保险人承担保险责任。相应地，保险索赔时效的法律定位，从其适用效果角度进行考查的答案也就一目了然，应当是除斥期间，而非诉讼时效。

最后，诉讼时效的可变性使其缺乏适用于保险索赔环节的实际可操作性，不利于公平地实现保险合同当事人之间的利益平衡。毋庸置疑，我国《保险法》的立法宗旨，在于公平地保护保险合同各方当事人的合法利益。但是，按照现行《保险法》第26条确立的诉讼时效来认定保险索赔时效，意味着其性质属于可变期间，这在表象上似乎使被保险人或者受益人得以运用诉讼时效的中止、中断或者延长的法定规则将保险请求权的存续期间予以延展，具有保护被保险人或者受益人权益的效果。但笔者的看法却不敢苟同。因为，保险索赔时效按照诉讼时效性质加以运用的话，且不论保险人会因其可变期间特性而无形中加大保险理赔的不确定性，仅就被保险人或者受益人一方而言，其运用诉讼时效的中止、中断或者延长规则而使得法定的"二年"或者"五年"的时效期间加以延展，然而，被保险人或者受益人获取的此类处置权，恰恰与保险制度所追求的迅速理赔、及时恢复正常的生产和生活的目标相悖，反而不利于保护被保险人或者受益人的合法利益，一定程度上削弱了保险制度应有的社会效益。

综合以上正反两个方面的比较分析，笔者在此基础上提出修改《保险法》第26条的建议，应当让保险索赔时效的法律性质回归除斥期间的属性。为此，需要采取相应的形式，按照原《保险法》第27条的规定精神，明确地将保险索赔时效规定为除斥期间，用以取代现行《保险法》第26条的规定内容。

---

[1] 彭万林：《民法学》，中国政法大学出版社1994年版，第129页。

论应将提供担保纳入保险资金的运用范围

贾辰歌[*]

保险资金是保险公司积聚形成的用于保险经营活动的货币集合体，它是保险公司开展保险经营的物质基础，是产生经营效益的必备条件。更为重要的是，基于保险活动的社会保障功能，保险资金的运用必然关系到被保险人的切身利益。因此，保险公司如何运用保险资金便不仅仅是影响其自身生存和发展的事情，而是关系到社会稳定的重要因素。故而，通过保险立法来对保险资金的运用范围和运用途径做出明文规定并实施监督管理，也就成为各国保险业法的组成部分。其中，保险资金能否用于对外提供担保构成保险资金运用制度的具体内容之一，也是目前保险实务界颇有议论的问题。

一、我国现行的保险监管规则对保险公司提供担保采取禁止的立场

针对保险行业能否为他人债务提供担保，进入21世纪后，保监会先后出台的一系列规范性文件均有涉及，诸如2002年保监会发布的《关于严禁保险公司以大额协议存款出质为他人提供担保的通知》（保监发〔2002〕110号文），从规范保险公司资金运用的角度出发，专门对保险公司以大额协议存款出质对外担保作出禁止性规定。2004年发布的《保险资产管理公司管理暂行规定》（保监令〔2004〕2号文）的第38条规定保险资产管理公司不得对外提供担保。2010年发布的《保险集团公司管理办法（试行）》（保监发〔2010〕29号文）的第24条规定，保险集团公司应当建立统一的对外担保制度，明确对外担保的条件、额度及审批程序；保险集团公司及其子公司对外担保的金额不得超过其净资产的10%。此外，《保险公司关联交易管理暂行办法》《关于规范保险公司章程的意见》等均涉及禁止对外担保的规定。而2011年2月10日，保监会发布的《关于规范保险机构对外担保有关事项的通知》（保监发〔2011〕5号）却是统一"叫停"了保险行业的对外担保活动的标志，该文件要求自1月20日起，禁止保险机构为他人向第三方提供担保，从而，从保险

---

[*] 首都经济贸易大学工商管理学院助理研究员。

监管规则层面上形成统一的禁止保险业提供担保的规则。

应当说，这一禁止保险业对外担保规则与台湾地区的立法精神是相同的态度。台湾地区"保险法"第143条明确规定："保险业不得向外借款，为保证人或者以其财产提供为他人债务之担保"，同样构成绝对禁止保险公司对外担保的法律规则。

究其原因也非偶然，随着经济形势的复杂多变，我国担保业呈现出经营风险不断提高的态势。2011年作为应对举措，金融系统掀起一场防范风险的"整风运动"：银监会警示银行业"六大风险"，证监会将查处违法违规案件纳入本年度工作重点，则保监会"叫停"保险业对外担保自然不足为奇了。不过，面对禁止保险业对外担保的监管规则，业界和学界也存在着质疑的声音，一是该禁止规则能否在我国保险业得到全面公平地切实加以贯彻。因为，信用保险和保证保险不属于禁止对外担保的适用范围，则基于业界普遍视信用保险和保证保险为保险公司提供的担保之观点，经营这些保险产品（例如安邦保险公司对中小企业融资提供的《中小企业贷款履约保证保险》）过程所面临的担保风险将如何防范？又如，存在于保险业中的若干具有混业经营性质的集团公司，基于对其实行"先入为主"的监管原则，则保险公司将其资金置于股东银行或者证券、基金公司的管控之下对外提供的变相担保，在脱离了上述禁止保险业对外担保规则限制的同时，也必然带来相应的风险。二是一味地禁止保险业对外提供担保是否有利于社会经济的和谐平稳地和创新性发展的需要。这意味着应当适应我国社会经济和保险市场的发展需要，重新认识是否一概禁止保险业对外担保的问题。

我国保险实务界和众多保险理论学者认为，保证保险是对外国保险公司经营的担保业务误理解为保险产品结果。由此反映出，虽然国外的保险立法并未直接确认保险公司的业务范围包含着对外提供担保，但国外的保险立法并未明确禁止保险公司对外提供担保，且保险业的实务中也客观存在着对外担保活动。尤其是美国等实行金融业混业经营的国家，保险公司对外提供担保就难以避免。不过，笔者认为，借鉴国外保险业经营担保业务的经验，说明在保险经验成熟和信用体系较完善的社会基础上，允许保险公司直接运用保险资金经营担保业务是顺理成章的，但不一定能够照搬于我国的保险市场。因为在我国保险市场发展的现阶段，由于信用体系尚处于逐步发展完善阶段，担保业自身还处于不断摸索发展的过程中，让保险公司直接进入担保领域来经营担保业务面临着较大的不确定性因素，有可能损及广大的投保人和被保险人的利益。故而，我国保险公司尚不具有直接经营担保业务的条件，并且有必要按照现有的以保证保险作为保险产品的模式开展业务经营，以适应和满足我国社会经济和保险市场发展的实际需要。

二、对保险公司对外提供担保的再认识，有必要将其纳入保险资金的运用范围

虽然，当前国际上以禁止保险资金对外担保为主流形式，但笔者认为，适应着我国社会经济发展的实际需要，结合当前国际金融市场和保险市场的发展走向，有必要重新定位对外担保在保险资金运用上的地位，以有条件的允许对外担保取代现有的一概禁止的立场。理由如下：

1. 允许保险资金对外担保，有利于提高保险资金的利用率，充分发挥保险资产的经济效用，为社会经济的发展做出更大的贡献。保险业从事保险经营的特殊性，决定着其企业资金的运动规律不同于其他行业。具体表现为，保险经营过程中，由于保险事故发生的随机性，损失程度的不可预知性，使得保险公司收取的保险费与保险赔付之间存在着时间上和数量上的差异。"这种时间差和数量差使保险企业在资本金和公积金之外，还有相当数量的资金在较长时间内处于闲置状态"❶，因此，不论是财产保险，还是人寿保险，均会形成一定的处于闲置和备用状态之下的资金沉淀❷，这部分沉淀资金的存在，自然为保险资金在保险经营以外的运用提供了可能性，并给保险资金实现增值创造了必要条件。

当然，保险公司作为商事主体，在市场经济条件下运用其拥有的保险资金理应享有独立的自主性权利，自行决定在广泛的范围内运用保险资金进行各种形式的经营活动。不过，保险经营独有的保险保障功能又决定着保险资金的运用具有明显的社会属性，不仅仅影响到保险公司的自身利益，更涉及社会公众作为被保险人因缴纳保险费而产生的保险利益。因此，保险立法对于保险业在保险经营以外运用保险资金提出更加严格的要求，特别是将安全性置于流动性和营利性之前，构成运用保险资金必须遵行的首要原则。具体表现：各国的保险立法往往对于保险资金的运用范围和运用方式实施监督管理，特别是对于运用保险资金进行投资活动施加法律限制，包括采用投资类别的比例限制来确保有效的多样化投资组合。我国现行《保险法》第106条便允许将保险资金用于银行存款；买卖债券、股票、证券投资基金份额等有价证券；投资不动产等，并在相应的保险监管规则中明确了各类投资的比例限制。但是，由于考虑到对外担保具有较大的市场风险，各国大多将其排除在保险资金运用的范围以外。

不过，笔者认为当今社会经济发展已然使得担保手段成为广大企业实现金

---

❶ 申曙光：《保险监管》，中山大学出版社2000年版，第172页。

❷ 只不过财产保险合同一般为一年期的短期合同，保险公司大多在签约时一次收取全额保险费，由此产生沉淀资金；而人寿保险通常为长期合同，无论是一次趸交保险费，还是分期均衡缴费，都会因一定时期后发生的责任风险而出现相应的保险费部分处于备用状态，形成资金沉淀。

融融资的必要组成部分，它们对于担保的需求与日俱增。保险市场上数额巨大的沉淀资金却因保险立法有关禁止对外担保规则的限制而被排斥在担保领域之外，不能发挥其应有的经济效用，无异于是资产浪费。尤其是保险公司的自有资金，不仅是保险公司应对其向被保险人履行保险赔付责任超过预期水平的缓冲器，也是保险公司的股东获取投资回报的必要途径。如果一概禁止运用保险资金对外担保便会由于保险资金盈利水平的降低而抑制股东的投资热情，也会促使其将投资转移向保险公司的母公司（集团公司），削弱保险公司的资本实力。反之，有条件地允许保险资金投向对外担保领域，既可以丰富多样的资金运用形式进一步分散投资风险，也能够提高保险资金的利用率，实现其在更加广泛的领域发挥保险资金对社会经济生活的经济效用。

而且，近年来，保险资金运用的事实也证明了进一步扩展其运用范围已经成为保险业深化发展的客观需要。根据保监会曾经在保险资金运用监管政策通报会议上的披露，2012年保险投资年化收益率为3.38%，低于2011年的3.6%，再创4年来的新低[1]。这"说明保险投资中占比在80%以上的非权益性投资存在问题"，"从目前来看，该问题并非一过性而很可能具有长期性"[2]。恐怕求解的途径，除了保险业的银行存款对接利率市场化以外，增加保险资金运用形式更为重要。允许保险资金对外担保正是其中的选项之一。而逐步松绑投资范围释放的政策红利，已经在2013年构成"保险资金运用历史上的拐点"[3] 保险资金的运用余额稳步增长，达到7.7万亿元，保险资金运用收益率经过多年下降之后，首次出现大幅增长[4]。然而，遗憾的是保险资金对外担保事项仍然被束之高阁。

2. 允许保险资金对外担保，有利于向担保业注入新鲜血液，促进金融市场多元化发展，为诸多行业的平稳发展提供有力的支持和保障。大家知道，担保行为在法律层面上属于从债，对于被担保的主债具有依附性，不能单独存在。然而，在现代社会经济生活中，担保已经是一个独立的经济行业，并以独立的担保功能而成为金融市场的组成部分。仅以我国的担保业为例，它是在我国经济体制改革进行到1998年时而因专业化担保机构的出现，逐渐形成独立的经济行业，并适应着我国社会主义市场经济的发展需要得到快速的发展。但是，进入2011年以后，受到诸多因素的影响，我国的担保业在经历发展高峰之后遭遇发展的低谷。全国的6000余家担保公司中，大半处于不正常的经营

---

[1] 朱南军：《保险资金亟须对接市场利率》，见：孙祁祥等著中国保险市场热点问题评析（2013—2014）》，北京大学出版社2014年版。
[2] 朱南军：《保险资金亟须对接市场利率》，见：孙祁祥等著中国保险市场热点问题评析（2013—2014）》，北京大学出版社2014年版。
[3] 孙祁祥、郑伟等：《中国保险业发展报告》，北京大学出版社2014年版，第111页。
[4] 孙祁祥、郑伟等：《中国保险业发展报告》，北京大学出版社2014年版，第111页。

状态,此后,担保业内出现了融资性担保公司破产倒闭的风潮,甚至在全国范围内产生多米诺效应。这表明我国担保业要想转入正常有序的发展局面,亟须注入新鲜血液,而允许保险资金进入担保领域则是正逢其时的新鲜血液。

因为,活跃在保险领域的众多保险机构,不仅资本实力雄厚,更加注重其市场形象和商业信誉。这既是保险机构从事保险经营时强调"以信为本",也同样是保险机构参与对外担保过程中必然坚持的首要原则。其结果是可想而知的,一方面是基于担保信用而形成保险资金进入担保领域的"良性循环"过程,提升保险资金在担保市场上的竞争力,产生高效率的担保回报;另一方面,也可以保险资金的信用水平带动担保领域的众多担保企业认识到讲求担保信用的必要性,有意识地在从事担保业务活动中树立讲信用、守合同的风气,引导着担保业正常有序的发展,为各个行业的平衡发展提供融资和贸易流通所需的担保支持,促进社会经济的稳定发展。由此可见,有条件地允许保险资金对外担保,关系到我国担保行业的健康成长和担保市场经营秩序的建立。

不仅如此,允许保险资产管理公司运用保险资金对外担保,其涵盖的行业领域必然广泛,涉及的民商业交易种类亦多种多样,势必可以改变"目前,保险业从事另类投资形成的资产仍多停留在实施的投资主体或保险行业内"[1]的局面。并借助保险业较好的市场信誉来赢取较稳定的担保收益,客观会产生吸引其他资金配置保险资产管理产品,提高保险业在资产管理行业中的投资能力和行业地位,并与保险业务形成良好的互动作用。

3. 允许保险资金对外担保,有利于落实"新国十条"提出的全面提升保险行业发展水平,实现保险业的自主创新能力,培育新的业务增长点,提高全行业的现代保险服务水平。2014年8月,国务院以(国发〔2014〕29号文)发布《关于加快发展现代保险服务业的若干意见》。这一被保险业界简称为"新国十条"的文件不仅确立我国保险业发展的总体目标是,到2020年,基本建成保障全面、功能完善、安全稳健、诚信规范,具有较强服务能力、创新能力和国际竞争力,与我国经济社会发展需求相适应的现代保险服务,努力由保险大国向保险强国转变。更从九个方面全面阐述了实现该目标的具体内容和发展步骤。其中,在论及"拓展保险服务功能,促进经济提质增效升级"方面时,该意见明确要求:保险业应当"充分发挥保险资金长期投资的独特优势。在保证安全性、收益性前提下,创新保险资金运用方式,提高保险资金配置效率"。显然,我国保险资金的运用进入到逐步以投资渠道为主的放开阶段,这已为我国1995年《保险法》经过2002年和2009年两次集中修改后,有关保

---

[1] 康乐:"保险资产另类投资的法律规范与实践研究",见尹田:《保险法前沿(第三辑)》,知识产权出版社2015年版。

险资金运用方式不断扩大的事实所证明❶。如今，根据我国社会经济的发展走向和保险市场的运行需要，创新保险资金运用方式的首要表现仍然是在增加运用形式下功夫，故而，将保险资金的运用范围扩大到新的投资领域就是亟待解决的课题。

当然，选择保险资金的新的运用形式，必须按照安全和稳健的原则，考虑相对低风险的投资领域。与美国、德国、日本等西方国家的保险业监管法基本上确认保险资金可以运用于有担保的贷款形式相比较，我国保险立法允许保险资金用于对外担保的风险水平更低，对于保险公司的保险偿付能力的负面影响更小。原因之一是保险立法和监管规则已经将保险资金用于对外担保的数额限制在法定的比例范围之内，实施担保风险的总体控制。原因之二是对外担保作为从属之债，担保人的债务履行责任是第二位的，而且，担保人的担保内容有可能是信用或者实物资产，不影响保险资金的现金流部分。这自然不同于贷款关系之下的出借人所面临的债务不履行风险则是首当其冲的情况。原因之三是保险资产管理公司的对外担保是以其依法履行谨慎的审查义务和风险评估为前提的，可以在一定程度上降低和预防担保风险。因此，我们不能因担保业一时的萎缩和低迷而退避三舍，将其排除在保险资金的运用范围之外。这种因噎废食的做法不利于保险资金运用领域的创新，对保险市场的培育和发展具有消极的负面影响。毕竟保险资金的运用渠道多种、范围广泛、形式多样，才能够产生更高的回报率。而且，"保险资金运用的结构设计、交易条件和协议安排即使没有问题，但如果交易操作或履行时法律意识不强，也易引发法律纠纷或法律责任"❷。我们应当相信保险资产管理公司队伍应有的管理和运用保险资产的能力，可以有效地防御对外担保中的风险，实现保险资产增值。

所以说，允许保险资金对外担保，意味着将"新国十条"提出提升保险业的创新能力，实现现代保险服务水平的任务予以落实的具体表现。它不仅进一步拓展了我国保险资金的运用范围，也将现有的保险业提供的变相担保转化为名正言顺的合法有效的担保活动。这在现阶段是尤为必要，由于我国金融领域的现行制度属于分业经营、分业管理，保险资金作为资本市场的重要资金提供者，虽然不可能对外施放贷款，却可以由保险资产管理公司运用保险资金对各行各业的企业，特别是中小微企业提供担保，满足它们获取银行贷款所需条件，实现其正常的生产经营对于资金的需求。从而，既能在分业经营模式下

---

❶ 根据原《保险法》第104条的规定，保险资金运用形式，限于"银行存款、买卖政府债券、金融债券等"，而修改后的现行《保险法》则将保险资金的运用渠道拓宽为银行存款；买卖债券、股票、证券投资基金份额等有价证券；投资不动产等。

❷ 曹顺明："保险资金运用的法律风险及防范"，见尹田、任自力：《保险法前沿（第二辑）》，知识产权出版社2014年版。

"增加保险资金运用的多元化,也可以解决中小微企业融资困境,达到'双赢'"❶,以利于推动我国保险服务业的经济结构调整。

三、《保险法》改建议,应将对外担保纳入保险资产管理公司的管理和运用保险资产的业务范围之内

基于以上看法,笔者提出,对保险业能否对外提供担保的问题,不应当一概予以否认和禁止,并将其纳入完善我国保险资金运用制度的任务之一。首先,从立法层面上,扩大现行《保险法》第 106 条有关保险资金运用原则和运用形式的范围,在第二款中明文增加一项运用形式"(四)依法提供担保"或者将"依法提供担保"作为现行第 106 条第二款之"(四)国务院规定的其他资金运用形式"的具体内容。其次,在保监会的监管规则层面,用规范性文件形式对于保险资产管理公司运用保险资金对外提供担保的条件、担保金额、资产范围、资产比例等加以具体规定,使其成为保险资产管理公司管理和运用保险资金的具体内容,以便保险资产管理公司实施对外担保时遵照执行。相应地,排除保险公司作为担保人介入对外担保活动的可能,形成对外担保与保险业务的明确区别,实现对外担保之风险与保险业务经营的隔离。

笔者之所以提出将提供对外担保纳入保险资产管理公司运用保险资金的范围,是决定于对外担保行为的法律属性。首先,对外担保是保险资产管理公司实施的保险资金运用行为。因为,保险资产管理公司能够用于对外担保的商业信誉和物质内容都是以来自于相关保险公司的保险资金作为经济基础和物质内容的。缺失了来自于保险公司的保险资金,保险资产管理公司便无有对外提供担保的物质前提,难以取信于第三人(债权人),相关银行也就不可能对其予以授信或者大幅度提高授信门槛。不仅如此,保险资产管理公司作为专业化的资产管理行业,其行业职责就在于接受保险公司的委托来管理和运用保险资产开展法定范围内的经营活动,实现保险资产的保值和增值,为此,需要保险资产管理公司运用其资产管理的专业知识和市场经验,运用手中的保险资产开展多样化的经营和投资活动。尤其是适应金融全球化的发展需要,保险资金的管理和运用不可能是单一形式,而必然要开展多市场、多形式、多策略的综合管理和投资,鼓励保险资产管理的发展创新,则对外担保作为金融领域的具体领域已经是不争的事实,故保险资产管理公司用保险资产对外提供担保当然属于保险资金运用的具体形式。可见,保险立法上有条件地允许保险资金参与担保活动,既可以扩大保险资产管理公司的经营管理范围,更具有丰富保险资金运

---

❶ 赵景涛:"保险资金应给小微企业更大信贷支持",见孙祁祥等:《中国保险市场热点问题评析(2013—2014)》,北京大学出版社 2014 年版。

用形式的效果。

其次,保险资产管理公司对外担保并非单纯的民事行为,而是典型的商事经营活动。因为,保险资产管理公司实施对外担保的前提,是其具有的企业法人的商事主体身份,从而,保险资产管理公司开展对外担保活动属于其法定的经营范围之一,是以收取担保费用为盈利内容的经营行为,故而,不应当将其定性为保险公司的一种民事活动❶。这意味着保险资产管理公司的对外担保行为,首要条件是应当遵守保险立法和公司法等商事立法,并接受保监会的监督管理规则的约束。同时,保险资产管理公司开展对外担保业务过程中,在当事人的资信审查、风险评估、签约程序、担保关系的建立和履行等诸多环节上,均应当基于其商事主体的身份而履行相应的谨慎注意义务,以求减低担保风险,并以高于民事责任的商事责任来确保保险资产的安全。

所以,笔者提出上述保险立法改革方案就表现出明显的优越性。一方面,是能够最大程度实现保险资金的增值。众所周知,保险资产管理公司是专业化管理和运用保险资金的金融机构,目标是使得保险资金实现增值保值。可见,保险资产管理公司作为保险资产的专业管理者,具备在法律许可范围充分运用保险资产进行各类投资活动,实现保险资产增值的专业知识和理财能力。其中,进行对外担保过程也就能够更有义务运用其专业知识和理财能力来进行担保风险的评估,并通过提供担保而获取的担保收入来增加保险资产的价值。

另一方面,是尽可能地降低担保风险,确保保险资金运用上的安全和稳健。因为,由于保险业经营的特殊性和保险保障功能作用,决定着保险资金运用的首要因素,就是安全和稳健。为此,要求保险资产管理公司运用保险资金对外担保时必须依法为之。原因在于,这些法律就是本着安全、稳健原则来确立运用保险资金对外担保的规则。首先,保险资产管理公司用于担保的保险资金必须是其在保险公司依法提取各项责任准备金之后,能够用于自主经营投资的资金部分。由此确立保险资产管理公司运用保险资金对外担保的资金范围。其意义当然是将保险公司用于提供保险保障所需保险资金部分与保险资产管理公司用于自主投资的资金部分予以切割,隔离了彼此之间的风险联系,降低了保险公司实施保险经营的风险因素。其次,保险资产管理公司不能将其自主经营的资金全部用于对外担保,而只能在法律规定的分项投资原则下,在法定金额和对外担保的资金比例范围内予以实施,从而实现各类投资之间的风险分散,有利于贯彻保险资金运用所应遵循的安全和稳健原则。当然,鉴于对外担保具有较高的风险性,保险资产管理公司应当将其纳入内部风险管控体系,对

---

❶ 笔者不同意认定,保险公司对外担保行为实质上是保险公司的一种民事活动的看法(参见:李砾:"保险公司对外担保监管的法律问题",载《保险研究实践与探索》2010年第6期)。

于任何一笔对外担保均需要秉持谨慎的态度，对于被担保人和第三人以及被担保的债务活动进行认真的审查核实，从市场因素、法律因素等诸多方面加以全面的风险评估。必要时可以采取反担保等机制手段，以求达到避免担保风险的效果。

关于中国海上保险法律现代化的思考[①]

朱作贤[*]

一、引言

在中国，调整海上保险的主要法律规则是《海商法》第十二章"海上保险合同"，该章分"一般规定""合同的订立、解除和转让""被保险人的义务""保险人的责任""保险标的的损失和委付""保险赔偿的支付"六节，共四十一条，为海上保险活动构建了一个基本的法律框架。《海商法》自1993年7月1日开始实施，至今也不过二十多年的时间，还是一部很年轻的法律，因此，不免有人会有疑问：刚刚制定二十多年的海上保险法律制度，就面临现代化的改革任务？海上保险法律现代化，不过是一个时髦的口号？

二、中国海上保险法律现代化的必要性

全面审视并改革《海商法》中海上保险法律制度使之发生现代化转型，从而更加适应现代商业实践，为国际贸易与海洋经济的健康发展提供更为妥善的保障，这绝不是什么空穴来风，而是一种源自客观实际的需求。

首先，《海商法》虽然是一部颁布时间不长的法律，但这并不代表"海上保险合同"一章的制度设计已然符合保险现代化的理念与要求。我们知道，该章起草过程中广泛参考的是英国MIA1906及英国船舶、货物保险条款。MIA1906曾被称之为"海上保险的圣经"，被世界各国广为借鉴。该法典是Chalmers勋爵在总结普通法下2000多件保险纠纷案件后编撰而成的，其中不少法律规则实际上在18世纪末或者更久远的年代即已确立，包括主动告知义务、保证义务、适航、绕航与委付等制度。MIA1906的时代背景是航海被人们视为"海上冒险"，处于发展初期的海上保险业就像襁褓中的婴儿，属于一

[①] 该文系司法部"国家法治与法学理论研究项目"《中国海上保险法律制度的改革与完善》（课题编号：13SFB5040）阶段性成果。

[*] 朱作贤，法学博士，大连海事大学法学院海商法系教授；大连海事大学保险法研究中心副主任；大连海事大学海法研究院航运法研究中心主任。

个不安全的幼稚产业,承保技术落后,评价风险的信息几乎只有被保险人知道。为保障海上保险的健康发展,立法上必然要求被保险人承担各种较重的义务和责任。然而,当代保险业已得到长足发展,逐步成为各国国民经济的重要组成部分,实际上,保险公司已经成长为"巨人",其核保手段先进,承保技术成熟,保险产品丰富多彩,条款内容复杂多变,保险业需要特殊保护的时代已经过去了。因此,海上保险立法现代化转型的要求之一就是需要完成从保险人利益保护到被保险人利益保护的转变。《海商法》显然没有完成此项任务,《海商法》起草之时,中国正处于改革开放之初,海上保险的实践经验很有限,理论研究也较为薄弱,在保险理念与制度设计上不太可能对 MIA1906 实现"完全超越",这是历史局限性使然。[1] 总之,1993 年《海商法》所构筑的海上保险制度体系,看起来更像一幅对 19 世纪海上保险法律规则的"临摹",很难称之为现代作品。

其次,海上保险具有高度的国际性。鉴于船舶航行于不同国家水域、国际货物在不同国家买卖流转,海上保险必然呈现出国际趋同性特征,这也是国际商业活动的客观需求。因此,国际层面的立法变化必然会影响中国海上保险法律的发展。我们知道,英国最新保险立法——《2015 年保险法》已经取代了被誉为海上保险圣经的 MIA1906 中不少重要规定,例如,最大诚信原则、被保险人的告知义务、保证等都发生了根本性的变化。在提交给英国上议院的《2015 年英国保险法(草案)》的立法说明(Explanatory Note)中,英国财政部明确指出:"草案的目的是使这些领域的立法框架得以现代化,使之与现代英国保险市场的最佳实务操作相一致。"[2] 在此背景之下,中国海上保险法律还应当"维持现状"吗?答案毫无疑问应当是否定的。

再次,中国已发展成为名副其实的航运大国与贸易大国,海上保险的重要性不言而喻。船队运力规模从改革开放之初的全球第四十位跃升为现在的第三位,货物贸易量自 2013 年即超越美国位列世界第一,而中国外贸货物 90% 以上是通过海上运输实现的,都需要完善海上保险予以"保驾护航"。从政策层面来看,海运强国已成为国家战略,鼓励海上保险等高端航运服务业的发展,系海运强国战略一个必不可少的组成部分。中国各大保险公司在上海成立了共 11 家航运保险运营中心。[3] 2015 年 9 月 8 日,全国首家专业性航运保险公司——东海航运保险股份有限公司创立大会在宁波举行。航运保险业似乎一片

---

[1] 当然,《海商法》起草者并没有全盘照搬 MIA1906 的规定,但受英国法影响的痕迹明显,例如,英美法系特有的海上保险保证制度被引入《海商法》即为一典型例证。

[2] Explanatory notes to bills: insurance bill [HL]: http:///www.publications.parliament..uk/pa/bills/cbill/2014-2015/0155/en/15155en.htm.

[3] 目前已成立航运保险运营中心的包括"人保、太保、平安、阳光、永安、华泰、天安、大地、国寿财、美亚、太平"十一家保险公司。

繁荣景象，但中国要想发展成为真正的国际海上保险市场中心，必须高度重视法律的作用。从某种意义上来讲，海上保险业的国际竞争，取决于海上保险法律的竞争。英国保险法律改革的重要驱动力之一也正是为了维持其国际海上保险中心的地位。

最后，中国《海商法》实施二十多年的司法实践也一再告诉我们，《海商法》第十二章关于海上保险的法律规定，亟须修改与完善。其一，《海商法》存在某些明显的法律空白，不能适应实践的需要。例如，船舶保赔保险基本上处于"无法可依"的境地；《海商法》中关于"海上预约保险"的简单规定，无法适应外贸货物运输中普遍使用长期保险协议的客观现实。其二，不少制度设计未能合理分配当事人的权利义务。例如，对被保险人告知义务的规定，依然维持着相当的"严苛性"，被保险人必须单方面主动向保险人告知重要事项，否则，将承担不利的法律后果，而英国《2015年保险法》已经从被保险人单方告知转化为"被保险人主动告知为主，保险人询问为辅"的"合作模式"。其三，海上保险与一般保险的法律规定如何协调是个难题。例如，《海商法》中没有投保人的概念，海上保险合同定义规定保险合同的当事人是"被保险人与保险人"，而非"投保人与保险人"，二者如何协调已在海事司法实践中引发诸多争议。

三、反思海上保险法与一般保险法的关系

在中国法律体系下，《海商法》第十二章"海上保险合同"与《保险法》属于特别法与一般法的关系，[1]法律适用时应遵循的原则是"特别法有规定的，适用特别法的规定；特别法没有规定的，则适用一般法的规定"。海上保险合同属于财产保险合同的一种，在许多人看来，调整它们的法律属于特别法与一般法的关系似乎天经地义。其实，此种认识需要认真反思。

从国外立法例来看，对于海上保险法与一般保险法的关系设定，目前国际上尚存其他几种不同的立法模式。

模式一：海上保险法与一般保险法完全相互独立，是并列关系而非特别法与一般法的关系。

无论英美法系还是大陆法系都存在此种立法例。例如，在澳大利亚，海上保险是由《1909年海上保险法》（MIA1909）调整，而一般保险是由《保险合同法》（ICA）调整，ICA明确规定不调整海上保险。[2]德国亦是如此，德国2008年《保险合同法》第209条规定："本法不适用于再保险和承保航运风险

---

[1] 参见《保险法》第184条。
[2] 需要指出的是，根据澳大利亚《保险合同法》第9条之规定，关于"游艇保险"原则上不适用于《1909年海上保险法》。

的保险(海上保险)。"

模式二：海上保险法与一般保险法虽属于"特别法与一般法的关系"，但一般保险法的强制性不适用于海上保险，海上保险活动享有充分的合同自由。

此模式以日本法为典型代表。在日本法下，海上保险首先适用《日本商法典》第四编"海商"第六章"保险"的规定；如果"海商"编没有规定的，应适用《2008年保险法》的规定，但《2008年保险法》中所规定的"单向强制性条款"（对保单持有人或被保险人不利的约定无效）不适用于海上保险。❶ 另外，为规范保险合同关系，挪威于1930年制定了专门的保险合同法，经1989年全面修订后即为《1989年保险合同法》。该法第1.3条以"规定的强行性"为标题表明其具有强制效力，但同时又规定，依《海商法》登记船舶从事商事活动的保险和涉及国际贸易的货物运输保险，除了该法第7.8条（关于责任保险中第三人直接诉保险人的规定），保险合同可以通过约定排除任何其他规定。❷ 法国法在《保险合同法》（2005修订）中对海上保险做了专门规定，但本法中的其他规定对海上保险也并不强制适用。

模式三：将保险立法分为"商事保险"与"消费者保险"❸，海上保险归属于"商事保险"的调整范畴。

这是英国《2015年保险法》与《2012年消费者保险（告知与陈述）法案》所采取的新模式。

如果维持《海商法》第十二章与《保险法》之间"特别法与一般法"的现有关系不变，则可能会对海上保险活动产生诸多不利影响。

《保险法》自1994年颁布以来已完成三次修改，其中在保险合同法方面的修改是在2009年修订完成的。众所周知，《保险法》修改时坚持的核心理念是"加强对被保险人利益的保护"，这是《保险法》现代化的必然要求。❹ 虽然《保险法》的适用对象既包括消费者保险（例如，人身保险与家庭财产险等），

---

❶ 参见 Satoshi Nakaide, *Marine Insurance Law in Japan*, The 6th East-Asia Maritime Law Forum, p125-126. 除了"海上保险"，"航空器财产保险、空运货物保险以及航空事故责任保险""核装置财产保险、核装置事故责任保险""承保企业、其他组织或从事商业活动的个人源自商业活动损失的非人身保险"亦不适用"单向强制性条款"。

❷ 挪威起草委员会在新保险合同法制定过程中曾主张该法对各种保险均具有强制适用的法律效力，但挪威船东协会和挪威海上保险业协会并不欢迎强行法，主张在海上保险领域实行合同自由原则。最后立法采纳了这一建议。总体而言，《1989年保险合同法》对海上保险的影响非常有限，挪威海上保险市场的重要特征之一就是使用《挪威海上保险条款》(NMIP)。

❸ 英国《消费者保险（告知与陈述）法案》: consumer insurance contract means a contract of insurance between-(a) an individual who enters into the contract wholly or mainly for purposes unrelated to the individual's trade, business or profession, and (b) a person who carries on the business of insurance and who becomes a party to the contract by way of that business.

❹ 对此，最高人民法院民二庭负责人就关于"适用《保险法》司法解释（二）"答记者问时明确指出："加强对保险消费者的保护是2009年《保险法》修订的基本原则"。

又包括商事保险,但无论何种类型的保险,其在《保险法》下的法律规则是统一的,统一反映了对被保险人利益的保护。譬如,在被保险人告知义务中引入了人寿保险中常使用的"不可抗辩条款";❶ 再如,保险人在订立合同时被要求主动地向投保人说明保险条款的含义以及明确说明责任免除条款等。诸如此类的规定,对属于国际商业活动范畴的海上保险而言,不能不说属于"过度保护"被保险人了。海上保险属于典型的商事保险,具有较强的国际趋同性,此类"过度保护"规定并不符合国际上的基本做法。

尤其需要提及的是《保险法》第十九条,其具体规定如下:

"采用保险人提供的格式条款订立的保险合同中的下列条款无效:

(一)免除保险人依法应承担的义务或者加重投保人、被保险人责任的;

(二)排除投保人、被保险人或者受益人依法享有的权利的。"

这属于一种"单向强制性规定",类似于《海牙规则》或《海牙-维斯比规则》为了对货方特别保护而实施的强制性责任体制。其本质是通过对合同自由的限制,防止保险人通过合同条款的约定令投保人、被保险人处于比法律规定更为不利的境地,体现了对保护被保险人的理念。

鉴于《海商法》中并没有这方面的规定,按"特别法与一般法"的法律适用原则,《保险法》第十九条的规定应当适用于海上保险活动。虽然目前在海上保险中还没有出现过适用该条的具体案例,但该条规定无疑是保险人面临的一颗随时都有引爆危险的炸弹。无论是船舶保险还是海上运输货物,诸多具体条款的效力会因此被质疑。由此引发了一个非常核心的问题,即海上保险的现代化是否应当舍弃合同自由而给予被保险人强行法的保护?

我们的答案是否定的。首先,与一般的被保险人特别是普通消费者相比,在海上保险市场中,船东或从事国际贸易的企业一般都是专业得多的当事人,甚至会聘用专业团队进行保险管理;其次,航运业和海上保险市场都是高度国际化的,应当尽量与国际通行做法保持一致,如中国对海上保险实行保护被保险人的强制性制度,必将带来保险费率的提高,这对保险业本身、航运企业、国际贸易企业参与国际竞争都会带来相当不利的影响。

那么,中国法下《海商法》第十二章"海上保险合同"与《保险法》的关系到底应如何加以调整呢?

"法律的生命在于经验而非逻辑",并不能因为海上保险是一般财产保险的一种,在法律上就必然设计成特别法与一般法的简单关系。本文认为,中国法下界定海上保险与一般保险关系的最佳方案应当是采取澳大利亚与德国模式,

---

❶ 按《保险法》第16条规定,纵使投保人故意或因重大过失违反了如实告知义务,只要"自合同成立之日起二年的",保险人也不得解除合同。

即"海上保险法律与一般保险法律相互独立"。客观情况是,《海商法》第十二章"海上保险合同"共四十一条,已覆盖各项主要的保险制度,司法实践中真正需要《保险法》予以补充的内容是少之又少。其实,那些《海商法》没有规定而《保险法》有规定的个别制度,适用于海上保险到底是否妥当,常常是大有疑问的。当然,如果未来修法时"相互独立"方案不为立法机构所接受,次优方案可考虑采取日本模式,关键是确保海上保险合同领域享有较为充分的合同自由。英国最新立法模式,很难成为中国未来的现实选择,因为《保险法》历经几次修改,并没有对消费者保险与商事保险区别对待,而是采取了对不同类型被保险人加以统一保护的立法模式。

四、扩大海上保险的适用范围

中国《海商法》第216条规定:"海上保险合同,是指保险人按照约定,对被保险人遭受保险事故造成保险标的的损失和产生的责任负责赔偿,而由被保险人支付保险费的合同。

前款所称保险事故,是指保险人与被保险人约定的任何海上事故,包括与海上航行有关的发生于内河或者陆地上的事故。"

根据上述定义,海上保险合同区别于一般保险合同的标准在于"保险事故",海上保险合同所约定的保险事故应当是"海上事故"。

但按最高人民法院的司法解释,"海上事故"的内涵不是指一切在海上发生的事故,而是指与航行有关的海上事故。中国司法实践中已遇到的争议是,港口设施或者码头等作为保险标的的保险合同纠纷案件是否属于《海商法》所调整的海上保险合同纠纷案件?最高人民法院认为应依据"保险事故"的不同来确定港口设施或码头保险合同的不同性质。这主要体现在最高人民法院法释〔2006〕10号第2条:"审理非因海上事故引起的港口设施或者码头作为保险标的的保险合同纠纷案件,适用保险法等法律的规定。"对此,最高人民法院民四庭王淑梅法官进一步解读:"港口设施或者码头作为保险标的的保险事故虽然会来自海上风险,但并非全部属于海上事故,如保险事故可能是因海啸或者其他自然灾害引起,这完全属于一般海上风险造成的保险事故,与船舶的海上航行无关。海商法调整的海上保险合同中的保险事故应当仅限于与航行有关的海上事故,其他海上风险引起的保险事故,不应由海商法调整,应当适用保险法的有关规定。"❶

因此,《海商法》海上保险仅限于航海活动或与之相关的活动。人类社会最初对海洋的利用主要是航海,海上保险指向航海活动合情合理。但是,"21

---

❶ 王淑梅:"《关于审理海上保险纠纷案件若干问题的规定》理解与适用",载《人民司法》2006年第12期。

世纪是海洋世纪",当代人类的海洋活动已经不再局限于航海,各类海上勘探开发活动方兴未艾,对人类社会的可持续发展意义重大。关键是这些海洋活动也同样面临巨大的海上风险,不能适用海上保险法律制度予以调整并无充分理由。法律应当与时俱进,建议海上保险应当摆脱航运保险的历史窠臼,扩大适用于承保各类"海上事故"的保险合同。事实上,在英国伦敦水险市场中,"海上平台保险"(offshore platform insurance)一直都是作为海上保险处理,受 MIA1906 的调整。

另外,还有一个非常重要的问题是,《海商法》未能明确海上保险是否包括船舶互助保险,这在司法实践中已引发诸多争议。中国船东保赔协会系在民政部登记的社团法人,既不属于《保险法》所规定的保险公司,也不属于《保险法》第六条所规定的"依照法律、行政法规规定设立的其他保险组织"。由于合同主体不适格,船舶保赔保险合同不属于保险合同,不能适用《保险法》已是最高人民法院的确定结论。❶那么,其能否适用《海商法》呢?天津海事法院在重庆市海运有限公司诉中国船东互保协会一案❷中曾指出:"本案不适用《保险法》。从入会证书记载的内容看,被告承诺对保险船舶承担责任,即涉案船舶保赔的标的为船舶,因此船舶保赔合同性质应属于海上保险合同,本案应受我国《海商法》和其他民事法律相关规定的调整,《海商法》作为特别法应优先适用。"从逻辑上来看,天津海事法院的上述结论有待商榷。海上保险合同属于保险合同的一种类型,如果一个合同不能被认定为保险合同而适用《保险法》,又怎么可能被认定为海上保险合同而适用《海商法》呢?

在海上保险实践中,船舶保赔保险是一种非常重要的责任保险类型,按惯例做法,船舶营运中除了船舶碰撞责任之外的其他绝大多数责任风险,均是通过船东互助保险的方式予以分散的。对于如此重要的一种海上保险类型,以保险主体不符合《保险法》的规定而不能适用《海商法》显然是不妥当的。为避免此类纠纷,建议参考 MIA1906 第 85 条"相互保险"之规定,明确将船舶保赔保险纳入到《海商法》第十二章的调整范围。

五、重要制度之改革思考

(一) 关于海上保险合同主体重构

根据《海商法》第 216 条海上保险合同的定义,合同当事人是保险人与被保险人。这与《保险法》规定完全不同,《保险法》采纳的是大陆法系传统理论,保险合同主体被分为合同当事人与相关人,保险人与投保人被称为合同当

---

❶ 参见"最高人民法院关于中国船东互保协会与南京宏油船务有限公司海上保险合同纠纷上诉一案有关适用法律问题的请示的复函"。

❷ 参见(2006)津海法商初字第 313—318 号。

事人，而被保险人与受益人被称为合同相关人。根据《海商法》的规定，海上保险合同中不存在"投保人"这一主体。有学者对《海商法》的不同做法提出强烈质疑："即使海上保险合同特殊，也不应特殊到连合同主体都不一样的地步吧！"[1]

实际上，《海商法》与《保险法》在保险合同主体方面的不同，反映的是英国法与大陆法系的差异。《海商法》与英国法一致，《保险法》则借鉴了大陆法系的做法。具体而言，大陆法系区分了投保人与被保险人，使二者享有并负担不同的权利义务；而英国法并没有此种区分，固有的区分问题是通过"代理"原则解决的，即客观存在的投保人被视为被保险人的代理人。[2]

虽然中国海上保险立法上不存在"投保人"的概念，但保险实务中保险人签发的保险单证中却经常会出现"投保人"栏目。当投保人与被保险人是同一主体时，不会有何实际问题。但二者并非同一主体时（例如，在被保险船舶处于光船租赁的情形下，该船舶保险的投保人一般是光船承租人，而被保险人是船舶所有人，或者船舶所有人与光船承租人都被列为被保险人），则必然产生一系列难以回答的问题：投保人还是被保险人应是支付保险费的义务主体，还是二者负连带责任？投保人在订立合同时是否负有告知义务？未参与订立合同的被保险人（例如前述例子中的船舶所有人）知道或应当知道的重要事实是否需要告知给保险人？

此外，船舶保险单中往往还约定"受益人"或"第一受益人"。而受益人多是享有船舶抵押权的银行或船舶融资租赁的出租人。问题是，应当明确"受益人"或"第一受益人"具有何种法律地位，这也是中国船舶融资市场健康发展的客观要求。受益人法律地位之所以会引发诸多争议，主要原因是在《保险法》中受益人是人身保险合同中的专有概念，故只能将财产保险合同中的受益人认定为《合同法》中"向第三人履行合同"中的"第三人"。

《合同法》第64条规定："当事人约定由债务人向第三人履行债务的，债务人未向第三人履行债务或履行债务不符合约定，应当向债权人承担违约责任。"按此规定，债务人未按约定履行债务的，应向债权人而非第三人承担违约责任。因此，依据《合同法》的规定，受益人作为保险合同的第三人似乎难以获得独立的保险赔偿请求权。

本文的初步建议是：修改《海商法》第216条的规定，将保险合同当事人设定为投保人与保险人，投保人为交付保险费与告知义务的主体，在投保人未交付保险费时，保险人有权向投保人提出交费请求，在被保险人保险索赔时亦

---

[1] 此为上海海事大学胡正良教授在交通运输部委托项目"《中华人民共和国海商法》的修改"研讨会中发表的见解。

[2] 参见《船舶保险手册》（汪鹏南、程明权等译），大连海事大学出版社2011年版，第18~19页。

可直接对被保险人提出相应抗辩。另外，投保人在履行告知义务时，有义务将自己或被保险人知道的或应当知道的重要情况如实告知。同时，在海上保险中明确规定受益人的概念并赋予其独立的保险赔偿请求权。

（二）关于最大诚信原则的反思

最大诚信的概念源自英国法，MIA1906第17条对此有明确规定。大陆法系一般不采用此概念。无论是中国的《海商法》还是《保险法》也都没有出现这个概念。然而，一种非常有趣的现象是，除少数不同观点外，中国理论界却大都主张最大诚信原则是海上保险法乃至保险法的基本原则，甚至法院在其判决的论理过程中也会引述这一原则。例如，在日本西谷商事株式会社诉中国人民保险公司青岛市分公司海上货物运输保险合同纠纷一案中，青岛海事法院指出："《中华人民共和国海商法》规定的被保险人在海上保险中承担的是无限告知义务，如实告知义务是被保险人遵守最大诚信原则的主要方面"。[1] 再如，在海南宏业毛纺有限公司诉香港民安保险有限公司海口分公司、被告香港民安有限公司财产保险合同纠纷一案中[2]，海口中级人民法院称："保险合同作为最大诚信合同，对保险人的要求是'弃权与禁止反言'"。可见，在中国最大诚信观念已深入人心，它虽不是"纸上的法律"，在实践中却广为接受。

有必要指出的是，最大诚信概念源自英国，其"引入"中国后含义却发生了较大变化。在中国，无论是在理论层面还是实践层面，最大诚信都是被当作一种真正的"法律原则"来看待或使用的，即其不预设任何具体的事实状态，不规定具体的权利义务，更不规定具体的法律后果，其只是起到"解释、评价和补充法律行为的功能"或"解释和补充法律的功能"；而"法律规则"则必然存在清晰的构成要件以及法律后果。[3] 按上述"法律原则"与"法律规则"之分类，英国MIA1906第17条所规定的最大诚信属于"法律规则"的范畴，一旦违反，另一方当事人即可宣告合同无效。

本文认为，由于保险具有射幸性的先天特征，容易诱发道德风险，因而在具体的法律制度设计上应当更多地承载诚信要求，即在从事保险立法时应当以诚实信用原则为中心，斟酌各种典型事态，厘定其构成要件及法律效果，形成具体制度。空洞地强调"最大诚信原则"并无实益。即使在英美法系各国，包括在英国，对于是否需要继续保留最大诚信原则，聚讼纷纷。总而言之，我国的海上保险立法乃至司法活动都没有必要引入最大诚信这样一个内涵模糊、争议颇多的英美法概念。尤其是，中国法律体系中已存在诚实信用原则，该原则被称为"帝王条款"，其内涵与外延富有弹性，在具体规定缺失或存在法律漏

---

[1] 参见（2002）鲁民四终字第45号案判决书。
[2] 参见（2005）海中法民三初字第2号案判决书。
[3] 参见张文显：《法理学》，法律出版社1997年版，第60～71页。

洞时完全可以适用于海上保险活动，再额外补充一个最大诚信原则，势必引起不必要的概念之争。

（三）关于被保险人告知义务的重塑

《海商法》对被保险人告知义务的规范属于"主动告知义务"模式，《保险法》采取了"被动告知义务"模式。所谓主动告知义务模式是指被保险人应当在合同订立前，主动将其知道的或者在通常业务中应当知道的有关影响保险人据以确定保险费率或者确定是否同意承保的重要情况，如实告知保险人。所谓被动告知义务模式是指在订立保险合同时，只有保险人就保险标的或被保险人的有关情况提出询问的，投保人才有如实告知的义务。

海上保险中被保险人负有主动告知义务，有一个基本的假设：有关保险标的以及与被保险人相关的重要情况通常均由被保险人单方面掌握。海上保险合同建立在最大诚信原则基础之上，因此法律要求被保险人不得隐瞒或误述此类对保险人承保风险具有重要意义的信息。另外，从法经济学的角度来看，主动告知义务的制度设计还可以有效减少交易成本，因为若要求保险人自己调查信息，其必然会支出相应的调查成本，而这些调查成本又会通过增加保险费的方式转嫁给被保险人。

本文认为，主动告知义务是海上保险业初期形成并流传至今的一个"历史遗迹"，是海上保险法律现代化必须改革的一项重要内容。在海上保险初期，保险人并不比被保险人专业，"保险合同是在咖啡馆里订立的"，船舶或货物又远在他国，情况如何只有被保险人自己知道，由被保险人主动告知相关重要情况在当时的历史背景下是合理的，海上保险法的奠基人英国曼斯菲尔德大法官就认为，判断海上风险是否可能发生的相关估算标准，被保险人比保险人更加清楚。[1] 然而，在大数据时代的今天，关于保险标的的重要信息均由被保险人单方掌握的假设并不成立，鉴于保险公司的专业化以及对信息的广泛利用，保险人对保险标的的某些信息与数据的掌握可能更为准确。其实，更根本的问题不在于被保险人是否单方掌握着全部或部分相关重要信息，而在于保险的技术性与复杂性，导致被保险人根本不知道应当告知哪些内容，又应当告知到何种程度，因而实践中"无意"之中违反告知义务的情形居多数。而毫无疑问，是保险人而非被保险人更清楚其需要哪些信息来评估风险，进而决定保险费率或是否同意承保。因此，英国《2015年保险法》起草过程中，13%的被咨询人反对商事保险保留主动告知义务，认为应当像消费者保险一样采用"被动告知义务"。最为根本的问题是，纵使所有重要信息均由被保险人掌握，保险人为什么不能将其需要知道的问题向被保险人提出呢？为什么要在缔约阶段任凭被保

---

[1] Carter v. Boehm [1766] 3 Burr 1905, 1909.

险人的不全面告知呢？提出问题而非亲自调查并不会增加任何交易成本。从海上保险实践做法来看，许多保险公司也会在订约阶段要求投保人填写"风险问询单"。其实，"被动告知义务"从本质上来看是由专业的保险人辅助被保险人完成告知义务，此种合作不正是诚信原则的要求吗？

这里简单评价一下英国《2015年保险法》对告知义务的规定。该法第二部分使用7个条款详尽规定了被保险人的"合理陈述义务"（The duty of fair presentation）以取代MIA1906对被保险人主动告知义务的规定。其最大改变是，虽然被保险人仍负有主动告知义务，但如果被保险人提供了足够多的信息，则保险人应当主动提问以获得更细致的信息，否则，不得以被保险人违反告知义务为由拒绝赔偿。即采用了"被保险人主动告知为主，保险人加以询问为辅"的模式。这似乎也不失为一种促使双方诚信合作的立法模式，但在本文看来，其致命的缺陷是在具体操作过程中将产生很大的不确定性，何为可以引发保险人询问义务的"足够多的信息"将始终是一个充满争议的问题。毫无疑问，法律设计的可操作性与合理性同等重要，因此，中国未来的海上保险法律修改不应借鉴此种模式。

（四）关于近因规则的取舍

按英国法，保险近因规则的含义是指：只有当承保危险是造成保险标的损失的"近因"时，保险人才有义务对被保险人进行保险赔付。❶ 所谓"近因"是指对结果的产生最有效力的原因，而不能从字面上理解为"时间上或空间上最近的原因"。

我国保险法理论界大多承认"近因规则"。《海商法》是否采纳了"近因规则"呢？仅从法律条文的字面来看，在《海商法》中找不到任何"近因"或类似的法律表达。但据考证，《海商法》的立法原意是采纳近因规则的，如下历史资料可说明这一结论：其一，1992年6月23日，时任国务院法制局局长的杨景宇先生向全国人民代表大会常务委员会做"关于《中华人民共和国海商法（草案）》的说明"时指出："草案第二百二十五条关于海上保险合同定义的表述，体现了保险人履行赔偿责任必须基于保险事故是造成保险标的损失的直接原因的原则，直接原因就是对造成保险标的损失具有决定性意义的原因。""具有决定意义的原因"实际上与英国法下近因的含义并无二致。其二，在《海商法》1992年11月7日通过之后，交通部于1992年11月29日至12月1日即在北京举办"领导干部《海商法》学习培训班"，邀请参与立法的专家对《海商法》各章进行了讲解，其中，《海商法》第十二章是由中国人民保险公司法

---

❶ MIA1906第55条第1款规定："根据本法规定，以及除保险单另有约定外，保险人对承保风险作为近因而导致的任何损失承担赔偿责任，但是，如前所述，保险人将不对承保风险并非近因而导致的任何损失承担责任。"

律顾问李嘉华主讲,他指出:"损失应该是保险事故造成的,即是保险事故直接的、为主要原因所造成的损失。不是主要原因造成的损失保险人不负责赔偿。例如因恶劣天气而关舱后,货物汗湿,可以认为系海上灾害直接造成的。主要原因又称为近因。"

但是,对于海上保险的"近因规则",中国海事司法实践的做法却并不统一。[1] 本文赞同海上保险采用"近因规则",除了此规则符合《海商法》的立法原意以外,主要理由是:其一,近因即为主要原因。在海上保险领域中使用近因规则是国际上的主流做法,例如,大陆法系的德国、法国等虽然在陆地保险中采用"相当因果关系说",但在海上保险所采用的因果关系判断方法实质上与"近因说"一致。[2] 其二,在保险实践中定性分析何为主因,何为次因比较容易操作;而如果不采用"近因说",则势必需要考查对损失而言各原因力的大小与比例,而"原因力"是一个极端抽象的概念,其本身不过是借用将物理学中"力"的概念来形容原因的主次,实际上原因力是无法或极难进行科学量化的。其三,有人认为依据近因规则,保险人要么"全赔",要么"不赔",没有"比例赔偿"的中间状态,对被保险人不利。其实,"对被保险人不利"的结论并不准确,如果在承保危险构成次要原因时引入"比例赔偿"原则,按逻辑统一性,则在承保危险构成主要原因(但并非唯一原因)时,也要适用"比例赔偿"原则,原本适用近因规则可得到全部赔偿的,却变成了部分赔偿。当然,为避免争议,海上保险采纳"近因规则"应在《海商法》中应有明确的立法表达。

(五) 关于保证制度的废弃

《海商法》第235条规定:"被保险人违反合同约定的保证条款,应当立即书面通知保险人。保险人收到通知后,可以解除合同,也可以要求修改承保条件、增加保险费。"

这是海上保险保证制度在中国法下的唯一法律规范,《保险法》中没有保证方面的任何规定。

保证被认为是英美法系保险法中的特有制度,大陆法系国家并无此种制度。关于英国海上保险保证制度的重大缺陷,国内外已有诸多论述。一言以蔽

---

[1] 例如,在"'国源轮'货物保险纠纷"一案中,一审法院认为:"本案应参照已为各国海上保险法所采用的,我国多数专家学者所主张适用的'近因原则'理论,并依据保险单背面条款的内容认定处理为宜。据此,'近因'是指在效果上对损失的作用最直接有力的原因。"但二审法院推翻了一审判决:"认为本案沉船的原因是多种因素造成的,其中暴风是构成沉船的条件之一。沉船事故发生时阵风达8级,该条件属保险条款暴风造成货损的保险责任范围,因此,保险公司应承担赔偿责任,至于还有其他因素所应承担的责任,保险公司可根据《中华人民共和国保险法》第45条的规定向其追偿。原审法院以船长操作不当造成船从而造成货损不属于保险条款的责任范围,保险公司不应承担赔偿责任的判决欠妥应予纠正。"

[2] Rhidian Thomas, *Marine Insurance: The Law In Transition* (Informa, 2006), p172-173.

第一编　保险立法修改论坛

之，就是保证制度对被保险人过于苛刻了，其苛刻性具体表现在：其一，保证义务必须严格履行，甚至不适用"法律不理琐事"之原则；其二，被保险人一旦违反保险义务，保险责任即自动免除；其三，保险责任的免除不要求违反保证与损失之间存在因果关系，即使被保险人已经改正了违反保证的义务也于事无补。

实际上，MIA1906 所规定的保证制度在"引入"中国《海商法》中时已经"异化"了，这主要表现在：其一，《海商法》第 235 条并没有要求保证必须"严格"遵守，而"严格"遵守保证为英国法下保证义务的核心特征之一。其二，违反保证条款也不会"自动"免除保险人责任，而是需要保险人"主动"行使合同解除权。因此，保证条款在中国法律体系下的法律性质应定性为一种约定的解约条款，这与英国法是不同的。对此，《合同法》第 93 条第 2 款规定："当事人可以约定一方当事人解除合同的条件。解除合同的条件成就时，解除权人可以解除合同。"

如上所述，中国《海商法》下保证条款的实质是约定的解约条款，按照广为接受的"合同自由"原则，此种约定的效力通常不应受到非议或质疑。由此可见，对英国海上保险保证制度"苛刻性"的批评或评价，不宜简单地适用于中国法下的保证制度。

那么，中国法下保证制度的最大问题是什么？笔者以为是缺乏识别保证条款的标准。中国《海商法》仅规定了被保险人违反保证条款时的法律后果，却未规定何谓保证条款，这是一处明显的法律漏洞。最高人民法院在起草海上保险司法解释过程中，曾努力试图对保证条款的定义予以规定，但经过仔细研究，认为司法解释并非立法活动，不宜补充保证条款的定义。[1]试想连最高人民法院都无法确定保证条款的含义，各级法院又如何能正确适用保证制度审理案件呢？

综上，我们对保证制度的改革建议是删除《海商法》第 235 条的关于保证的规定。原因如下：其一，如上所述，保证条款不过是保险合同中约定的解约条款，中国法律何必一定要给其附加上一个外国名字——"保证"呢？即使在英美法系，在保险领域使用保证术语也并不受欢迎，一位美国学者用略带讽刺的语气批评道："奇异的设想杜撰了这些术语，实在令人感到遗憾，语言文字的创造者们最好别在海上保险而是到其他领域去施展其才能。"[2]其二，更为重要的法律任务是需要规定满足何种条件海上保险合同中的"解约条款"才是有效的。对此，可以借鉴英国《2015 年保险法》的规定，首先，此类条款必

---

[1] 王淑梅："《关于审理海上保险纠纷案件若干问题的规定》理解与适用"，载《人民司法》2006 年第 12 期。
[2] [美] G-吉尔摩 C.L. 布莱克：《海商法》，中国大百科全书出版社 2000 年版，第 81 页。

须满足"清楚明确"的前提性条件;其次,此类条款应当采取适当方式对投保人、被保险人进行提示。❶

(六)关于保险人说明义务的适用之争

《保险法》第17条规定保险人对格式条款中的免除保险人责任的条款应当主动地完成提示与明确说明义务;否则,免除保险人责任的条款无效。❷《海商法》第十二章"海上保险合同"没有此方面的规定,由此带来的理论争议是:《海商法》对保险人说明义务的沉默是有意为之——"意在否定之",还是认为《海商法》对此未作规定,应当按照《保险法》第184条的指引,适用《保险法》的规定?海事司法实践的较为统一的做法是海上保险适用《保险法》第17条的规定。例如,在广东富虹油品有限公司诉中国平安财产保险股份有限公司深圳分公司海上货物运输保险合同纠纷一案❸中,广东海事法院判决由于保险人未对"中国人民保险公司(1981/1/1)海洋运输货物保险条款"中的免责条款进行明确说明,因而保险人不能援引该免责条款,但判决《海商法》明确规定的免责事由无须说明亦可主张。

在海上保险中应否要求保险人负担主动说明义务?我们的观点是否定的。主要理由是:其一,海上保险中的被保险人大多是长期从事船舶营运的船东、船舶经营人,或者熟悉国际贸易事务的进出口贸易商、生产商,在专业性上与保险人相比不像在消费者保险合同中相差那么悬殊,因此不宜要求保险人成为条款释义的"老师"。其二,鉴于海上保险的国际性特征,海上保险合同条款具有较高程度的统一性,要求海上保险人对免除保险人责任等条款作出明确说明的作用客观上很有限,多数情况下不过是被保险人在索赔时所凭借的一种技巧性手段。其三,即使有此种法律要求,保险公司在实践中也很难去切实履行,保险公司不过是在投保单的底部设置"投保人声明"栏目,内容大致是:"投保人兹声明保险人已对免除保险人责任的条款进行明确说明,投保人、被保险人已完全理解保险合同条款及责任免除条款",再去要求投保人的签字或盖章。

我们的建议是,对于海上保险合同中的免责条款,保险人应有提示的义务,并应当按照对方的要求,对其进行说明。简而言之,就是将保险人的主动

---

❶ 英国《2015年保险法》第17条"透明度要求":(1)本条"不利条款"系指第16条第2款所述的条款。(2)在保险合同成立或合同变更时,保险人应当采取充分措施使被保险人注意到不利条款。(3)关于不利条款的法律后果应当清楚明白。(4)在认定第(2)款与第(3)款的要求是否满足时,应考虑被保险人的个人特质以及交易环境。(5)如被保险人(或其代理人)在合同成立或合同变更时已经实际知道该不利条款的,被保险人不得主张保险人未完成第(2)款的要求。

❷《保险法》第17条第2款规定:"对保险合同中免除保险人责任的条款,保险人在订立合同时应当在投保单、保险单或者其他保险凭证上作出足以引起投保人注意的提示,并对该条款的内容以书面或者口头形式向投保人作出明确说明;未作提示或者明确说明的,该条款不产生效力。"

❸ 参见(2005)广海法初字第211号判决书。

说明义务改造成被动说明义务。

六、结语

海上保险法律现代化的重要任务之一是改变使被保险人负担过重义务与责任的旧制度，充分保证保险补偿功能的实现，促进国际贸易以及海洋经济的发展；但同时应当高度注意的是，在中国法律体系之下改革海上保险法律，不能"矫枉过正"，一个必须避免的"美丽陷阱"（beautiful trap）是对被保险人利益的过度保护。

海上保险是高度国际化的商事保险，被保险人不是消费者，不需要也不能像消费者一样被"呵护"。就中国海上保险法律的未来发展而言，维护海上保险的商业性，为当事人留下充分的合同自由空间应当是海上保险法律现代化改革的一个重要原则，尤其不能像《保险法》那样以保护被保险人为由将海上保险法律塑造成维护被保险人利益的强制法。从历史经验来看，海上保险交易并不是立法所设计的，而是商人们在长期的商业实践中为了对抗海上运输的风险而发明的，并一直在商业实践中不断演变进化。[1] 进入21世纪之后，各类海上活动与航运实践越来越复杂，多种新型风险孕育而生，而作为风险分散重要手段的保险也在随之创新，强制性的立法只会成为保险创新的桎梏。

其实，合同自由的空间又何尝不是海上保险法律未来发展的广阔空间呢？

---

[1] 郑睿：《英国海上保险：法律与实务》，上海交通大学出版社2014年版，第5页。

第二编

保险产品的制度创新与完善发展研究

第二编

药品名称的翻译原则与翻译实践方法

论中国"绿色保险"的建设与发展

贾林青　贾辰歌

一、"绿色保险"的内涵和外延

"绿色保险"一词是学术界和金融实务界在解释"绿色金融"时一并提出的，而其根源则是伴随着我国社会经济发展过程中日益突出的环境保护需要所催生的新型概念。不过，如何理解"绿色保险"的内涵和外延，尚未形成统一的结论，还需要加以研究。

笔者的看法，"绿色保险"并非是一个保险产品，更不应当将其与环境污染责任保险等同而论。因为，"绿色保险"首先体现的是环境保护的思想精神。因为，人类社会的进步和发展不仅改变社会公众的生活方式，提高了生活质量，也产生了很多新的亟待解决的社会问题。其中，由于环境污染的日益严重而引发的环境保护问题，就已经成为全人类生存发展所必需关注的全球性课题。如今，低碳、绿色、环保已经成为中国实现可持续发展的基本内容。甚至，中国的领导人习近平在G20工商界峰会的致辞中，将环境保护提升到解放生产力的高度来认识。因此，实现环境保护的目标，应当纳入各个部门、各个行业的日常任务之中，让保护环境、低碳绿色成为社会公众的工作学习、生产和生活的基本内容，用全社会的共同行动来完成环境保护这一重大社会课题，还大自然以山青、水绿、天蓝、云淡、鸟语、花香的本来面貌，给社会公众一个食品安全、环境洁净的宜居生活环境。在此社会环境下，"绿色保险"描述的是我国保险行业的发展目标——以实现环境保护作为我国保险业参与社会经济活动所追求的方针大政，由此形成"绿色保险"的内涵。

至于"绿色保险"外延的理解，不要认为它是特定的一类保险产品，而应当确认，"绿色保险"是指一个保险业领域。这不仅要求保险业的经营实体（包括保险公司、保险代理机构、保险经纪机构、保险公估机构等）在经营活动中需要落实发展以追求低碳、绿色、高效为目标的理念和效果，自觉地减少办公用纸、降低用电、避免用水浪费、绿色出行等；并将环境保护纳入保险业履行社会责任的范畴，利用日常保险展业和保险营销的场合，时刻宣传环境保护，普及环境保护的知识，提高大众的环保知识水平；更在于保险产品在进行设计和市场供给时，落实环境保护政策应当作为指导思想之一，将发展"绿色保险"纳入保险产品设计的理念之中，落实到保险服务的各个环节，使其成为中国环境保护的一部分。这意味着保险业是作为"环境污染者以外的所有有志于环保事业的企事业单位"[1]，以"对环境污染治理起到实质性作用的第三方"[2] 的身份参与环境保护的"第三方机制"[3]。因此，着眼于适用的社会效果，只要是对于保险事业具有发展促进作用的保险产品均应当纳入"绿色保险"的范畴，从而使环境污染责任保险仅仅是"绿色保险"的具体内容之一。

二、"绿色保险"是由多类型保险产品构成的，以其保障功能促进中国环境保护的保险领域

究其原因，保险业作为现代经济社会的一个独立行业，其参与社会风险管理活动，并以提供保障功能为任务，这对于现代经济的稳定和发展意义重大。故而，保险业应当成为参与环境保护的重要力量。因为，尽管保险业的保险赔偿处于社会风险管理的"后端"，最终体现在对环境污染事件发生而造成的损害后果进行的事后补偿。但是，保险业的保险经营活动并非一味消极被动地等待，而是一种事先的科学分析和管理与事后的及时补偿有机结合而成的专业化活动。具体表现在，其依据科学地分析摸索，掌握环境污染风险发生的一般规律，并以此为基础，主动地建立科学的规模化的环境风险管理保险基金，用于补偿环境污染事件导致的损害后果。从而，保险业向社会提供的保险保障功能由此可见一斑。

当然，具体环境保护领域，出于环境保护突出的社会公益性质，要求保险业逐步实现保险业的市场经营上的供给侧改革，充分发挥保险从业人员的聪明智慧，针对环境保护的实际需要，能够设计得出并且得以在保险市场上向社会单位和社会公众提供多层次、多类型的、可以满足环境保护需要的保险产品，提供丰富的多样化的保险服务。

因此，笔者认为，保险业应当适应环境保护具有的社会公益性和系统化社会管理工程属性的需要，努力发展多样化涉及环境保护的保险产品，而不能仅仅局限于环境污染责任保险的单一保险产品形态，需要扩展开发环境保护所需保险产品的视野。只要是涉及环境保护领域都会存在购买环境保护之保险产品

---

[1] 参见李一丁、陈松："环境污染第三方治理机制构建问题出探"，载周珂、徐祥民主编《城市化与环境保护》，法律出版社 2016 年版。

[2] 朱玫："三问第三方治理"，载《中国环境报》，2015 年 2 月 27 日。

[3] 见李一丁、陈松："环境污染第三方治理机制构建问题出探"，载周珂、徐祥民主编《城市化与环境保护》，法律出版社 2016 年版。

的需求，成为保险经营的现实或者潜在的客户，将我国国务院发布的"新国十条"和中国保监会的《中国保险业发展"十三五"规划纲要》提倡的鼓励保险业创新发展的设想落到实处。

首先，将环境保险纳入巨灾保险范围之内。鉴于巨灾保险是用于补偿灾害结果重大的灾害事故引发的社会损害，而环境事故造成的损害往往规模较大，甚至是巨大的，那么，充分发挥保险业对灾害事故的经济补偿功能，支持遭受环境事故的广大受害者有能力尽快恢复生产和生活能力就很有必要。因此，保险业应当将环境事故纳入巨灾保险的范畴。

其次，在现有的各类财产损害保险产品范围内，针对环境保护领域的各类环境保护产品的研发、生产和经营的企事业单位提供符合环保产品特性、能够体现国家环保政策，具有激励其投保热情的个性化保险产品。由于保险业现有以生产经营企业作为被保险人的财产损害保险属于传统的一般性保险产品，缺乏个性化。但是，从事环保产品研发、生产和经营的科研单位、生产经营单位等，其涉及的环保产品是近年来适应环境保护的需要而发展起来的一个新兴行业，是富有生气的"朝阳"行业，只有鼓励其稳定发展才符合我国发展环境保护的国策。也必须承认，像节能减排、新能源、低资源消耗等产品的研发、生产和经营环保产品所需的成本往往大于一般工业产品，需要投入更多的资金，面临的自然风险和社会风险也高于一般工业产品。正因为如此，保险业应当针对环保产品的研发、生产和经营的企事业单位，研究此类环保产品的研发、生产和经营的特点，掌握该领域的特殊风险规律，设计出具有针对性的、个性化的财产损害保险产品、营业中断保险产品、信用保险、保证保险等保险产品，向这些企事业单位提供能够满足其特殊需要的保险产品和保险服务。不仅如此，保险业还应当根据该领域的企事业所提供的保险产品，制定具有价格优惠或者激励政策的保险费率和奖励条款，借以贯彻落实国家发展环保事业的政策。

第三，向农业生产领域的生产企业、家庭等经营单位，针对农林牧渔等领域的各类农产品、经济作物的生产经营活动中，设计能够体现支持发展"绿色农业"理念的农业保险产品；凡是有利于降低化肥、合成饲料使用的，减低土地、水源、大气污染的生产方法以及所涉及的原材料、机械器械、工具等，均提供优惠费率，或者适当扩大保险保障范围。

第四，考虑到鼓励各行业企业参与环境保护积极性的需要，针对目前企业单位在生产经营和新企业、新项目筹建过程中对于配套环境设施和环保项目的兴建缺乏积极性，甚至有瞒报瞒建的现象，保险业可以设计针对独立的环保建设项目或者作为工业生产企业附属设施的环境保护工程等，推出特别建筑保险产品，借助特殊的优惠费率和激励条款来鼓励被保险人努力积极兴建环保项目，促进环保事业的发展。

第五，就环保产品的企事业单位的从业人员，保险业可以设计有针对性的人身保险产品，为这个社会群体提供个性化的保险保障和保险服务。诸如，为这些参与环境保护产品的研发、生产和经营的从业人员，提供符合环境保护产品研发、生产和经营特殊风险的意外伤害保险产品、健康保险产品、就业保险产品以及相应的养老保险产品等。

第六，完善环境污染责任保险产品体系。目前，如何将保险制度运用于环境保护领域，很多学者的眼光大多集中在责任保险，其至提出一律实行环境污染责任强制保险。笔者的看法是，发展环境责任保险当然是中国保险业当前的重要任务之一，但是，统一实行环境污染不宜"一刀切"地一概实行环境保护责任强制保险，而应当针对环境责任事故的主观恶性、损害结果的严重程度、损害影响的不同等诸多因素，建设环境责任的强制保险与自愿保险并存的制度体系。因为，责任保险的制度价值同样是利用社会分担机制来对破坏环境的行为用责任保险进行风险分担和转移提升对社会公众的保障效果。这表明责任保险制度并不会削弱侵权责任法对侵权行为人的惩戒来保护受害人利益的作用，反而，它恰恰是借助社会分担机制来加强侵权行为人向受害人的实际赔偿能力，达到责任保险特有的最终保护受害人利益的效果，并体现责任保险具有的社会公益性。同时，责任保险毕竟是保险公司在保险市场上经营的一类保险产品，市场供需和当事人之间的平等自愿是其实现市场运行所需的基础条件。鉴于此，应当通过宣传来培养社会公众的环保意识，形成以环保标准作为评价企业道德水平和资信水平的依据，促使企业形成为赢得"市场高地"而购买环境责任保险的自觉性，而不能靠法律的强制性来一律推行环境责任保险。而且，只有推广环境责任的自愿保险，才能够相对地显现环境责任强制保险的独特功能。

三、"绿色保险"与环境保护事业的互动促进人类社会的可持续发展

现代人类社会是存在于人与人之间复杂多样化的社会交往关系构成的社会体系。当今的人类社会因社会再生产的演进和科学技术在人类社会的应用和发展而划分成众多相互分工和相互联系的社会领域，由此构建了人类社会体系。而保险业和环境保护事业均是该社会体系的组成部分，它们以各自特定的社会活动内容存在于社会体系之中，更以各自的社会功能促进着人类社会平稳和谐地发展。

首先，环境保护事业是实现环境保护目标的复杂的、系统化的社会管理工程。

第二编 保险产品的制度创新与完善发展研究

由于环境保护是全人类发展面临的全球性重大课题，这意味着实现环境保护是人类解决环境污染问题的必然手段。众所周知，随着人类社会的进步和发展，产生了很多新的亟待解决的问题。其中，由于环境污染的日益严重而引发的环境保护现实，就已经成为全人类生存发展不可回避的必须立即着手解决的问题。

不过，人们应当认识到，解决环境污染不是一个国家、一个行业、一个单位单独面对的事实，而是全社会都必须面对的、直接参与其间的社会局面。而且，实现环境保险已经并非仅仅是一个口号，更不能一蹴而就。原因在于，环境保护是涉及人类社会的诸多领域，需要各个行业和部门的分工合作、共同努力的系统化的社会管理工程。不论是大气污染、生态破坏、海洋污染、食品不安全危害等均不是仅仅影响到一个人、一个城市、一个地区的个体事件，而是波及社会公众、广大地域、众多国家的社会危害。冰岛的火山喷发引发欧洲各国的飞机停飞、大气污染告急；日本核电站泄露污染的不仅是日本的土壤和近海，而是危害到邻近各国和太平洋周边。与此同理，中国的雾霾天气只靠一个城市、一个省份、一个环境保护主管部门的力量，也是难以根治的。

其中，保险业作为现代社会的独立、必要的经济领域，是我国环境保护之社会管理工程的组成部分。由于现代的社会化大生产是诸多社会领域和社会行业相互协作配合的体系，保险行业只是其中的一个环节。各国保险业发展的实践充分说明，无论是经济发达的欧美国家，还是经济欠发达的发展中国家，其保险业的发展水平，不仅受制于本国经济的总体发展水平，也必然与本国其他经济领域和各个行业的发展程度密切相连，不可能特立独行而独秀一枝。环境保险与环境保护事业的关系同样如此，环境保险业务的发展必然取决于社会公众的环境保护意识和各部门、各行业对环境保险产品和环境保险服务的需求。因此，国家政府应当重视环境保护思想和环境保护知识的宣传，让社会公众深切地感受到环境污染具有的长期性、多方面的社会危害和消极影响，真正提高防止污染、保护环境意识，并且，能够掌握和运用各种环境措施来发展环境保护事业。而保险业更有必要重视培养发展环境保险的市场空间，为环境保护业务的发展提供有利条件。

同时，保险业的存在又对环境保护事业的发展有巨大的推动和促进作用。因为，保险业是以其独特的社会功能来参与环境保护，为解决建设环境保护问题发挥其特有的社会保障机制，而建设和发展"绿色保险"便是其对环境保护事业之推动作用的具体表现。

所谓"绿色保险"的要求，不仅是直接要求保险业的各个经营实体（包括保险公司、保险代理机构、保险经纪机构、保险公估机构等）应当将环境保护纳入保险业履行社会责任的范畴，利用日常保险展业和保险营销的场合，时刻宣传环境保护，普及环境保护的知识，提高大众的环保知识水平；并在保险经营活动中需要身体力行，力求在保险业务经营活动中提倡追求低碳、绿色、高效为目标的环境保护理念，在确保保险业经济效益的同时也落实环境保护的实际效果，自觉地减少办公用纸、降低用电、避免用水浪费、绿色出行等，实现环境保护与保险经营活动有机地结合。

在保险产品的设计和市场供给时，应当把落实环境保护政策作为指导思想之一，将发展"绿色"保险纳入保险产品设计的理念之中，落实到保险服务的各个环节，使其成为中国环境保护的一部分。具体可以从两个方面参与到环境保护事业之中：其一是将向环境保护事业纳入保险业资金运用的范围之内。这意味着保险业的各个经营实体，不论是保险公司，还是保险中介企业，在各自的保险经营所得效益中，就其依法可以自主运用的资金有计划地动用相应的部分投资于环境保护事业，诸如投资于环境保护产品、环境保护项目等，有力地促进环境保护产业的成长和发展。其二是保险业作为"环境污染者以外的所有有志于环保事业的企事业单位"[1]，以"对环境污染治理起到实质性作用的第三方"[2]的身份参与环境保护的"第三方机制"[3]。道理是显而易见的，保险业所从事的保险产品和保险服务的经营活动特有的经营运作机制和社会保障功能决定着其有必要作为参与环境保护的第三方机制。因为，环境保险制度就是借助保险公司为居间运作的参与者，利用其风险转移作用来实现全社会分担环境污染损害后果的制度设计。为此，保险业需要从供给侧角度，适应环境保护事业的发展要求，深入研究社会公众对环境保护和环境保险所存在的需求，从有利于环境保护的诸多方面来设计各种涉及环境保护的保险产品，推出多样化的多层次的促进环境保护的保险服务，努力建设全方位的"绿色保险"体系，为环境保护事业的稳定发展提供有效"保驾护航"的保险环境。

---

[1] 参见李一丁、陈松："环境污染第三方治理机制构建问题出探"，载周珂、徐祥民主编《城市化与环境保护》法律出版社，2016版。

[2] 朱玫："三问第三方治理"，载《中国环境报》，2015年2月27日。

[3] 参见李一丁、陈松："环境污染第三方治理机制构建问题出探"，载周珂、徐祥民主编《城市化与环境保护》法律出版社，2016版。

刍议保险在自然灾害治理中的作用

何启豪[*]

一、简介

在气候变化的影响下,全球自然灾害发生得更加频繁。联合国政府间气候变化专门委员会(IPCC)的报告指出,气候变化和极端气象灾害之间存在明确的联系:气候变化使得极端天气的频次、强度、空间范围和持续期间发生变化,并造成不可预测的极端气候灾害。[1] 根据瑞士再保险的统计,自1970年以来,每年全球自然灾害的发生次数呈递增趋势,2015年全球共发生198起自然巨灾,是有史以来记录最多的一年,并造成了高达920亿美元的经济损失。[2](见图1)

我国是世界上遭受自然灾害最严重的国家之一,对气候变化敏感性高。气候变化无疑使中国面临更大的风险,遭受更大的损失。根据第三次《气候变化国家评估报告》及相关资料的评估,气候变化对自然灾害的影响巨大,全国大部分地区极端天气事件的频次与强度将显著增加,包括极端干旱、洪涝、冰雪冷冻、高温热浪等;华北与东北部分地区干旱化有加剧的趋势;长江中下游、西南部分地区洪涝灾害频次与强度显著增加;沿海地区海平面上升,风暴潮频率、强度增加,海岸侵蚀和咸潮入侵加剧。[3] 随着我国经济的快速发展,人口的增长,更多的人身和财产将面临自然灾害威胁。例如2008年的汶川大地震和南方冰雪灾害,不仅造成重大的人员伤亡和财产损失,也对经济发展造成很

---

[*] 中国政法大学比较法学研究院,助理教授;S. J. D, LL. M (with honors),美国康涅狄格大学法学院。作者感谢对外经济贸易大学国际贸易与金融法律研究所的项目支持。

[1] IPCC. (2012). Summary for policymakers. In C. B. Field, V. Barros, T. F. Stocker, T. F. Qin, Dokken D. J., Ebi K. L., Mastrandrea M. D., Mach K. J., Plattner G. — K., Allen S. K., Tignor M., and Midgley P. M. (Eds.), Managing the risks of extreme events and disasters to advance climate change adaptation (pp. 321). Cambridge: Cambridge University (Special Report of Working Groups I and II of the Intergovernmental Panel on Climate Change).

[2] Swiss Re, Natural catastrophes and man—made disasters in 2015: Asia suffers substantial losses, (2016) available athttp://www.swissre.com/library/012016_Natural_catastrophes_and_manmade_disasters_in_2015_Asia_suffers_substantial_losses.html.

[3] 吴绍洪、黄季焜、刘燕华、高江波、杨军、王文涛、尹云鹤、栾浩、董婉璐:"气候变化对中国的影响利弊",载《中国人口·资源与环境》2014年第1期,第7~13页。

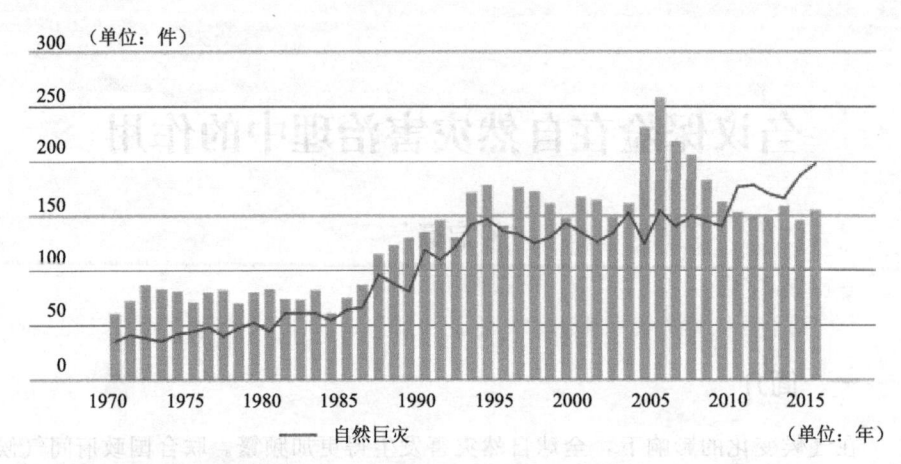

图1 1970年至2015年巨灾事件的数目及趋势

Source: Swiss Re Economic Research & Consulting and Cat Perils.

大的阻滞。[1] 因此，应对和治理自然灾害成为严峻而迫切的挑战。

有效的灾害治理不仅包括对受灾人的损失补偿，更包括如何减少自然灾害的发生以及造成的损失。在众多治理灾害机制中，保险作为风险管理和损失补偿的工具越来越受到重视。在保险业发达的国家，保险赔款一般占到灾害损失的30%～40%，但在中国还不到1%。例如汶川大地震，直接经济损失是8451亿元，保险赔付仅20多亿元，占比0.24%。[2] 2014年国家发布了《国务院关于加快发展现代保险服务业的若干意见》（国发〔2014〕29号），明确提出要完善保险经济补偿机制，提高灾害救助参与度，并建立巨灾保险制度。深圳、宁波和云南也相继开展了巨灾保险制度的试点工作。但这些试点主要关注保险对受灾人损失补偿的作用，对于如何发挥保险治理自然灾害，减少灾害及损失发生的作用着墨甚微。基于此，本文将研究的核心议题是：在一定的条件下，作为公共治理的"外包"（outsource）工具，保险可以补充或替代政府治理自然灾害的功能，而且，政府支持或限制保险的程度或范围，将影响保险治理灾害的效果。

二、保险减少灾害风险的理论分析

保险减少风险可能违背人们的直觉，因为任何保险合同，不管是第一方人

---

[1] 王强、田涛、李军、陈永福："自然灾害风险与中国应急管理制度"，载《中国农业大学学报（社会科学版）》2009年第3期，第161～170页。

[2] 徐庭芳，"深圳国内率先试点巨灾保险"，东方早报，2014年7月10日，http://insurance.hexun.com/2014-07-10/166494905.html。

身财产保险（first-party insurance），还是第三方责任保险（third-party insurance），都很容易遭遇道德风险（moral hazard）。所谓道德风险，是指当被保险人购买保险后，因为保险人将会承担出险的损失，因而被保险人相比未购买保险时，可能行事更加不小心不注意，从而增加而不是减少了风险。❶ 如果不能控制道德风险，利用保险机制减少灾害将是镜花水月。

保险人可以采用多种方式控制被保险人的道德风险。首先，保险人可以通过监督的方式，影响被保险人的风险行为。❷ 例如，机动车责任险的保险人可以基于被保险人过往的驾驶行为进行风险分类，向拥有良好驾驶记录的被保险人收取较低保费，反之则收取较高保费。通过这样的监督方式，能够有效地激励被保险人保持良好的驾驶行为。其次，保险人拥有控制被保险人道德风险的信息优势。❸ 保险人在承保阶段和索赔阶段会开展大量调查，收集了大量消费者风险行为的数据和信息。通过运用保险精算等技术手段，保险人可以预测被保险人的道德风险并予以防范规避。保险人甚至可以对道德风险高的消费者拒绝承保。尤其对某些强制性保险，比如机动车强制责任险，保险人拒绝承保的举措在一定程度上抑制被保险人的道德风险。第三，迫于市场竞争的压力，保险人有动力对被保险人提供风险教育等来降低道德风险，降低风险。❹ 例如，家财险保险人在承保过程中向被保险人提供防火防盗的建议。如果被保险人接受保险人的建议，譬如安装相关防火防盗设施等，不仅降低了风险，也降低了购买保险的费用。而低保费又有助于保险人提高市场竞争力，增加市场份额，形成保险人和被保险人降低风险的良性互动。

控制或减少被保险人的道德风险，可以使被保险人不制造更多的风险。而保险人通过风险定价（risk-based pricing），能够将被保险人的道德风险转变为道德机遇，进而减少承保风险及损失。保险人实行风险定价，是对暴露于更多风险的被保险人收取更多的保费，通过金钱激励被保险人采取风险减损措施。根据风险定价理论，保险人确定保费主要是基于预期总损失，而预期总损失是损失概率（probability）和损失程度（severity）的乘积。❺ 因此，减少损失概率和/或损失程度均能够降低保费。只要减少风险的成本小于保险人给予的保费优惠，被保险人就会有动力采取减少风险的措施。

---

❶ Abraham KS, Insurance Law and Regulation (5th Edition), 7, Foundation Press, New York, (2010).

❷ Abraham KS, *Four Conceptions of Insurance*, 161 U. PA. L. Rev. 653, 685 (2013); Jeffrey Stempel, *The Insurance Policy as Social Instrument and Social Institution*, 51 Wm. &Mary L. Rev. 1489, 1498-1501 (2010).

❸ Omri Ben-Shahar& Kyle D. Logue, *Outsourcing Regulation: How Insurance Reduces Moral Hazard*, 111 Mich. L. Rev. 197 (2012); Kyle D. Logue, *Encouraging Insurers to Regulate: The Role (If Any) for Tort Law*, 5 U. C. Irvine L. Rev. 1355 (2015).

❹ 奥姆瑞·本沙哈："保险在食品安全监管中的作用"，载《法律和社会科学》2015年第2期，第47~68页。

❺ Peter Molk, *Private Versus Public Insurance for Natural Hazards: Individual Behavior's Role in Loss Mitigation*, in RISK ANALYSIS OF NATURAL HAZARDS 265, 265 - 77 (Paolo Gardoni et al. eds., 2015).

保险减少风险的一般原理适用于自然灾害风险。根据风险定价理论，保险人可以有效治理自然灾害风险。第一，保险人可以对提高损失概率的被保险人收取较高保费，反之亦然。例如，居住在灾害高发区的被保险人面临的损失概率较大，保险人收取较高的保费可以抑制居民向灾害高发区移居。高保费可以抑制更多的居民暴露在风险中，客观上降低了整个社会面临的风险。第二，保险人可以对降低损失程度的被保险人收取较低保费。对于被保险人而言，虽然不能控制灾害的发生，但仍可以减少灾害造成损失的程度。例如，采取房屋加固措施能够有效降低地震造成损失的程度。收取采取减少损失措施的被保险人较低保费，能够激励更多保险人采取类似措施，从而实现整个社会的风险减少。

治理自然灾害，提供灾后救济是政府的重要职能。但由于治理自然灾害的难度较大，建立可持续可负担的灾民救助补偿机制比较复杂，政府亦希望保险能够参与灾害治理，在分散风险的同时为灾民提供金钱赔偿。但由于自然灾害具有低发但损失巨大的特点，与一般风险不同。保险人承保自然灾害风险，当灾害损失超过保险人的承保能力时，政府应当发挥再保险人的角色，分保保险人的风险，避免保险人丧失偿付能力。同时，政府应当建立制度保障保险人落实风险定价等治理机制，有效管理或引导被保险人的行为，从而激励被保险人采取风险减损措施。因此，保险和政府之间良好的公私合作有助于发挥保险治理的功能，有助于有效治理灾害；而政府对保险的支持或限制的程度或范围，则影响保险治理灾害的效果。

三、保险治理灾害的实证分析——以美国国家洪水保险项目为例

本部分将以美国国家洪水保险项目（National Flood Insurance Program）为例，分析政府对保险的支持或限制的程度或范围，怎样影响保险治理灾害效果。

美国与中国类似，也是遭受自然灾害最严重的国家之一，其中洪水是最严重和最常见的自然灾害。治理洪水灾害，提供灾后救济是全社会需要解决的难题。由于洪水造成的损失巨大，在1927年密西西比河大洪水之后，保险人逐渐退出了市场。[1] 为了遏制洪泛区土地的不当开发，降低政府灾后救助的负担，联邦政府逐渐寻求保险人再次参与洪水治理。1968年联邦国会通过了《国家洪水保险法》（National Flood Insurance Act），通过立法的形式，建立起公私合作的国家洪水保险项目。目的是希望通过保险代替日益沉重的政府灾

---

[1] 任自力："美国洪水保险法律制度研究——兼论其变革对中国的启示"，载《清华法学》2012年第1期，第122~135页。

第二编　保险产品的制度创新与完善发展研究

后救助，并减少洪水造成的灾害损失。

国家洪水保险项目由联邦应急管理局（FEMA）管理，FEMA通过"签发你自己保单"（Write Your Own）模式与保险业合作，由保险公司具体承保洪水保险。[1]该模式允许保险人以自己的名义承保、理算、抗辩或和解索赔，使之得以发挥市场营销、风险管理和精算理赔上的优势。当保险人支付的索赔超过自身的偿付能力时，联邦政府为之提供财政救助。政府成为承保风险的最终承担者。经过几十年保险业和政府的公私合作，国家洪水保险项目为洪泛区的居民提供了可购买的洪水保险。

通过国家洪水保险项目，保险业得以参与洪水灾害治理。其在灾害减损方面的效果可以从以下三个方面评估。

第一，通过保险而非政府直接进行灾害救济，能够有效激励居民采取灾害减损措施。2011、2012年飓风季节期间在美国墨西哥湾地区、东部沿海地区的田野调查显示，购买洪水保险的居民不仅没有制造更多的道德风险，反而更愿意在洪水来临前采取短期或长期灾害减损措施。[2]在购买保险的群体中，每位居民均采取了至少一项预防洪灾的减损措施，而在未购买保险的群体中，仅有56%的居民采取了减损措施。[3]该调查采用实时调查方法，即在飓风尚未发生时，调查受访居民购买洪水保险以及采取防灾措施的情况。这样就避免了常规灾后调查后见之明的偏差，使调查结果更具有可信性。[4]

第二，政府直接或间接强制性要求购买洪水保险，对促进保险治理洪水灾害产生积极作用。虽然美国没有明确立法规定洪水保险为强制保险，但《1973年洪水保险保护法》（The Flood Insurance Protection Act of 1973）要求在百年一遇洪水泛滥区内，联邦支持或监管的借款人只能向购买了洪水保险的房屋所有者发放抵押贷款；《1994年国家洪水保险改革法》（National Flood Insurance Reform Act of 1994）要求联邦机构不得向在洪泛区但未加入国家洪水保险项目的社区提供灾后救助。[5]在这些情况下，如果保险人因被保险人的

---

[1] Rabin RL, Bratis SA（2006）United States. In: Faure M, Hartlief T（eds）Financial Compensation for Victims of Catastrophe: A Comparative Legal Approach, pp. 303 - 360 Springer—Verlag, New York/Wien.

[2] Hudson P, WouterBotzen WJ, Czajkowski J, Kreibich H, Moral Hazard in Natural Disaster Insurance Markets: Empirical evidence from Germany and the United States（2016）, available at http://opim.wharton.upenn.edu/risk/library/J2016—LandEcon—MoralHazard.pdf.

[3] Hudson P, WouterBotzen WJ, Czajkowski J, Kreibich H, Moral Hazard in Natural Disaster Insurance Markets: Empirical evidence from Germany and the United States（2016）, available at http://opim.wharton.upenn.edu/risk/library/J2016—LandEcon—MoralHazard.pdf.

[4] 所谓后见之明的偏差是指，当灾害发生后，由于灾害造成的巨大创伤，使得灾民在灾后购买保险采取减灾措施的意愿大大提升。但这样的意愿随着时间的流逝会逐渐减弱。

[5] World Forum of Catastrophe Programmes, Natural Catastrophes Insurance Cover: A Diversity of Systems, at 185（2008）, http://www.wfcatprogrammes.com/c/document_library/get_file?folderId=13442&name=DLFE—553.pdf.

风险过高而拒绝承保时，被保险人则面临较大的压力。从而会倾向于配合保险人的承保要求采取灾害减损措施。但同时需要指出的是，由于在国家洪水项目中，联邦政府而非保险人承担最终承保风险，保险人严格调查风险的效果存疑。因为即使保险人认为被保险人的风险较高，仍然可能予以承保，从而难以发挥拒绝承保的威慑效果。

第三，政府限制保险人采用风险定价的程度和范围，会降低保险治理的效果。风险定价是保险治理灾害，激励被保险人采取灾害减损措施的有力工具。实证研究表明，由于在洪水保险市场不存在道德风险或道德风险较低，应当加强风险定价的应用，以激励被保险人采取更多的灾害减损措施，从而将被保险人的道德风险转变为道德机遇。[1] 但在实践中，国家洪水保险项目内的保单并没有完全采用风险定价，而是存在不同程度的补贴。历次洪水保险法的改革反映了采纳风险定价和反对风险定价之间的博弈。《2012年比格特－沃特洪水保险改革法》(Biggert-Waters Flood Insurance Reform Act of 2012) 要求取消洪水保险保费补贴，并逐渐增加风险定价的应用范围。但《2014年房主洪水保险可承受性法》(Homeowner Flood Insurance Affordability Act of 2014) 禁止增加风险定价的应用范围，恢复了给予补贴的"祖父条款"。2016年众议院在委员会层面批准了旨在推动私人保险公司独立进入洪水保险市场的《2016洪水保险市场平等及现代化法》(the Flood Insurance Market Parity and Modernization Act, 2016)。该法案将推行风险定价，推动灾害减损作为改革的重点。[2] 可以预期，在国家洪水保险项目2017年更新之前，关于风险定价的改革依然是博弈的重点。

到目前为止，根据Michel-Kerjan等学者的计算，国家洪水保险项目中四分之一的保单享有保费补贴。[3] 享受补贴的保单无法反映真实的洪水风险。而且，享受保费补贴的房屋比未享受补贴的房屋更倾向于坐落在洪泛区，暴露在更大的风险中，从而使保险治理灾害风险的效果大打折扣。[4]

---

[1] Hudson P, WouterBotzen WJ, Czajkowski J, Kreibich H, Moral Hazard in Natural Disaster Insurance Markets: Empirical evidence from Germany and the United States (2016), available at http://opim.wharton.upenn.edu/risk/library/J2016-LandEcon-MoralHazard.pdf.

[2] Hudson P, WouterBotzen WJ, Czajkowski J, Kreibich H, Moral Hazard in Natural Disaster Insurance Markets: Empirical evidence from Germany and the United States (2016), available at http://opim.wharton.upenn.edu/risk/library/J2016-LandEcon-MoralHazard.pdf.

[3] Michel-Kerjan, E. O., Czajkowski, J., and Kunreuther, H. C. *Could flood insurance be privatized in the United States? A primer*, Geneva Papers on Risk and Insurance—Issues and Practice, 40: 179-208 (2015).

[4] US GAO, Flood Insurance: Strategies for Increasing Private Sector Involvement. GAO, Washington DC. (2014).

四、对中国的启示

当前我国治理自然灾害的机制仍是以政府主导，以体制内资源动员为核心，以灾后应急和救助为重点的"举国体制"。❶ 虽然从新中国成立到现在的60余年里，我国在灾害管理上经历了救灾、防灾减灾、综合减灾到当前的应急管理体系，但政府主导的"举国体制"只能控制事态，很难解决根本问题，有很大的改进空间。❷ 因此，以保险为代表的市场化手段对于补充甚至替代"举国体制"治理灾害有着重要的意义。

第一，根据实证研究的结果，由于自然灾害低概率但造成损失巨大的特点，使得居民购买灾害保险时道德风险较低或基本上不存在。❸ 在较低或没有道德风险威胁的情况下，保险能够有效发挥风险管理，激励被保险人采取风险减损措施的专业优势。因此，鼓励支持保险业参与灾害治理是明智之举。

第二，保险能否有效治理灾害取决于风险定价、风险教育等工具的使用程度。保险人在承保时能够自主的采用风险定价，则能更好地区分风险，以激励高风险的被保险人采取风险减损措施。有效的风险教育和交流能够提高被保险人的风险意识和保险需求，从而促进被保险人采取灾害减损措施。❹ 因此，鼓励保险人积极使用各种风险管理工具对于灾害减损有着重要作用。

第三，保险能否有效治理灾害取决于政府的支持程度。政府对保险承保过程的干预，可能使保险治理的功能难以发挥。美国国家洪水保险项目表明，政府迫于政治等方面压力或不同利益群体的博弈，难以立法保障保险人承保时采用风险定价，给予被保险人补贴或规定统一保费，扭曲价格的传导作用，使保险人治理灾害的效果打了折扣。

第四，由于灾害损失巨大，保险人担心承保巨灾风险危及偿付能力而不愿开展相关业务时，也需要政府分散风险。政府通过再保险分保的方式，而不是采取美国国家洪水保险项目中通过财政拨款直接赔付超额损失，能够更好地发挥保险治理灾害的积极性。

---

❶ 史培军、张欢："中国应对巨灾的机制——汶川地震的经验"，载《清华大学学报：哲学社会科学版》2013年第3期，第96～113页。

❷ 童星、张海波："基于中国问题的灾害管理分析框架"，载《中国社会科学》2010年第1期，第132～146页。

❸ Hudson P, WouterBotzen WJ, Czajkowski J, Kreibich H, Moral Hazard in Natural Disaster Insurance Markets: Empirical evidence from Germany and the United States (2016), available at http://opim.wharton.upenn.edu/risk/library/J2016-LandEcon-MoralHazard.pdf.

❹ Maidl, E., Buchecker, M., *Raising risk preparedness by flood risk communication*, Natural Hazards Earth Systems Science, 15, 1577－1595 (2015); de Boer, J., Botzen, W. J. W. and Terpstra, T. *More than fear induction: Toward an understanding of people's motivation to be well-prepared for emergencies in flood prone areas*, Risk Analysis, 35 (3): 518－535 (2015).

关于完善我国环境保险制度体系的法律思考

乔 石[*]

良好的生态环境是实现社会生产力持续发展和提高人们生存质量的重要基础。[1] 保险业正在积极推进向现代保险服务业的转变,使保险在生态文明建设中发挥更大的作用是保险业面临的重要使命。在此背景下,应如何完善我国的环境保险制度体系,是须从理论上加以研究的重要问题。

一、我国环境保险的发展现状

近年来,环境保险一词越来越多地出现在学术研究及媒体报道中,一些国家重要制度文件也使用了环境保险的表述,如国务院《"十二五"节能环保产业发展规划》中规定,"大力发展环境投融资、清洁生产审核、认证评估、环境保险、环境法律诉讼和教育培训等环保服务体系";国务院办公厅《关于推行环境污染第三方治理的意见》中规定,"鼓励保险公司开发相关环境保险产品,引导高污染、高环境风险企业投保"。但是,对于环境保险的含义和范围,相关法律法规或制度文件并未做出界定,从上述国家文件的表述看,环境保险应泛指环境保护相关的各类保险产品。以此为基础,对目前我国环境保险的发展情况归纳如下:

(一)环境污染责任保险的发展

环境污染责任保险是环境保险的核心内容,早在20世纪90年代,国内一些保险公司便开始经营地方性的环境污染责任保险产品。2007年,国家环境保护总局与中国保监会联合颁布《关于环境污染责任保险工作的指导意见》,提出"逐步建立和完善环境污染责任保险制度"。随后,江苏、湖北、湖南、河南、宁波、深圳等省市先后启动环境污染责任保险试点工作,使环境污染责任保险得到迅速发展,由区域性保险逐步发展为全国性的保险产品,投保主体

---

[*] 乔石,北京航空航天大学博士研究生,中国人民保险集团股份有限公司法律合规部高级业务主管。

[1] 胡锦涛:"把科学发展观贯穿于发展的整个过程",载《求是》2005年第1期。

也由最初的高污染企业、高新技术企业扩展至各类企业。2013年，国家环境保护总局与中国保监会再次联合颁布《关于开展环境污染强制责任保险试点工作的指导意见》，对必须投保环境污染责任保险的企业范围、保险条款和保险费率的厘定等做出规定，正式在全国范围内试点环境污染责任保险的强制实施模式。近年来，国务院《关于加快发展现代保险服务业的若干意见》和《保险业发展"十三五"规划纲要》均再次强调"把与公众利益关系密切的环境污染"领域作为责任保险的发展重点，为环境污染责任保险的进一步发展奠定了更为扎实的基础。

除特定的环境污染责任保险产品外，在工程建设、船舶运输等领域，保险公司还经营着多种与环境污染治理相关的责任保险产品，如船舶保险中的燃油污染责任保险一直是国内保险公司开办的传统险种，此外还包括核事故责任险、声震污染险、辐射责任险等。❶

（二）其他环境保险的发展

除了环境污染责任保险外，我国保险业一直在积极探索与环境保护相关的各类保险产品，如中国保监会《关于保险业履行社会责任的指导意见》中便鼓励保险公司"利用科技保险支持环保科技创新"，"为新能源、清洁生产、环境治理、循环经济等产业提供更好的保险服务，促进生态环境改善"。同时，传统的保险业务也会针对环境保护行业做出一些特别的设计，如国务院办公厅《关于推行环境污染第三方治理的意见》中提出，"选择综合信用好的环境服务公司，开展非公开发行企业债券试点，探索发展债券信用保险"。但是，与环境污染责任保险相比，其他环境保险的发展显得相对滞后，很多保险产品尚处于开发、设计阶段，并未形成较大的影响。

（三）保险资金在环境保护领域的运用

保险公司的经营活动不仅包括保险业务，还包括保险资金的使用，保险业务与保险投资之间关系密切。以环境保险为例，保险资金投资环境保险领域，一方面有助于环境保护产业不断壮大，为发展环境保险业务创造条件，另一方面也可以使保险公司更好地了解环境保护相关风险，为产品设计、承保理赔提供依据。如上述国务院《"十二五"节能环保产业发展规划》中便同时规定了"环境投融资"和"环境保险"。因此，在研究环境保险时，应一并了解保险资金在环境保护领域的投资情况。

环境保护一直是国家鼓励保险投资的重点领域，中国保监会早在2006年颁布《保险资金间接投资基础设施项目试点管理办法》时，就明确规定投资范围主要包括"交通、通讯、能源、市政、环境保护等国家级重点基础设施项

---

❶ 周珂、刘红林："论我国环境侵权责任保险制度的构建"，载《政法论坛》2003年10月。

目"。近年来，随着保险资金运用渠道的不断拓宽，保险公司在环境保护领域的投资也呈现上升趋势，出现了一些专门以环境保护为理念的投资项目，如太平洋保险旗下的资产管理公司就推出了新能源风电场项目债权投资计划。

二、完善我国环境保险制度体系应考虑的相关问题

从我国环境保险的发展情况看，成果主要集中在环境污染责任保险领域，其他环境保险发展相对较慢。在制度层面，现有规定或仅是原则性地鼓励发展环境保险，或是针对环境污染责任保险等个别保险产品提出要求，并未形成完整的环境保险制度体系，对于全面推动环境保险发展的作用有限。在此背景下，应进一步完善我国的环境保险制度体系，实现现有规定的相互衔接。其中，以下几个问题是完善环境保险制度体系的基础。

（一）是否应确立环境保险的概念

如前所述，环境保险的含义和范围并不明确。实践中，除环境污染责任保险外，其他环境保险更多是在一般保险产品上增加一些环境保护因素，缺少独立性。国内学界对于环境保险的探讨也主要是针对环境污染责任保险，并仅关注责任保险的损害救济功能，忽视对环境风险的评价与监察等功能的认识与研究。[1] 那么，环境保险制度体系中是否须使用环境保险的概念，抑或直接以环境污染责任保险制度代替环境保险制度。[2]

诚然，无论国内或国外，环境污染责任保险均是环境保险的核心内容，但两者并不能简单混同。除责任保险外，环境保险还包括大量其他的保险类型，我国更多是由于保险市场不成熟造成了目前各险种发展的不平衡。从国外的情况看，与环境风险相关的财产损失保险、健康保险等均构成环境保险。如在美国，环境保险就既包括第一方（财产）保险又包括第三方（责任）保险，目的都是为了管理与污染相关的风险。其中，属于第一方财产保险的环境保险产品主要有：环境恢复保单，主要满足贷款金融机构在贷款人无法偿还贷款而在抵押财产上又产生了环境污染清理费用时的投保需求；恢复费用止损保险，有助于受污财产的交易，防止买卖双方在交易时因对清污费用估计存在过大误差而导致交易失败。[3] 荷兰在1998年1月也推出了与传统的环境责任保险单完全不同的环境损害保险单，该保单采用第一方保险提供保障，由那些可能在其场所内发生土壤或水污染而遭受损害的人作为被保险人购买保险保障。[4] 伴随着

---

[1] 罗世荣、杨道、张倩："建立我国环境保险制度研究"，载《中国保险》2007年2月。
[2] 我们看到，国内很多以完善环境保险制度为主题的研究均是根据环境污染责任保险的内容和特征展开的，实质上属于研究环境污染责任保险的制度完善。
[3] 曾立新："美国的环境保险及其法律背景"，载《中国保险报》2008年3月24日。
[4] 杜鹏："论荷兰环境保险制度变迁对我国的启示"，载《生产力研究》2011年第5期。

第二编 保险产品的制度创新与完善发展研究

环境保护新技术、新产品的不断革新，与环境保护相关的保险需求还会更加多样化，新的保险产品也将不断出现。因此，有必要确立一个更全面的环境保险概念，即各类与环境保护相关的保险产品均属于环境保险，这与前述国务院《关于推行环境污染第三方治理的意见》中"鼓励保险公司开发相关环境保险产品"的表述在理念上也是一致的。

此外，我们应正确区分环境保险与环境污染责任保险。环境污染责任保险是一种具体的责任保险险种，对应确定的保险条款和费率；环境保险则是一种理念上的界定，是对各类环境保护相关保险产品的统称，是环境污染责任保险的上位概念。生态文明建设是一项全局性的历史使命，保险业参与环境保护应从顶层设计的角度树立发展环境保险的理念，推动此项工作不断创新。因此，我国的环境保险制度体系应建立在环境保险概念的基础上，制定推动环境保险整体发展的规范性制度文件，发挥统领作用。在明确整体发展规划和要求的基础上，针对环境污染责任保险等具体险种，可以进一步由相关部委出台实施制度或实施细则。目前，中国保监会已经联合相关部委制定了推动环境污染责任保险发展的相关规定，实践中欠缺的恰恰是针对环境保险整体发展的制度依据。

（二）如何对环境保险进行分类

与汽车保险、船舶保险相似，环境保险是一种从领域上的界定，其范围包括与环境保护相关的各类财产损失保险、责任保险、信用保险产品等。完善环境保险制度体系，须对环境保险包含的各种保险产品进行归纳、分析，将针对不同环境保险产品的规定纳入环境保险制度系统中，实现制度规定之间的相互衔接。

无论何种类型的环境保险，均体现为不同的保险合同法律关系。以保险合同法律关系为基础，可以将环境保险分为三种类型：一是从主体上，针对环境保护企业或从业人员设计的保险，如针对环境保护企业的债券信用保险、贷款保证保险，针对环境保护工作者的健康保险、意外伤害保险等。此类环境保险与一般的同类型保险产品并无不同，仅是针对环境保护企业或从业人员设计，在费率、保障范围等方面体现出对环境保护行业或从业人员的支持。二是从对象上，针对环境保护技术或环境保护产品设计的保险，如针对清洁能源技术的研发设备保险、研发责任保险，针对环境保护产品的质量保证保险等。此类环境保险大多是根据环境保护技术或产品的研发、推广需要进行设计，体现出一定的创新性。三是从权利义务关系上，以因环境污染造成的人身伤害、财产损失或赔偿责任等作为保险标的设计的保险，环境污染责任保险、船舶油污责任保险等均属于此类。当前，此类保险产品主要以责任保险的形式出现，但如前所述，从美国、荷兰等国家的情况看，因环境污染事故造成损害的财产保险等也应包括在内。

（三）环境保险制度体系是否应涵盖保险投资

如前所述，环境保险与保险资金在环境保护领域的运用关系密切，在完善环境保险制度体系时，建议同时涵盖相关的保险投资。目前，国内经济下行压力较大，从发达国家环境保护的经验看，在宏观经济向下调整的过程中，环保投资力度反而会加大，经济发展和环境保护会逐步形成良性互动，我国环保产业未来具备较高的中长期投资价值。保险投资本身就具有长期性、稳定性等特点，适用于中长期投资，尤其是寿险资金，沉淀周期较长，在长期投资方面具有更大优势，与环境保护领域本身的投资价值非常契合。因此，在环境保险制度体系中涵盖相关保险投资的形式、要求和鼓励政策等内容，能够更全面地促进保险业参与环境保护。

此外，环境保护项目在国家重大基础设施建设项目中一直占有较大的比例，而中国保监会对于保险资金投资基础设施建设做出了较为详细的规定，但尚未细化至环境保护项目。可以预见，未来保险资金参与的基础设施建设中将会越来越多地涉及环境保护项目，在环境保险制度体系中增加相应规定也有利于保险业参与环境保护和保险资金运用相关制度规定的衔接。

三、对完善我国环境保险制度体系的几点建议

完善我国的环境保险制度体系实际上是对保险业全面参与生态文明建设进行全方位设计，其包括两个方面：一是涵盖各类环境保险及相关保险投资的整体发展规划及制度依据，二是针对环境污染责任保险等具体保险产品发展的实施规则。其中，具体保险产品如环境污染责任保险的规则完善涉及该类保险的承保方式、保险范围、保险费率、索赔时效等细节问题[1]，相关研究成果已多有论述，这里主要从环境保险制度体系的整体构建上提出几点建议。

（一）以环境保险为核心理念建立制度体系

目前，对于环境保险的规定散落在不同法律法规或部委文件中，相对原则且覆盖面较小。如《环境保护法》第52条规定"国家鼓励投保环境污染责任保险"，《海洋环境保护法》第66条规定"建立船舶油污保险、油污损害赔偿基金制度"，仅仅原则性地提出鼓励投保环境污染责任保险或建立相关制度，前述国家环境保护总局、中国保监会出台的实施文件也是专门针对环境污染责任保险。

从完善环境保险制度体系的角度，建议相关法律法规能够引入环境保险的概念，并制定相关的整体发展规划制度；同时，对于环境污染责任保险等环境

---

[1] 参见别涛："国外环境污染责任保险"，载《求是》2008年第5期。

第二编 保险产品的制度创新与完善发展研究

保险的核心内容,建议由相关部委联合出台或完善具体实施制度。具体来说,建议《环境保护法》第 52 条修改为,"国家支持发展各类环境保险,鼓励投保环境污染责任保险";同时,建议由中国保监会研究制定推动环境保险全面发展的规章制度或行业规范,对环境保险的类型、保险公司开发和经营各类环境保险产品的原则和要求、开展环境保险业务和相关保险投资的鼓励支持政策等方面进行规定,为保险业参与环境保护提供制度依据。在此基础上,对于重点发展的环境保险产品,如环境污染责任保险、油污责任保险等,可以由相关部委与中国保监会共同制定具体实施的规范性文件,进一步明确投保范围、保险责任、是否强制实施等相关事项,并根据实际发展需要及时做出调整。

(二) 针对各类型环境保险的开发与创新做出专门的制度设计

整体上看,我国环境保险的发展仍处于起步阶段,与国外发达国家相比差距较大。环境污染强制责任保险尚未完成试点,存在保险公司有效供给不足、产品开发的基础数据和技术标准缺乏等问题,[1] 国外保险市场上已有的环境恢复保险等保险产品在我国也较为少见。同时,针对环境保护领域的新产品、新技术,环境保险的创新力度略显不足。如新能源汽车在国内机动车市场已经开始占据越来越大的份额,但保险行业还未出台任何专门针对新能源汽车的车辆损失保险、第三者责任保险产品,国家鼓励发展的环境保护企业债券信用保险、环境保护技术科技保险等也更多处于设计、开发中。

此种状况下,建议鼓励在相关制度中增加针对不同类型环境保险开发与创新的规定,明确保险公司开发不同种类环境保险产品的要求和优惠条件,将其一并纳入环境保险制度体系。中国保监会、中国保险行业协会等应积极牵头建立相关工作机制,加强对于国外保险市场先进经验的引进和行业资源的共享,为环境保险产品的创新提供更多便利条件。

(三) 为经营环境保险和保险资金投资环境保护领域提供更大的政策支持

完善我国环境保险制度体系的出发点是为促进保险业更好地参与生态文明建设提供制度依据,建议在内容上能够给予环境保险经营更大的政策支持。如进一步推动环境污染强制责任保险制度的落地,从国家层面明确高环境污染企业、高新技术企业投保环境污染责任保险的要求,保险公司在承保环境污染强制责任中出现亏损的,政府给予适当的补偿;逐步试点在一些环境保险业务中给予更大的税收优惠政策,使环境保护企业或相关从业人员在投保时能够享受更多的保险费率优惠;在保险业务监管费、保险保障基金提取等方面给予保险公司经营环境保险更多的支持,从而提升保险公司开发、创新环境保险产品的积极性。

---

[1] 陈冬梅:"我国环境责任保险试点评析",载《上海保险》2016 年 1 月。

在保险资金投资环境保护领域方面，建议由发改委、财政部、中国人民银行、中国保监会等部委共同研究制定相关投资政策，引导保险资金向环境保护领域流入，为保险公司投资环境保护项目提供更多优惠条件，鼓励地方政府与大型保险公司共同试点建立环境保护基础设施建设投资基金，使保险资金在环境保护产业发展中发挥更大的作用。

参考文献

[1] 胡锦涛．把科学发展观贯穿于发展的整个过程［J］．求是，2005（1）.
[2] 周珂，刘红林．论我国环境侵权责任保险制度的构建［J］．政法论坛，2003（10）.
[3] 罗世荣，杨道，张倩．建立我国环境保险制度研究［J］．中国保险，2007（2）.
[4] 曾立新．美国的环境保险及其法律背景［J］．中国保险报，2008-03-24.
[5] 杜鹃．论荷兰环境保险制度变迁对我国的启示［J］．生产力研究，2011（5）.
[6] 别涛．国外环境污染责任保险［J］．求是，2008（5）.
[7] 陈冬梅．我国环境责任保险试点评析［J］．上海保险，2016（1）.

我国农业气象指数保险法制保障的制度安排

刘慧萍[*]

一、研究背景及问题的提出

由全球变暖引发的天气事件对农业造成了重大威胁,特别在发展中国家,气候变化会危及粮食、经济作物和畜牧业的生产,对自然生态系统和社会经济产生不可逆转的、持久的严重影响,从而加剧贫困的程度。因此,减轻气候变化影响,探索和寻求全球共同治理模式,促进世界走向低碳经济增长和可持续发展的未来成为各国共同的事业。[1] 农业保险作为政府支持保护农业的手段和工具已成为应对天气灾害、规避风险、保障粮食安全的重要金融手段,受到世界各国的高度重视。但是,从国内外保险的实践看,传统农业保险的经营与管理存在诸多难题,即如何分散巨灾风险以确保农业保险持续经营,如何防范道德风险和逆向选择,如何厘定农业保险费率及降低保险公司经营成本都成为困扰传统农业保险经营与发展的瓶颈。为此,20世纪90年代开始,许多发展中国家推出了天气指数保险以破解传统农业保险的困境。

气象指数保险(weather index insurance)起源于20世纪90年代后期的美国,有国家称 index-based weather insurance,国内也有翻译为气候指数保险、天气指数保险,目前无统一称谓[2][1],但均指以气象数据为依据计算赔偿金额的一种保险形式。农业气象指数保险是把影响农作物产量和损益的一个或几个主要的气象因素(如气温、降水、风速等)指数化,保险公司通过指数对应的农作物产量和损益进行赔付。它是帮助农民应对极端自然灾害的一种风险

---

[*] 东北农业大学法学院教授。

[1] 2015年12月,200个缔约国在巴黎一致同意通过了《联合国气候变化框架公约》(简称《巴黎协定》)。气候变化问题是人类面临的共同挑战,没有任何一个国家能够独善其身,需要国际社会合作应对。中国成为第23个完成了批准协定的缔约方,为推动全球绿色、低碳、可持续发展而努力。

[2] 气象和天气有本质的不同,"气象"是指发生在天空中的风、云、雨、雪、霜、露、虹、晕、闪电、打雷等一切大气的物理现象;"天气"是指影响人类活动瞬间气象特点的综合状况。因此,笔者认为采用气象指数保险这个称谓更为妥当。

处理机制，因其投保简单、理赔迅速、交易成本低且有效规避了传统农业保险的逆向选择风险和道德风险，受到国际社会特别是发展中国家的广泛重视。

目前，在世界银行的倡导与保险基金支持下，该产品在印度、墨西哥、马拉维等国家发展顺利。自1998年起，试点国家已达30余个，投保人超过100万，投保金额累计13亿美元之多，成果显著，发展态势良好。我国2007年由上海安信保险公司推出首个气象指数保险，2009年国元农业保险公司与世界粮食计划署在安徽试点降雨指数保险。此后，在浙江、福建、广西等地陆续展开试点实践，取得较好的社会效益。从2014年8月，国务院出台《关于加快发展现代保险服务业的若干意见》，提出"探索天气指数保险等新兴产品和服务"，到2016年"中央一号"文件提出探索开展天气指数保险试点，气象指数保险逐渐接过了农险转型的接力棒。[1] 但是，农业气象指数保险作为农业保险的创新型产品，在投保对象、运作模式、监管方式上都有别于传统的农业保险，而现行农业保险相关法律规定并不能与农业气象指数保险现阶段的发展状况相适应。因此，亟待对农业保险法律法规予以完善，以保障农业气象指数保险的可持续发展，也为后续的创新型农业保险的发展留足空间。

二、农业气象指数保险性质的定位

农业保险按性质可以分为政策性农业保险和商业性农业保险，二者在经营目的、发展动力、盈利能力、外部性上均有很大不同。基于我国农业现代化程度不高、农民收入偏低、投保意愿不强等现状，政府为了增加农业抗风险的能力，对农业保险均予以相应的补贴，体现了浓厚的政策性。农业保险制度建立之初，即提出"探索建立政策性农业保险制度"[2]，学者们也把农业保险的特征归纳为政策性，将其本质归纳为手段性或工具性[3]，认为农业保险的准公共产品性决定了我国农业保险只能是政策性保险，因此，实现我国农业保险法律制度价值就必须采用与一般商业保险不同的原则[4]。但是，作为新型保险产品，如不考虑农业气象指数保险的特殊性，一律将其界定为政策性将不利于农业保险的创新发展，因此，对我国农业气象指数保险按投保主体进行分层定性似乎更为合理。

（一）农业气象指数保险投保主体多元化

农业气象指数保险区别于其他农业保险的显著特点之一是投保主体层次的多样性。从发展中国家气象指数保险的试点实践看，农业气象指数保险可以为

---

[1] 网址 http://www.weather.com.cn/anhui/tqyw/04/2506836.shtml.
[2] 十六届三中全会《中共中央关于完善社会主义市场经济体制若干问题的决定》，2003年。
[3] 柏正杰："《农业保险条例》与我国保险发展"，载《西部法学评论》，2012年第4期。
[4] 何文强："中国政策性农业保险法律制度的价值及其实现进路"，载《社科纵横》，2013年第9期。

微观（个人）、中观（企业或银行等金融机构）、宏观（政府或国际组织）三个层面提供风险保障。微观层面农业气象指数保险的目标投保人是个人，承保其因一个或几个气象因素造成的农业利益的损失；中观层面农业气象指数保险的目标投保人是企业或银行等金融机构，承保因气象灾害而造成的农业价值链损失。宏观层面农业气象指数保险的目标投保人是政府或国际组织，气象指数保险用来衡量一种风险对整个地区的影响，这个层面的损失可能非常大，政府或国际组织利用指数保险或其再保险在更大范围、更多手段上建立灾害损失分摊机制。❶

（二）农业气象指数保险性质的分层界定

微观层面和宏观层面的农业气象指数保险宜界定为政策性保险。微观层面的农业气象指数保险从实践方面看，尽管在产品设计、运作模式等方面与传统模式不同，也显示其与传统农业保险所不具有的强大优势，但是它和大多数的农业保险一样仍具有"准公共物品"的性质，无法完全以"私人商品"的身份在市场上进行竞争性经营，且其与其他政策性农业保险目前在基本原则和主要目标上并没有本质的区别，都是政府引导、市场运作、自主自愿、协同推进，以提高农户投保率、政策到位率和理赔兑现率，实现尽可能减轻农民保费负担、尽可能减少农民因灾损失为目的。宏观层面的气象指数保险，一是用来衡量一种风险对整个地区的影响，这种风险不完全属于可保风险，在没有国家政策扶持和补贴的情况下，很少有保险机构愿意开展此类业务，并且即使开展也很难保障其有效的可持续运行。二是为了分散农业保险风险进行的再保险，这种保险由商业再保险公司（包括国际再保险公司）依托其自有资本金所能提供的承保能力有限，再保险分出成本高，条件苛刻，因此，将宏观层面的农业气象指数保险定为政策性保险较为适合。

与微观层面和宏观层面的农业气象指数保险不同，中观层面的农业气象指数保险应定位于商业性保险。首先中观层面的投保主体是企业和银行等金融机构，其并不是直接的农业经营者而只是与农业相关产业的经营者，在产业划分中他们均属于第三产业。农业气象风险作为产业运作风险中的一种，对产业的影响并不像对农业的影响那样致命和不可逆。其次，他们具有购买商业保险的经济实力和切实的需求，思想观念相对开放，具有现代市场意识，更愿意接受新型的农业保险。

三、农业气象指数保险法律规制的缺失

对于农业保险，我国政府一直关注重视并给予政策支持。2004年开始至

---

❶ 陈盛伟："农业气象指数保险在发展中国家的应用及在我国的探索"，载《保险研究》，2010年第3期。

今连续13年的"中央一号文件"不同程度地提及农业保险。这些文件成为约束和指导农业保险的正式制度。从2012年提出扩大农业保险险种和覆盖面，开展设施农业保费补贴试点，健全农业再保险体系到2013年强调健全政策性农业保险制度，完善农业保险保费补贴政策及至2014年、2015年、2016年再次加大农业保险支持力度，将主要粮食作物制种保险纳入中央财政保费补贴目录，明确积极开发适应新型农业经营主体需求的保险品种，探索开展重要农产品目标价格保险、收入保险、天气指数保险（气象指数保险）试点，均表明在"新国十条"的指引下，我国的农业保险正在进入黄金期。

但是，实践证明单纯由政策推动的农业保险的发展并不理想，《国务院关于保险业改革发展的若干意见》（2006）、《中国再保险市场发展规划》（2007）、《关于积极发展现代农业扎实推进社会主义新农村建设的若干意见》《国务院关于加快发展现代保险服务业的若干意见》（2014）均是针对农业保险规定的原则性和方向性意见，远不能满足农业风险管理的更深层次的要求，也不符合依法治国理念。我国从20世纪80年代恢复农业保险以来，三十多年间，涉及农业保险的相关法律主要有《中华人民共和国农业法》（2002年）（以下简称《农业法》）、《中华人民共和国保险法》（2009年）（以下简称《保险法》）及《农业保险条例》（2012年）。但《农业法》和《保险法》对农业保险都鲜有提及。《农业法》（2012年修正）第46条规定："国家逐步建立和完善政策性农业保险制度。鼓励和扶持农民和农业生产经营组织建立为农业生产经营活动服务的互助合作保险组织，鼓励商业性保险公司开展农业保险业务。"而我国现行的《保险法》是一部规范商业保险的法律，与政策性的农业保险经营目标不完全一致。该法没有农业保险的具体规定，仅提到"国家支持为农业生产服务的保险事业，农业保险由法律、行政法规另行规定"❶。虽然《农业保险条例》是对农业保险的专门性立法，但是立法层次偏低，多为原则性的规定，比较"粗放"，可操作性不强，对于农业气象指数保险这类创新型保险并不能完全适用，因此，亟须完善相应的法律制度以弥补现行法律缺失造成的诸多问题。

四、农业气象指数保险法律保障的制度安排

多数国家农业保险的发展很大程度上都是以成文的农业保险法的形式推动的，如美国作为《农业调整法》第5章的《联邦农作物保险法》（1938年）、法国的《农业互助保险法》（1900年）、日本的《农业灾害补偿法》（1947年）❷。这些国家的农业保险专门立法为我们提供了参考和借鉴。我国的学者

---

❶ 《中华人民共和国保险法》第186条。

❷ 日本1938年通过了《农业保险法》，1947年将《国家总动员法》和《农业保险法》两法合并，并加以修正，颁布《农业灾害补偿法》。此后，对农业保险法律制度进行了七次修订。

第二编　保险产品的制度创新与完善发展研究

和专家也一直呼吁加快农业保险的立法工作。《农业保险条例》出台后，要求提高农业保险的立法层次的建议和研究更是不绝于耳，但是制定工作迟迟未能启动。2015年全国人大农业与农村委员会61名代表提出制定农业保险法的建议也未被采纳，国务院法制办回应要待进一步实践后再判断是否有必要将《农业保险条例》上升为法律。此外，专家、学者和有关部门对农业保险进行单独立法还是将其纳入农村金融法的争论也一直没有定论。在这种情况下，本文认为我国农业保险立法，应该采取渐进式推进的方式进行。可以结合当地的农业发展状况及农业气象指数保险的发展状况，还需制订相应的配套政策和规章制度予以完善和细化，同时将气象指数保险等新型保险纳入《农业保险条例》，待条件成熟时，再通过人大常委会上升为法律，制定《农业保险法》。无论如何立法或修法，在农业气象指数保险制度安排上，应考虑以下几方面。

（一）保障原则

1. 以人为本原则

我国现行的政策性农业保险制度中政府补贴的比例较高，农户自己承担保费的比例较低，这在很大程度上使得保险工作的重心在各级政府部门，在基层也主要是通过乡镇政府、村委会与农民接触。在事关农民切身利益的农业保险中，农民作为重要的主体，却被排除在制度的决策和管理之外，只是被动地接受，几乎没有任何参与权，而农民对农业气象指数保险的认识和接受程度直接影响气象指数保险的发展状况。因此，在将来立法中，应将坚持以人为本的原则，将农民参与农业保险法律制度的决策和管理作为重要的发展方向，通过民主化的机制，充分调动农户的积极性，实现农民与政府以及保险机构之间的利益平衡与协调。

2. 政府支持原则

农业气象指数保险作为农业保险的创新产品，还处于试点阶段，因此还需要政府的全力支持。一是加大基础设施建设如气象站的投入，不仅可以保障农业生产，而且还可以减少指数的基差风险。从农业气象指数保险的理论和实践看，一个标准的气象站应该能覆盖20平方千米风险区域。剔除无须设点的区域，我国气象站的数量目前远达不到这一标准。二是建立合理的财政补贴制度。我国经济发展水平不平衡，统一的财政补贴显然不符合我国实际国情，因此建立合理的、差异化的财政补贴机制不仅可以减轻财政负担，而且更有助于提高农民的保障水平。三是建立巨灾风险防范机制。政府参与的巨灾风险防范机制可以减少企业的后顾之忧，进而激发保险企业创新产品的积极性。

3. 社会利益优先原则

农业的脆弱性决定了农业保险的高风险性。农业风险明显的区域性和季节性差异决定了农业保险的高成本性。农业保险还具有高赔付率的特点。高风险性、高成本性、高赔付率使得农业保险的可保性大大降低,也降低了保险机构开展农业保险业务的积极性。因此,农业保险立法要遵循社会利益优先原则,在优惠支持程度上做充分的调研和论证,既要避免因支持力度不够导致开展农业气象指数保险业务的保险机构不堪重负,也要避免过度的优惠支持消泯了农业气象指数保险创新的积极性,造成国家财政和公共资源的浪费。

(二)经营模式

从发展中国家的实践看,农业气象指数保险的经营模式主要分为两种:(1)市场导向型,以印度为代表。在发展伊始,印度就大胆地选择将农业气象指数保险定性为商业性农业保险,不给予任何财政上的补贴,只给予必要的数据和政策上的支持,实践表明这种市场化的经营模式在本国取得了良好的效果。同时印度农业气象指数保险将天气指数保险嵌入到农业贷款中,开创了银保互动的新型销售模式。这种销售模式提供了信贷—保险一体化的农业金融服务,既易于被农民理解接受,也保护了银行的农业贷款利益,使得农民获得农业贷款的难度进一步降低,同时也降低了农业气象指数保险的运行成本。(2)政府导向型,以墨西哥为代表。这种模式虽然也是市场化运作,但是政府的参与程度相对较高,政府根据经济发展的区域性差异,为农业气象指数保险给予不同程度的保费补贴。除此之外,政府还设置了应急资金,以弥补天气指数保险未能完全覆盖的剩余损失部分。

我国的农业气象指数保险起步较晚,市场发展不充分,经验相对不足。因此在发展农业气象指数保险时有必要考虑我国的实际,不能照搬照抄国外的经验。目前,政府导向型较适合我国,待发展成熟,可以考虑市场导向型,进行完全的商业化运作。在销售模式上,可考虑印度的嵌入式捆绑销售,即针对意欲申请农业贷款的投保人,将农业天气指数保险嵌入到农业贷款合同中。

(三)市场准入

在我国,农业气象指数保险发展势头良好。目前除了安信农保、国元农保、安华农保、阳光相互保险公司四家专业的农业保险公司开展了农业气象指数保险业务外,中国人民保险、太平洋财产保险等综合性保险公司也纷纷推出农业气象指数保险业务且成绩不俗。在市场利益的驱动下,未来会有更多的保险机构进入农业气象指数保险市场,因此为了保证农民的根本利益和农业保险市场的良性优质竞争,必须在不抑制市场竞争的基础上,适当地提高农业气象指数保险的准入标准,细化保监会对申请进入农业气象指数保险市场的保险机构的资格审查内容和评定程序。同时,有必要提高农业气象保险的保险准备金额。

(四)保险监管

《农业保险条例》第4条规定国务院保险监督管理机构对农业保险业务实

施监督管理。然而，配套制度的缺失导致政府相关部门的职能得不到有效发挥，可能导致权力的缺位或是滥用。如前文所述，将微观层面和宏观层面的农业气象指数定位为政策性农业保险，将中观层面的农业气象指数保险定位为商业性农业保险，就不再适宜由保监会统一监管。因为政策性的农业气象指数保险和商业性的农业气象指数保险在经营目的、发展动力、盈利能力、外部性等方面的巨大差异决定了监管目标、方式等方面的不同。由保监会对商业性保险进行监管，另设政策性农业保险监督管理机构对政策性农业保险进行监管比较适宜。在监管内容上，应严格农业气象指数保险合同的审查标准和审查期限，确立农业气象指数保险合同的年审制度，农业气象指数保险的再保险机制。

参考文献

[1] 陈盛伟. 农业气象指数保险在发展中国家的应用及在我国的探索 [J]. 保险研究, 2010 (3).

[2] 方俊芝, 辛兵海. 国外农业气候保险创新及启示 [J]. 金融与经济, 2010.07.

[3] 高娇. 指数保险发展：基于印度、蒙古、秘鲁和马拉维的案例分析 [J]. 农村经济与科技, 2012, 23 (7).

[4] 陈晓峰. 天气指数保险在发展中国家的实践概况 [N]. 中国保险报, 2010.05.11.

[5] 曹雪芹. 农业保险产品创新和天气指数保险的应用 [J]. 上海保险, 2008 (8).

[6] 魏华林, 吴韧强. 天气指数保险与农业保险可持续发展 [J]. 财贸经济, 2010 (3).

[7] 储小俊. 天气指数保险研究评述 [J]. 经济问题探索, 2012 (12).

[8] Barry J. Barnett and Olivier Mahul, Weather Index Insurance for Agriculture and Rural Areas in Low-Income Countries, American Journal of Agricultural Economics, 2007 (89): 1241-1247.

[9] Information Value of Climate-Based Yield Forecasts in Selecting Optimal Crop Insurance, Denis Nadolnyak, Dmitry Vedenov and James Novak, American Journal of Agricultural Economics, 2008 (90): 1248－1255.

海洋环境责任的商业性强制保险制度构建

林 一[*]

2010年7月16日,大连新港码头油库爆炸事故,造成直接经济损失约2.23亿元,救援费用8500万元,清理海洋环境污染费用超过11亿元;2011年6月,渤海蓬莱油田溢油事故(康菲溢油事故),造成海洋经济损失约1000亿元。专家指出,渤海有油气井1700多口,石油平台180多个,石油开发污染成为渤海生态环境的重大隐患。[❶] 而2015年8月12日天津港爆炸事故,对海洋环境保护再次发出警醒。[❷] 通过海洋环境责任保险,以社会化方式分散海洋环境污染损害、弥补第三人和海洋生态环境损害,协调各方利益冲突,已经成为海洋经济持续发展的必然要求。尤其考虑到我国正在实施"一带一路"战略,在与"海上丝绸之路"沿线国进行海洋开发合作过程中,更加需要通过海洋环境责任保险制度分担开发企业的环境责任风险,为可能发生的损害提供有效的救济路径,实现绿色开发、绿色合作目标。但是我国现行以油污损害责任保险为主的海洋环境责任保险体系,无法应对海洋经济纵深发展的现实要求,因此必须建立全面的海洋环境责任保险体系。本文试图在对我国现有海洋环境责任保险法律规定及相关观点与实践进行梳理分析的基础上,指出现行法律及实践中的不足,勾勒出海洋环境责任商业性强制保险制度的整体法律框架,以期对该制度建构有所裨益。

一、建立全面的海洋环境责任保险制度:基于现实的迫切需要

海洋环境责任保险早于1980年我国接受《1969年国际油污损害民事责任公约》(1992年修订)时,就以油污损害责任保险的形式存在于我国法律体系之中,此后以《海洋环境保护法》(1982)为基底形成的一系列法律文件(见

---

[*] 林一(女,1975),辽宁大连,大连海事大学法学院副教授,华东政法大学博士,主要研究方向:商法。辽宁省人文社科基地,本课题是辽宁省社科基金项目(项目批准号:L12DFX027)阶段性成果。

[❶] 中国石油开采战略亟须调整,http://www.china5e.com/news/news-192875-1.html,2015年5月20日访问。

[❷] 参阅新华社:"阻击氰化物——国家海洋局防范氰化物等污染物入海现场直击",http://www.soa.gov.cn/xw/hyyw_90/201508/t20150824_39646.html;"专家就天津'8·12'爆炸事故对海洋环境影响答记者问",http://www.mdocean.cn/Item/1936.aspx,2015年8月30日访问。

第二编　保险产品的制度创新与完善发展研究

表1），与2011年最高人民法院出台的《关于审理船舶油污损害赔偿纠纷若干问题的规定》（以下简称"船舶油污赔偿规定"，2011）一道构成相对完整的海洋环境责任保险法律体系。

但是这种海洋环境责任保险体系在应对海洋污染事故时却显得乏力。以康菲溢油事故为例，因国内海上油气勘探强制保险制度在投保额的规定上存在空白，导致康菲中国在华投保额度远低于海外业务，以至于在华业务的理赔额仅在"1亿人民币到1亿美元之间"，远不能覆盖全部清污、堵漏投入。❶ 而2010年大连新港码头油库"7·16"爆炸事故，1500吨原油流入海洋所造成的海洋生态和水产品污染损害；❷ 2011年8月8日"梅花"台风掀翻70万吨芳烃项目的防波堤坝，几乎酿成剧毒化工产品泄漏海洋的严重后果，均未见有保险公司声称对此类污染可能承担责任保险的理赔义务。我国海洋环境责任保险制度体系的缺漏表现如下。

其一，海洋环境责任保险承保范围单一，仅局限于油污损害责任保险。就对因陆源污染、海岸工程建设项目或倾倒废弃物等原因对海洋环境造成的各类污染的防治和救济而言，凸显立法之不足。（见表1）

表1　我国海洋环境责任保险制度建设

序号	海洋环境责任保险的相关法律规定	立法时间	所承保责任保险的污染类型	涉及条文（内容省略）	有无约束性或制裁性规定
1	《海洋环境保护法》	1982年，1999年修订，2013年修订	船舶油污损害责任	第66条	无
2	《海上石油勘探条例》	1983年	油污损害责任	第9条	无
3	《防治海洋工程建设污染条例》	2006年	油污损害责任	第27条	无
4	《防治船舶污染条例》	2009年	船舶油污损害责任	第53/54条	有，财产罚（行政罚款）第73条
5	《船舶油污损害民事责任保险实施办法》	2010年，2013年修订	船舶油污损害责任	有，行为罚，第15/16条
6	《防治海岸工程项目污染损害海洋环境管理条例》	1990年	无		

---

❶ 渤海湾溢油事故仅康菲成被告，保险公司不在行列。经济参考报，http://news.sohu.com/20111012/n321865927.shtml，2014年9月访问。

❷ 截至2010年11月，事故造成的直接经济损失约为2.23亿元，救援费用8500万元，清理海洋环境污染费用超过11亿元。http://zhidao.baidu.com，2016年4月3日访问。

2016年2月26日通过、于5月1日施行的《中华人民共和国深海海底区域资源勘探开发法》，虽然规定了勘探开发者的环境保护义务，但并没有对如何进行有效防治进行规定，也没有规定勘探开发单位的责任保险义务，甚至没有规定在违反环境保护义务时应承担的民事责任。仅在第26条规定了行政责任和刑事责任，即"违反本法第9条第3款、第11条、第12条规定，造成海洋环境污染损害或者作业区域内文物、铺设物等损害的，由国务院海洋主管部门责令停止违法行为，处五十万元以上一百万元以下的罚款；构成犯罪的，依法追究刑事责任"。

其二，海洋环境责任保险的规定多表现为倡导性规范，制裁性法律后果供给不足（见表1）。直到2009年《防治船舶污染条例》才首次规定违反船舶油污损害责任保险条款的罚则，并在其后颁布的《船舶油污损保险实施办法》中进一步将"财产罚"扩大到"行为罚"。但因海洋工程建设项目或海洋石油勘探项目污染致损的海洋环境责任保险的约束性或制裁性规定仍旧不足，使得相关责任保险规则形同虚设。

其三，海洋环境责任保险缺乏相对完整的具有可操作性的制度规则框架。虽然船舶油污责任保险已经建立了相对完整具体的制度规则体系，但就非船舶油污损害以及非油污损害的海洋环境责任保险制度的整体性建构而言，尚有很大差距。即使船舶油污损害责任保险，相关规定也不涉及保险合同投保或赔偿中的具体问题，例如承保风险的性质（污染的类型）、责任免除的范围、保险费率的确定以及赔偿责任的限制等问题。2011年《船舶油污赔偿规定》仅是简略补充了船舶油污责任保险保险人的责任免除条件和抗辩理由。由此导致保险公司在实践中尽可能缩小有关海洋环境责任保险的承保范围，并尽可能扩大相关的除外责任范围，无法满足社会经济现实对海洋环境保护的需要。

海洋占据着地球71%的面积，是地球淡水资源91%的提供者，其间蕴含丰富资源。现代工业发展使海洋环境面临严重威胁[1]，除传统上海洋建设工程和船舶对海洋环境造成油污损害以外，还有陆源污染、海岸工程建设污染、倾倒废物污染等。数据显示，80%的海洋污染来自于陆地[2]；污染物的类型也更加多样，不仅有油污，还有化学品污染、重金属污染、塑料垃圾等固体废物污染、有机物质和营养盐类等，有些污染物对于海洋环境的污染已经远远超过了油污损害。"走向海边去"的化工产业布局思路和大量建置于海岸线的化工业

---

[1] 国土资源部调查显示，"十一五"期间全国共发生41起海洋石油勘探开发溢油事故，其中渤海19起，南海22起，海洋石油勘探开发迅速发展对海洋环境保护带来一定风险。http://news.xinhuanet.com/2011-10/10/c_122139117.htm，2014年10月23日访问。

[2] 80%的海洋污染来自陆地。http://www.051jk.com，2015年1月访问。

园区将使我们时刻面临海洋环境遭受严重污染的威胁。❶《2014年中国海洋环境状况报告》《2014年中国海洋灾害公报》显示：2014年近海局部海域海水污染严重、陆源入海污染压力巨大、重大突发事故环境影响仍在、各类海洋灾害造成直接经济损失136.14亿元。❷ 而《2015年中国海洋环境状况报告》与2014年报告相比，这些问题有增无减。❸ 这些讯息表明，现有海洋环境责任保险法律体系对于来自船舶或海上以外的以及油污损害以外的海洋环境污染损害责任保险的缺漏，将会严重危及海洋环境的整体安全和社会经济生活安定。因此，应全面建立完善的海洋环境责任保险制度，一方面修改《海洋环境保护法》，于总则部分规定全面建立海洋环境责任保险制度，为陆源污染、海岸工程建设项目污染、倾倒废物污染的污染者投保海洋环境责任保险提供一般法律依据；另一方面可以通过行政法规等形式，扩大责任保险的承保污染损害类型，确定责任保险对于企业生产经营行为的影响以及违反责任保险要求的后果，完善责任保险的具体制度。

二、以商业保险方式作为海洋环境责任保险的运营模式：受益型侵权责任社会化的矫正

海洋环境责任保险是商业保险还是政策保险，学界观点不一。有学者从保险法基本原理的角度，认为环境污染责任保险是一种商业保险行为。[1] 也有学者认为海洋环境责任保险是环境经济政策的工具，作为一种强制责任保险对应于政策性保险。[2] 从海洋环境责任保险在各国运行的状况以及海洋环境责任保险的功能观察，特别是从矫正商事侵权责任社会化倾向的角度来看，海洋环境责任保险是一种特殊的商业保险。

商业保险，依《保险法》第2条的理解，是指投保人根据合同约定，向保险人支付保险费，保险人对于合同约定的可能发生的事故因其发生而承担保险责任的保险行为。但从保险业经营的本质观察，商业保险是以保险人的商业目的——营利性目的实现为基础的保险行为、保险人为实现其盈利性目的而进行保险合同条款设计、保险费率的计算以及保险承保范围的确定和被保险人的选择等，盈亏自负。与之相对，政策保险，则具有浓厚社会安全的政策目的并以政府补助保险费为推动方式、保险人以专款专用无盈无亏方式经营保险业务。例如政策性农业保险、出口信用保险或者交强险等。海洋环境责任保险是基于投保人和被保险人的保险合同而发生的，以保险人根据市场规则和大数法则确

---

❶ 除大连外，还有连云港燕尾港等化工园区、盐城市沿海化工园区、东营市化工园区、宁波镇海化工园区、深圳化工园区等，这些建到海边的化工厂已经对海洋造成了不同程度的各种污染。
❷ 上述内容均来自国家海洋局网站：www.soa.gov.cn。2015年3月19日访问。
❸ 国家海洋局网站：www.soa.gov.cn。2016年4月15日访问。

定的保险费费率和保险金赔偿额为权利、义务基础的商业保险行为。考察各国环境责任保险或与海洋环境有关的责任保险，无论由专业保险机构承保还是联合承保集团承保，抑或一般保险机构承保，无论采取强制保险为主还是任意保险为主的运作方式，均以保险公司商业化运营目标实现为前提，而不对保险公司的盈利目标实现进行干预或者对于保险公司可能遭遇的亏损提供政府援助或支持。

海洋环境责任保险以商业保险的方式存在，根本原因在于海洋环境责任保险所承保的责任风险的原因力——海洋环境侵权行为，是一种可由投保人或被保险人掌控的"可控性商业行为"，即被保险人能够以其活动影响事故发生的可能性[3]21，并可能从中获益——在很大程度上表现为"受益型侵权行为"。[4]这一点与政策性保险所承保的风险原因有本质不同。无论在典型的出口信用保险或农业政策性保险中，或者在被一些学者称为"大规模侵权责任保险"的恐怖活动风险保险[5]中，被保险人对造成保险事故的原因（风险）均不具有掌控能力。即使交强险中被保险人对事故原因——被保险人的驾驶行为——具有可控性，但是它与可能给被保险人带来商业利益的商业行为仍有显著差别。

所谓受益型侵权行为，是指产生损害后果且行为人从中获利的侵权行为。[4]海洋环境侵权行为是一种可控性商业行为，因为海洋环境侵权行为是在商事企业经营营业中发生的一种与营利目的的实现密切相关的行为，而出现致损的后果，通常是由于商事企业经营行为失当造成的。例如，企业为追求低成本而降低生产设备的环保性能要求❶，或者企业在生产流程安全监控体系方面缺漏致使生产事故发生等❷。这些行为并非不可控制，这些行为引发的损害结果也并非不可避免。而这些行为没有被有效控制并致损害结果的发生，部分原因是突发性意外，更主要的原因是企业对效益或利益的追求——严格管控必然带来较高成本挤压利润，相对于事故发生的偶然性，持续高成本导致低效益并不符合企业的经济利益，因此，企业更倾向于使他人承受遭受海洋环境损害的风险而实现自己的经济目标。即使在那些看起来像是不可抗力或意外事件引起的海上事故或油污泄漏导致的海洋环境污染案件中，没有采取恰当的防范措施或配备防范设施仍旧是不可忽视的主要原因。因此，与一般侵权行为引致单方受损的法律效果不同，商事企业在生产经营活动中发生的海洋环境侵权行为，常常正向或反向地增加了侵权行为人的利益[6]，构成一种非典型性"受益型侵权行为"，即虽然海洋环境侵权行为本身并没有给企业带来利益，但是企业确实

---

❶ 1973年《国际防止船舶造成污染公约》禁止使用单壳油轮，但出于营运成本的考虑，船东仍倾向于使用单壳油轮，印度、日本和中国都允许部分单壳油轮运营至2015年甚至更晚。近年来出于水域环境保护的要求，交通部发布提前淘汰国内航行单壳油轮实施方案（2009）。

❷ 许多海洋环境污染事故背后的原因都是企业雇员违规操作造成的。如2010年大连新港7·16爆炸事故。

出于对利益的追求并可能也实现了这样的目标而直接或间接地导致行为的发生。如果商事企业谨慎进行自己的经营行为，严格按照国家的环保法律法规行事，就能避免或大大减少这种商事侵权行为的发生，进而避免或大大减少损害的产生及责任的承担。

责任保险的功能在于通过损害赔偿责任社会化的方式使"危险社会"中的社会成员能够在遭遇危险时得到有效救济。但任何人不得从其不法行为中获益。商事企业为了追求自身的短期或长期的经营目标或满足自身的营利需要而放松了对自己经营行为的约束和控制致使发生海洋环境污染行为及损害发生，即使可以通过责任保险的方式转嫁自己的风险（这并不符合一般保险的"可保性"要求），却没有资格享有政府支援的利益，必须按照市场调节机制的要求，以商业保险的方式分散因自己不当行为招致的责任风险，并借此弥补受害人的损失，避免自己陷入经营财务困境乃至破产。这是因为：第一，现代"危险社会"对"损害赔偿责任社会化"的要求是建立在"共同危险、共同利益"基础上的。如果"此危险彼利益"，那就使"责任社会化"的正当性大打折扣。海洋环境侵权行为作为一种可控性商业行为，具有"受益型侵权"的特征，因其而发生的海洋环境责任保险，应由那些可能对海洋环境造成损害的"共同体"承担保险费，而不是通过政府动用全体纳税人的钱为可能使部分人获益的侵权行为买单；第二，"分配正义"的要求。现代侵权法的价值理念已经从"矫正正义"发展为"分配正义"。由"污染者共同体负担"环境侵权责任保险费，作为保险事故发生时保险人对因此遭受损害的第三人——社会公众——进行赔偿的基础，所体现的正是分配正义。它并不要求具体的污染者对所造成的损害承担损害填补责任，但也不盲目地在全社会分配损失。毕竟污染者乃至其共同体因其环境侵权行为所获利益远胜于社会公众。第三，污染行为控制的需要。商业保险中，由保险人通过浮动性差别性费率、保险合同条款设计等方式对被保险人的这种可控性商业行为进行调节，能够在一定程度上产生遏制海洋环境侵权行为发生的效果；同时，没有政府经济支持的商业保险，会使保险人更加谨慎处理保险费率和条款设计，更加关注投保人或被保险人的行为控制，实现真正意义上的风险防范，降低损害发生的概率。

我国海洋环境责任保险相关立法的转变也明确传递了以商业保险定位海洋环境责任保险的信号，即国家既不对保险公司的资质采取干预措施，也不对相关保险进行政府资金援助。例如2013年5月15日国务院令第561号，取消了《防治船舶污染条例》第53条中交通运输部对"承担船舶油污损害民事责任保险的商业性保险机构和互助性保险机构的确定"的行政审批权，进而在2013年《船舶油污保险实施办法》修订时，不仅整章删除了"船舶油污损害民事责任保险机构"，并且将第8条直接修改为向"商业性保险机构"投保。立法层面的此种变化表达了对海洋环境责任保险商业化、市场化运作的支持和信心。而《海洋环境保护法》第66条的规定,"按照船舶油污损害赔偿责任由船东和货主共同承担风险的原则,建立船舶油污保险、油污损害赔偿基金制度",是对分配正义的商业性表达。

三、以强制保险作为海洋环境责任保险的实现方式:塑建"需求拉动"的市场运作机制

海洋环境责任保险或者环境责任保险是否应以强制性的方式实现,是目前理论界与实务界关注的焦点。有学者主张建立强制性环境责任保险制度,并认为这是环境责任保险公益性的基本保障。[7]有学者主张应以强制保险为主与自愿保险相结合的方式,因为不少中小企业经济效益一般,在现行法律框架下还不具备全面实行强制保险的基础。[1]还有学者主张采取自愿保险为主与强制保险相结合的方式,因为我国尚缺乏实施强制性环境责任保险的法律基础和市场事件经验。[8]也有学者主张不以强制保险为主,认为此举将会剥夺市场上很大部分非严重污染企业的选择权,加重了企业负担,从长远来说也不利于社会经济发展,反而可能会使这一好的制度因运行成本太高,违反市场机制而遭淘汰。[9]从我国2013年《关于开展环境污染强制责任保险试点工作的指导意见》看,我国已经采取"差别对待"的方式,对于涉重金属企业等高环境风险行业实行强制性责任保险,而对其他高环境风险企业采取鼓励但不强制的态度;至于低环境风险企业,并没有纳入意见的调整范围,可理解为自愿投保。"指导意见"确定环境责任保险实现方式的方法显然更为务实,更符合一些学者对我国当前经济现实和法律现实的认识;但是从环境保护的长远发展来看,仍应采取强制方式推行环境责任保险。尤其就海洋环境责任保险更是如此。

一方面,海洋环境利益对人类社会发展关系重大,海洋所面临的石油、化工及其他危险废物的污染也最为经常和严重,海洋环境责任保险所呈现出的公益性价值更强,因此应通过强制性责任保险制度,以实现协调各方利益的目标。

另一方面,强制保险也是海洋环境责任保险商业机制正常运行的需要。没有需求,就没有供给。研究显示,投保企业缺乏相应的激励机制是我国环境责任保险制度面临的问题之一。企业作为理性的"经济人",没有外部力量强行介入,仅依靠"看不见的手",企业宁愿牺牲环境,也不会主动增加环保投资;更何况我国企业目前普遍处于资本积累阶段,企业环保意识和觉悟普遍较低,主动投保热情不高。即便少数企业投保,该企业生产成本随之加大,市场竞争力减弱,会进一步降低企业投保热情。只有采取强制性责任保险,才能够集合众多潜在污染者的资金,实现分散风险,补偿损害的目标。也只有采取强制性

责任保险方式，才能使保险公司获得足够多的信息和数据支撑保险费率的精算和保险事故风险的预测，使用经济杠杆有效补偿第三人损害的同时，有效约束投保人的生产经营行为，减少污染损害发生的可能性。因此，强制保险的价值在于通过强制性需求拉动保险市场的供给，实现市场化运作的良性循环，真正意义上有助于社会公共利益的实现。

需要指出的是，海洋环境责任保险的实现方式上的强制性与其运营中的商业属性并不矛盾，如同并非所有的强制保险都是政策性保险，并非所有的商业保险都是任意的，例如《合伙企业法》第 59 条强制特殊的普通合伙企业合伙人缔结商业性职业保险合同。海洋环境责任保险的强制性恰恰能够推动海洋环境责任保险的市场化运作。如果法律强制海洋环境潜在污染者投保海洋环境责任保险，那么保险人必须为实现营利目的而积极应对市场需求，以市场规则实现供需关系的平衡。❶ 否则将可能被国际保险业市场竞争者取而代之。❷ 至于学者们所担心的"增加企业负担"等，正好可以通过保险公司的商业化运作采取较低保险费率加以解决❸，这一点强制保险和自愿保险并无本质区别。唯一不同的是，对受害人损害赔偿的及时性和有效性——无论对于效益一般的企业还是非严重污染的企业，减少自身保费负担都不能成为将他人置于污染损害风险中而不顾的正当理由。虽然国别法上，也有的国家采取自愿为主、强制为辅的环境责任保险方式，如法国、英国，但是总体观察，强制保险仍是环境责任保险的发展趋势。以美国 1970 年的《清洁水法》为代表，德国、瑞典、印度等国都规定投保环境责任保险是企业的强制性义务。[1]欧盟 2004 年 1 月通过的环境责任指令成为强制环境责任保险制度正式引入欧盟的一个伏笔。[10]我国海洋环境责任保险领域已经基本建立起强制保险的框架，如果因存在前述缺陷，影响了海洋环境责任保险制度的运行效果，需要在未来立法中进行补正。

四、以实现海洋环境责任保险的公益性为价值取向厘定承保范围和除外责任

在海洋环境责任保险中，承保范围和除外责任，对于投保人、被保险人、保险人和受损害第三人或海洋环境的利益影响至重。为避免保险人利用条款控制权限缩承保范围或扩大除外责任，减损海洋环境责任保险的公益性功能，应

---

❶ 比较中国人民保险公司、太平洋保险公司和大地保险公司三家保险公司的船舶油污责任保险条款，可以发现"责任免除"条款存在明显差异。

❷ 2011 年 6 月 17 日，日内瓦协会国际责任保险大会首次在北京召开，说明国际保险业已经开始关注到中国的环境责任保险。

❸ 2013 年 1 月 1 日，我国正式运行船舶油污责任统保示范项目，通过竞争性谈判最终确定费率和理赔服务机制，将明显降低航运企业的运营成本。参见交通运输部：船舶油污责任险统保示范项目启动，网址 money.163.com/12/1229/09/8JSNNVV30025335M.html。

当以公益性为价值取向通过立法确定海洋环境责任保险"承保范围"和"除外责任"的基本法律界限。

(一) 海洋环境责任保险的公益性功能目标及理论基础

海洋环境责任保险的公益性，是指其具有符合社会公共利益要求的目的属性和功能属性。现代责任保险的发展表明其已经逐渐脱离早期的纯粹填补被保险人损害的功能，更多地以保护因被保险人的致害行为而受害的第三人之赔偿利益为目的，尽量体现保护受害人及社会大众的功能。[3]2014年国务院下发的《关于加快发展现代保险服务业的若干意见》要求发挥责任保险化解矛盾纠纷的功能作用，把与公众利益密切相关的环境污染等领域作为责任保险发展重点，探索开展强制责任保险试点。海洋作为生命之源、资源宝藏，对人类可持续发展影响甚巨，以责任保险方式对造成海洋环境污染的侵权行为进行风险分散，损害填补，不仅"保护第三人或者社会公众利益"，也"维护社会稳定和环境保护"，[2]其公益性价值显而易见；甚至，由于海洋污染和空气污染等，因为污染对象具有流动性，而使污染扩散的范围更广、影响更大，因而采用责任保险方式平衡各方面利益的公益性更强。

海洋环境责任保险制度的公益性源自于责任社会化理论，而"责任社会化"是侵权法现代化发展的必然诉求。事实上，就侵权法"自己责任"的传统理念而言，商事企业并无权利将自己的致害行为所产生的责任通过保险的方式进行转嫁——原本责任法规范之吓阻效果，亦将因此而减低。[11]502但是一方面，商事经营行为具有增进社会财富和人类整体利益增长的客观价值，另一方面，商事侵权行为的后果通常比较严重且影响广泛，侵权人自身财产不足以填补受害人损失，即使因此破产也只是徒增社会负累。为平衡商事企业营业自由和社会公众生存或消费安全的需要，立法者不得不承认通过保险方式对商事侵权行为的施加者进行责任风险转移并对商事侵权行为的受害者进行及时有效的救济补偿。❶ 诚如学者所言，与传统侵权行为不同，在工业社会中，工业事故、交通事故、环境事故等灾难的发生均具有客观必然性和社会合理性。在很多案例中，行为的正当性与结果的损害性成另一种悖论，法律要做的是如何权衡两种合法利益，而不是简单地惩罚不法行为。[12]产品责任保险或环境污染责任保险等因此成为侵权责任个别化与社会化相统一的路径，以实现对社会成员或群体之间的权利、权力、义务和责任的最优配置，达到维护社会公共利益或增进社会共同利益的目的。

责任保险的公益性目标促使立法和实践因应调整，例如，基于1908年

---

❶ 法国商事法院1844年曾以责任保险违背公序良俗、助长行为人不注意为由判决其无效，但在第二年，巴黎上诉法院却判决有效，从而确认了责任保险的合法性。美国自1886年出现责任保险至1909年"布里登案"才接受责任保险的正当性。

《德国保险合同法》第 149 条的规定，责任保单将"先付后偿条款"调整为"替代给付条款"；基于 1930 年英国《第三方法案》第 1 条的规定，责任保单将"非诉条款"转变为"直诉条款"，并为增加保单卖点，在保单中约定保险人对被保险人的抗辩费用负担义务。[13]海洋环境责任保险应以此为鉴，以其公益性目标或功能实现为价值取向在法律上明确海洋环境责任保险的承保范围和除外责任，引导保险实践践行这一法律目标。

（二）海洋环境责任保险承保范围的厘定

海洋环境责任保险的承保范围涉及可保性问题，即何种责任风险是可以承保的。由于突发性污染的可保性在理论和实践上已经被广为接受，因此问题的症结点就在于渐进性污染是否属于可以承保的范围。实践中，无论是一般的环境责任保险，还是以油污损害责任保险为代表的海洋环境责任保险都将渐进性污染排除在承保范围之外。学界对此观点不一。有学者认为，渐进性污染作为可保风险已经被美国、德国等国家所承认。也有学者认为渐进性污染不符合突发性、外来性等可保风险之原理，对渐进性污染应通过加强环境治理、地方环境赔偿基金等制度解决。[9]

海洋环境责任保险的本旨是对造成海洋环境污染损害的结果进行利益补偿——"有损害、有责任，有补偿"，以实现公众利益和环境利益维护的目标，并不论这种损害是由突发性污染造成的，还是渐进性污染造成的。一方面，风险可保性的判断标准对于不同性质的保险类型而言并不完全相同。例如，就财产保险而言，可保性要求风险是不可控的，而对于责任保险而言，很多风险都是可控的。再如，对于财产保险而言，可保性要求风险是外来性的，但是对于人身保险而言，很多风险是来自于被保险人自体的。因此，用一个一般财产保险意义上的可保性标准来判断特殊的责任保险的风险可保性，难免张冠李戴得出不甚恰当的结论。另一方面，在一些情况下，引起突发性污染和渐进性污染的原因可能是相同的；❶ 鉴于保险法中近因原则所体现出的对于原因力的重视，基于同一原因力作用产生的污染结果，不应仅仅因为污染后果产生的方式不同——一个是爆发式的，一个是缓释性的——就产生不同的赔偿后果。更为重要的是，基于海洋环境状况的复杂性，大部分海洋环境污染呈现流动性、扩散性、潜伏性等特点。如果将渐进性海洋环境污染排除在责任保险之外，将背离海洋环境侵权责任保险建立的目标，于加害方及受害方均无益。

当然，为解决渐进性事故后果缓释性造成的"长尾"问题，减轻保险人的赔偿负担，可参考美国环境责任保险制度中的"日落条款"，以平衡各方利益，

---

❶ 渐进性污染业也可能由"突发意外事故"引起，如 2014 年 4 月 11 日"威立雅水务集团自来水污染事件"。王民：渐进性污染：环境险中的一个重要问题，中国保险报，网址 www.sinoins.com/zt/2014-10/28/content_133021.htm。

促进海洋环境侵权责任保险制度有效运行。

(三)"除外责任"之例外:"故意行为"的严格解释与"第三方"责任险之"落实"

1. 对"故意行为"的特殊处理方式

考察现有环境责任保险合同条款,投保人和被保险人的"故意行为"通常被列在"除外责任"条款之首。依保险法防范道德风险之核心理念,保险人对于投保人和被保险人的故意致害行为拒绝承担赔偿责任并无不妥,亦于法有据。海洋环境责任保险并没有特别的法律规则进行调整,自当适用《保险法》的一般规则。2011年《船舶油污赔偿规定》中关于保险人免责事由的规定,即是根据《保险法》第27条及一般性价值理念推衍而出的。

但是值得注意的是,现行《保险法》所调整规范的是一种典型的商业保险行为,其立法理念和价值取向能否适应海洋环境责任保险的公益性目的,不无疑问。比较《交强险条例》第22条的规定❶,可以发现《交强险条例》更符合责任保险中对受害人进行及时救济的初衷和理念,也符合环境责任保险的社会公益性价值取向。因为本质上,与一般人身保险和财产保险中总是被保险人的人身和财产遭受损害相比,责任保险中真正受到损害的并非被保险人,而是因被保险人加害行为而致损的受害人,被保险人甚至可能并且常常在这个过程中获益;责任保险虽然以填补被保险人所承担的损害赔偿责任损失为直接目的,但其终极目的却是尽快消解因被保险人侵权行为而造成的损害后果,并避免加害人因赔偿负担过重而破产,恢复因加害行为而致利益失衡的社会关系,保护经济发展。虽然交强险属于政策性保险,而海洋环境责任保险更适合以商业保险的方式加以运营,但二者在本质上都以公益性为目的。故而,对于海洋环境责任保险被保险人或者投保人的故意行为,或可借鉴交强险的处理方式,即在对人身性损害与财产性损害进行区分的基础上,对人身性损害"先垫付后追偿"。

如果坚持将被保险人或投保人的"故意"列入"除外责任",那么美国法保险司法实务对于"故意行为"进行严格解释的做法值得借鉴。即保险人以被保险人故意行为为由拒绝承担保险责任,应当满足三个条件:(1)被保险人故意为特定的行为;(2)第三人因被保险人行为而受到损害;(3)被保险人有致使第三人受害人的目的。[1]

2. 促使"第三者"责任险名至实归

海洋环境责任保险的目的在于使受海洋环境污染损害的第三人获得及时有

---

❶ 被保险人故意制造道路交通事故的,保险公司在机动车交通事故责任强制保险责任限额范围内垫付抢救费用,并有权向致害人追偿;造成受害人的财产损失,保险公司不承担赔偿责任。

效的补偿。有学者将此称为"责任保险"发展的第二阶段,与第一阶段认为责任保险是"填补被保险人因赔偿第三人所致之损害"[13]相比,第二阶段的理论认识到,在责任保险中,损失是指特定类型的法律责任,故而是"第三方"保险,责任保险因此"名至实归"。之所以提及此问题,是因为实践中一些海洋(沿海)油污责任保险条款基本上将因油污而产生的民事责任都排除在保险责任之外,例如由于被保险船舶上的油泄漏造成对经济类水产养殖等第三者的污染损害,被保险人在法律上应负的赔偿责任,而仅仅对被保险人承担的责任损失承保。❶ 这在根本上违背了海洋环境责任保险的公益性目的,应予矫正。

此外,海洋环境责任保险的公益性要求对受害第三人提供更彻底的保护,包括在因投保人或被保险人之外的人的过错造成污染时,受害第三人仍有权利向污染者请求赔偿,并进而获得污染者的保险人所提供的补偿保障。《侵权责任法》第 68 条为此提供了依据,《环境保护法》也有类似规定。但是,令人遗憾的是,这种救济便利却被负担特别海洋环境保护功能的《海洋环境保护法》第 90 条所否定。该规定不仅与《环境保护法》和《侵权责任法》的规定相背离,限制了受害者救济权利的实现,同时也严重背离了海洋环境保护的公益性价值,进而阻却了通过海洋环境责任保险制度实现"第三者"责任的公益性目的,应予修正。

五、强化道德风险防范——投保人的"有限制的无限告知"及保险人监督权的综合利用

保险法的核心理念在于抵御道德风险。海洋环境责任保险所承保的责任风险很大程度上是由可控性商业行为产生的,投保人对风险发生及损失进一步扩大有相当强的掌控力,故而需要特别注意防范投保人或被保险人事前的道德风险(消极防范与减损)和事后的道德风险(消极抗辩)。防止责任保险制度替代性赔偿带来的道德风险的关键在于通过费率的合理确定以及条款的科学设计,使经营行为所产生的不经济的外部效应同样得到"内部化"。但是海洋环境复杂性、多变性,海洋环境侵权行为高技术性、隐蔽性,以及信息的不对称不完整性将成为影响保险人的风险评估以及风险控制能力的最大障碍。为有效解决这一问题,除了要求保险人增加相应专业知识储备并引进专业性评估机构外,海洋环境责任保险制度应对投保人的最大诚信提出更高的要求,具体表现为:一方面,投保人在订立海洋环境责任保险合同时的告知义务,不应局限于一般保险合同的单纯的询问告知,而应当采用《海商法》关于"海上保险合同"中"有限制的无限告知"的立法模式,即投保人或被保险人应当将其知道

---

❶ 参见"沿海内河船舶油污责任保险条款"的承保范围。

的或者在通常业务中应当知道的有关影响保险人据以确定是否同意承保的重要情况，如实告知保险人。保险人知道或在通常业务中应当知道的情况，保险人没有询问的，被保险人无需告知。对于投保人或被保险人故意或重大过失未完全履行告知义务的，从海洋环境责任保险公益性的角度，也不宜按照《保险法》第16条的规定对于发生的保险事故不予理赔，可以考虑采用"先垫付后追偿"的方式，预防投保人或被保险人进行"逆选择"；或者至少参考《海商法》第223条，将不予赔偿的情形仅限定为"故意违反告知义务"。另一方面，投保人或被保险人需要在整个保险合同有效期内及时、持续地披露（通知）与海洋环境侵权风险有关的实质性信息，如排污设施、排污制度、自身环境信用情况、企业履责能力及其变化等，方便保险人及时做出保费或其他方面的调整和变更。

为督促投保人依照保险合同履行其告知义务，防范道德风险并尽量减少海洋环境侵权事故发生，应赋予保险人海洋环境污染风险监督权，要求投保人对是否遵照现有环境标准进行营业、是否采用环保设备等技术性措施等情况进行定期通告或由保险人进行巡检，便于保险人发现企业海上经营活动中的环境安全隐患，做好海洋环境风险防范工作。

六、建立浮动性费率调节机制与灵活的限额赔偿制度实现海洋环境责任保险的预防功能

（一）建立浮动性费率调节机制

浮动费率是指保险人在以大数法则确定的基准费率的基础上，根据不同投保人的行业污染性质、防污染能力和污染事故发生几率等因素，调整特定保险周期内的缴费比例。❶与一般性财产保险和人身保险相比，环境责任保险所具有的强化环境管理、预防环境损害的作用[14]147主要体现在保险费率调节机制上。保险费率是保险费的确定标准。保险费既是投保人转移责任风险的代价，也是保险人承担义务的经济基础；既是投保人必须内化的经营成本，也是保险人盈利目的实现的保障。根据科斯定理所提供的成本—收益分析法，如果采取固定费率（无论高低），投保人或被保险人在保费成本既定和责任风险转嫁的情况下，就会倾向于节约经营行为管控成本，而放任对经营行为的管控，可能导致污染风险及损害提高，进而保险人的营利目的也将受到损害。如果采取浮动费率，投保人可能因未发生或少发生污染事故而享有低费率优惠，或者因频繁发生事故而面临惩罚性费率，则投保人或被保险人可能倾向于管控自己的经营行为，即使发生管控成本，除非其明显高于保费成本。由此可能减少或降低

---

❶ 2007年我国开始在交强险中采取浮动费率；2014年始深圳市在工伤保险中采取浮动费率方式。

污染风险及环境损害,并实现保险人营利目的。虽然企业的生产成本可以外部化给市场和消费者,但是因为市场竞争的存在,这种外部化总是受到一定限制。因此采取浮动保险费率的方式可以实现多方利益,并在很大程度上强化投保人的环境保护意识,督促投保人为降低保费而从事符合海洋环境安全标准的生产经营活动,增加污染防治措施,最终预防和震慑海洋环境侵权行为。

(二) 确立海洋环境责任保险责任限制的灵活性和独立性

责任限制制度是"危险社会"基于分配正义的考虑采取的妥协性安排。我国《船舶油污保险实施办法》从公益性目的角度,为海洋环境责任保险设定了最低责任限额;但是这种最低责任限制并不符合投保人和保险人的商业利益,同时也不利于海洋环境污染行为的预防。因为保险责任总是与保费挂钩,如果投保人的综合环保能力很强却必须承担最低限额保险责任对应的保费成本,则投保人可能产生降低环保能力的倾向,进而可能导致污染的发生或损失的扩大,并影响保险人利益的实现。因此,强制保险并不一定强制最低保险赔偿限额,可以交由保险公司通过综合测评及浮动费率进行调节。与此同时,出于分配正义的考量,各国在严格责任领域开始实行责任限额制度,以柔化严格责任的刚性,减轻加害方的赔偿负担,实现不幸损害的合理分配。如《德国环境责任法》中规定,基于同一影响所致的人或物的损害,最多只赔偿1.6亿马克。[15]作为替代性赔偿的法律手段,海洋环境责任保险的赔偿以侵权损害赔偿为基础,故也应该享有责任限制利益。1969年《国际油污损害民事责任公约》即作此规定。值得讨论的是此时保险人的"责任限制"利益,是从属性的还是独立性的。[16]从公益性的角度,海洋环境责任保险人对于被保险人的"责任限制"具有从属性利益更妥当。但是,如果海洋环境责任保险人并不丧失这一利益,而是在责任限额范围内承担赔偿责任之后,将剩余的损害赔偿交由被保险人向受害人承担,可能反向激励被保险人尽量谨慎自己的行为,不丧失责任限制。因此整体性考量,赋予保险人对于责任限制条款更加灵活的决定权配合浮动费率调节可能更有助于海洋环境污染风险的防范。

参考文献

[1] 熊英,别涛,王彬. 中国环境污染责任保险制度的构想 [J]. 现代法学,2007 (1).
[2] 郑冬梅. 海洋环境责任保险制度设计及其实现 [J]. 中共福建省委党校学报,2014 (10).
[3] 邵海. 责任保险影响下现代侵权法的嬗变 [D]. CNKI全文数据库.
[4] 杨彪. 受益型侵权行为研究 [J]. 法商研究,2009 (5).
[5] 栗榆. 大规模侵权责任保险制度的国际经验与借鉴 [J]. 财经科学,2014 (6).
[6] 林懿欣. 商法视野下的环境侵权债权人保护 [J]. 大连理工大学学报(社会科学版),2010 (1).

[7] 张晓文. 环境责任保险的公益性 [J]. 政法论坛, 2009 (7).
[8] 周道许. 我国环境污染责任保险发展的路径选择与制度构想 [J]. 环境经济, 2011 (5).
[9] 蓝寿荣. 我国环境责任保险若干立法问题释疑 [J]. 法学论坛, 2013 (6).
[10] 杨辉. 欧洲环境责任保险法律制度审视及启示 [J]. 中国保险, 2010 (3).
[11] 林群弼. 保险法论 [M]. 台北: 三民书局出版社, 2003.
[12] 张梓太, 张乾红. 我国环境侵权责任保险制度之构建 [J]. 法学研究, 2006 (3).
[13] 樊启荣, 刘玉林. 责任保险目的及功能之百年变迁 [J]. 湖南社会科学, 2014 (6).
[14] 王明远. 环境侵权救济法律制度 [M]. 北京: 中国法制出版社, 2001.
[15] 王朝梁. 论我国环境责任保险制度的依法构建 [J]. 中国政法大学学报, 2012 (2).
[16] 夏元军, 李群. 海上责任保险人责任限制模式选择 [J]. 中国海洋大学学报 (社会科学版), 2011 (6).

食品安全责任险在我国的适用与发展综述
——"食品安全治理与保险的介入适用研讨会"侧记

贾辰歌 方昕婕[*]

【编者按】如今,食品安全责任保险经过数年从无到有的历程,已然成为我国责任保险市场上独立运行的保险产品。同时,食品安全责任保险的保障功能决定着它的适用与社会公众的食品安全利益密切相关,因而,应当将食品安全责任保险的推广和适用纳入我国食品安全治理体系之内。可见,食品安全责任保险的市场价值并非局限于普通的保险产品。习近平总书记当年任福建省省长时就曾创造性地提出"治理餐桌污染,建设食品放心工程"的号召,并形成和推动了治理餐桌污染的社会工程。这意味着,国家从民生的高度来关注食品安全,当然包括了食品安全责任保险的适用和发展。为此,及时总结食品安全责任保险的适用效果也就是充分发挥和实现其社会价值的必要工作,以便有助于保险在食品安全治理中的适用和发展。

2016年11月18日,由中国人民大学食品安全治理协同创新中心主办的"食品安全治理与保险的介入适用研讨会"在中国人民大学召开,来自清华大学、中国人民大学、对外经济贸易大学等高等院校的专家学者,以及来自国家食品药品监督管理总局、中国保监会、中国保险行业协会、北京保险行业协会以及多家保险公司等实务部门代表与会。此次会议旨在总结食品安全责任保险在我国的适用经验,并借鉴国外利用保险来落实食品安全政策的经验,进一步完善我国的食品安全责任保险,探索建立符合中国国情的食品安全保险制度,并为其提供理论支持。

中国人民大学法学院贾林青教授主持了该次研讨会。中国人民大学法学院院长、食品安全治理协同创新中心常务副主任韩大元教授首先介绍了会议主题和目的,特别提出,食品安全法实施的过程中,国家鼓励食品经营企业建立和适用食品安全责任保险制度。因此,食品安全责任保险是食品安全治理协同创

---

[*] 中国人民大学食品安全治理协同创新中心的在读研究生。

新中心的重要研究领域之一。本次会议力求在食品安全责任保险介入食品安全治理的基础上寻求共识、理念之余,旨在具体的食品安全责任保险制度上有所创新,并为未来该项制度的完善和适用提供必要的市场经验和理论基础。

一、保险实践给出的食品安全责任保险在我国运用的经验

围绕食品安全责任保险介入食品安全治理的主题,与会的各方代表分别从国内、国外、保险理论和实践等多个角度进行了深入的探讨和对话。具体可以从保险实务、社会实践和学术支持等三个方面来讨论食品安全责任保险的适用经验,阐述完善该责任保险制度的看法,以为其提供理论支持。

1. 从社会实践角度,关注食品安全责任保险的适用价值和社会效果

作为食品安全监督管理机构工作人员,李政(国家食品药品监督管理总局综合处)从舆论研究、实地调研、推动立法三方面论述了食品安全责任保险方式介入适用的重要意义和面临的挑战。他认为,食品安全责任保险制度的开展,有利于保护消费者的合法权益,有利于食品生产经营企业转移风险、提高产品质量,有利于政府优化食品安全监管方式,有利于发展现代保险服务业。通过建立政府、企业、保险机构和消费者多方参与、互动共赢的机制,协同推进食品安全社会共治。经过对湖南、河北的实地调研、食品安全责任保险试点文件的出台以及一年多试点工作的开展,各地方积极响应,不论是保费额度还是试点地区数量,都有所增长。食品安全法规定,国家鼓励食品生产经营企业参加食品安全责任保险。但是该制度的推行和完善仍然面临规定不够明确、社会整体保险意识不强的困扰,保险市场有待进一步提升和发展。

针对现行的食品安全责任险是否需要扩展,贾林青表示,就所做的地方调研报告来看,农产品涉及农业保险的适用,但是该保险本质上并未涵盖食品安全责任险。因此,厘清食品安全责任险与农业险之间的包含关系是有必要的。彭亚拉(中国人民大学农业与农村发展学院)指出,偏远农村地区食品安全问题比较大但不易得到社会关注,需要从行业开始、从特殊部门开始做食品安全责任险。同时,她从食品安全恶意添加及小型企业参保意愿两个问题为切入点阐述了国内行业及特殊区域开展食品安全责任保险的重要性。李渝(中国人民大学法学院学生代表)目前在开展主题为食品安全责任保险研究的大学生创新项目,她阐述了选题研究的意义,并详细介绍了团队赴上海、湖南、福建、四川等省及美团外卖的实地调研情况。

从全国保险行业角度,徐强(中国保险行业协会财险工作部)提到,经过近几年发展,我国食品安全责任保险在辅助社会管理保障和改善民生等功能方面起到了初步效果。覆盖面不断扩大,试点探索不断深入,目前市场上有十几家保险公司在食品生产、加工、销售、消费各环节进行了积极探索,开发保险

第二编 保险产品的制度创新与完善发展研究

产品超过 30 款，但整体上发展缓慢，尚不能满足市场需求。方晓栋（中国人民保险股份有限公司责任险部）表示，就本公司而言，保障金额较大，为 3 万多个用餐单位、使用单位提供保险服务，但责任险责任比例有所下降，赔付率不高。但与此同时，在借鉴国外模式的基础上，也进行了中国式的创新。将保险公司和食品安全打分体系相配合的评级标准进行融合。通过大数据分析，帮助餐饮平台进行风险控制。对此，他提出几点建议：一是政府提供政策支持，在特殊行业做强制性立法要求。特殊行业会形成行业标准，保险公司做风险标准的参与者，从而引入更多的保险手段解决问题。二是保险公司要做食品安全的参与者，对资源进行整合，引进对食品企业抗辩的律所，派生专业的检验机构，形成闭环的管理模式。

2. 从保险实务视角阐述食品安全责任保险的适用经验

沙银华（上海东京日动火灾保险中国公司）以日本雪印乳业事件为例说明，日本同美国类似，也没有政府强制和专门的食品安全责任险概念，而是采取产品责任险和产品召回保险来处理食品安全问题。因此，中国在食品安全责任险的设计上应当考虑，如何设计保障范围、赔偿责任和召回责任以提高科学性。龙俊（清华大学法学院）从日本侵权行为法角度，并结合日本食品安全案例，对比中日食品安全案例分析处理与论证方法，从侧面反映出在中国推广食品安全责任险所面临的可操作性不强的问题。

3. 从学术研究角度，与会的学者和专家阐述了各自的认识，为该保险制度提供了相应的理论支持，并规划出我国食品安全责任保险的发展走向

以美国为例，陈欣（对外经济贸易大学）从美国食品行业、美国食品安全责任、美国食品责任保险本质、如何转移食品安全责任四个角度介绍了美国保险业解决食品质量和食品安全问题的做法和经验。美国食品行业范围广泛，包括种植业、食品生产加工行业和餐饮业。美国的食品安全责任有两种：合同责任和侵权责任。对企业来说，绝大多数使用的是合同责任，而对消费者来说，则更倾向于使用侵权责任。一方面，侵权损害赔偿数额远高于合同违约责任；另一方面，美国保险公司的法律服务相对完善，企业有保障。因此几乎所有的食品行业经营者都有责任保险，从消费者角度来说，更易获得赔偿。当然，美国的食品责任保险并没有专门的概念，其本质是产品责任保险的一部分，保险对象分为七大类，包括大型食品企业和药品企业、大型的食品批发和零售企业、小型杂货企业、饭店和餐馆、学校和企业的内部食堂、农产品生产保险和食物运输。食品安全责任转移的方式最常见的有两种，一种是在买卖合同中规定责任豁免；另一种是合同一方要求加入对方责任险保单中作为增加的被保险人，以此免去购买责任险。

另外，陈欣教授也一并指出，保险不能替代监管与执法，中国开展食品安

全责任保险仍面临几大问题：一是保险是事后赔偿，承保工作不力，预防风险能力不足；二是食品安全责任险及保单设计有所欠缺，不利于责任险的发展。美国责任保险所拥有的抗辩功能使其在很大程度上得到发展，这正是国内欠缺的；三是食品行业生产和服务者本身存在问题。大企业有赔偿能力，其购买积极性不强。而小型企业购买积极性强，但赔的机会多，易使保险公司陷入经营困境。

陈欣教授认为中国的食品安全问题的复杂性是我们今后必须面对的，食品安全责任险的发展仍有很长的路要走。方晓栋认为，中国的保险公司推出的食品安全责任保险同样覆盖抗辩费用的保险赔偿，但是在抗辩服务到底由谁提供，是否专业化等问题上则存在着不同做法，经营理念上存在着分歧。因此，检视我国的整体保险市场上，就此并未形成通行一致的市场规则，有待完善和发展。

关于食品安全责任险是否应当强制实施，欧燕雄（中华联合财产保险股份有限公司责任险部）表示，直接借鉴欧洲国家的普遍性赔偿或者美国的企业高额赔偿方式是不符合中国国情的。当前中国食品安全问题较为严重，公众维权意识薄弱，我们应当充分运用保险费用的杠杆及政策宣传方式，推行保险强制实施，由保险公司进行事先风险识别和勘察，确认是否承保并提供差异化费率，将保险信息有效地向社会公布，并由消费者选择产品，逐渐形成良性的市场竞争环境，使保险有效参与社会治理。但陈欣认为，责任险并非一定由法律规定强制实施，本国的社会文化是决定强制与否的重要因素，并且强制本身是干预经济生活的措施，是不利于经济发展的，我们可以通过不同方式共同推进，来达到同一个目的。李克强总理曾提出要放开市场这只"看不见的手"，通过行业强制的方式发挥责任险的积极作用。如何做好承保工作和现场勘查，合理设计保单上的除外责任，以更好地提供保险服务，这些都是我们需要考虑的问题。但前提是一定要确定责任，而不能形成遇事就找保险公司的态度。

方晓栋认为，从经济学的角度，责任保险又会涉及企业成本增加，因此法律强制实施并不一定能有效发挥责任保险的作用。中国与欧美国家所处的发展阶段不同，应当在借鉴国外经验的基础上，建立符合中国国情的制度。

针对责任险和团体意外险之间的关系，何毅指出，食品安全风险的真正表现形式是赔偿责任落在生产企业、流通企业上，但如果是再深究到受害的个体身上，可能就是意外险的保障范围。而相比责任险，团体意外险的认定更为简单，费率低，且赔付范围广，因此会挤占责任险的发展空间，对健康险的发展会有一定的不利影响。但陈欣认为团体意外险的对象是特定群体，而责任险解决的是个人问题，两者之间是有区别的。责任保险的本质是补偿性责任，在考虑责任保险时，社会保障是一个重要因素。娄天骄（中国人民保险股份有限公司责任险事务部）认为，责任险是保被保险人对第三方依法应承担的经济赔偿责任，但是意外险完全是个人购买，购买意外险后仍然可以去找餐馆、生产企业追责，两者是不同维度的问题。温华军（平安保险）表示，保险公司在产品创新上可以再发展，提高保险公司的法律服务水平。

徐强认为，一方面，企业应当转变对保险费用的不平衡观念，另一方面，保险公司应加大防灾防损投入，保障被保险的食品生产和经营企业的利益，这样才利于运用食品安全责任保险来保护社会公众的食品安全理由，维护全社会的整体稳定。

二、运用食品安全责任保险的现有经验给予的启示

应当说，此次"食品安全治理与保险介入适用研讨会"不仅从食品安全治理工程的高度来探讨食品安全责任保险制度，也是对食品安全责任保险的适用和发展进行的全面总结和论证，其意义在于，借鉴已有的适用经验，为该责任保险的发展确定方面和路线。因为，通过此次研讨会，不仅能够概括食品安全责任保险适用中的经验，也能够给予相关的决策者和实务界如下的启示。

1. 应当充分认识食品安全责任保险的社会地位和社会价值

从客观意义上讲，食品安全责任保险并非仅仅是一个单纯的普通的保险产品，而应当提升到食品安全治理之组成部分的高度来认识食品安全责任保险的法律地位和社会价值。究其原因，食品安全责任保险作为我国食品安全治理工程的一部分，是从食品安全风险的转移和防范的角度来发挥作用，以第三方机制而构成食品安全治理的重要环节。因此，食品安全责任保险的适用必然与社会公众的食品安全利益息息相关，大家需要据此来认识食品安全责任保险的社会价值，并将其纳入我国食品安全治理工程的范畴来看待它的社会地位和市场地位。

2. 需要科学设计食品安全责任保险的产品运用模式

归纳食品安全责任保险的适用实践，它涉及食品产品的生产和经营企业以及餐饮服务单位等诸多行业，其保障内容既有处于流通领域的食品产品的交换和消费，也包括消费者在餐饮服务场所的消费活动。故而，食品安全责任保险的保险内容并非传统意义上的单一属性的保险产品，而应当是综合性、复合性的保险产品，兼有产品责任保险、公众责任保险的内容。并且，针对食品产品的生产者和经营、以提供相应的食品为内容的餐饮服务业者等不同的保障需求而设计为多个类型的保险产品群，用以加强食品安全责任保险的针对性和实操性，提升其适用效果。

3. 有针对性地扩大食品安全责任保险的保险保障范围

借鉴国外借助保险来实现食品安全的有益经验，我国的食品安全责任保

的保障范围,应当适应我国食品安全治理的发展需要而不断扩大其范围,才能够提升该责任保险对社会公众,尤其是食品生产经营行业的吸引力,从而在客观上扩大其使用效果。

4. 规划和制定食品安全责任保险行之有效的推广途径

就食品安全责任保险的推广途径,实践证明是否将其全部纳入强制保险的范畴来推广却是存在着不同的做法。但是,通过此次研讨会上的讨论,主导性看法是,不能采取"一刀切"的模式,而应当区别不同的食品类型和被保险企业的主体类型,制定不同的推广策略,用以适应我国各地经济发展水平、各企业群体的不同保险需求的实际情况。

5. 应当考虑逐步扩大保险介入食品安全治理的范围

正如贾林青教授对于该次研讨会做出的总结发言中所指出的:食品安全和责任问题是包容性的逻辑关系。从实际情况来看,作为保险介入,不应仅限于食品安全责任这一个险种,而应当集思广益,将落实食品安全的理念扩展到诸多保险领域,形成食品安全治理的合力,提升社会公众在食品消费领域的安全水平。当然,要实现这一目标,就需要保险实务界与学术理论界在该领域的通力合作。

食品安全问题的社会共治与规制研究[*]
——以食品安全责任保险研究为例

李 渝 叶署铭 孙慧凌 魏若杨 陈子奇[**] 贾辰歌

一、食品安全责任保险的发展新机遇

(一) 社会转型中的食品安全问题

"国以民为本,民以食为天,食以安为先",食品是人类生存的第一需求。食品安全既是重大的民生问题,也是重大的政治问题。当前我国食品安全问题突出,形势严峻,人民的生命权和健康权受到威胁。从2008年发生的"三鹿三聚氰胺"事件,到2016年的3·15晚会上"饿了么"曝光,人们越来越关注食品安全这一社会问题。

中国是一个多重风险叠加的社会,这也反映在了食品产业中。例如,农业中自然风险起主要作用,也存在着技术风险,食品添加剂是一个很大的隐患,还有由媒体舆论带来的信息风险。同时,中国正处于一个重要的社会转型时期,社会转型意味着整体的制度都是不定型、不稳定的。反映在食品安全问题中,食品生产、加工、销售的每个环节都有风险,食品产业发展参差不齐,有上市公司,也有低端的路边摊,这要求政府用不同的监管方式去适应复杂多变的具体情形,更增加了食品安全监管的难度。

中国社会目前的权力结构是封闭的金字塔结构,一方面仍然以命令和服从为重要特征,另一方面又不同于传统的绝对的金字塔型式,而是在内部形成了网状结构,出现了多中心、多元化、开放性的状态。在这样的开放社会中,仅仅依靠政府单方面的管理显然是不够的,必须发动政府、企业、社会、个人,形成一个互助共治、统筹兼顾的系统,责任汇聚,风险共担。

---

[*] 本文是一份大学生社会调研报告,是北京市"2016大学生创新实验计划"项目的组成部分,并得到了中国人民大学食品安全创新协调发展中心的支持。是一份阶段性调研和研究成果。

[**] 前述人员均是中国人民大学法学院学生,是北京市"2016大学生创新实验计划"项目的社会调研小组成员。

(二)消费者权益的救济问题

在传统的食品安全问题解决和消费者权益保护机制中,当食品安全事故造成人员或财产损失,对消费者的健康造成损害时,诉讼几乎是消费者唯一取得公权力救济和食品企业赔偿的维权途径。然而对危害程度不一、消费者索赔诉求不同的食品安全事故而言,一概而论的诉讼无疑是一种高成本的维权方式。无论食品安全事故造成的损害程度如何,消费者势必会面临着取证难、诉讼时间长等问题。当消费者受到损害时,可能由于不能第一时间获得赔偿款而延误救治,导致不可挽回的损害。

保险是一种有效分摊事故损失、转移经营风险的制度,特点是"人人为我,我为人人",可以作为一项保障机制与食品安全问题的解决很好地结合起来。推广食品安全责任保险,将为食品安全事故发生后的消费者权益保障机制提供创新型的解法。

(三)推广食品安全责任保险的积极探索

1. 开展食品安全责任保险试点工作

2014年8月10日,国务院发布的《关于加快发展现代保险服务业的若干意见》中提出要强化政府引导、市场运作、立法保障的责任保险发展模式,把与公众利益关系密切的环境污染、食品安全、医疗责任、医疗意外、实习安全、校园安全等领域作为责任保险发展重点,探索开展责任强制保险试点。

当年年底,国家食品安全办公室、国家食品药品监督管理局与中国保监会联合下发《关于鼓励开展食品安全责任保险试点工作的意见》,鼓励在肉制品、食用油、液态奶、餐饮连锁企业、学校食堂等事故高发行业推行食品安全责任保险,国家食品安全责任保险制度雏形初现。食品安全责任强制保险有望成为继机动车交通事故责任强制保险之后,我国又一类具有强制性质的保险。

2. 立法:从"强制"到"鼓励"

2013年10月10日,国家食品药品监管总局向国务院报送了《中华人民共和国食品安全法(修订草案送审稿)》。送审稿第65条规定"国家建立食品安全责任强制保险制度。食品生产经营企业应当按照国家有关规定投保食品安全责任强制保险。食品安全责任强制保险具体管理办法由国务院保险监督管理机构会同国务院食品药品监督管理部门制定"。

2015年10月1日起正式施行的《食品安全法》沿用了二次审议稿的表述,在第43条第2款中规定:"国家鼓励食品生产经营企业参加食品安全责任保险。"

至此,国家关于建立食品安全责任强制保险的计划暂时中断,食品安全责任保险制度在将来是否会走上强制化道路仍是一个充满争议的问题。

二、机遇中不可忽视的挑战

虽然食品安全责任保险制度未通过立法的形式建立起来,但仍然不失为一种可能的发展趋势。目前,我国部分省市正在进行该制度的试点工作。到 2014 年年底,全国已有上海、湖南、河南、江苏、内蒙古、河北、浙江、山东、福建、湖北等省份和直辖市推行了食品安全责任保险。根据对浙江省、湖南省、四川省的实地调研,食品安全责任保险在政府主导、保险公司参与、企业协作的条件下已初具规模、卓有成效。在看到食品安全责任保险取得可喜成绩的同时,它在试点工作中暴露出来的问题也不容忽视。

为了食品安全责任保险能够更好地发展,我们必须正视它存在的问题,分析成因,积极寻求解决之道。

(一) 食品安全责任保险的领跑者:浙江省

目前,浙江省食品安全责任保险的推广情况在全国领先,省内的食品安全责任保险,是由嘉善、富阳等地的保险公司率先发起的。2014 年下半年,浙江省食品安全委员会办公室开始起草相关文件。2015 年初,省食安办、省食品药品监管局、省金融办、浙江保监局历经半年多时间调研起草,联合出台《浙江省开展食品安全责任保险试点工作指导意见》。

至 2015 年年底,全省投保单位共 8957 家,其中食品生产企业 349 家,流通主体 378 家,餐饮单位 6955 家(含食堂 4600 家),其他主体 1275 家,保险公司实现保费收入 3119.93 万元,保单金额达到了约 290.3 亿元,参保单位数、保费规模均比上年增长 12 倍多。

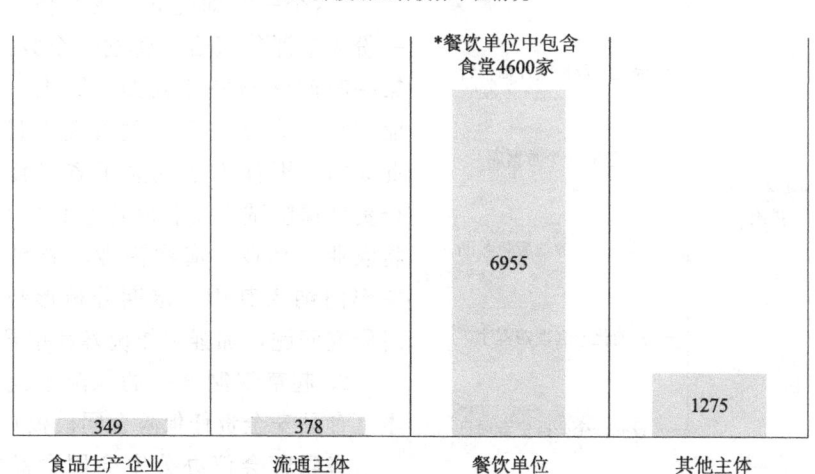

2015年度浙江省投保单位情况

图 1 2015 年度浙江省投保单位情况

浙江省创新地提出了保险制度的"顶层设计",其食品安全保险制度的核心理念是"政府主导、市场运作、分步实施、注重服务"。其中"政府主导"主要体现在学校食堂、农村集体聚餐、养老院食堂等公益性项目中,"注重服务"主要指提升保险公司的服务质量,简化便捷理赔。政保对接、政保合作是项目成功的重要保证。

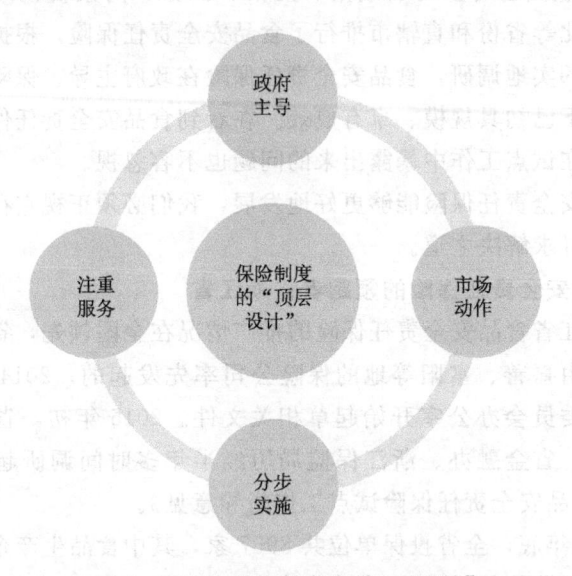

图2 浙江省保险制度的"顶层设计"

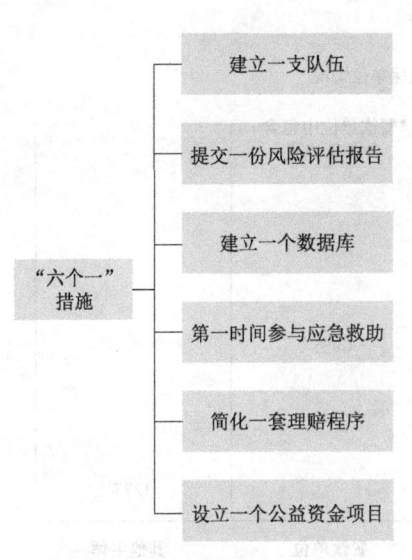

图3 浙江省保险服务体系

1. 提出建立事前、事中、事后服务体系的"六个一"措施

"六个一"即建立一支队伍、提交一份风险评估报告、建立一个数据库、第一时间参与应急救助、简化一套理赔程序、设立一个公益资金项目。与此同时,浙江省还成立了省级食品安全责任保险试点工作联席会议办公室,将农业、林业、海洋渔业、教育等相关部门纳入其中,定期分析形势,及时研究问题,加强工作统筹和指导。

2. 起草编制统一的保险示范性样本(食品安全责任保险合同模板)

省联席会议办公室会同食品安全风险管理第三方机构、省食品安全责任保险专家组及相关市县，根据目前全省食品安全责任保险发展现状、市场需求和"六个一"要求等，量身定做了一份食品安全责任保险示范性文本（建议）。相关保险机构主动介入、积极行动，及时启动条款修改研究，并向上级机构和中国保监会报备。2015年8月，太平保险报批成功，成为省内首家报批成功的保险公司。目前浙江省内已有6家保险公司报批成功。

3. 防灾减损公益资金项目

浙江省制定了《浙江省食品安全责任保险公益资金管理办法》，2016年的工作目标是全省每座城市都要设立公益资金项目，其用途主要是为宣传推广提供资金支持。由于建立专用账户是违反财政纪律的，政府不便直接管理账户，因此主要由保险公司自己管理资金，政府对其进行督促。

4. 创新宣传方式

在政府的引导以及保险公司的积极参与下，面对全省进行了内容丰富、形式新颖的食品安全责任保险宣传。除了传统的简报发放、召开交流会、编写手册等形式之外，2015年省联席会议办公室投入10余万元精心组织拍摄了一部食品安全责任保险微电影，邀请公众知名人物（华少）串演，提升宣传的影响力。这部名为《爱的保险单》的微电影在网络上收获了较高的点击率和好评。2016年省联席会议办公室又发起了以食品安全责任保险为主题的征文活动。该活动面向全社会，吸引公众参与。

（二）中西部新兴力量的发展——以湖南省与四川省为例

湖南省和四川省虽然开展食品安全责任保险试点的时间较短，但是初显成效。

1. 湖南省长沙市

长沙市从2014年12月开始开展食品安全责任保险试点工作，2015年度，累计承担食责险257笔，提供风险保障金额6.56亿元。其中食品生产企业208笔，食堂类承包112笔，餐饮行业类承包30笔，流通行业承包3笔。2016年1—6月，累计承担风险保障8.1亿元，其中生产企业49家，学校食堂承包273笔，餐饮流通企业117家。

自2014年开始，国务院食安办在全国4个省、15个城市开展创建国家食品安全城市试点工作，2015年9月将湖南纳入第二批食品安全城市试点范围，长沙是全省唯一试点城市。根据长沙市食品安全城市创建方案，长沙市将着力健全组织管理、检验检测、社会共治等"三大体系"，突出抓好执法能力提升、食品安全追溯、安全风险防控、产业转型升级等"四个工程"，重点实施源头治理、市场规范、"明厨亮灶"、利剑整治、示范创建等"五项行动"，争取用两年左右的时间，全面构建食品安全工作新格局，切实提升食品安全保障能力和食品产业发展水平。

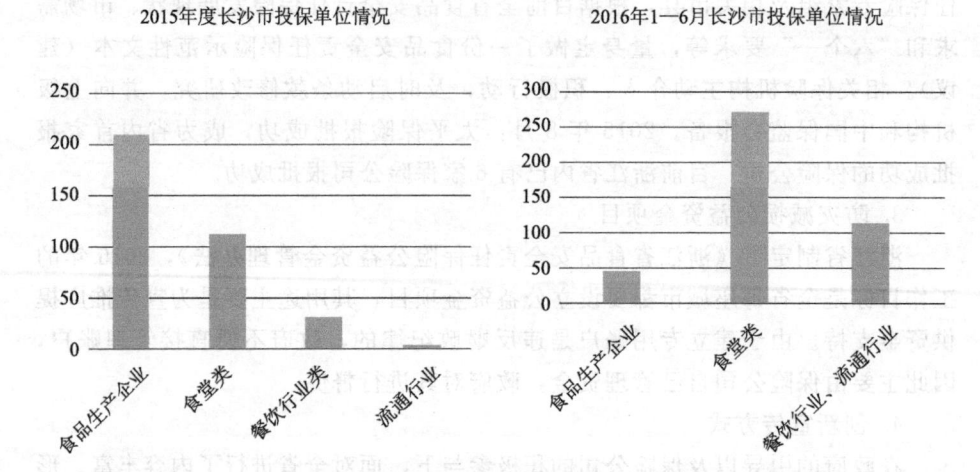

图 4　2015 年 1 月至 2016 年 6 月长沙市食品安全责任保险投保概况

因此，为实现这一目标，长沙市政府着力推广食品安全责任保险制度，这也为食品安全责任保险在长沙市的发展提供了新的契机。长沙市食品药品监督管理局除了与保险公司开展座谈会、与相关企业约谈，鼓励购买食品安全责任保险外，还在食品安全重点领域实施的食品安全责任强制保险，对学校、企事业单位、政府机关食堂、农村集体聚餐强制购买食品安全责任保险。

其中，强制农村集体聚餐购买食品安全责任保险，也成为政府对农村集体聚餐进行风险管控的一种行政手段。首先，政府将强制农村集体聚餐购买食品安全责任保险分为两类：

（1）由县、乡政府出资，以县、乡为单位购买食品安全责任保险。

（2）以承办农村集体聚餐的人为单位，购买食品安全责任保险。将承办农村集体聚餐的人分批培训，合格后颁发合格证并将食品安全保险作为一种行政认可条件。

2. 四川省

四川省 2015 年 4 月启动食品安全责任保险试点工作。省食品药品监督管理局与省保监局会商协调，联合印发《转发〈国务院食品安全办 食品药品监管总局 保监会 关于开展食品安全责任保险试点工作的指导意见〉的通知》（川食安办〔2015〕12 号），要求各地食品药品监管局和相关保险公司加强组织领导，加强创新服务，加强宣传引导，认真开展四川省的食品安全责任保险试点工作。资阳要求在风险等级较高的食品生产企业、大型连锁超市、学校机关单位食堂等推行食品安全责任保险；限定了食品生产、流通及餐饮服务业的责任限额，配套建立费率浮动、风险评级、信用评级等制度。乐山学习湖南等地的先进经验，要求在肉制品等即食类食品生产企业、展销会主办单位、中央厨房、农村集体聚餐等领域分阶段开展试点，并将试点工作纳入食品安全目标考核中；其下辖的犍为县 328 支乡厨队伍参保率达到 100%。内江、阿坝、资阳、南充等地积极与教育部门合作，重点开展学校食品安全责任保险投保。

截至 2016 年 8 月，全省 21 个州市，有 18 个已有试点，其中 11 个州市 122 家生产企业投保；流通环节，13 个州市 136 家单位投保；餐饮环节，16 个州市 5478 家单位投保。

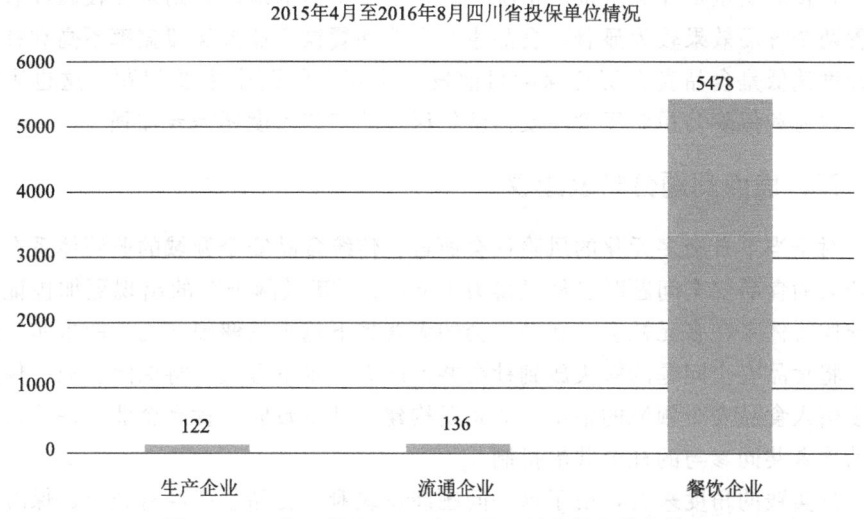

图 5　2015 年 4 月至 2016 年 8 月四川省投保单位情况

目前，四川省食品安全试点工作平稳有序，食品企业参保意识不断提高，食品安全监管工作基础更加牢固，但仍然存在一些问题：

一是根据法律规定，食品安全责任保险属于鼓励性保险，不能强制参保。加之当前经济下行，经营者不愿额外支出；

二是部分地区重视程度不够，全省发展不平衡；

三是部分地区宣传及引导力度不够；

四是保险标准不统一，各地投保、理赔标准不一，跨地区生产经营企业参保较难。

3. 共同特点

根据对湖南与四川的调研，调研小组发现两地的实施情况有一个共同的特点——在校园食品安全方面成效比较突出。

目前，长沙市的校园食品安全责任保险覆盖面已经达到 90% 以上。究其原因，在学校发生的食品安全事故除了具有一般事故的共同特点之外，还具有人数多、人员特殊和社会危害性更大等特征，而且学校与行政机关有着紧密的联系，教育部门对此的重视在很大程度上会直接影响到学校。同时还了解到，学校在投保时会与保险公司进行充分的沟通，可以有不同的投保模式，有的是根据学生人数决定保费，而有的是以整个学校为单位进行投保。但是，食品安全责任保险在食品生产企业以及餐饮行业推广仍然不够，根本原因是还有较多的食品经营者对投保食品安全责任保险认识不足，理解不够。

上述内容是食品安全责任保险在各地的实施情况，总的来说，在沿海发达地区，食品安全责任保险推广情况较好；对于中西部地区，则是在校园和农村聚餐两个方面效果较为显著。食品生产企业和餐饮企业投保覆盖率不高和社会认知度偏低是食品安全责任保险目前发展中存在的两个主要问题。这也表明了，政府和保险公司对于食品安全责任保险的宣传力度还需要加强。

三、焦点问题分析及建议

对于当下日渐多元化的风险社会而言，传统食品安全领域的监管体系在面对新兴的食品安全问题时已经显得力不从心。"互联网＋"的出现更加佐证了传统监管体系在多元社会、新型社会的大背景下越来越僵硬和无力的事实。因此，将食品安全问题的解决放到社会共治的大背景下考量，将保险公司、保险制度引入食品安全领域的根本目的是要构建一种由政府、食品企业、保险公司和消费者共同参与的社会共治机制。

从实践的角度来看，由于这一问题涉及政府、食品生产经营企业、保险公司、消费者等多方利益，再加之食品安全责任保险制度的相关立法及制度的创制较新，推广颇具难度。调研小组通过实地调研了解了食品安全责任保险在不同地区的推广情况，明确了政府和保险公司对"强制"的态度，对参保对象的范围有了新的认识。

（一）食品安全责任保险的推广手段——类型化强制

在正式调研之前，调研小组对网络和书籍上现有的资料进行了整理和初步分析，发现不管是在新闻报道中，还是在 2014 年政府发布的官方文件中，长沙市都是食品安全责任强制保险的试点城市，因此，调研小组将它作为研究食品安全责任强制保险的一个重要调研地。

但是，调研小组在实地调研时了解到，2014 年发布的文件虽然标题上写明了"食品安全责任强制保险的试点"，但是在内容上，并没有明显地体现出"强制"，反而更多的是从政府引导的角度对政府做出更多要求，并且在 2015 年新文件的标题中去掉了"强制"二字。针对这一疑问，长沙市食药监的工作人员在访谈中也做出了回答，根本原因是 2015 年新《食品安全法》出台，明确国家对食品安全责任保险的态度是"鼓励"而不是"强制"，因此他们对此做出了响应。政府工作人员普遍认为，根据新《食品安全法》的规定，食品安全责任保险适用鼓励原则，没有法律的支持，强制化是不太可能的。因而在实践中，政府部门在推行相关文件时就会处于十分尴尬的境地。调研小组在对中国人民保险公司的员工进行访谈时，他们则从公司的利益出发，通过利益衡量，希望最终能实现"强制"。

在申报书中调研小组做出了三种可能性分析：一是完全强制；二是自愿投保；三是类型化强制。根据调研的实际情况，接下来将对三种情形进行可行性分析。

1. 完全强制

就现阶段来说，完全强制不符合我国的实际情况。第一，完全强制没有可依托的法律，我国现行法律法规都规定"鼓励购买食品安全责任保险"，不能作政府强制实施食品安全责任保险的法律依据。第二，完全强制违背了市场经济原则，为促进社会经济持续发展，更多的应当运用"看不见的手"，运用市场的自我调节手段，政府更多地应当扮演宏观调控的角色。

2. 自愿投保

虽然市场经济下，充分发挥市场的调节作用是促进经济有序发展的重要手段，但是我们不能忽视的是，食品安全责任保险本身带有一定的公益性，一味让市场调节也是不符合我国实际情况的。且根据调研情况我们可以看出，食品企业参保意识不强，一味让企业自愿投保也不符合国家推广食品安全责任保险的初衷。

3. 类型化投保

既然一味强制与一味放任都不符合我国的实际情况，那么我们不禁要思考应当如何解决食品安全责任保险在推广中的困境？经过思考我们认为，当前最适合食品安全责任保险的方式为类型化投保，将鼓励与强制相结合，既要运用市场经济"看不见的手"的调节作用，也要运用政府的指导作用。

（1）自愿投保为主。

对传统食品生产经营企业、流通企业、餐饮企业进行自愿投保，政府与保险公司合作对投保企业发布相关证书。

保险公司应当对被保险企业在承保前进行评估，撰写评估报告，根据评估结果签订保险协议，且应当定期进行相关检查，将检查结果与政府进行信息传递，并向社会公布对企业的检查结果，对表现优秀的企业进行表扬，要求存在安全隐患的企业进行整改。

（2）特定领域的强制性措施——农村集体聚餐和食堂。

在学校发生的食品安全事故除了具有一般事故的共同特点之外，还具有人数多、人员特殊和社会危害性更大等特征。学校与行政机关有着紧密的联系，教育部门对此的重视在很大程度上会直接影响到学校。在投保方式上，学校也有多种选择，可以根据学生人数决定保费，或者以整个学校为单位进行投保。

对于食品安全责任保险的参保对象，调研小组在前期的准备阶段重点关注了食品生产企业和餐饮行业，但是根据调研结果发现，食品安全责任保险在此领域实际中推广效果并不明显，尤其是在中西部地区——湖南省的长沙市和四川省，而被调研小组所忽视的农村集体聚餐这一方面却有一定的成效。

在调研中，小组成员发现中西部地区的农村聚餐之风盛行。由于其参与的人数众多，人员杂乱，存在着重大的食品安全风险，一直是政府监管的一个难点。因此，政府在有关食品安全责任保险的文件中将其作为重点参保对象之一。长沙市为了加强农村集体聚餐队伍的管理，打算与保险公司合作，在投保方面构建两种模式，一是以厨师队伍为单位进行投保；二是以乡镇或街道为单位进行投保。

而对于上述领域的强制性措施也不必通过立法来作为行政行为的法律依据。

① 学校将购买食品安全责任保险作为校园食品承包经营者的准入条件之一。此项作为学校择优选择最佳校园食品经营者、保障校园食品安全的措施，无需订立新的法律为其提供依据。

② 政府通过行政法规确定农村集体聚餐的许可条件。基于各地的发展实际，在农村聚餐之风盛行的地区，政府可以在进行审批许可时将购买食品安全责任保险纳入审核条件之中，对未购买食品安全责任保险的申请者不予许可，对未取得许可举办农村集体聚餐的单位或个人则可予以相关的行政处罚。

（二）外卖领域的食品安全责任保险适用

3·15"饿了么"事件引起了人们对食品安全的新一轮关注，尤其是关于网络第三方订餐平台如何对消费者的权益进行保护的问题。

因此，调研小组对美团公司进行了相关调研，并对其工作人员进行了访谈，工作人员在食品安全事故处理方法中提到，美团公司内部对消费者的损害赔偿另设有基金，一旦食品安全事故发生，消费者能在最短的时间内获得赔偿。小组成员在新闻中也发现了有关美团与保险公司合作建立了第三方平台的食品安全责任保险的报道。但是，根据调研地食药监提供的相关文件，调研小组总结出食品安全责任保险的重点参保对象主要有重点食品及食品添加剂生产企业、试点销售婴幼儿配方乳粉药店、餐饮服务企业、学校（幼儿园）食堂及校园超市、农村集体聚餐提供者、集体用餐配送单位和中央厨房、大型工地工厂食堂、大型超市等，其中并没有包括调研组想要探究的网络第三方订餐平台，食药监工作人员在访谈中也明确指出目前没有推广此类险种。由此可以看出，美团公司所设立的基金的性质与保险不同，目前食品安全责任保险的推广还没有扩展到该领域。

企业自身为食品安全问题提供的相关救济措施，践行企业责任，也正是企业受市场经济调节的选择，也与前文我们所提倡的对企业进行自愿投保的推广方式不谋而合。

(三) 宣传方式创新

食品安全责任保险作为一种新型保险，企业及消费者对其了解不够，企业投保意识不强。政府应当承担引导职责，与保险公司积极合作，开展内容丰富、形式新颖的食品安全责任保险宣传活动。

(1) 制作简报发放，信息公开，在公交车站、火车站、超市等人流密集处设置信息公开站，定期发放一定数量的报刊资料。

(2) 召开交流会，将企业、保险公司召集一堂，邀请媒体及消费者代表参与。

(3) 借助新媒体力量，建立信息公开平台，通过微博、微信平台向社会宣传食品安全责任保险，对投保企业进行宣传，发布对企业的抽检结果等。

(4) 与社会互动：通过微电影、征文、微视频等与消费者进行良好互动。

(四) 保险公司服务能力提升

1. 落实评估工作

在与被保险企业签订保险协议前，保险公司应当对被保险企业进行整体评估，确定风险等级，将评估结果告知被保险企业，并决定是否承保，若承保则将评估结果作为选择保费数额的条件。

在签订保险协议后，在保险期内，不定期对企业进行风险评估，若发现安全隐患告知企业整改，并将评估结果与政府进行信息互换，向社会公开。

2. 制定个性化服务

除了借鉴食品安全责任保险示范性文本，应当为企业提供附属服务。保险事故发生后，被保险人因保险事故而被提起仲裁或者诉讼的，对应由被保险人支付的仲裁或诉讼费用以及事先经保险人书面同意支付的其他必要的、合理的费用，保险公司也按照保险合同的约定进行承担。

我国的食品安全仍是一个棘手的问题，而各方利益之间的博弈仍处于一个不均衡的状态，导致大多数时候在各方利益主体中处于相对弱势的消费群体的权益始终不能得到有效的表达，进而影响食品企业持续发展，增加了政府监管的负担。一旦消费者受到损害，赔偿很难落实。因此，在食品安全法律、法规相对完善的情况下，建立起多主体参与的食品安全社会共治机制无疑是一剂良方，而食品安全责任保险制度作为社会共治的一个重要路径，有着十分重要的研究价值。食品安全的保障是体制机制性的问题，而食品安全事故的产生则带有鲜明的偶发性、意外性的特点，毫无疑问，不可能存在一个可以100％的避免食品安全事故产生的"万全制度"。从社会规制的角度出发，引入食品安全责任保险，借助保险公司的介入有助于改善原先食品安全领域"政府—企业—消费者"的三角困局。食品安全责任保险作为社会共治的一种路径，它的设立一方面是为了利用保险达到分散风险的目的，另一方面是考虑到商家的实际需求，用以减轻商家的负担。有了食品安全责任保险制度，才能真正做到"社会共治，风险共担"。

诉讼财产保全责任保险制度研究

贾林青[*]　贾辰歌[**]

当前，诉讼财产保全责任保险自 2013 年为基层法院尝试引入诉讼保全环节[1]后经过数年的迅速发展，截止到 2016 年 3 月已经有 14 家高级人民法院、30 余家中级人民法院、1000 多家基层法院在民商事诉讼活动中认可和运用此项保险，使其成为我国法院解决"保全难"问题的又一举措。它在我国民商事诉讼领域的适用不仅有利于维持正常的诉讼秩序，树立法院的权威性和严肃性，也与我国保险市场落实"新国十条"有关"鼓励保险产品服务创新"[2]，培育保险业新的业务增长点的发展走向相吻合。虽然最高人民法院于 2016 年 11 月 7 日以"法释〔2016〕22 号"公布的《关于人民法院办理财产保全案件若干问题的规定》确认了财产保全责任保险为适用于财产保全案件的具体担保类型，赋予其在诉讼保全领域的适用地位，暂时在司法实践上给出统一的规定。但是，它并未能真正解决实务界和学术界有关财产保全责任保险的属性争议。

因诉讼财产保全责任保险作为新型保险产品，其在适用中涉及的诸多问题，均需要相应的理论研究和制度规则加以指导和规范。因此，笔者针对这些理论问题，从制度建设角度发表如下的个人见解。

一、诉讼财产保全责任保险的概念辨析

由于该保险是我国保险市场上的一个创新产品，加之，对于其法律性质的不同认识，导致该保险的概念存在着诸如，诉讼保全责任保险、诉讼保全责任担保、诉讼财产保全保证保险、诉讼财产保全责任保险等不同提法。

以笔者的看法，科学的提法应当是诉讼财产保全责任保险，唯有此才可以准确地体现该保险产品内在本质和外延范围。

---

[*] 中国人民大学法学院教授，中国保险法学研究会副会长。
[**] 首都经济贸易大学工商管理学院助理研究员。
[1] 最草由诚泰财产保险股份有限公司于 2013 年在云南推出该新型责任保险。
[2] 参见《国务院关于加快发展现代保险服务业的若干意见》(国发〔2014〕29 号) 的第七点之第 (十九) "鼓励保险产品服务创新"。

理由之一，诉讼财产保全责任保险本质上是一种新型的责任保险产品，而并非保险公司经营的担保业务。根据在于，将该保险之名称谓之诉讼财产保全责任保险，意味着它就是按照责任保险的具体类型、责任保险的制度本质和法律架构来设计的法律关系，专门以存在于民事诉讼的保全环节的因错误保全而产生的保全申请人之赔偿责任的风险作为适用对象的责任保险产品。其间，保险人针对上述错误保全责任而承担保险责任，而保全申请人作为投保人为转移该责任风险而向保险人支付对价条件——保险费。由此内容构成的责任保险关系，被冠之以诉讼财产保全责任保险的名头，标志着它是在传统责任保险产品之外形成的新型责任保险类型。因此，不应当将诉讼财产保全责任保险归纳到传统责任保险类型之内，而应当将其地位确立为独立的责任保险产品。特别需要强调的是，使用该名称也就表明其属于保险制度的组成部分，却不是保险公司提供的担保业务。原因是，责任保险与担保体现着截然不同的制度价值。相比较而言，诉讼财产保全责任保险是以分散和转移诉讼保全申请人在民事诉讼的保全环节中因错误保全而承担赔偿责任风险为目的。鉴于此，保险人是依据诉讼财产保全责任保险合同的约定，以收取保险费为对价来针对被保险人财产保全申请人依法应向受害人承担的侵权赔偿责任履行保险赔偿责任的。显然，保险公司履行该保险责任属于保险人在诉讼财产保全责任保险项下正常的独立的保险经营活动，绝不是为了担保另一个主债务的履行为目的的。与此不同，担保的制度价值则仅仅是以担保相应的主债的实现，它只能"是一种从属于债权关系的法律关系，不能游离开一定的债权而独存"[1]。而且，根据我国现行《保险法》的规定精神，担保业务并非保险行业的经营内容，也就是说，保险公司是被禁止对外提供担保的。因此，"法释〔2016〕22号"公布的《关于人民法院办理财产保全案件若干问题的规定》既然确切表述了财产保全责任保险的适用，也就不应当又将其认定为适用于财产保全案件的具体担保类型。

理由之二，它明确界定了该保险的适用范围——限于财产保全，而排除非财产内容的保全措施。根据我国《民事诉讼法》第100条第一款有关"责令作出一定行为或者禁止作出一定行为"的规定精神，诉讼保全的措施已经不限于财产保全，而且，新增加了行为保全措施，例如限制被申请人转让股权、限制被申请人出境等。这显然扩大了保全措施的范围，不仅是我国诉讼保全制度的改革，拓展了我国诉讼保全的广度和深度，更加有利于维持法院裁判结果的权威性和严肃性。同时，也就对要求适用于保全领域的该保险产品必须使用科学、严谨的名称来体现其确切的内涵和外延，能够让人通过其名称便可对其内涵和外延一目了然。而我国民诉法学界更是将财产保全、行为保全和先予执行

---

[1] 董开军：《债权担保》，黑龙江人民出版社，1995年版，第10页。

归纳为我国民商事诉讼的临时性救济制度❶。为此,在该保险产品的名称中明确使用"财产"一词,意味着其保险保障的范围限于财产保全,而将行为保全等排除在其适用范围之外。

鉴于此,笔者提出应当将该保险产品命名为"诉讼财产保全责任保险",才具有科学性和严谨性,并充分体现该责任保险的内容本质。

二、诉讼财产保全责任保险法律属性的认定

认定诉讼财产保全责任保险的法律属性,就是确认其法律范畴的法律界限。这已经成为我国司法保全领域和保险领域适用诉讼财产保全责任保险遭遇的首要问题,进而,影响到该责任保险适用实践中诸多实务(如当前法院要求保险公司应当为诉讼财产保全责任保险出具"保函")的做法的对与错而存在的争议。

具体而言,所谓诉讼财产保全责任保险,是指保险人对于申请诉前财产保全或者诉讼财产保全的申请人,因申请错误而应当向遭受损害的被申请人或者第三人承担的赔偿责任而履行保险赔偿责任的保险关系。它作为全新的责任保险产品,不仅丰富了我国的责任保险市场,以其转移和分散诉讼财产保全的申请错误风险之价值而跻身于责任保险家族;更作为新的处置诉讼财产保全纠纷,借助其保险保障功能来保护被申请人或者第三人因错误申请诉讼财产保全而遭受损害的经济利益。不过,有关诉讼财产保全责任保险的法律性质,是新型保险产品?抑或是担保的具体类型?自其产生至今便是首要的理论争议,甚至影响到其在财产保全领域的适用效果。虽然,最高人民法院于2016年11月7日以"法释〔2016〕22号"公布的《关于人民法院办理财产保全案件若干问题的规定》确认了财产保全责任保险为适用于财产保全案件的具体担保类型,赋予其在诉讼保全领域的适用地位,暂时在司法实践上给出统一的规定。但是,它并未能彻底解决实务界和学术界有关财产保全责任保险的属性争议,出于确立诉讼财产保全责任保险制度科学性的需要,需要探究其应有的法律属性。笔者的观点,应当确立诉讼财产保全责任保险应有的保险性质。同时,讨论我国诉讼财产保全责任保险的法律属性,还涉及其与西方各国普遍存在的诉讼保险之间存在着的本质差异,应当在保险实务和保险理论上加以区别。

首先,应当确认诉讼财产保全责任保险的责任保险性质,这成为能否充分地发挥其法律作用的首要条件,以便为其制度建设和市场定位创造科学的理论依据,并为该保险制度的适用发展提供正确的理论指导。笔者的看法是,诉讼财产保全责任保险应是保险产品,并非保险公司提供的担保。诉讼财产保全责

---

❶ 江伟、肖建国:《民事诉讼法》(第七版),中国人民大学出版社2015年版,第226页。

任保险从构成内容到适用效果均属于纯正的责任保险"血统"。

1. 诉讼财产保全责任保险的内容完全是按照责任保险理念而构建的

显然，诉讼财产保全保险属于解决"保全难"问题的新尝试，是与保护被申请人或者第三人合法权益的保全担保并列存在于诉讼保全环节。理由是，诉讼财产保全责任保险的内容完全是依据责任保险的要求而构成，即出于适应财产保全申请人因其错误保全导致被申请人的合法权益遭受损害目的而依法所应履行赔偿责任实施保险保障的需要，该责任保险所设计的保险标的确立为上述的错误保全申请人依法所应承担的赔偿责任。这意味着诉讼财产保全责任保险的内容就是，保险人按照约定收取保险费，一旦诉讼保全申请人作为被保险人因错误保全申请而形成赔偿责任时，便按照保险合同的约定而承担保险赔偿责任——向遭受损害的被申请人支付保险赔偿金。可见，诉讼财产保全责任保险的上述内容构成完全符合我国《保险法》第65条第1款有关责任保险的基本表述，当属责任保险的具体表现。

上述的内容构成意味着诉讼财产保全责任保险在本质上区别于担保。因为，诉讼财产保全责任保险是基于保险合同而建立的独立的责任保险关系，其自成立直至保险公司因错误保全行为而需要履行保险赔偿责任之时的全过程中，并不存在基于错误保全行为而构成的侵权之债。如果按照担保的结构要求，无论是保证担保，还是抵押、质押等实物担保，自它们出现之时起，就必须有被担保的主债存在才是，也就说担保属于从债，从属于被担保的主债。反观诉讼财产保全责任保险，其适用期间并不存在被担保的另一个债的关系，谈不上诉讼财产保全责任保险具有担保的从债地位和从属性质。至于因被保险人的错误保全申请行为导致的侵权赔偿责任，其在诉讼财产保全责任保险中的地位则属于引发保险人承担保险责任的保险事故，也绝非被担保的主债。

2. 诉讼财产保全责任保险的适用效果完全是责任保险的，而根本有别于担保的制度效果

从共性角度说，诉讼财产保全责任保险与保全申请人依据我国《民事诉讼法》规定而提供的保全担保，它们的法律作用存在相似的效果——确保错误保全的损失得到赔偿，但各自却是分别属于不同法律领域的法律活动。

究其原因，诉讼财产保全责任保险属于责任保险的具体形式，按照责任保险结构要求来构建，是建立在保险公司和作为投保人、被保险人的诉讼财产保全申请人与因错误保全而遭受损害的被申请人或者第三人之间的保险权利义务关系。它是以保险法律规则为根据来独立运行，其适用效果强调的是，最终实现保护受害人合法权益的保障功能。特别需要指出的是，保险人依据诉讼财产保全责任保险合同而履行的保险赔偿责任是其按照该责任保险合同的约定理应履行的合同之债（保险赔偿责任），并非替代被保险人（错误保全申请人）

第二编 保险产品的制度创新与完善发展研究

履行的侵权责任（民事赔偿责任）。可见，诉讼财产保全责任保险的适用目标，在于强调借助保险人履行保险赔偿责任来强化保全申请人向因错误保全所遭受损害的受害人履行法律赔偿责任的能力，确实起到保护受害人合法权益的效果。

这与诉讼财产保全申请人按照担保法规则的要求而建立的保证、抵押、质押等担保模式所产生的担保效果迥然不同。此类本质差异不仅表现在担保人的信用价值或者担保物的经济价值被用于替代履行被担保的主债务，更在于保全申请人提供担保的制度价值是为了使债权人"得以从债务人或第三人的特定财产优先于其他债权人受偿，从而使特定债权不受债务人责任的有限性和债权人地位平等的限制，而得到更充分的保障，这也就使债的效力得到加强"[1]。这表明为诉讼保全提供担保的着眼点在于确保错误保全的受害人享有的优先受偿权得以实现。故而，有必要将诉讼财产保全责任保险与申请人提供的担保加以区分，而不应当把申请人在申请诉讼财产保全之前提供的诉讼财产保全责任保险看作是保险公司为申请人向法院提供的担保。

因此，对于目前在诉讼财产保全阶段适用诉讼财产保全责任保险时，法院要求保险公司出具"保函"作为确认诉讼财产保全责任保险之根据的做法存在不当之处，需要加以修正。其症结恰恰在于，保险公司为诉讼财产保全责任保险所出具的"保函"难以与担保公司为申请人提供的保全担保所出具的"保函"加以区分，极易按照担保公司用于代表提供担保"保函"的性质来认定保险公司作为诉讼财产保全责任保险凭证的"保函"，按照担保的作用来理解代表诉讼财产保全责任保险的"保函"之作用。而最高人民法院公布的《关于人民法院办理财产保全案件若干问题的规定》第7条关于以财产保全责任保险提供担保的，要求保险人"应当向人民法院出具担保书"也不过是暂时将财产保全的现实做法加以统一确认。鉴于此，笔者建议，出于界定和区分诉讼财产保全责任保险与担保的需要，保险公司应当用名为"责任保险承诺书"的书面函件取代现有的"保函"，在以此特定化代表诉讼财产保全责任保险的书面凭证的同时，也表明其与提供担保的"保函"的本质性区别。

当然，笔者认为，造成上述的有关诉讼财产保全责任保险是担保，并要求保险公司出具"保函"的根本原因，在于我国现行《民事诉讼法》仅仅确认担保是唯一的保障措施。这也就致使很多学者和司法审判人员按照保全担保的思路来判断诉讼财产保全责任保险的法律性质，将诉讼财产保全责任保险视为担保的一种，甚或是不同于民法上之担保制度以外的特殊担保，也就不足为奇了。不过，笔者不以为然。因为设立诉讼保全制度的宗旨，无非是为了保障民

---

[1] 郭明瑞：《担保法》，中国政法大学出版社1998年版，第3页。

事诉讼的有序进行和确保审判效果的实现。正是在此意义上，多数学者将诉讼财产保全纳入诉讼审判保障制度的一部分❶。由于现行立法规定的保全措施限于担保，故而，司法实践中就将申请人提供的诉讼财产保全责任保险定性为担保。即使是最高人民法院刚刚公布的《关于人民法院办理财产保全案件若干问题的规定》确认了财产保全责任保险为适用于财产保全案件的具体担保类型，也只能是因为其司法解释权限限于解释现行立法所决定的。但这种削足适履的做法实不足取，积极的做法应当是民事诉讼立法需要适应民商事诉讼的发展需要，尽快在立法层面进行修改，在其第 100 条和第 101 条关于"申请人应当提供担保"之后，增加"或者其他保障措施"的文字表述，为诉讼财产保全阶段适用诉讼财产保全责任保险提供合法依据。而在当前现行法规定的情况下，最高人民法院可以发挥其司法解释具有相对灵活性的优势，及时在《关于适用〈民事诉讼法〉解释》的第 152 条第 2 款和第 3 款中做出补充性规定。申请诉前保全，或者诉讼保全的，申请人除了提供担保以外，也可以提供与担保作用相同的"其他保障措施"，作为当前适用诉讼财产保全责任保险的司法依据。

其次，研究我国诉讼财产保全责任保险的法律属性，还应当认识到其与西方各国多有存在的诉讼保险之间存在着的本质差异，需要在保险实务和保险法理论上将两者加以区别。

应当说，诉讼保险制度在西方各国已经存在发展了一个世纪❷，在法国、德国、英国、意大利、丹麦、比利时、奥地利等欧洲各国普遍建立和适用，成为十分规范化、体系化的保险类型。我国的很多学者提出，我国存在引进诉讼保险制度的土壤，有助于解决诉讼当事人因经济原因出现的"诉讼困难"，可以保障当事人公平地行使诉权和获取正义，真正实现司法救助和法律援助制度的适用目标，并在个别地方出现了诉讼保险的实例❸。不过，相比较而言，此一诉讼保险与我国正在迅速发展的诉讼财产保全责任保险之间存在着天壤之别，是完全不同的两个保险类型。

1. 两者的适用目的决定着各自法律性质上的根本区别

所谓诉讼保险，是指投保人事先购买确定的诉讼险种，当其就承保范围内的事项与他人发生民事诉讼而支出相应的诉讼费用时，有权要求保险公司按照约定以保险赔付方式向被保险人偿付该诉讼费用的保险制度。显然，诉讼保

---

❶ 参见张卫平：《民事诉讼法》（第三版），中国人民大学出版社，2015 年版第 14 章；齐树洁：《民事诉讼法》（第四版），中国人民大学出版社，2015 年版第 7 章。

❷ 诉讼保险最初产生于 1885 年法国社会自发形成的"司法互助基金"组织，其后为 1897 年新成立的"医疗纠纷基金"所取代，成为现代诉讼保险制度的雏形（参见李文伟、李岚："域外诉讼保险制度管窥"，载中国金融网 2005 年 1 月 11 日；骆东平："诉讼保险制度在中国发展的前景分析"，载《特区经济》2006 年 9 月刊）。

❸ 据新闻报道，2015 年 6 月 18 日，平安财产保险股份有限公司克拉玛依支公司在新疆的克拉玛依市推出"个人诉讼保险"，成为我国首创的个人诉讼保险产品（见天山网 2016 年 5 月 10 日"地州新闻"）。

的适用目的在于，解决当事人因经济原因而妨碍其行使诉权的困境，确实实现法所宣示的公平正义。从而，诉讼保险的制度价值，就是将个体负担的诉讼风险进行社会分散。但是，我国现行的诉讼财产保全责任保险则与此不同。作为全新的责任保险产品，立意在于转移和分散诉讼财产保全申请错误的风险，即诉讼财产保全的申请人，因申请错误而应当向遭受损害的被申请人或者第三人承担的赔偿责任的可能性。它作为新的处置诉讼财产保全纠纷，最终借助其保险保障功能可以保护被申请人或者第三人因错误申请诉讼财产保全而遭受损害的经济利益。

这意味着诉讼保险与诉讼财产保全责任保险的法律性质有着明显的不同。虽然两者均属于财产保险的范畴，不过前者因其保险责任是以补偿被保险人支出的诉讼费用为内容，故应当将其纳入典型的补偿性财产损失保险。后者则属于责任保险的具体类型，是以被保险人依法应当向诉讼财产保全申请错误的受害人承担的赔偿责任为保险标的。保险人的保险责任就是补偿被保险人因履行赔偿责任而导致的经济损失。

2. 两者适用领域的不同决定着各自保障内容的区别

相形之下，诉讼保险与诉讼财产保全责任保险的适用领域是各不相同的，决定着各自相应的保险保障范围亦不相同。前者的适用范围遍及各类民商事诉讼，则其保障范围就涉及投保人选择的民商事诉讼引发相应的诉讼费用风险。概括西方各国适用诉讼保险的实务经验，诉讼保险的运作模式包括三类[1]，一是由投保人根据实际需要自行决定购买的市场模式；二是由保险业与律师业结合的利益协同模式[2]；三是由政府确定诉讼保险内容和市场化程度的政府主导模式等，前两种模式多适用于非公益性民商事诉讼，而政府主导模式多适用于劳动保护等公益性诉讼。诉讼保险的上述模式，其保险范围通常均包含着法院费用和律师费用，并以后者居多。而诉讼保险所涉及的诉讼风险包括因案件的诉讼进程在时间上的不确定性而产生的诉讼费用风险，或者因案件的发生时间具有不确定性而引发难以预测的诉讼时间和诉讼费用的风险。

而诉讼财产保全责任保险的适用范围限于民商事诉讼的财产保全领域，从而排除了该责任保险在民商事诉讼的其他诸多环节的适用。不仅如此，诉讼财产保全责任保险保障范围并非指向因申请和适用诉讼保全而发生的诉讼保全费用，而是以诉讼保全申请人面临的申请诉讼保全风险为对象的，具体表现为诉讼保全申请人因错误申请而依法应当向被申请人或者第三人造成的损害而承担的法律赔偿责任。可见，诉讼财产保全责任保险保障内容是特定的对第

---

[1] 参见周成泓："论我国对诉讼保险制度的移植"，载《企业经济》2008年第8期。

[2] 所谓利益协同模式即保险公司在向被保险人理赔之后，取得向律师收取一定费用的权利，它将全面成功报酬制与保险有机结合，依靠预收的保险费和律师业务的费用收入的资金进行运营。

三人损害的法律赔偿责任,并非被保险人自身的财产损害。由此表明诉讼财产保全责任保险的适用领域和保险功能均与诉讼保险迥然不同。

3. 两者赖以构建的保险理论的不同决定着各自的法律结构和履责标准截然有别

按照保险法理论,诉讼保险与诉讼财产保全责任保险在共性上,均可以纳入消极保险的范畴。因为,它们两者的保障对象都不是针对被保险人现存的特定标的(特定的积极财产或者积极肯定的有利的经济地位因保险事故而遭受的损害),而属于"为防止任何因法律规定、契约义务或事实上之必要费用而产生被保险人财产上之负担而设"❶ 的保险类型。

但是,两者又因为各自的保险标的分属于不同类型而构建在不同的保险理论基础上。其中,诉讼保险作为传统的财产损失保险,它是以必要性费用支出(支付诉讼费用)为保险标的的消极保险。因此,它是建立在最为直观的被保险人与保险人之间的权利义务关系之上,也即保险人收取保险费,并因保险事故造成保险标的的损害而予以保险赔偿的对价关系,形成典型的双务性债权债务结构。保险人据此而向被保险人履行保险责任的,双方建立保险关系的目标即行实现,并不涉及任何第三人。这决定了诉讼保险是最佳的财务型风险管理手段,而判断诉讼费用风险的依据,就是人们在社会经济交往过程中客观存在的利益冲突,这些利益冲突必然导致民事诉讼的产生。诉讼费用风险是随之而来的一种经济损失。针对这种可保利益而适用的保险便能够借助商业保险特有的风险分散机制实现社会公共目的,补充司法救助和法律援助制度的不足。

如果分析诉讼财产保全责任保险的构建基础却是另一番天地。它是以相关法律规定的被保险人应当承担的对第三人的民事赔偿责任作为保险标的的消极保险类型。因此,侵权责任法是诉讼财产保全责任保险得以建立和适用的法律基础,而实施诉讼财产保全责任保险更需要两个必不可少的前提条件。第一个前提条件是遭受侵害的第三人应当是构建该保险关系之不可缺少的参与者。原因在于,缺少了遭受侵害的第三人,也就无从认定被保险人依法应当承担的法律赔偿责任,其保险标的便不复存在,诉讼财产保全责任保险自然不会成立。尤其是责任保险制度适应现代侵权责任法由强调对侵权人的惩戒逐步转向以保护受害第三人权益为重点的演变,也将其保险功能从填补被保险人(侵权人)的损害发展为注重保护受害第三人的利益。正是在此意义上,笔者认为,受害第三人应当是诉讼财产保全责任保险关系的一方当事人。第二个前提条件是被保险人的侵权行为的存在。因为,只有被保险人依法应当向受害第三人承担民事赔偿责任,才会发生保险人在责任保险项下履行保险责任的必要。具体到诉

---

❶ 江朝国:《保险法基础理论》(台),瑞兴图书股份有限公司2009年版,第134页。

讼财产保全责任保险的适用，没有被保险人作为保全申请人基于错误申请行为，也就不会造成被申请人或者第三人的财产损害。从而，财产保全的错误申请行为当然是诉讼财产保全责任保险得以履行的必然前提条件。

三、诉讼财产保全责任保险之适用范围

不可否认，把握诉讼财产保全责任保险的适用范围，直接关系到该责任保险的适用效果。仅就诉讼财产保全责任保险的概念，已然表明它是专门适用于诉讼保全领域，以错误保全产生的责任风险为适用对象的责任保险类型，属于我国保险市场上的产品创新，并因此而区别于其他各类责任保险。能否正确地适用诉讼财产保全责任保险，首先取决于对其适用范围和结构特点的认识，但也必须认识到诉讼财产保全责任保险并非仅仅适用于民商事诉讼的财产保全环节。

诉讼财产保全责任保险的适用范围，只能是我国民商事诉讼活动的诉讼保全领域。不过，设计和适用诉讼财产保全责任保险就必须与诉讼保全的诸多特点相匹配：首先是要与其目的指向性相一致。由于诉讼"保全程序是为了配合审判程序、执行程序或者其他权利保护程序中对权利人的保护而设置的程序，始终以实现本案权利为依归"[1]。这意味着诉讼保全程序具有明确的目的指向性，适用诉讼财产保全必须与保全的目的指向相一致。其次是要符合诉讼保全程序的相对独立性。因为，诉讼保全是现代民事诉讼中的一种独立制度安排，它有独特的程序规则，不能简单地套用审判程序或执行程序，并体现着诉讼法理和非诉法理的结合。同时，诉讼保全又必须服务于本案，具有手段方法的性质，即它必须依赖于本案的诉讼程序才有存在的价值。所以，诉讼财产保全责任保险的保险标的和保险内容的确定和适用也就应当与此特性相吻合。第三是必须考虑诉讼保全的预防性和暂定性特点。相比较而言，诉讼保全不具有最终确定权利的性质，仅属于暂定权利的性质，这取决于"现代社会之法律思想，已经由传统之事后损害赔偿制裁之救济方法，演变为事先预防损害及实现权利之保护措施"[2]。从而诉讼保全是针对保护权利的急迫性需要而为预防法律裁判实现的落空所形成的暂时性权利状态，无法与民事诉讼的最终裁判权利等同。为此，大陆法系民事诉讼法将诉讼保全制度概括为假扣押和假处分两大类[3]。相应地，诉讼财产保全责任保险着眼保护的便是此次暂时性权利，故其保险责任和保险期限的确立就需要与保全制度的该特性相适应。

进一步考察，诉讼财产保全责任保险的适用，具体包括如下各个部分：一

---

[1] 江伟、肖建国：《民事诉讼法》（第七版），中国人民大学出版社 2015 年版，第 226 页。
[2] 陈荣宗、林庆苗：《民事诉讼法》（台北），三民书局 1996 年版，第 882～883 页。
[3] 张卫平：《民事诉讼法》（第三版），中国人民大学出版社 2015 年版，第 215 页。

是民商事诉讼的当事人向法院申请保全的诉讼保险;二是当事人在诉讼程序开始之前向法院申请保全的诉前保全;三是仲裁案件的当事人向法院申请的非诉讼保全;四是海事活动当事人以单纯的扣押船舶或者货物为目的的海事请求保全等。上述各类保全的适用情况和适用范围均不一样,却都是为了保护申请人之权益的需要。不过,这些财产保全也无一例外地面临着错误保全而引起法律责任的风险,也正因为如此,才形成适用诉讼财产保全责任保险的客观需要。

当然,上述的诉讼财产保全责任保险的适用领域也存在各自的特点,需要在适用诉讼财产保全责任保险时予以关注,用以确保适用效果的发挥。

1. 诉讼财产保全领域适用的诉讼财产保全责任保险。应当说,诉讼财产保全是适用诉讼财产保全责任保险的典型形式。原因在于,根据我国《民事诉讼法》第100条第一款的规定精神,诉讼财产保全就是在受理案件之后的民事诉讼活动过程中,人民法院为确保将来的判决能得以实现,根据一方当事人(原告)的申请,或者由人民法院依职权决定,对当事人争议的有关财物采取临时性的限制处分等强制措施的制度。

在美国司法程序中使用的类似术语是"Attachment"《诉讼保全》,罗马法系在法律用语称之为"saisie conservatoire",即出于对原告诉讼请求的保障。当被告无法在有关司法审判区域内找到时,允许对被告的特定财产(实物资产或私人财产,动产或不动产)由法院在"saisie conservatoire"的开始之际或诉讼中进行扣押。自1983年11月1日起,诉讼保全也存在于南非的罗马—荷兰法中。可见,我国《民事诉讼法》所规定的诉讼财产保全与西方国家的法律内涵是一致的,目的均是确保将来做出的民事判决的切实实现。

但出于平衡双方当事人之利益冲突的需要,人民法院在执行诉讼财产保全时,依据申请人的申请,在采取诉讼财产保全措施之前,可以责令申请人提供担保,并要求其所提供担保的数额应当相当于请求财产保全的数额。可以说,提供担保已经成为执行诉讼财产保全的必要条件之一。如果申请人不提供担保的,人民法院可以驳回诉讼财产保全的申请。因此,如果在发生诉讼财产保全错误给被申请人造成经济损失的情况下,被申请人可以直接从申请人提供担保的财产中得到赔偿。而在当前的民商事审判中,诉讼财产保全责任保险正是适应着进行诉讼财产保全的需要,应运而生的又一种保障措施,其作用与申请人提供担保相当。

当然,为了促进诉讼财产保全责任保险制度的稳定发展,将其适用于诉讼财产保全领域时,应当充分考虑到诉讼保全的诸特点,并处理好如下问题:

首先,诉讼财产保全责任保险只能适用于涉案争议存在财产纠纷,以财产给付为内容的民商事争议。因为,依据《民事诉讼法》的规定,能够采取诉讼财产保全的民商事案件必须是给付之诉,即该案原告的诉讼请求具有财产给付

第二编 保险产品的制度创新与完善发展研究

的内容。

其次,诉讼财产保全责任保险所涉及的诉讼财产保全,必须是发生在民事案件受理之后、法院尚未作出生效判决之前。无论是在一审或二审程序中,如果民商事案件尚未审结的,原告就可以申请诉讼财产保全。在此情况下,才会存在申请人面临着因错误申请财产保全而依法承担法律赔偿责任的风险,则为此而提供的诉讼财产保全责任保险才具有价值。如果是已经生效的法院判决,则当事人只可以申请强制执行,而不得申请财产保全,也就没有提供诉讼财产保全责任保险的需要了。

第三,诉讼财产保全责任保险只适用于诉讼当事人申请的诉讼财产保全。因为,诉讼中的财产保全一般应当是由当事人提出书面申请。显然,当事人申请诉讼财产保全,应当是出于其自身对于对方当事人有无毁损、灭失或者隐匿、转移财产的可能做出的判断,由此发生错误申请的原因在于其自身。因而由其自行承担因错误申请财产保全引发的法律赔偿责任理所应当。与此相适应,诉讼财产保全责任保险就是为其转移法律责任风险而发挥作用的。如果民商事案件的当事人没有提出申请的,人民法院在必要时也可以依照其职权来裁定采取财产保全措施。但是,根据国家赔偿法的规定,人民法院依职权采取财产保全的,应当由人民法院依法承担赔偿责任,故而不存在适用诉讼财产保全责任保险的前提。

2. 诉前财产保全领域适用的诉讼财产保全责任保险。所谓诉前财产保全就是我国法定的诉前保全的一部分,具体是指利害关系人因情况紧急,不立即申请财产保全将会使其合法权益受到难以弥补的损害的,可以在起诉前向人民法院提出申请,由人民法院依法采取的一种财产保全措施。需要强调,诉前财产保全属于应急性的保全措施,目的是保护利害关系人不致遭受无法弥补的损失。因此,利害关系人可以根据实际情况,选择在提起诉讼前向被保全财产所在地、被申请人住所地,或者对案件有管辖权的人民法院申请采取财产保全措施。但是,申请人依据《民事诉讼法》第101条第一款的规定,应当提供相应的担保。如果不提供担保的,人民法院则裁定驳回其财产保全申请。与此同理,申请人也可以选择诉讼财产保全责任保险来满足上述法律要求。由此可见,与诉讼保全相比较,《民事诉讼法》关于诉前保全的适用,就具有突出的紧迫性、须由利害关系人申请和必须提供担保等保障机制等法律特征❶。

由于诉前保全有别于诉讼保全,故针对诉前保全而适用的诉讼财产保全责任保险也就应当与这些特点相适应,才能够达到预期的保障效果。

首先,诉讼财产保全责任保险的被保险人应当是涉案争议的利害关系人。

---

❶ 参见齐树洁:《民事诉讼法》(第四版),中国人民大学出版社2015年版,第136页。

诉前财产保全不同于诉讼保全的特别之处，在于申请财产保全时并未实际提起诉讼，而是针对将来提起的诉讼来申请财产保全。按照我国《民事诉讼法》的规定，该财产保全的申请应当是有争议的民事案件的利害关系人，即与被申请人发生争议，或者认为权利受到被申请人侵犯的人，例如，争议财产的所有权人或者经营权人、使用权人，也可以是给付内容之债权债务关系中的债权人。这些利害关系人因其与涉案的民商事案件之间存在着必要的经济联系，具备在将来提起民事诉讼的资格，依法可以成为将来民事诉讼的原告。可见，上述利害关系人作为诉讼财产保全责任保险的被保险人，不仅对于诉前财产保全承担着法律责任风险，也与将来的诉讼判决结果存在着必然的经济利害联系，符合作为被保险人的保险利益。

其次，诉讼财产保全责任保险只能适用于具有给付内容的诉前财产保全。因为，依法得以适用诉前财产保全的，必须是与有关的民事争议具有给付内容的，即申请人将来提起案件的诉讼请求具有财产给付内容。如果所涉及的民事争议不是有给付内容的，就是说，不是因财产利益之争，而是人身名誉之争，并无财产给付内容的，法院就不能采取诉前保全措施，也就无须提供担保或者诸如诉讼财产保全责任保险之类的保障手段。

第三，诉讼财产保全责任保险应当针对诉前财产保全之效力具有的可变性和延续性做出明确规定。由于诉前保全是利害关系人在提起诉讼之前申请执行的应急性保全措施，具有突出的快速、及时、简便的优势❶。因此，法律要求利害关系人在向人民法院申请诉前财产保全被裁准后的法定时间（准予诉前保全裁定送达后30日）内，就起诉或不起诉行使选择的权利。申请人若在裁定送达后30日内未起诉，人民法院将解除诉前保全，裁定效力随之终止。此外，诉前保全裁定的效力也可因被申请人提供担保，或者因生效法律文书执行完毕，原申请人在诉讼中撤诉获准，实施诉前保全错误，申请人死亡没有继承人或继承人放弃诉讼权利等原因而终止。正所谓诉前财产保全的效力具有可变性。

但如果申请人向采取诉前财产保全的人民法院或其他有管辖权的法院提起诉讼的，则诉前财产保全的裁定在受理法院继续有效。由于我国《民事诉讼法》以及最高人民法院的司法解释并没有规定因申请人在诉前财产保全后30日内起诉而应解除诉前财产保全或者应当由审判合议庭另行制作财产保全裁定，表明现行立法没有关于诉前财产保全裁定有效期限的规定。参照最高人民法院关于适用民诉法的司法解释的第109条有关诉讼中财产保全裁定的效力维

---

❶ 根据我国《民事诉讼法》规定，对于准予的诉前保全申请，人民法院应当在四十八小时内作出裁定并开始执行。这一措施的快速实施，可以更完整地避免利害关系人因民事纠纷可能造成的经济损失。

持到生效法律文书执行时止,该规定精神同样适用于诉前财产保全裁定的效力,不妨称其为诉前财产保全的效力具有延续性。因此,诉前财产保全实施后,申请人在法定期间起诉的,该诉前财产保全裁定继续有效,其效力也应维持到生效法律文书执行时止。

因此,适用于诉前财产保全的诉讼财产保全责任保险条款就应当适应诉前财产保全特有的可变性和延续性,做出相应的约定。其中,关于诉讼财产保全责任保险的保险责任期间和保险效力期间条款就必须具有科学性和针对性。

3. 仲裁领域适用的诉讼财产保全责任保险。众所周知,现代仲裁制度是一种民间争议的解决机制,其处理民商事纠纷的正当性源于当事人的自由意志,而不同于国家的司法裁判行为,后者是构成一国司法制度的重要组成部分。1994年《中华人民共和国仲裁法》的颁布和实施为我国现代仲裁制度的建立和运用提供了法律依据。随着市场经济的日益成熟,仲裁制度日趋普及,越来越多的民商事主体出于对国际贸易交易惯例的尊重,隐匿自身商业信息的需要(如上市公司、公众人物等),亦或是出于争议能够得到高效解决的考虑,选择仲裁作为纠纷解决的机制。

而出于确保仲裁申请人的合法利益依据仲裁裁决能够切实得以实现,仲裁活动同样涉及仲裁财产保全环节。所谓仲裁财产保全,是指为了防止出现裁决不能执行或者难以执行的情况,根据当事人的保全申请,由法院对争议的标的财产或当事人的财产采取一定的保全措施,限制其对财产进行处分或转移的一项法律制度。虽然,仲裁财产保全只是一个临时措施,但是对于最终落实权利人的权利、保证仲裁裁决的实现,保护当事人的合法权益具有重要的意义。当然,当事人申请仲裁财产保全所应具备的诸条件之中,就包括提供担保。按照前文所述理由,仲裁财产保全责任保险同样能够成为另一种保障措施,并且,应当使用仲裁财产保全责任保险予以称谓。

不过,在适用仲裁财产保全责任保险的过程中,还必须与仲裁财产保全的特点相互适应,才可能最大限度地发挥其保障作用。

首先,仲裁财产保全责任保险的适用范围应当与仲裁的适应范围相一致。根据我国《仲裁法》和《民事诉讼法》第101条的规定精神,仲裁财产保全只能直接适用于中国内地仲裁机构受理的国内仲裁和涉外仲裁。我国法律仅明确规定了法院对本国仲裁机构进行的仲裁依申请采取保全措施,而对外国仲裁机构的仲裁案件的当事人申请仲裁的事项未作规定,也未规定对于外国仲裁庭做出的临时保全措施的承认和执行,且《纽约公约》中亦无关于缔约国之间对于外国仲裁庭做出的临时保全措施的承认和执行的明确规定。所以,如果遇有外国仲裁机构的仲裁案件当事人向中国法院申请保全时,或者申请中国法院执行外国仲裁机构做出的临时保全措施令时,由于难有法律依据而无法实现。这也表明针对仲裁财产保全提供的仲裁财产保全责任保险也适用于中国内地仲裁机构受理的国内仲裁和涉外仲裁。

其次,根据财产保全提起的时间不同,它又分为仲裁前财产保全和仲裁中财产保全两种。值得一提的是,我国《民事诉讼法》经过 2013 年的修改后,在原有的仲裁中财产保全的基础上增加了仲裁前保全制度。这更具有现实意义。因为在当前的仲裁实践中,仲裁机构在仲裁立案后一般即行通知对方当事人,不必要等到仲裁财产保全完成以后。这明显地区别于诉讼活动中的诉讼财产保全❶,也直接影响着仲裁财产保全的效果。增加仲裁前财产保全制度能够在很大程度上弥补仲裁中财产保全的这一不足。可见,仲裁财产保全责任保险对仲裁前财产保全和仲裁中财产保全均可以适用。

第三,仲裁财产保全的执行机构与仲裁案件的审理机构是不同的司法机构。根据我国《民事诉讼法》第 101 条、《关于实施〈中华人民共和国仲裁法〉几个问题的通知》以及《执行规定》第 11 条、12 条的规定,我国仲裁财产保全的有权决定和实施仲裁财产保全的机构均是法院,而仲裁机构本身并不具有决定和实施财产保全的权力。因此,无论是仲裁前财产保全还是仲裁中的财产保全,依法均由财产所在地或者被申请人住所地的人民法院管辖;如果涉及国内仲裁的,由基层法院管辖,涉外仲裁的,则由拥有管辖权的中级人民法院管辖。

由于上述仲裁案件的审理机构和仲裁财产保全的执行机构的分置状态,不仅增加了仲裁财产保全的审查和执行上的难度,也无形之中加大了发生错误保全的可能性。鉴于此,仲裁财产保全所需的保障手段也就成为了必备条件。根据我国现行《民事诉讼法》第 101 条、102 条以及《最高人民法院关于适用〈中华人民共和国民事诉讼法〉若干问题的意见》第 317 条的规定,所有的仲裁前财产保全必须提供担保。而对于仲裁中财产保全是否必须提供担保则应当分不同情况给予不同的处置:国内仲裁案件的仲裁中财产保全,法院可以根据案件情况决定是否要求申请人提供担保,但涉外仲裁的财产保全申请人则依法必须提供担保。如果法律规定应当提供担保或法院认定需要提供担保,但是申请人拒绝提供担保的,法院有权驳回保全申请,且法院作出的驳回财产保全申请的裁定不能上诉。不言而喻,仲裁财产保全责任保险作为又一种保障手段,在上述各类仲裁财产保全时被选择适用的比例也必然不断提高,用以降低仲裁财产保全申请人因错误保全申请而承担的法律责任风险。

---

❶ 目前司法实践中,法院执行诉讼保全的做法是,立案后不预先通知被告立案事宜,在保全完成后才会通知被告,以便防止通知立案后发生隐匿、转移财产的情况。加之,诉讼立案程序的形式性审查,法院内部案件流转协调流畅,紧急的诉讼财产保全也能够很快得到处理,所以诉前财产保全的优势并不突出,很多情况下诉前财产保全直接被诉讼财产保全吸收。

第二编 保险产品的制度创新与完善发展研究

4. 海事请求保全领域适用的诉讼财产保全责任保险。海事请求保全是我国《海事诉讼特别程序法》❶规定的海事诉讼领域的一项独立的法律制度，表现为"海事法院根据海事请求人的申请，为保障其海事请求的实现，对被申请人的财产所采取的强制措施"❷，实质上属于海事性质的特殊民事诉讼制度。其中，我国的《海事诉讼特别程序法》规定的海事诉讼程序亦包含了海事请求保全部分。不过，海事请求保全作为海事诉讼的一部分与一般意义上的民商事诉讼中的诉讼保全既有相同的属性，也存在自身特点。

从共性角度讲，海事请求保全也属于一种司法强制措施。"只要是为了保全海事请求，无论在诉讼前或诉讼中实施，均是海事请求保全"❸，其目的是保障申请人的海事请求权在既存的或者将来的海事诉讼中得以实现。因此，即使是保险实践中，将用于海事请求保全的该责任保险称为"海事请求保全责任保险"，其本质仍然属于诉讼财产保全的组成部分。

着眼于在海事请求保全领域正确适用诉讼财产保全责任保险的要求，还必须把握海事请求保全的诸多特点。首先，海事请求保全的直接目的，在于取得被申请人提供的担保，为将来通过海事诉讼、海事仲裁或者协商和解等方式解决海事纠纷提供实现海事请求权所需的物质基础。因此，还是请求权人申请海事保全的，不受海事纠纷当事人之间达成的管辖协议、仲裁协议、法律适用协议的约束。而且，海事请求保全的申请，可以是诉讼之前，也可以诉讼之中，甚或是诉讼之外。其次，海事请求保全的对象，涉及被申请人所有或者光船租赁的船舶或者属于被申请人所有的货物、运费、租金等财产，也可以是被申请人的行为等。不仅如此，被申请扣押的船载货物、运费、租金等财产，申请范围需要控制在与海事请求权金额相当的合理限度内，但申请扣押的船舶，因其属于集合物，具有不可分割性，申请人不必因整艘船舶的价值超过海事请求权的金额而承担法律赔偿责任。可见，这些都是设计海事请求保全责任保险条款和适用该责任保险以及判定错误保全时，应当予以考虑和用于界定的法律标准。

四、诉讼财产保全责任保险的主体结构

应当说，诉讼财产保全责任保险的主体结构是正确适用该责任保险的重要因素。也就是说，除了在诉讼财产保险责任保险项下承担保险责任的保险人一方以外，什么人得以投保该保险？该保险的保障对象是谁？由于诉讼财产保全责任保险是适用于诉讼保全领域的特定责任保险险种，参与该保险活动的相对

---

❶《中华人民共和国海事诉讼特别程序法》经全国人大于1999年12月25日通过，并于2000年7月1日生效适用。

❷ 贾林青：《海商法》，北京大学出版社2013年版，第319页。

❸ 金正佳、翁子明：《海事请求保全专论》，大连海事大学出版社1996年版，第14页。

人包括投保人和被保险人。前者是与保险人签订诉讼财产保全责任保险合同并承担缴纳保险费义务的人，后者则是诉讼财产保全责任保险的保障对象。

从运用诉讼财产保全责任保险的实践角度讲，诉讼财产保全的申请人当然可以投保该责任保险而成为投保人。那么，诉讼财产保全申请人以外的其他人可否为该申请人投保诉讼财产保全责任保险呢？根据我国《保险法》第12条第2款有关"财产保险的被保险人在发生保险事故时，对保险标的应当具有保险利益"的规定精神，强调财产保险的被保险人必须在保险事故发生之时对保险标的具有保险利益，并未明文要求投保人投保财产保险之时应当具有保险利益。因此，诉讼财产保全责任保险作为责任保险的具体类型，属于财产保险的范畴。故其他人出于自愿，当然可以自行承担保险费来为诉讼财产保全申请人投保该责任保险，用以适应经济生活和诉讼活动之复杂性的需要。不过，笔者认为，出于防止"道德危险"和恶意投保的目的，保险人接受其他人为诉讼财产保全申请人投保诉讼财产保全责任保险的，应当以诉讼财产保全申请人的同意为条件。

而诉讼财产保全责任保险的被保险人只能是诉讼财产保全的申请人。原因是显而易见的，按照我国《民事诉讼法》第100条和第101条的规定内容而言，诉讼财产保全责任保险所针对的，就是因错误保全而依法应当向遭受损害的受害人承担法律赔偿责任的风险。该法律责任的承担者必然是诉讼财产保全的申请人，这意味着诉讼财产保全责任保险的保障效果直接作用于诉讼财产保全的申请人——借助保险人支付的保险赔偿金来弥补其因错误保全而向受害人承担法律赔偿责任所减少的财产部分。故而该责任保险只能是以诉讼财产保全申请人作为被保险人，才符合《保险法》第12条第5款所定义的被保险人的法律内涵。

众所周知，在责任保险范畴内讨论诉讼财产保全责任保险，不可避免地涉及第三方受害人。客观地讲，第三方受害人在责任保险的主体架构中不是可有可无的角色，而是必然处于保险关系之一方当事人的地位[1]。不仅如此，需要强调的是第三方受害人是处于责任保险的最终保障对象的地位。因为，笔者对于责任保险制度的认识不同于民法界主流观点[2]，而是肯定责任保险具有提升

---

[1] 笔者认为，受害第三人应当是责任保险的必然当事人，处于最终的保险保障对象的地位（参见贾林青：《保险法》（第五版），中国人民大学出版社2014年7月版第224～235页）。

[2] 对于责任保险对于侵权责任法之影响，民法学'界长期以来的主流观点认为，伴随着无过错责任制度在侵权责任法领域的确立，不仅"从根本上动摇了自罗马法以来'谁侵权谁承担责任的古训'，与侵权行为法之公平目的相违背"，削弱了侵权责任法的惩戒和教育侵权行为的效果（韩长印、韩永强：《保险法新论》，中国政法大学出版社2010年11月，第296页），更体现出责任保险制度对侵权责任法的负面影响。因为，无过失责任与现代保险制度相互作用，导致西方学者所说的危险与损害承担的"社会化"问题。法官和陪审员"只要知道哪一方面有投保的事实，就会相应地影响他们的判决"，而不考虑行为人和受害人的过失问题（参见王利明：《民商法研究》（第一辑）法律出版社1998年12月版，第648页）。

侵权责任法适用效果的立场，提出责任保险介入侵权责任法的适用范围，其制度价值在于强化了作为被保险人的侵权责任人向受害第三人履行民事赔偿责任的能力，有利于充分补偿受害第三人因侵权行为所遭受的经济损害，恢复因侵权所破坏的彼此之间平等的权利义务关系[1]。由此表明，责任保险最终的适用效果是作用于受害第三人之合法权益的保护[2]。而且，第三方受害人在参与责任保险活动过程中的突出特点是，从不特定的第三人转化为特定的第三人[3]。即责任保险的存续过程可以分解为两个阶段，自责任保险建立到责任保险事故发生（因侵权而依法产生法律责任）之前的第一阶段，责任保险是以不特定的全体社会公众作为第三人的；而从保险事故发生之时起进入第二阶段，责任保险的第三方受害人已经转变为特定的受害第三人。上述论点当然适用于诉讼财产保全责任保险。而且，认定诉讼财产保全责任保险的第三方受害人还必须考察诉讼保险的特定环境。一般情况下，因错误保全而遭受损害的往往是诉讼财产保全的被申请人。但是，因对特定财产采取诉讼保全措施还可能涉及相关的案外人（被申请人以外的财产所有权、股权人、使用权人、经营权人、承包权人或者承租权人等），其相应的财产权益也会由于采取保全措施而遭受损害。可见，诉讼财产保全的被申请人和其他权利人均可因错误保全而成为诉讼财产保全责任保险的第三方受害人。

五、认定诉讼财产保全责任保险之保险责任的履行标准

按照责任保险的原理，诉讼财产保全责任保险是以诉讼财产保全申请人因错误保全而依法向受害人承担的法律赔偿责任作为保险标的的。也就是说，该法律赔偿责任是依据侵权责任法、民事诉讼法而成立的，保险人就需要履行其保险责任。反之，则保险人无须履行保险责任。可见，认定该法律责任的成立也就成为诉讼财产保全责任保险项下的保险人履行保险责任必需的法律基础，其价值在于是一把客观地用于衡量保险人是否应当依法履行保险责任的标尺。换言之，诉讼财产保全申请人是否因错误保全而侵权被申请人或者第三人权益的事实认定成为引发诉讼财产保全责任保险项下之保险责任所需的保险事故。对此，学界和实务界的看法基本一致。

但在适用诉讼财产保全责任保险的实践中存在的困惑是，引发保险人应当履行保险责任的保险事故，究竟是败诉？还是错误保全？笔者认为，这是两个截然不同的法律概念，不能够相互取代，它们各自与诉讼财产保全责任保险项下的保险责任之间的因果联系并不相同。其中，败诉指的是民事诉讼中的当事

---

[1] 韩长印、韩永强：《保险法新论》，中国政法大学出版社2010年版，第296页。
[2] 参见贾林青：《保险法》（第五版），中国人民大学出版社2014年版，第226页。
[3] 参见贾林青：《保险法》（第三版），中国人民大学出版社2011年版，第202页。

人一方得到法院作出的不利于自己的判决，它的指向性是民事诉讼的结果。而由败诉导致的不利结果的承受者，可能是原告，也可能是被告，并不一定诉讼保全的申请人。即使是诉讼保全申请人败诉的，导致其败诉的因素多种多样，其中具有主导作用的当然是法院的主审法官依据相关法律和案件事实做出的裁判，不可避免地要受到法官对法律精神的理解和运用水平的影响。所以说，诉讼保全申请人败诉的，往往与其主观意愿无关，并非一定引发其因主观过错而承担财产保全之法律赔偿责任。

与此相比较，错误保全却直接涉及诉讼保全的适用结果，它往往是基于申请人的主观过错而实施的。可以说，申请人的主观过错是导致错误保全的直接原因。诸如，因申请人的主观过错致使申请保全的财产范围大于诉讼结果——法院裁判支持其诉讼请求的财产金额范围、申请重复保全、错误地申请查收案外人的财产等，故而错误保全势必造成被申请人或者案外人之经济损失的结果。诉讼财产保全申请人依法所应承担的法律赔偿责任理应由此产生，其性质属于申请人因实施错误地申请财产保全而依据《侵权责任法》所应当承担的民事赔偿责任，目的是恢复被申请人或者案外人因遭受侵权所破坏的平等之法律地位。故而，认定诉讼财产保全责任保险项下的保险事故——该法律赔偿责任的发生，就需要考虑存在《侵权责任法》规定的如下条件，否则，不足以认定错误保全，也就意味着诉讼财产保全责任保险所约定的保险事故并未发生，保险人自然无须履行诉讼财产保全责任保险项下的保险责任。

1. 申请人实施了错误的申请行为。众所周知，现代人类社会环境下，公众在社会交往中，应当对自己行为产生的后果承担责任。也就是说，行为人依法应当对于其实施的违法行为承担民事责任，所谓违法性，"主要通过侵权行为损害他人的法定权利和合法利益得到体现"[1]，具体到诉讼保全，本是《民事诉讼法》为了确保胜诉方的合法权益得到实现，维护法律的权威性和严肃性的需要而设立的一个环节。为此，申请人向法院申请诉讼保全是其行使诉讼权利的具体化表现。其申请正确而产生的后果恰恰是《民事诉讼法》规定诉讼保全制度所追求的法律效果。反之，错误保全则是基于申请人的错误意识而实施的保全申请行为，违反了《民事诉讼法》有关诉讼保全的适用目标，构成了申请行为的违法性，行为人当然应当依法承担不利于己的法律后果——履行法律赔偿责任。

当然，学术界和司法实务界普遍认为，错误保全行为应当纳入民事侵权行为的范畴。理由在于，该错误的诉讼财产保全申请行为所侵害的是申请人与被申请人或者案外人之间平等的财产关系。鉴于当今的民事诉讼活动涉及的均是

---

[1] 王利明：《民法》（第四版），中国人民大学出版社 2008 年版，第 678 页。

第二编 保险产品的制度创新与完善发展研究

民商事案件，处理这些民商事案件为的是解决彼此之间的民商事经济纠纷。无论是提交仲裁庭仲裁裁决，还是起诉到人民法院裁判解决的民商事案件，都必然涉及一定的财产关系，一方当事人出于确保将来裁判结果得以实现，维护其合法的权益关系而申请对被申请人的财产采取必要的保全措施便是合理合法的做法。但是，申请人超出《民事诉讼法》设立诉讼财产保全的目的和范围而提出错误的诉讼财产保全申请，不仅构成违反《民事诉讼法》的违法性，也往往会给被申请人或者第三人的财产权益带来不利影响，构成侵犯被申请人或者案外人之财产权利的行为就毋庸置疑。因此，只要依据《民事诉讼法》和《侵权责任法》的有关规定来认定错误申请行为的成立，就成为处理错误申请保全的首要条件。

2. 产生了被申请人或者案外人的经济损失。这就是错误保全申请造成的损害后果，例如，因错误申请导致被申请人或者案外人所有、使用或经营管理财产的减少、丧失，与其财产相关利益（股息、租金、利息等孳息）的减少、丧失等。之所以需要申请人对于诸如此类的经济损失承担法律赔偿责任，是因为错误保全导致的这些经济损失，不仅仅是被申请人或者案外人的物质利益的减少或者丧失，更应当强调其本质是申请人与被申请人或者案外人相互之间理应平等的法律地位而构建的民商事权利义务关系遭到破坏。理由是，如果无有错误保全申请的存在，法院不会对被申请人或者案外人的财产采取相应的保全措施，则客观上的经济损害也就不会因此而发生。依法而存在于申请人与被申请人或者案外人之间的平等性法律地位和民商事权利义务关系也就不会发生变化，始终处于平衡的状态。但这种平衡的权利义务关系却在申请人提出错误的保全申请的情况下，变成不平衡的状态，即以被申请人或者案外人遭受经济损失的结果而形成不平衡的结果。因此，需要法律采取一定的措施来弥补客观存在的经济损害结果，纠正因申请人的错误保全而产生的被申请人或者案外人的经济损失，实质上就是恢复彼此之间被破坏的、失去平衡的权利义务关系。

可见，造成被申请人或者案外人的经济损失后果，是认定错误保全不可缺少的客观条件。当然，认定错误保全造成的损害事实，需要符合的条件包括：损害后果应当是合法权益，是可确定的，并且是可补救的等。从而，申请人基于凭空臆断或者主观想象提出保全申请而法院未予以支持，或者保全申请虽有不当之处却未给被申请人或者案外人带来经济损失等，均因缺乏客观的损害结果而不构成适用法律赔偿责任，故而，不应当认定为错误保全。

3. 错误申请行为与受害人的经济损失之间存在因果联系。按照辩证唯物主义的观点，各种社会现象之间普遍存在联系和制约关系，其中的因果关系就是一种典型的社会联系。这意味着没有无有原因的结果，也不存在无结果的原因。该哲学理念同样适用于侵权责任的认定，即因果关系成为认定侵权责任的必备条件，侵权责任法是以"违法行为作为原因，损害事实作为结果，在它们之间存在的前者引起后果，后者被前者所引起的客观联系"[1]。则认定由于错误保全而生成的法律赔偿责任，也就必须考虑作为前因的错误申请保全行为与作为后果的被申请人或者案外人遭受的财产损失之间的客观联系。只要是前者引起了后者，换言之，后者是由前者所引起的情况，就构成认定错误保全之法律赔偿责任所需的因果关系。

4. 申请人存在着主观过错。不言而喻，错误保全都是申请人之主观过错的作用之下实施错误申请所引发的，依据侵权责任法理论，此类主观过错就是申请人在实施错误申请行为过程中对于导致被申请人或者案外人经济损失的主观心理状态。从类型化角度讲，申请人的此类主观过错，分为故意和过失两种具体形态。

既然普遍认为错误保全属于民事侵权行为，则在侵权责任法对其适用的归责原则未做出特别规定的情况下，当然是按照过错责任原则来认定错误保全之法律赔偿责任。即申请人有主观过错的，不论是故意还是过失，均构成错误保全，申请人理应承担法律赔偿责任。

但谈到诉讼财产保全责任保险的适用，难以回避的问题在于，认定保险人履行保险责任所需的保险事故——错误保全之主观过错的范围是否与认定错误保全之侵权责任相一致？也就是说，诉讼财产保全责任保险的保险事故是否应当包括申请人故意申请保全。如果保险人依据诉讼财产保全责任保险合同的约定所承担的保险责任，包括申请人的故意，被学者们归纳为[2]两个方面，一是"被保险人（财产保全申请人）可能与保全被申请人恶意串通"，二是"被保险人可能通过财产保全责任保险进行恶意保全"。这实质上涉及自现代责任保险制度产生以来便争议不休的引发道德危险风险的问题，因为，学术界对于责任保险制度存在着强烈的诟病之声：保险人对于被保险人故意而为的侵权行为承担保险责任，不仅可能助长申请人恶意实施侵权行为，更会降低侵权法对侵权行为的预防作用和惩戒效果。它同样指摘新兴的诉讼财产保全责任保险，对其作用提出质疑。保险实务中，现存的诉讼财产保全责任保险条款在承保范围上，均在保险责任上排除了申请人故意申请的错误保全行为。

对此，笔者持有异议。认为应当正视责任保险制度的制度价值与传统的财产损害保险存在着的明显差异，需要对被保险人故意而为的侵权行为予以不同的规则处置，以求充分实现现代责任保险强调的保护受害第三人的制度价值。因为，现代责任保险制度已经由传统财产保险的转移和分散被保险人之财产损

---

[1] 杨立新：《〈中华人民共和国侵权责任法〉精解》，知识产权出版社，2010年版，第57页。

[2] 常鑫："财产保全责任保险相关问题初探"，载贾林青：《海商法保险法评论（第七卷）》，知识产权出版社，2016年版。

害风险功能逐步转向"通过保险公司这一媒介在同种危险制造者之间进行社会性的分散,在一定意义上可以说是损害赔偿责任的社会化"❶。它直接体现出现代责任保险制度的价值取向,在于保险保障的重点已然从直接保护被保险人利益转向最终保护受害第三人,特别是借助责任保险的责任风险分散功能,强化了被保险人承担和履行侵权责任的能力,确保受害第三人依法得到侵权人(责任保险的被保险人)切实向其支付民事赔偿金的结果。

现代责任保险制度的上述适用目标,决定着影响各类责任保险条款设计的首要因素,应当是考虑对于受害第三人的利益保护。鉴于此,诉讼财产保全责任保险的条款设计和适用效果就不应当简简单单地将被保险人(申请人)故意申请错误保全排除在其保险责任之外了事,而应当优先考虑被申请人或者案外人的利益保护的需要,借鉴处理机动车交通事故赔偿责任时适用交强险的经验,在诉讼财产保全责任保险条款中明确规定,因申请人与被申请人串通而申请财产保全或者恶意申请财产保全等造成错误保全的,保险人先行向被申请人或者案外人垫付保险赔偿金,然后,由保险人再行向被保险人行使追偿权。虽然,如此处理的诉讼财产保全责任保险会增加保险人的工作内容,但它恰恰是保险人开展该项保险产品经营活动所应当提供的服务内容之一,借此吸引社会公众购买该责任保险产品的一个卖点。况且,如此处理的法律效果之一,就是充分保护了遭受损害的被申请人或者案外人的经济利益,适应着现代责任保险追求的目标;另一方面,可以借助向被保险人行使追偿权而切实落实被保险人依法对其故意为之的错误保险所应接受的法律惩戒,维持法律的严肃性和权威性,避免出现诉讼财产保全责任保险适用中的道德危险。

参考文献

[1]《国务院关于加快发展现代保险服务业的若干意见》(国发〔2014〕29号)。
[2] 董开军. 债权担保 [M]. 哈尔滨:黑龙江人民出版社,1995.
[3] 江伟,肖建国. 民事诉讼法(第七版)[M]. 北京:中国人民大学出版社,2015.
[4] 郭明瑞. 担保法 [M]. 北京:中国政法大学出版社,1998.
[5] 张卫平. 民事诉讼法(第三版)[M]. 北京:中国人民大学出版社,2015.
[6] 齐树洁. 民事诉讼法(第四版)[M]. 北京:中国人民大学出版社,2015.
[7] 陈荣宗,林庆苗. 民事诉讼法 [M]. 台北:三民书局,1996年版.
[8] 贾林青. 海商法 [M]. 北京:北京大学出版社,2013.
[9] 金正佳,翁子明. 海事请求保全专论 [M]. 大连:大连海事大学出版社,1996.
[10] 贾林青. 保险法(第五版)[M]. 北京:中国人民大学出版社,2014.
[11] 韩长印,韩永强. 保险法新论 [M]. 北京:中国政法大学出版社,2010.

---

❶ 韩长印、韩永强:《保险法新论》,中国政法大学出版社,2010年版,第295页。

[12] 王利明.民商法研究（第一辑）[M].北京：法律出版社，1998.
[13] 贾林青.保险法（第三版）[M].北京：中国人民大学出版社，2011.
[14] 王利明.民法（第四版）[M].北京：中国人民大学出版社，2008.
[15] 杨立新.〈中华人民共和国侵权责任法〉精解[M].北京：知识产权出版社，2010.
[16] 常鑫.财产保全责任保险相关问题初探[M]//贾林青.海商法保险法评论（第七卷）[M].北京：知识产权出版社，2016.

诉讼保全中责任保险担保方式的实务问题及对策研究

马 军[*]

保全作为人民法院根据申请人的申请,为避免转移、毁损财产的执行难或造成损害,而采取紧急强制性措施的一种制度,具有便捷、快速、预先保护债权人权益,避免债务人逃避债务,保障胜诉目的落实的优势。2012年修订的《民事诉讼法》(以下简称《民诉法》)及2015年最高法院发布的《民事诉讼法》司法解释(以下简称《民诉法解释》),不仅规定了财产保全与行为保全,丰富了保全内容,并以自由裁量原则取代了全额担保原则,即规定了"在诉讼中,人民法院依申请或者依职权采取保全措施的,应当根据案件的具体情况,决定当事人是否应当提供担保以及担保的数额"(《民诉法解释》第152条第三款),上述规定均在于建构更为有效的临时性救济措施体系,降低申请保全的担保门槛。从多年保全制度的司法实践运行分析,法院为防止当事人滥用保全制度,避免时间紧迫情况下[1],无法充分审查保全行为正当性,从而导致保全错误承担责任,往往坚持申请人提供担保数额相当于保全标的价值。正如有些学者研究提出的"事实上提供担保成为审查保全的唯一要件"[2]。如何破解保全担保的高门槛,全国各地法院不断在实践中尝试探索新的路径,尤其在采取引入新的担保方式上摸索出了一些有益的经验,近期最高人民法院审委员通过的《关于办理财产保全案件若干问题的规定》中对担保数额和担保方式均采取了降低门槛、丰富担保方式的做法。

一、在财产保全中引入责任保险担保方式的优势分析

采取有效的诉前或诉中保全措施,不仅能发挥保全制度应有的功能,促进审判和调解工作的顺利展开,同时能够达到防止债务人转移财产,确保生效判

---

[*] 北京市第四中级人民法院民庭庭长。
[1] 《民诉法》第100条第3款规定"人民法院接受申请后,对情况紧急的,必须在四十八小时内作出裁定,裁定采取保全措施的,应当立即开始执行"。
[2] 刘君博:"保全程序中担保的提供与担保数额的确定",载《法律适用》2015年,第55页。

决顺利执行，保护当事人合法利益实现的目的。在当前的司法实践中，一方面常遇到被告怠于履行债务，消极应诉，采取躲避送达，无理管辖异议等方式拖延诉讼，延长审理期限；另一方面原告申请财产保全时，需提供等值现金或无权利负担的土地房产作为担保，使因债务承担经济压力的当事人不堪重负，保全制度成了一项"成本高昂"的制度。债权人无力提供担保导致无法保全，不仅放纵债务人消极应诉，也给债务人违法转移、隐匿财产留有了可乘之机。究其实际原因，担保的限定条件较多，审查程序烦琐，传统担保方式存在诸多局限性，限制了当事人充分行使通过保全预先确保生效判决得以执行的诉讼权利，最终导致审判面对"送达难"、"诉讼难"和"执行难"的问题。

2014年开始，中国保险监督管理委员会（以下简称保监会）批准保全责任保险产品并对申请该项业务的保险公司的保险条款予以备案。全国各地法院对是否接受保险公司的保全责任保险作为担保上做法不一，全国已经有20余家高院发文认可保险公司保单在保全担保中的法律效力，已于2016年10月17日由最高人民法院审判委员会通过，自2016年12月1日起施行《最高人民法院关于人民法院办理财产保全案件若干问题的规定》（以下简称《财产保全案件规定》）确定了"保险人以其与申请保全人签订财产保全责任险合同的方式为财产保全提供担保"。

以北京市第四中级人民法院为例，作为北京市首家试点探索保全责任保险的法院，从2015年开始试点，2016年2月率先制定出台了《关于在民商事审判财产保全中，引入责任保险担保的规定》并向社会公开发布❶，随后进一步制定了《关于诉讼财产保全责任保险审核与对接工作规范》。根据该院2016年8月发布的《金融借款合同纠纷审判白皮书》❷显示的数据分析，该院所涉重大金融借款合同纠纷案件审理中一系列关键指标呈现出明显向好的发展趋势。在通过引入责任保险担保方式后，配合"立保同步，保调对接、立审执相衔接"工作机制的运行，使法院在案件审理过程中打破了部门间的壁垒，使案件流转、财产保全等在相关部门共同参与、协调配合下高效完成。该院上诉案件比例从2014年的35.11%下降到2016年的15.38%，公告案件占比从2014年的13%下降到2016年的5%，管辖异议案件从2014年的占比28.72%下降到2016年的11.86%，仅2016年上半年适用"立保同步"工作机制保全金融案件51件，保全标的额达70亿元。

诉讼保全责任保险，是对传统财产保全担保方式的扩展和丰富，不仅使"老赖"没有机会转移资产，而且有利于促进调解、化解纠纷，及时兑现权利

---

❶ 参见《北京四中院：在民商事审判财产保全中引入责任险》，《法律与生活》，2016年第6期。
❷ 参见《金融借款合同纠纷审判白皮书》，北京市第四中级人民法院2016年8月31日发布。

第二编 保险产品的制度创新与完善发展研究

人的财产权益。审判实践中该担保方式得到法官认可，如北京市第四级人民法院在审理原告北京某公司，被告河北某公司等金融借款合同纠纷中，原告北京某公司于 2016 年 1 月 28 日向法院提出财产保全的申请，要求对被告河北某公司的价值人民币 5042 万元的财产采取查封、扣押、冻结等诉讼财产保全措施，提供诉讼保全责任保险，从提起申请到完成财产保全措施，仅用时 5 天，防止了被告转移资产。在此案中，原告共支付了 3.5‰，共 18.2 万元的保费。而原告咨询一个担保公司时，不但担保费在 7‰到 8‰，同时要进行资产评估，时间可达二十天左右。上述案件因及时保全财产，仅审理三个月左右就调解结案[1]。

作为一种新的保全担保，保险担保与传统担保相比具有几大优势：一是保险机构资产雄厚，赔偿能力强；二是保险机构通过保险费率核算确定的保险费低廉，有利于降低当事人的诉讼成本；三是保险机构在提供责任保险时会进行风险评估，预防和降低保全错误风险；四是保险机构以出具保单函和保险合同的方式提供担保，无须申请人提供同等价值的财产；五是保险机构运作专业规范，手续简便高效，有利于提高保全效率。从一定意义上讲，诉讼保全责任险的创设是对民事诉讼财产保全制度的创新，既符合财产保全担保规则的一般要求，又补强了担保规则的局限性，由保险人直接承担赔偿责任，不仅为当事人维权提供了更为有效的路径，也更有利于降低诉讼当事人的保全风险。

二、保全责任保险担保的理论问题研究

作为一种新的担保方式，法院在接受保全责任保险过程中持慎重态度，在研究中遇到的主要问题有两个：第一是保全责任保险能否作为诉讼保全的担保方式；第二是责任保险作为诉讼保全担保的合理性。

（一）保全责任保险能否作为诉讼保全的担保方式

《民诉法》第 100 条规定："人民法院采取保全措施，可以责令申请人提供担保，申请人不提供担保的，裁定驳回申请。"上述规定是诉讼保全提供担保的法律依据。司法程序中的担保依诉讼法规定有三种，即诉讼保全担保（包括财产保全担保、行为保全担保），先予执行担保，执行程序担保。以责任保险作为诉讼保全担保，目前主要适用于财产保全，也有行为保全，如浙江唐德影视股份有限公司与上海灿星文化传播有限公司、世纪丽亮（北京）国际文化传媒有限公司的诉前行为保全申请[2]。

保险公司能否提供担保呢？在司法程序中的担保与经济活动中的担保是否

---

[1] 参见北京市第四中级人民法院（2016）京 04 民初 26 号民事调解书。
[2] 参见"'中国好声音'名称纠纷昨晚裁定维持原保全裁定"，载于《新民晚报》2016 年 7 月 5 日。

相同呢？有观点认为保险机构不能提供担保。目前《保险法》和《担保法》均无禁止保险机构提供担保的规定。在中国保监会《关于规范保险机构对外担保有关事项的通知》（保监发〔2011〕5号）中规定"各保险集团公司、保险公司、保险资产管理公司：为规范保险机构对外担保行为，防范保险经营风险，现将有关事项通知如下：一、自本通知发布之日起，保险公司、保险资产管理公司不得进行对外担保。本通知所称对外担保，是指保险机构为他人债务向第三方提供的担保。但不包括保险公司在正常经营管理活动中的下列行为：（一）诉讼中的担保。（二）出口信用保险公司经营的与出口信用保险相关的信用担保。（三）海事担保。"从上述规定分析，中国保监会禁止保险机构对外担保，其目的是"规范保险机构对外担保行为，防范保险经营风险"。保险机构在正常经营管理活动中采取的"诉讼中的担保"不在禁止范围内，但该通知规定的"诉讼中的担保"系指保险机构因自身经营管理活动涉及诉讼而提供担保，上述通知未涉及保险机构能否以保险产品向司法机关提供担保的内容。实际上，责任保险经中国保监会备案足以证明上述通知所禁止对外担保的范围不包括保全责任保险担保。

《民诉法》中的担保与经济活动中的担保是否相同呢？相同的文字，因不同的立法目的，在不同的语境下，往往不具有同样的内涵。诉讼保全担保旨在保证有对错误保全承担赔偿责任的能力，其与担保法中的担保目的和功能均有所区别。对此有学者研究认为"司法程序中的担保根据民事诉讼法的规定操作并运行，在法律适用上，由民事诉讼法这类程序法调整，不适用担保法，也不适用民法"[1]。从两者性质上分析，《民诉法》系程序法，保全中的担保系为保障诉讼安全为目的的担保行为，《担保法》系实体法，其对担保的规定系在私法领域的经济活动中，以保障债权为目的的担保行为。具体区别有以下几方面：（1）担保关系成立的行为不同。诉讼保全担保系单方法律行为，由担保人向法院提供担保的意思表示，一经法院审核同意即发生法律效力。《担保法》规定的经济活动中的担保，往往系双方或多方法律行为，当事人签有担保合同或条款。（2）担保行为目的的不同。诉讼保全担保的目的在于一旦发生错误保全时，担保能够发挥向被侵权人承担赔偿责任的功效；而经济交易中的担保，目的在于保障合同履行及交易安全，在形成债务时担保人承担一般或连带保证责任，抵押等物权担保则可享有优先受偿权。（3）担保关系生效的条件不同。诉讼保全担保以法院作出裁定，发出协助通知书要求有关部门在规定的时间内不办理财产转移手续或者债务人停止清债或向法院提存到期债权等，而经济活动中的担保依法律规定以登记、交付等公示行为为要件，有些担保需要到有关

---

[1] 曹士兵：《中国担保制度与担保方法》第三版，中国法制出版社2015年版，29页。

第二编 保险产品的制度创新与完善发展研究

部门办理登记手续。(4)适用法律不同。诉讼保全担保适用《民诉法》,经济活动担保适用《物权法》、《担保法》和《合同法》等。

在解释保全责任保险是否可以作为诉讼保全担保方式时,归纳有以下两个关键问题:一是认可保全责任保险作为《民诉法》中担保方式之一,有别于传统担保方式;二是将《民诉法》中担保区别于经济活动中的担保。无论将诉讼保全中的责任保险担保作非担保法意义上的担保理解,还是基于中国保监会批准已经赋予诉讼保全责任保险担保以合法性,都有其合理性。

有观点认为保全机构提供的是保单保函或保险合同并非担保,更近似于保证人的保证。对于该问题,笔者认为应当清楚认识到保险合同有别于传统意义上的担保,但也不是保证。能否将保单保函或保险合同作为一种新的担保方式,取决于司法程序中为保全提供担保的目的。从《民诉法》规定诉讼保全需要提供担保的目的予以解释,其有保障诉讼安全,在错误保全时能够承担责任的目的,无疑具有赔偿功能的责任保险完全能够胜任这一任务。因此,笔者认为对司法程序中的担保作合理解释,将保险公司与申请人签订的责任保险合同作为保全担保方式之一,为确保保险公司承担担保责任,应让保险公司同时向法院提供保证书,以保证书明确担保的范围、承担的责任等内容。

(二)责任保险作为诉讼保全担保的合理性

财产保全责任保险,是财产保全申请人作为投保人与保险人签订保险合同,约定财产保全责任险保险权利义务。投保人按照合同约定支付保险费,保险人按照财产保全责任险合同约定承担赔偿或者给付保险金责任。在发生保全错误时,财产保全申请人依据财产保全责任险约定,要求保险公司在保险限额内予以赔偿,保证被保全人所遭受到的损失得以赔偿,继而实现诉讼财产保全担保的目的。

与责任保险具有相类似功能的保险类型还有保证保险,如何理解保证保险的性质,我们可从最高人民法院判决与答复的内容中加以理解。最高人民法院审理中国银行山东省分行与中保财产保险有限公司保证保险案件[1]的判决,该判决载明"在保证保险中,义务人是投保人。义务人以保险公司为保证人,为自己的信用担保,在其信用产生危机的时候,由保险人来代为履行义务。保险公司是以保险的方式来完成这种保证的,义务人为此要缴纳保险费。保险人有代位求偿权,即在赔偿权利人的损失后,有权要求权利人转让并取得向义务人追偿的权利,并可在缔约时,从投保人处取得反担保……从其所形成的民事法律关系来看,更符合保证的法律特质,即中保公司为中行山东分行与惠德公司之间的债权债务关系提供保证。因此,应当认定中保公司为保证人,与中行山

---

[1] 最高人民法院(1998)经终字第291号民事判决书。

东分行之间形成了保证关系。对这一关系应适用《中华人民共和国担保法》及相关的司法解释"。另一最高人民法院在对中国工商银行郴州市苏仙区支行与中保财产保险有限公司湖南省郴州市苏仙区支公司保证保险合同案答复❶中答复"保证保险是由保险人为投保人向被保险人（即债权人）提供担保的保险，当投保人不能履行与被保险人签订合同所规定的义务，给被保险人造成经济损失时，由保险人按照其对投保人的承诺向被保险人承担代为补偿的责任。因此，保证保险虽是保险人开办的一个险种，其实质是保险人对债权人的一种担保行为……适用有关担保的法律"。通过最高法院的判决和答复，我们可以归纳出保证保险有以下主要特征：(1) 保证保险是信用担保，保险人地位是保证人；(2) 保证保险适用担保法；(3) 保证保险承担的是代为履行义务或代为补偿责任；(4) 保证保险的保险人享有代位求偿权，可以在缔约时从投保人处取得反担保；(5) 保证保险的受益人非投保人，而是基础交易合同明确约定的相对人。

法律并未禁止保证保险作为诉讼保全担保方式，但从性质上责任保险更符合司法程序中担保的需求。第一，从保全错误损害赔偿角度分析，责任保险更符合诉讼保全担保的要求。《民诉法》第105条规定"申请有错误的，申请人应当赔偿被申请人因保全所遭受的损失"。学者认为"在'申请有错误'的损害赔偿责任中，被申请人的损害是由申请人错误地申请民事保全的行为造成的，与一般的侵权行为没有本质区别，不同之处在于申请人利用司法程序侵犯被申请人的合法权益，是一种新类型的民事侵权行为"❷。《最高人民法院关于当事人申请财产保全错误造成案外人损失应否承担赔偿责任问题的解释》法释〔2005〕11号规定"根据《中华人民共和国民法通则》第106条、《中华人民共和国民事诉讼法》第九十六条等法律规定，当事人申请财产保全错误造成案外人损失的，应当依法承担赔偿责任。"该解释引用《中华人民共和国民法通则》第106条确定了财产保全错误属于适用过错原则承担侵权责任。因此，申请财产保全错误，本质上属于一种民事侵权行为，因保全损害所承担的赔偿责任属于民事侵权责任。对此学者研究认为"结合我国目前实际情况和司法现状，应该将过错原则作为申请民事保全错误损害赔偿的归责原则"❸，基于过错原则承担赔偿责任在保险法类型上应适用于责任保险，而非保证保险。第二，从承担保险责任角度分析，保证保险受限于合同约定的明确相对人，而责任保险则可保障任何第三方利益。保证保险的被保险人或受益人限于基础合同的相对方，在诉讼中应是可列入保险合同的被申请人，这就存在无法保障案

---

❶ 最高人民法院（1999）经监字第266号复函。
❷ 潘牧天：《滥用民事诉权的侵权责任研究》，上海社会科学院出版社2011年版，第108页。
❸ 肖建国、张宝成："论民事保全错误损害赔偿责任的归责原则"，载《法律适用》2016年第1期，第40页。

外人权益的可能,因为保全错误除了向被申请人赔偿外,还有对未知的、不特定的案外人赔偿,责任保险保障范围则为申请人错误保全对第三方造成的损失,包括了被申请人与不特定的案外人。第三,从最终承担赔偿责任的角度分析,保证保险基于保证人地位和合同约定,保险人享有代位求偿权,而申请人投保的目的在于错误造成损失时风险的分担,如果保险人享有代位求偿权,其向谁求偿?如果向投保人求偿有违订立保险合同的目的,而责任保险则不能代位求偿,保险人是最终赔偿责任的承担者。因此保全责任保险更符合诉讼保全提供担保的需求。对此,最高人民法院《财产保全案件规定》法释(2016)22号第7条明确规定"保险人以其与申请保全人签订财产保全责任险合同的方式为财产保全提供担保的,应当向人民法院出具担保书。"肯定了以责任保险方式提供担保。

三、保全责任保险运行机制问题研究

(一)严格财产保全合法性审查与担保资质审查,限制保险人设定的免责条款,确保实现诉讼中双方当事人权利的平衡保护

法院采取保全措施时,应当充分考虑确保诉讼双方当事人利益的平衡保护,确保保险人有能够承担赔偿责任,且避免因过苛的免责条款设定导致保险合同目的无法实现,损害申请人与被申请人或案外人的权利。严格审查保全理由、保险人资格和保险合同内容,能够兼顾防范错误保全申请、保险赔偿得以实现和防止保全程序滥用的多重保护功能。对申请人以责任保险担保方式提供担保的,人民法院应经审查具体案件情况、保全理由以及保险机构资信状况、经营许可、担保范围、责任承担等内容再行决定是否接受。具体包括:(1)申请保全提交的材料是否齐备,财产保全申请书内容是否符合规范。即申请书是否载明了申请人和被申请人的基本情况,申请保全的事实和理由,保全金额,保全标的物及财产线索。(2)申请保全的理由是否符合法定事由。即是否存在可能因当事人一方的行为或者其他原因,使判决难以执行或者造成当事人其他损害的情况。(3)对申请诉前保全的,严格审查是否存在因情况紧急,不立即保是否会使其相关权益人合法权益受到难以弥补的损害的情形。(4)申请保全的财产权属是否明确,数额是否适当。即申请保全的财产是否是被申请人所有的财产或者双方争议的财产;申请保全的财产的数额是否超过了诉讼请求的数额。(5)申请保全的担保手续是否有效。即担保形式是否合法。对提供财产担保的,担保财产的数额是否与请求保全财产的数额相当;对提供责任保险担保的,保险机构是否具有相应担保资格以及是否经过了中国保监会的批准。(6)对保险机构出具的担保函,严格审查其担保函所述承担担保责任的内容、期限、方式等,尤其应当限制保险人免责条款的设定,避免过苛免责条款导致

保险事故发生后保险人拒赔。法院对保险人准入采取开放态度，遵循市场规律，允许依法平等竞争，允许有规定资质条件的保险公司平等参与提供责任保险担保。同时严格审查监督，建立必要的保险人退出机制。除对保险人资质条件进行审查外，在发现保险人存在经营状况严重恶化，有丧失或者可能丧失履行承担保险责任能力情形的；违反法律规定，损害社会公共利益，可能严重危及或者已经严重危及公司偿付能力的；具有拒不承担责任保险担保责任的行为，且不能证明其合法性的；保险人不按照相关程序要求出具担保书（函）及相关材料证明等情形的，有权拒绝其提供责任保险担保，并责令其退出责任保险担保机制。

（二）建立保全立、审、执衔接机制，贯彻审执分离原则，确保各司其职、相互制约

在诉讼保全中明确责任保险作为担保方式后，法院应当建立与之配套的机制。司法实践主要需要解决以下三个方面的问题：第一是解决保全裁判与保全执行实施的分工问题；第二是解决保全裁判与保全执行实施的衔接问题；第三是解决保全异议的审理问题。

首先，审判权是"裁判权"，执行权是"实施权"，审执分离是一项完善我国司法管理体制和司法权力运行机制的重要举措。在保全中贯彻审执分离原则的关键在于理清保全裁决与执行实施的职责权限，强化审判与执行之间的分工制约。原有的保全裁定与实施均由立案或审判庭进行，因影响立案、审判的有序工作，正常安排的立案、庭审工作与突发性保全工作相冲突，且立案庭、审判庭对执行实施不专业，导致立案庭、审判庭不愿采取保全措施。因此在机制运行中应当将诉前保全的"裁判权"定位于立案庭，以实现窗口便捷高效受理当事人诉前的请求；将诉中保全的"裁判权"定位于民商事审判庭，以保证进入审理程序的案件，由对案件最"知情"的民商事审判庭进行裁判；将财产保全的"实施权"定位于执行局，以确保在案件审理的同时，由专业执行团队及时高效地实施执行。

其次，加强立审执的衔接程序，建立"立保同步，保调对接，立审执相衔接"的工作机制，使法院在案件保全过程中打破了部门间的壁垒，保证保全的运转，有效避免审执分离后出现审执争权或相互推诿、效率低下等问题。

再次，对于被申请人或案外人（利害关系人）对保全提出的执行行为异议，采取裁执分离的原则，由审判庭负责审理，确保执行实施与执行裁判彻底分离，保证被申请人或案外人（利害关系人）可以通过异议与复议程序获得有效救济，通过有效的"裁执分离"全面平衡地保障各方利益。

（三）适当降低财产保全担保"门槛"，引导诉讼全程受理财产保全申请，允许多种形式联合担保，实现司法效能的全方位提升

法院充分运用责任保险作为新担保方式，坚持方便当事人诉讼，有效简化审查程序，探索在立案和审判阶段建立诉讼保全释明引导机制。对于目前财产保全的适用率仍然较低，究其原因，与申请人未能提供足额担保额度和法院严苛的实质性审查不无关系。一方面降低财产保全提供的担保额度，以足以承担赔偿责任担保代替等额担保；另一方面不再进行以判断申请人是否能够胜诉的实质性审查，而代之以保全申请理由与担保合法的形式性审查。同时应允许组合形式的担保，即允许申请人在能够提供部分担保的情况下，选择对其他担保部分提供责任保险担保。这一方式有利于最大限度地为当事人降低诉讼成本。适用组合担保方式申请担保，是财产保全方式、方法、对象和启动阶段的适度结合。

（四）对接人制度的建立和责任保险保全的规范化和模板化

保险传统业务模式是各保险公司通过保险从业人员和保险代理机构进行商业化市场运作，这与法院在诉讼保全所需要的司法服务定位有所区别。在寻求避免保险经营的商业化，确保责任保险从业人员专业化和降低以虚假保险合同担保的审查风险，法院应当与保险公司建立诉讼对接人制度。诉讼保全责任保险由保险公司指定的专人承办、专人负责，以实现专业化司法服务功能，防止诉讼保全责任保险的商业化、风险性。具体做法是保险人建立专业诉讼对接负责机制。保险人指定唯一专业负责部门和对接负责人，向法院出具指定诉讼财产保全责任保险对接负责函，载明负责部门及对接负责人电话，并明确承诺诉讼财产保全责任保险仅由该对接负责人办理。法院根据案件情况对诉讼财产保全责任保险相关事宜向上述对接负责人核实保险情况，保险人对接负责人负有核实并如实告知义务。保险人上述负责部门及对接负责人发生变化时，及时向法院出函告知。通过细化关于诉讼财产保全责任保险审核与对接工作规范将责任保险保全进行规范化，并采取模板化审查方式提高效率与减少审查环节，规范审查内容。保险人应将统一出具的书面担保书（函）、资质证明材料等相关文件向法院提交备案。保险人出具与备案的文件不一致的材料时，法院对该诉讼财产保全责任保险的责任保险担保不予认可。

四、诉讼保全责任保险担保实务问题及建议

最高人民法院《财产保全案件规定》虽然确认了诉讼保全责任险合同可以作为保全担保，但仅作出一条原则性的规定，尚难解决实务操作中的诸多问题。在诉讼保全责任保险运用中，今后一段时期主要会遇到以下问题值得学界与司法实务界进一步研究：

1. 审查保险机构承保能力与担保主要内容

随着司法解释对保全责任保险担保的认可，会有更多保险公司开展该项保险业务，全国有二百余家保险公司，其资金与业务模式不尽相同，法院应当设

定适当条件审查保险公司的承保能力以避免风险。根据《保险法》第101条规定"保险公司应当具有与其业务规模和风险程度相适应的最低偿付能力"和第103条规定"保险公司对每一危险单位，即对一次保险事故可能造成的最大损失范围所承担的责任，不得超过其实有资本金加公积金总和的百分之十；超过的部分应当办理再保险。"在保险公司普遍开展业务时，其业务模式总量与风险程序应有评估与披露，对于大标的如涉及数十几亿元的案件，应有"不得超过其实有资本金加公积金总和的百分之十"的审查方式。保险公司在提供责任保险担保时，目前采取保函、担保书、保单和保险合同多种方式，尚不统一，需要制定统一的规范，尤其防止保函等提交给法院的担保材料与保险合同约定不一致，以及保险合同设定了过苛的免责条款，导致投保人利益受益问题。

2. 防范滥用保全制度问题

由于保全成本的降低，且保全错误的风险转移给保险公司，因此可能引发申请人滥用保全制度，侵犯他人权益的风险。如何加强法院、保险公司对申请人提出保全合理性的审查，并设定申请人因自身恶意、滥诉或者重大过失导致保全错误时，承担相应的责任。对此目前实践中，因为大多法院都要求保险公司不设定免责条款，而为防范申请人过失造成保险风险增加，所以责任保险合同条款往往会约定申请人作为被保险人时应负有一定义务，在其不履行义务时保险人享有追偿权。如在中国人民财产保险股份有限公司制定的《诉讼财产保全责任保险条款》中就明确规定了被保险人应将重大情况告知的义务，未经保险人同意被保险人不得与因财产保险错误起诉的当事人和解义务，避免因急于行使诉讼权利而承担不利诉讼后果的义务，如违反上述义务导致损失时，则在保险人向被申请人先行赔付后，有权向被保险人追偿[1]。中国平安财产保险股份有限公司制定的《诉讼财产保全责任保险条款》中也有相应规定[2]。笔者认为虽然基于《保险法》理论保险人应向被保险人赔偿，以及《保险法》仅规定了保险人享有代位行使被保险人对第三者请求赔偿的权利[3]，但依据诉讼保全责任保险的特性，应允许保险人在责任保险合同中设定被保险人未履行义务，在先行赔付后进行追偿的条款。追偿条款的设定随着审判实践发展应当更加具体合理，该条款具有防范滥用保全制度和避免被保险人存在重大过失损害保险人利益的功能。

---

[1] 《中国人民财产保险股份有限公司诉讼财产保全责任保险条款》第十三条、十四条、十五条、十六条。

[2] 《中国平安财产保险股份有限公司诉讼财产保全责任保险条款》第七条、第八条、第九条、第十条。

[3] 《中华人民共和国保险法》第六十条，因第三者对保险标的的损害而造成保险事故的，保险人自向被保险人赔偿保险金之日起，在赔偿金额范围内代位行使被保险人对第三者请求赔偿的权利。

第二编 保险产品的制度创新与完善发展研究

3. 保全担保范围与申请保全范围问题

一般情况下,申请保全范围应当与保全担保范围相一致,但实际情况则较为复杂。申请人在申请保全时往往并不掌握全部财产线索与财产状况,会出现可能保全时提供的财产线索不足,随着保全或诉讼的进行不断变更、增加,申请保全的财产有可能已经转移,如在银行账上存款的流动,不动产已经设有抵押或可能被其他法院查封。上述情况的出现都会造成保险公司审查保全责任保险合同时保全财产内容与实际保全财产不相符。对此保险公司应当约定保全财产的价值,如对保全 3 亿元财产提供担保,另一方面应当在审查保全财产的基础上,对变更财产内容可能出现的风险予以风险防控和评估,这需要有更加严密的合同条款设计。

4. 保全错误赔偿诉讼问题

由于保全责任保险运行时间不长,尚未全面展开,形成诉讼的案例不多,在如何进行赔偿上没有成熟做法。在被申请人或案外人(利害关系人)提出错误保险造成损失时,保险公司往往难以确定是否属于错误保全,也难以确定赔偿损失数额。因此保险公司在责任保险合同中会设定被保险人请求赔偿时,应向保险人提供法院判决书[1],或者约定"发生保险责任范围内的损失,保险人按照人民法院判决和本保险合同约定,在保险单载明的责任限额内进行赔偿"[2]。上述条款约定基本确定了保险公司赔偿的前提是法院的判决,这就涉及保全错误赔偿之诉问题。依据最高人民法院《民事案件案由规定》涉及"因申请诉前财产保全损害责任纠纷"与"因申请诉中财产保全损害责任纠纷"两个案由,其当事人为保全被申请人或案外人(利害关系人)起诉申请人,在该程序中能否追加保险公司作为被告或第三人,目前没有规定。法院判决保全申请人承担错误保全赔偿责任时,其审判事实系基于申请人与案外人(利害关系人)之间的法律关系,该判决并不能确定申请人与保险公司之间的责任划分,比如申请人滥用诉权、严重过错、超保全担保标的申请查封,这也导致可能在保险人与申请人之间还需要通过另行诉讼加以认定。由于在"财产保全损害责任纠纷"之诉中,审判限于申请人与案外人(利害关系人)之间,申请人基于最终赔偿责任的转移而提起的消极诉讼不进行抗辩,也会损害保险人的利益。因此,笔者建议可以研究将保险公司列为被告或第三人,在"财产保全损害责任纠纷"之诉中一并审理,这样更有利于保障保险公司诉讼权利,分清责任,避免申请人消极诉讼,及时赔偿错误保全造成损失一方,减少各方诉讼成本。

---

[1] 《中国平安财产保险股份有限公司诉讼财产保全责任保险条款》第 11 条。
[2] 《中国人民财产保险股份有限公司诉讼财产保全责任保险条款》第 19 条。

保险法视角下的诉讼财产保全保险

方乐华[*]

本论题之所以称为保险法视角，是因为研究诉讼财产保全保险（以下简称诉全险）的视角多元，理论界不乏从担保法、民诉法、侵权法等各种视角进行探讨者，但笔者认为，诉全险首先是一个险种，保险法的视角不可或缺，且是其他视角研究的基础性理论铺垫。

自云南诚泰保险公司3年前试水诉全险，目前已有18家公司开展该业务，平安保险的市场占有率达90%；截至2016年1月31日，全国各地有1339家级别不等的法院认可保函担保，累计保全金额已达数百亿元。[1] 因此，诉全险可谓方兴未艾、前景看好。

笔者对现行诉全险的基本评价是：借责任保险之名，行保证保险之实，系特殊背景下的畸形产物。其名不副实的事由多多，如责任转嫁原理与担保性质保险不符；民事赔偿责任与信用风险不匹配；责任保险合同的独立性与诉全险的附从性相矛盾；我国《保险法》有关责任保险的规定难以适用诉全险；两者的风险控制手段相异等等。而特殊背景，如保险立法、司法审判、保险监管等诸多因素促成了诉全险的畸形演变。笔者认为，诉全险名不副实的现状，不利于该险种的健康、稳定发展，须从保险理论和实务上对诉全险进行条分缕析、正本清源。

一、诉全险究竟是责任保险还是保证保险

（一）从保险合同的性质考量

保证保险合同是否是附从合同的问题另当别论，而对于其具有附从性的特征，理论上应当没有异议。其附从性主要体现在"依附于基础法律关系"[2]（在一本有关美国保险法的著作中，作者表述为"附属于基础合同而生效"[3]）

---

[*] 中国保险法学研究会常务理事，华东政法大学教授。
[1] 吕丹丹："诉讼财产保全责任保险中的法律问题"，载《中国保险报》2016年3月24日。
[2] 李玉泉：《保险法》（第二版），法律出版社2003年版，第192页。
[3] 齐瑞宗、肖志立：《美国保险法律与实务》，法律出版社2005年版，第297页。

而成立、生效，及至存续、变更和消灭；保险合同的范围和强度不能超越所附从之基础法律关系；有支持、促成所依从基础法律关系成立或履行之积极作用。

与此相比，责任保险合同则全无保证保险合同的这种附从性质，纯粹是一份独立的保险合同，不附从于任何其他合同或行为。

以此观之，诉全险合同附从于财产保全申请人与被申请人之间的第一性债权债务关系、申请人诉被申请人的第二性诉讼法律关系；支持诉讼财产保全关系成立；只有在诉讼财产保全申请人有申请行为，经法院裁定后，才可能产生、成立、生效，显然具有保证保险合同的特征。

（二）从订立保险合同的目的考察

投保人购买保证保险之原因，盖源于本人信用不足或欠缺，其保险事故系"被保证人（债务人）信用不良造成的主观性危害"[1]；故投保人订立保证保险合同的首要目的为"增信"或"补信"。与此不同，投保人投保责任保险之根本目的，是转嫁民事损害赔偿责任风险。从这一角度看，保证保险承保的是信用风险，而责任保险承保的是责任风险，两者承保的风险性质截然不同。

鉴于现行诉全险多回避诉前财产保全而承保诉中财产保全，本文就只讨论诉中财产保全的相关规定。我国《民事诉讼法》第100条规定：法院采取（诉中）保全措施，"可以责令申请人提供担保"，无须赘言，可以责令意味着也可以不责令提供担保，从可以不提供担保到责令提供担保，法院的基本判断是：申请人信用不足或欠缺。由此观之，诉全险的首要功能是增信，而"申请人不提供担保的，裁定驳回申请"（同100条），诉全险促成诉讼财产保全关系成立的作用不言而喻。

（三）从保险利益的结构辨析

基于上述原因，保证保险的保险利益呈现复合型结构。以典型的确实保证保险合同为例，发展商房屋滞销——张贴广告宣称买房就保租10年并支付租金——由于发展商商业信用不足，便购买保证保险让保险人承诺：发展商逾期3个月未支付租金时，由保险公司代为支付——同时，保险合同约定：保险人支付后3个月内发展商须清偿垫付租金；反担保：发展商提供房屋抵押。从上述确实保证保险合同中，可以清晰勾勒出其保险利益的结构：积极利益——发展商得以"增信"，摆脱房屋滞销、资金周转不济之困境；消极利益——发展商得以有条件转嫁可能发生的违约责任风险。

无须赘言，责任保险的保险利益是被保险人单一的、消极的责任利益。

以此衡量现行诉全险，其保险利益同样呈现复合型保险利益结构：积极利

---

[1] 覃有土：《保险法》，北京大学出版社2000年版，第170页。

益——投保人申请的诉讼财产保全关系得以成立；投保人避免了担保财产被依法查封、扣押、冻结❶而给自身生产或生活造成重大影响的困境；投保人胜诉后债权执行有保障；消极利益——转嫁诉讼财产保全申请错误导致的损害赔偿风险。

（四）从险种的风控角度考虑

保证保险难以按大数法则精算费率、控制风险，"保证保险收取的保费并不是通过精确计算确定，而是出于保险人当时心理上或主观上的认识而定"❷，因为其承保的风险"都不同程度地涉及了人们的道德风险，甚至犯罪风险，至少是涉及人们的不诚实行为"❸，具有难以控制的主观故意因素，导致出险的概率难以估算。保证保险学理上应当建筑在零损失基础上，但实际上由于上述原因，一旦发生赔案，损失会相对集中。最近，沈阳市中级人民法院二审审理了一起因财产诉讼保全错误造成损害的纠纷案，最终判决保全申请人"长城资产沈阳办事处"赔偿被申请人"新东北电气公司"675万元。❹ 本案最值得深省的是早在2008年，新东北电气公司就作为共同被告被国家开发银行起诉过，并最终由最高人民法院判决其不承担连带赔偿责任，而本次长城资产沈阳办事处又栽在了承担连带责任的主张上。本案若由保险公司承保，只要未获知2008年诉讼案的详情，就可能陷入承担巨额保险金的风险，而从现行诉全险的特点看，申请人不可能提供被申请人数年前的纠纷案情，申请人本身也可能并不知情，足见诉全险承保前的资信调查、评估之重要性和复杂性。有资深业内人士戏称：675万元对于一些省公司来说，恐怕等于一年白干了。

上述案例充分说明，保证保险的首要风控手段是承保前缜密、周全的资信调查和评估。"保证保险的赔付率很低，一般在10%以下，但订立保证保险合同前，保险人对投保人的资信等的调查费用极高，通常在80%~90%。只有经过充分的调查，发现投保人资信相当可靠，保险人才予以承保。"❺ 但是，资信调查、评估却并非责任保险的风控手段，责任保险通常采取"责任免除"手段，将风险控制在民事赔偿责任范围，且将故意、重大过失等民事违法行为排除在外。由此，以责任保险为名的诉全险处在十分尴尬的境地，行责任保险之实，法院无法认可背书有免责条款的保函，而既不设置免责条款，又不进行

---

❶ 《最高人民法院关于适用〈中华人民共和国民事诉讼法〉的解释（法释2015·5号）》第164条规定：对申请全人或者他人提供的担保财产，人民法院应当依法办理查封、扣押、冻结等手续。

❷ 齐瑞宗、肖志立：《美国保险法律与实务》，法律出版社2005年版，第298页。

❸ 同注释2，第290页。

❹ 沈阳市中级人民法院：《中国长城资产管理公司沈阳办事处与新东北电气（沈阳）高压隔离开关有限公司因申请诉中财产保全损害责任纠纷二审民事判决书》（2016）辽01民终3360号，详见中国裁判文书网：http://wenshu.court.gov.cn/list/list/? sorttype=1&conditions=searchWord+，最后访问日期：2016-5-27。

❺ 李玉泉：《保险法》（第二版），法律出版社2003年版，第191页。

资信调查的诉全险，不但险种本身可能面临承保道德危险的法律风险，且等同于"不设防的城池"；行保证保险之实，不少保险公司可能自身还不具备与之相匹配的资信调查、评估机制和能力。

"反担保"在保证保险中大行其道，可以在很大程度上弥补资信调查不充分、信用评估偏差的失误，以规避被保证人的信用风险。也许有人质疑，保险公司要求申请人提供反担保，申请人还不如直接向法院提供保全担保。反担保与保全担保的主要区别是保险公司要求的反担保是一种抵押担保，可以避免申请人面临担保财产被查封、扣押的窘境。因此，诉全险若定性于保证保险，在面临债权债务关系比较复杂、申请人恶意诉讼或恶意保全的嫌疑较大、资信调查任务艰巨而时间十分有限、涉案案值较高等情况时，完全可以采取反担保手段来控制风险。凡此种种，定性于责任保险的诉全险，受险种特征等因素的制约，却无法采取。

在无法设置免责条款的情况下，为了控制险种风险，现行诉全险条款，多采取了向被保险人追偿的手段，但是，诉全险的追偿制度，与代位求偿及责任保险的原理皆相悖。代位求偿的对象是第三人，若申请错误系第三人造成，自然可以向该第三人追偿，凭什么投保人就成了追偿对象呢？责任保险的投保人支付对价后，将民事损害责任风险转嫁于保险人，既然责任风险已经转嫁，保险人承担责任后还有什么追偿的余地？总之，投保人支付对价后向其追偿的合同安排，于法于理无据。与此相比，"保证保险合同关系中，被保险人的风险并没有完全转嫁给保险人，只是附条件地将连带责任转嫁给保险人。"[1] 连带关系存在外部和内部两种结构，就内部结构而言，保险公司为控制信用风险，在保证保险合同中设置追偿条款天经地义，"在保证保险中，保险人有权起诉自己的被保险人。"[2]

不得不说的是：无免责条款、无追索权、无反担保措施的诉全险，几近丧失风控能力。

（五）其他方面的比较甄别

1. 权利人的角度

责任保险的权利人为不特定第三人，保证保险的权利人特定，即使可能出现不确定的利害关系第三人。诉全险的权利人确定无疑，为被申请人，即便可能存在保全错误造成损害的利害关系第三人。

2. 法定解约权的角度

责任保险适用《保险法》法定解约权的所有规定，如违反告知义务、危险

---

[1] 覃有土：《保险法》，北京大学出版社2000年版，第170页。
[2] 齐瑞宗、肖志立：《美国保险法律与实务》，法律出版社2005年版，第297页。

程度显著增加等；但诉全险成立后，即使出现法定解约事由，向法院作出的担保承诺不可能撤销，所谓不可撤销连带责任。这与保证保险的特征相符。

3. 责任性质和范围的角度

即便责任保险和保证保险都可以承保责任风险，两者的责任性质和范围却大相径庭。责任保险必须注意险种本身的法律风险：民事违法行为有违公序良俗亦非可保责任。以此观之，食品安全责任险、环境责任险的发展之所以步履蹒跚，根本原因是现实中存在大量主观故意、重大过失乃至恶意犯罪等食品、环境违法行为，责任保险绝对不能替这些违法民事行为乃至违法犯罪行为买单。值得强调的是：民事赔偿制度有抑制、预防民事违法行为之立法目的，责任保险不能破坏民事赔偿制度的立法旨意。

笔者注意到，在某外资保险公司的《董监事及高级管理人员责任保险》条款中，扩展保障的范围包括"资产和人身自由"项目，具体内涵为：保释保证金和民事保证金、资产和人身自由保全费用、资产和人身自由抗辩费用、资产和人身自由费用。该扩展性条款表明，在财产保全、行为保全领域，责任保险与保证保险具有一定共通性，但是，该董监事责任保险采取事后承担赔偿责任而非事前提供担保的方式，因此，其承保的风险性质，依然是民事赔偿责任风险而非性质复杂、范围宽泛的信用风险。

那么，诉全险能否采取事后承担赔偿责任的范式？否！因为其所附从的基础法律关系不允许，保险公司必须向法院出具无条件、不可撤回之保函，保证承担法院判决的申请错误赔偿责任。与此同时，诉全险定位于责任保险的法律困境油然而生，因为导致申请错误的原因多种多样，其中不乏民事违法行为乃至违法犯罪行为。

二、诉全险是特殊背景下的产物

（一）免责条款之或然性无法得到法院认可

诉全险之所以演变成目前这种不伦不类的状况，显然与法院对诉全险的要求密切相关。当然，这并不意味着法院有什么过错，其实质是诉讼财产保全这一基础法律关系，无法与责任保险的免责原理相容。用"釜底抽薪"来形容免责条款的效果也许有些过分，但法院要求申请人提供担保的目的，至少在免责条款范围内将无法实现。由此，免责条款就掏空了《民事诉讼法》及其司法解释中有关申请人提供担保的规定。

1. 免责条款与保函表里不一的格局让法院无法接受

笔者认为，诉全险合同具有内外表里的二层结构，投保人与保险人之间的保险合同构成内部结构，保险人依保险合同约定向法院出具的保函构成外部结构，两者之间理应统一基调、表里一致。在保险人须向法院出具无条件担保之保函的前提下，保险合同中若出现免责条款，必然与保函形成表里不一的格局，一旦发生保险事故，即会陷入依保函赔偿、依免责条款拒赔的悖论，这种明显的冲突和矛盾无疑是法院不愿看到也无法接受的。为了明确这一点，不妨对诉全险曾经设置的一些免责条款进行分析（破折号后为笔者注，以下同）。

免责条款（1）：因被保人和被申请人恶意串通造成的损失——恶意串通行为主观恶意程度高；明显超出责任保险承保范围；但若被申请人在恶意串通中处在被动、次要地位且遭受财产损失，法院可能判决申请人承担保全错误责任。

免责条款（2）：被保险人由于财产保全错误遭到被申请人诉讼时，未及时通知保险人而造成或扩大的损失——所谓保险人的参与权，典型的责任保险条款，但这与诉全险毫无关系，法院认定申请人申请错误时必然判决赔偿。

免责条款（3）：被保险人由于财产保全错误遭到被申请人起诉时，未经保险人同意，与被申请人和解、调解结案，而承担的赔偿责任——这一条款中有"结案"的表述，表明申请人与被申请人在法院主持的民事诉讼调解程序中达成和解，并依据和解协议承担赔偿责任。即使按责任保险原理，该免责条款也存疑问，因为被保险人未经保险人同意而与被申请人达成和解协议时，保险人可以主张不受其拘束，却不构成当然拒赔的事由，如果双方达成的和解协议合法、合理，保险人就无理由拒绝承担责任。同时，这一免责条款将导致法院主持达成的生效和解协议无法执行。

免责条款（4）：被保险人撤诉（不包括和解后撤诉）、诉前保全后不起诉或使用虚假证据而给被申请人造成的损失，保险人可以在赔偿限额内先行垫付后向被保险人追偿——这一条款中有"垫付"的表述，拟借鉴了"交强险"的垫付条款作为变通，"交强险"的垫付条款能否适用商业责任保险另当别论，这一免责条款的主要问题是"可以"颇具或然性，无法满足法院要求的"必然性"。

免责条款（5）：被保险人未依法行使诉讼权利或履行诉讼义务而造成或扩大的损失——这一条款的免责范围相当宽泛、适用尺度可松可紧，是或然性最强的免责条款，可能导致相当部分的法院判决被其架空。

与上述免责条款形成鲜明对比的，是保险人向法院出具的无条件担保之保函。其保函通常承诺：如申请人财产保全申请错误致使被申请人遭受损失，经法院判决由申请人承担的损害赔偿责任，保险人向被申请人在限额内进行赔偿。面对这样一份颇有阴阳合同之嫌的诉全险合同，法院完全有理由质疑保险人：你打算如何破解这样的悖论，如何处理两者之间的冲突和矛盾？无须质疑，正是在无法破解这种悖论的情况下，保险人选择了删除免责条款，代之以追偿乃至垫付条款。

2. 免责条款与申请错误的类型不谋而合

深入研究申请错误的类型，可以发现其大多数可能被归入免责事由，从而导致人保性质之保险人担保形同虚设,法院对此不予认可理所当然。

在一篇讨论保全错误损害赔偿责任归责原则的论文里,作者查询了中国裁判文书网中的相关案件后,归纳出可能被认定申请有过错的几种类型❶(破折号后为笔者注,以下同):(1)诉讼请求数额与法院支持数额相差悬殊——可能构成主观故意或重大过失;(2)保全财产价值明显大于请求额且有预见能力或过于自信——可能构成主观故意或重大过失;(3)被申请人诉讼中多次提出异议申请,申请人不同意解封——可能构成恶意保全或滥用诉讼权;(4)法院释明价值超额,申请人作出愿承担错误保全责任——主观故意的可能性很大;(5)未仔细甄别本属第三人财产——重大过失;(6)基于申请人自身原因以撤诉等方式拖延诉讼——主观故意可能性很大。上述申请错误的类型虽然不能与前述免责条款一一对号入座,但仔细分析,不难找到两者之间的联系。囿于篇幅限制,笔者不再一一赘述。

在上述引文中,笔者加注是为了再次强调诉全险定性于责任保险的法律风险:无条件担保之承诺,在缺少保证保险风控手段的情况下,可能助长恶意诉讼、恶意保全等民事违法行为,破坏正常的司法秩序、公序良俗。

(二)法律和监管因素

1. 法律缺位与舶来险种

我国《保险法》仅在分类中列举了保证保险,全无具体规范。这与保证保险有些另类、系舶来险种不无关系。值得一提的是,大陆法系国家或地区对英美通行的保证保险持犹疑不定态度,如日本 2008 年新制定的《保险合同法》中,将保险分类为损害(财产,笔者注,以下同)保险、生命(人寿)保险和伤害(意外)疾病定额保险。对于损害保险契约,总则部分的定义是:"保险人对于一定偶然事故造成的损失予以填补之保险契约❷",章节中有责任保险的规范,全无保证保险的条文。

在这篇短文中,笔者无意探究保证保险在大陆法系一些国家或地区缺位的原因,只是为了说明我国《保险法》的笼统规定事出有因。但是,保证保险法律规范的缺位势必影响相关理论研究之展开和深入,更对相关险种开发产生不利因素。事实上,笔者接触的一些资深业内人士中,认为诉全险应当定位于保证保险的不在少数,却在险种开发时,有意识回避了保证保险而冠名为诉讼财产保全责任保险(市场和学界通常简称"诉责险",笔者为回避诉责险之称而简称为"诉全险")。

同时,在业界和学界普遍缺少理论研究和铺垫的大背景下,"诉责险"得

---

❶ 肖建国、张宝成:"论民事保全错误损害赔偿责任的归责原则——兼论《民事诉讼法》第 105 条与《侵权责任法》第 5 条的关系",载《法律适用》2016 年第一期。笔者引用时加了注脚。

❷ 日本 2008 年《保险合同法》,译文由笔者从法律条文直译。

以以讹传讹,不但在保险市场上蔓延,还得到了司法审判界的首肯,最高人民法院最近出台的《关于办理财产保全案件若干问题的规定》就是明证❶。笔者和法官们聊起这件事,有法官认为我们不管是什么性质的保险,只要保险人出具保函承诺无条件担保即可。但是,事情不会到此结束,可能会引起一系列后续问题,届时法院可能难脱干系。如在法院"确得得到赔偿"的前提下,诉全险设置免责条款的余地完全被封杀了,保险人如果就此一赔了之,投保人过失申请错误的情形自然没有任何法律问题,一旦申请错误系投保人恶意诉讼、恶意保全、重大过失等民事违法(甚至可能构成刑事犯罪)行为造成,问题就严重了,难道法院能听凭保险人替违法民事行为买单?于是乎,追偿条款成了不可或缺之最后防线,不过,保险人追偿引起投保人抗辩是不难想象的,而抗辩的事由可能是基础理论性的:如责任保险的投保人究竟是保险合同当事人还是第三人?如诉全险中,投保人支付保险费,保险人承担赔偿责任是一种对价,保险人的追偿之债因何产生?若主张追偿之债因投保人的违法民事行为产生,问题来了,《保险法》第 4 条明确规定:从事保险活动必须遵守法律、行政法规,尊重社会公德,不得损害社会公共利益。据此,诉全险向法院承诺无条件承担申请错误的赔偿责任,其中必然包含违法民事行为。就责任保险而言这本身就是一种有违公序良俗的行为,先承保后追偿无法掩盖其非法性,保险人单方制定的先赔后追条款之效力也理应受到质疑。

2. 保险监管上的因素

很多研究诉全险的文章中都提到了保监会的《关于规范保险机构对外担保有关事项的通知》。《诉讼财产保全责任保险中的法律问题》中提到,有观点认为,保险公司从事的诉讼保全责任保险业务涉嫌违反该监管规定……因为,"只有具有担保业务范围的主体才能依法向人民法院提供诉讼担保"。另一种观点则认为:"保监会出台该项规定的本意是禁止保险公司及其分支机构在保险经营业务范围外,违规为其他相关经济主体出具非基于经营目的、没有精算、风控基础的违规担保业务,并非全部禁止类担保性质的保险业务"。看了这段引文,一个简单的疑问就是:既然诉全险定性于责任保险,与保监会的通知又有何相关?当然,笔者无意评论该文在责任保险与保证保险之间的游移和矛盾,想强调的是,监管部门的监管政策,对诉全险乃至保证保险的发展和演变具有重大影响。其实,上述保监会通知与保证保险并无关系,保证保险是法定保险业务,且经保监会核准业务范围后经营,保监会岂有禁止该业务之权限?不过,不能排除一些未经核准保证保险业务的保险公司,为规避监管风险而将

---

❶ 最高人民法院于 2016 年 10 月 17 日发布《关于办理财产保全案件若干问题的规定》,其中第 8 条规定:申请保全人可以与保险公司订立诉讼保全责任险合同,作为保全担保。诉讼保全责任险合同的保险利益应当确保保险事故发生时被保全人所遭受的损失得到赔偿。

诉全险定性为责任保险。此外，由于保证保险的特殊风险，经核准经营该业务的保险公司，在开发新险种时仍须报保监会审批的规定❶，可能让众多保险公司避重就轻，转向开发只需报备程序的责任保险险种。

三、诉全险名不副实的法律风险

诉全险名不副实的现状，必然产生行名还是行实的实际操作问题。

（一）行名（名副其实的责任保险）风险巨大

1. 行责任保险之名可能让保险人放任风险

保险人若完全按责任保险之名操作，由于责任保险没有资信调查、评估的环节（或曰责任保险固有的风险调查、评估方式，与资信调查、评估各不相同），正如前述资深业内人士所言，有些同业可能审都不审，秒出一单……照现在市场的普遍玩法，这个坑一定会掉进去。而且很多保险公司出完保函就不管了，后续案件怎么样都不知道，提前挽回一些损失的机会也没有。这段出自内部人士的坦言，在相当程度上揭示了目前诉全险市场的乱象，对承保风险熟视无睹、放纵信用风险发生。而且，在责任保险的名义下，监管部门也难以对上述乱象进行监管。

2. 难以追偿的风险

事实上，信用保险的最大风险即在于追偿，得以追偿与能否达到追偿目标完全是两码事。而名不副实的诉全险还有另一层风险，即保险人承担担保责任后向被保险人追偿，可能面临被保险人以违背责任保险原理为由抗辩。前述资深业内人士也认为，保险公司的追偿条款法院到时会不会认目前存疑。

3. 面对责任保险特有的法律风险

"责任保险在开办初期曾引起激烈争论，一些人认为责任保险代替致害人承担赔偿责任有违法律的宗旨及社会道德准则，甚至认为责任保险是鼓励犯罪，会产生极大的社会负作用。为此，责任保险的发展屡遭挫折。最终因责任保险对被保险人故意行为、违法行为是不予以承保的，且承保仅限于民事经济赔偿……逐步得到人们和社会的认可。❷"笔者把责任保险的这一软肋称之为特有的、甚至可谓"原罪性"的法律风险，即使在社会已经认可责任保险的今天，依然存在。诉全险在责任保险机制下，替道德风险、犯罪行为承担责任的法律风险尤为明显。

（二）实际适用（借责任保险之名行保证保险）中的风险

保险公司欲行诉全险之实，面临的首要问题是行保证保险之实，公司准备

---

❶ 保监会在《关于实施〈财产保险公司保险条款和保险费率管理办法〉有关问题的通知》中规定：保险期间超过1年期的保证保险和信用保险，应当报保监会审批。

❷ 乔林、王绪瑾：《财产保险》，中国人民大学出版社2003年版，第688页。

好了没有？美国保证保险实务中有所谓的资信评估 3C 标准，即"保险人都要仔细地评估三个要素：委托人的品质（character）、履约能力（capacity）和资本（capital）"❶，而诉全险涉及民事诉讼，资信评估的范围更深、更广。诉全险合同订立过程中，法院对申请人的保全申请仅作程序性审查，而保险人除所谓的资信评估 3C 标准外，还须对案件（时效、主体适格、管辖权等）、案情（诉由与适用法律、事实与证据）、被保全标的（银行账户、房产等）进行实质性调查和评估。显而易见，保险人若既缺少资信调查的机制、机构和经验，又缺少具有风险评估资质的专业人员，必然要面对巨大的信用风险。当然，保险公司可以借助社会力量，如委托律师事务所、查询央行征信系统❷等。但律师事务所有无资信调查、评估的能力，需要审慎选择，而社会征信系统提供的只是原始信用信息，可以弥补一些资信调查时间不够的短板，却无法替代资信评估，因此，保险公司还须建立信用等级评估标准和机制。

此外，虽然行保证保险之实，名义上依然是责任保险，可能会面临名不正言不顺，只能实行被捆住手脚的保证保险之困境；而诉全险合同条款过于倾向于保证保险，还可能面临被监管风险。

四、诉全险正本清源之途径

1. 相关机构充分认识诉全险意义，合力完善之

就保险监管部门而言，应当站在开拓司法保证保险的高度，把诉全险作为突破口，制定部门规章或规范性文件稳步推进险种发展，并积极推动保证保险相关立法。作为过渡措施，对获准经营保证保险的保险公司，保监会应当督促其转型诉全险产品；并鼓励保险公司逐步开拓保释保证、受托保证、诉前保全、行为保全保证、被保全保证等险种。以被保全保证保险为例，诉讼保全关系一旦成立，被申请人因财产被查封而生产或生活受到严重影响是必然的，那么，既然申请人可以通过投保转嫁申请保全带来的风险，为何被申请人就不能通过保险转嫁被保全风险呢？若保险人向法院担保：被申请人保证不转移、藏匿、隐瞒被保全财产，如有违反：保险人承担赔偿责任，法院何必还要查封被申请人财产呢？如此，还可以大大减轻因诉讼保全而给法院带来的工作压力。以一对一的比例观之，被保全保证保险的市场需求，应该等同于诉全险市场。

就保险行业协会而言，应当积极推动保证保险领域的理论研究，制定诉全险示范条款，并逐步将示范条款扩展、覆盖至其他保证保险险种。同时，行业协会应当着力制定保证保险资信调查、资信评估的准则和规范，组织专业人员

---

❶ 齐瑞宗、肖志立：《美国保险法律与实务》，法律出版社 2005 年版，第 298 页。
❷ 据新华社报道，截至 2015 年 9 月末，中国人民银行征信系统已经收录 8.7 亿自然人和 2102 万家企业组织的信用档案。详见《新闻晨报》2015 年 10 月 28 日。

的培训和考核，以逐步增强保险公司经营保证保险的能力。

就司法审判机关而言，首先，应当充分认识司法保证保险在维护司法审判秩序、提高司法审判效率上的积极意义，乐见其成，并积极促进其早日实现。其次，对于诉全险应当统一保函的认可标准，在同等条件下优先选择保险保函的担保方式，并给予保险人必要的诉讼及司法业务指导，以促进诉全险乃至司法保证保险的发展和完善。

2. 保险人应当积极开拓保证保险市场

有资质经营保证保险的保险公司，应当积极转型诉全险，使之名副其实。同时，考虑到保证保险的特殊性，保险公司应当建立以总公司或有条件分公司为中心的专业承保机构，改变目前市场一哄而上的欠健康状态。

至于司法保证保险乃至其他确实、诚实保证保险之险种的拓展，当仁不让的主角是保险公司，保险公司应当本着厚积薄发的精神和心态，不断积蓄承保能力和经验，积极推进和培育保证保险市场的成熟和发展。

论我国"以房养老"保险制度的完善发展

孙惠珍[*]

凡是关心"新国十条"的，都知道在其规定的发展现代保险服务业所涉及的九大类具体内容中，首先就构筑保险民生保障网，完善多层次社会保障体系方面，将"开展住房反向抵押养老保险试点"纳入其间，成为具体内容之一。这完全是中国保险市场适应着我国自1999年进入老年社会的现实需要而拓展的新领域，即介入养老事业的新型养老保险产品。不过，正因为它属于新型保险业务，其制度建设需要经过试点而总结正反两方面经验，进行科学的法律设计，才能够形成符合我国的国情，并具有科学性和实用性的保险制度。

一、"以房养老"保险试点的结果：叫好不叫座的尴尬局面

为了落实"新国十条"要求完善多层次社会保障体系的需要，中国保监会于2014年发布《关于开展老年人住房反向抵押养老保险试点指导意见》。根据该项"以房养老"政策的决定，先行在北京、上海、广州、武汉等地开展试点。一时间，"以房养老"成为人们热议的话题。

中国作为世界第一人口大国，现有60岁以上的老年人口1.78亿，约占我国13亿总人口的16%，表明我国的人口老龄化趋向日益突出，进入老龄化社会已是不争的事实。由此引发我国的养老保障体系存在的问题逐步显现，这意味着发展养老事业已经成为我国社会发展过程中亟待解决的当务之急。正如有的专家所说的"从某种意义上讲，'未富先老'的中国比世界上任何国家的养老问题都更加严峻，庞大的老龄人口将成为决定未来中国经济发展各种重要因素中的重中之重"[❶]。于是，国务院于2013年9月发布了《关于加快发展养老服务业的若干意见》，确立的目标是："到2020年，要全面建成以居家为基础、社区为依托、机构为支撑、功能完善、规模适度、覆盖城乡的养老服务体系"。具体要求相关的20个政府机构和部门"在制定相关产业发展规划中，要鼓励

---

[*] 中国妇女活动中心副主任、经济师。

[❶] 孙祁祥："加快养老产业发展正逢时"，载孙祁祥等：《中国保险市场热点问题评析（2013—2014）》，北京大学出版社2014年版。

发展养老服务中小企业,扶持发展龙头企业,形成一批产业链长、覆盖领域广、经济社会效益显著的产业集群"。

笔者认为,值此大力发展我国养老事业之时,商业保险业应当凭借其保险保障功能来参与我国的社会养老事业,成为中国养老产业集群的一分子。因为,社会养老保险是由国家通过国民收入的分配和再分配实现的,其主要职能是为国民在年老后提供物质上的帮助,商业保险公司经营的养老保险责无旁贷是其组成部分。为此,"新国十条"将"创新养老保险产品服务"列为发展我国现代保险服务业的内容之一,其中明文规定"开展住房反向抵押养老保险试点"。

所谓"住房反向抵押养老保险",也就是俗称的"以房养老",表现为老年人将其拥有所有权的私有房屋抵押给具有相应保险资质的保险公司,其在生前继续享用和居住该住房并从保险公司获得约定的养老费用(一般称为贷款),而在其去世后利用该私有房屋的价值归还上述贷款款项的养老保险关系。应当说,以房养老实质上属于社会机构提供的以房养老服务,它是老人生前对其拥有的房产资源进行的优化配置,利用其住房的寿命周期和自身生存余命的差异,通过让渡住房的权益(所有权或处置权或使用权)而盘活存量住房来实现价值上的流动,即提前让死房子变现为补贴晚年生活的"活钱"。可见,"以房养老"是完善我国养老保障机制,扩大养老服务的供给方式,构建多样化、多层次、以老年人的养老需求为导向的养老服务模式(而不是唯一)的具体类型之一。

客观地讲,"以房养老"泛指各种生前利用私有房屋实现养老的运作形式,而住房反向抵押养老保险仅仅是其中借助保险公司实现养老的一种,其专业名称为"倒按揭",它作为舶来品始自于上个世纪80年代中期的美国[1]。如今,住房反向抵押养老保险不仅在美国日趋兴旺,也在加拿大、英国、日本、新加坡等国家得到良好的运用和发展。但是,这一养老保险模式在我国出现后的适用情况却呈现"叫好而不叫座"的局面。之所以说对"住房反向抵押养老保险"叫好,是大多数专家的观点一致,认为"以房养老"值得期待,它能够改善"有房富人,现金穷人"的"中国穷老人"的现状。但是,在广州、上海、北京、成都、南京等地的试点过程中,较早推出"住房反向抵押贷款"(或保险)的,购买者寥寥无几,甚至在深圳、合肥等多地的交易量为零。

理论界和金融、保险业界普遍认为住房反向抵押养老保险购买者偏少的主要原因包括:第一,中国人在养老方面"靠儿不靠房"仍是主流观念,导致人

---

[1] "倒按揭"最早是由美国新泽西州劳瑞山的一家银行于20世纪80年代中期创立的,一般常说的"倒按揭"就是以美国模式为蓝本的。

第二编　保险产品的制度创新与完善发展研究

们大多不看好"以房养老"。第二，养老机构的巨大缺口❶，让人们不愿意冒着"有钱而无处养老"的风险而削弱了参加"以房养老"保险的愿望。第三，我国的房价高度的波动性和不明朗的发展走向使得稳定的房价上涨预期难以形成，致使保险公司担心无法收回全额贷款。相关法律制度的欠缺则是影响"住房反向抵押养老保险"难以推行的直接因素。这一点可以用"住房反向抵押养老保险"的试点历程加以佐证。2003 年 3 月，时任中国房地产开发集团总裁孟晓苏提议开办"反向抵押贷款"寿险服务后，2006 年由其筹建的幸福人寿保险公司就以试水"以房养老"作为目的之一，但因当时的《物权法》和《保险法》对开发该保险产品存在障碍而作罢。2013 年 9 月国务院发布的《关于加快发展养老服务业的若干意见》和 2014 年 6 月中国保监会发布的《关于开展老年人住房反向抵押养老保险试点的指导意见》均明确了"开展住房反向抵押养老保险试点"的工作思路，然而大多数保险公司都限于研究"以房养老"政策，却对推出该保险产品持观望态度。其涉及的法律层面的障碍包括：现行的 70 年房屋产权的限制；保险机构不具备办理抵押贷款的资质而具备抵押贷款业务资格的商业银行又与保险机构各自经营；房产评估缺乏完善的制度规则等。所以，直到 2015 年 3 月，经中国保监会批复的首个"以房养老"保险产品（幸福人寿保险公司最早推出的"幸福房来宝"）才正式投入保险市场。

二、为改变"以房养老"保险尴尬境地而提出的制度完善建议

笔者认为，健全与"以房养老"保险相关的法律制度是解决"以房养老"保险当前的推广困难，改变其"叫好不叫座"局面的关键所在。这不仅包括"以房养老"保险本身制度设计力求科学实用，更需要建立健全相关法律制度，并能够与"以房养老"保险配套适用。具体提出如下想法。

第一，"以房养老"保险制度内容所包含的抵押贷款环节，应当按照《物权法》有关抵押权的法律规则来构建。因为，从各地现有的"以房养老"保险的内容来看，老年人用于抵押的房产权利并不一样，有的是让渡抵押房产的所有权，有的是抵押房产的使用权，也有的是抵押房产的处分权。如此五花八门的抵押内容，不仅会造成"以房养老"保险的混乱，更有可能让人们误解"住房反向抵押贷款"是在《物权法》规定的抵押制度以外存在的另类制度。应当说，"住房反向抵押贷款"就是《物权法》上的抵押制度在养老保险领域的运用。因为，老年人将其所有的房产作为抵押物抵押给保险公司，不是为了当即转移该房产的所有权，而是在保留居住权的前提下获取生存期间的养老费用。

---

❶ 据统计，我国的城乡养老机构现有养老床位 365 万张，平均每 50 位老人不到一张床，且养老从业人员更是不足百万人。

与此相对应，保险公司向老年人支付养老保险金的条件，就是在老年人去世后对处分该抵押房产所得价款行使优先受偿权，从而得到老年人作为投保人所应支付保险费的清偿[1]。可见，老年人借助抵押住房给保险公司而获得的是用于满足其养老生活所需的养老费用款项，同时，也不影响老年人对该房产享有的居住权。"由此，财产（尤其是不动产）的经济价值和经济功能被发挥到极致"[2]。

因此，设计"以房养老"保险制度，就必须符合《物权法》规定的抵押权制度规则，即自住房反向抵押贷款关系成立和生效之时起，该房产的所有权人保有房产所有权，但该所有权包含的处分权在抵押期间受到限制。根据《物权法》第191条的规定，未经作为抵押权人的保险公司的同意，作为抵押人的房产所有权人不得处分该房产。而且，建立住房反向抵押贷款关系，依据《物权法》第187条的规定"还应当办理抵押登记。抵押权自登记时设立"，在确保住房反向抵押贷款保险合同效力的同时，也可以对外对抗第三人对该抵押房产的异议请求。

第二，"以房养老"保险应当将抵押贷款设计为养老保险金（人身保险金）。原因是保险实务界普遍认为，保险公司并非经营货币业务的商业银行，无有办理抵押贷款的资质。不过，这只是拘泥于"住房反向抵押贷款关系"的字面含义所做的解释，但在现代经济社会环境下，住房反向抵押作为一种融资行为，其适用范围比较广泛。如果房产所有权人将其房产抵押给银行而获取的款项当然是贷款，构成"住房反向抵押贷款关系"。如果房产所有权人将其房产抵押给保险公司而获取的对价条件就是向相对人支付养老保险金，构成"住房反向抵押保险关系"。只不过，保险公司需要根据保险运作的规律，考虑影响"以房养老"保险的诸多因素，运用精算技术来计算所应支付的养老保险金数额和应当计收的保险费数额。既要尽可能降低保险公司自身的经营风险，也应当实现相对人追求的养老权益。

正是在此意义上，"新国十条"和中国保监会《关于开展老年人住房反向抵押养老保险试点指导意见》均将"以房养老"保险明确地称为"住房反向抵押养老保险"。因此，保险公司的从业人员应当改变现有观念，注意界定和区分保险公司经营的"住房反向抵押养老保险"业务与银行经营的"住房反向抵押贷款"业务，不要把"以房养老"保险视为银行经营的抵押贷款业务。也就是说，保险公司应当按照人寿保险的经营规律来经营"以房养老"保险，确立保险公司与老年人之间交纳保险费和支付养老保险金的保险商品交换上的对价

---

[1] 笔者认为，在住房反向抵押养老保险关系中，保险公司通过行使优先受偿权而从处分抵押房产所得价款中获得清偿的应当是该保险关系产生的保险费，而并非清偿贷款金额。

[2] 尹田：《物权法》，北京大学出版社2013年版，第513页。

关系，并基于此而构建的保险权利和义务关系。

第三，"以房养老"保险应当纳入具有中国特色的养老制度体系之中。众所周知，"新国十条"是从构建我国多层次社会保障体系的角度，提出进行"以房养老"保险的试点。可见，"以房养老"保险制度绝非特立独行的孤制度，而是我国社会保障体系的组成部分。而就我国新兴的养老事业来讲，它也是其中的一种具体模式，应当与当前各地探索的"医养结合"和"居家养老"等养老模式相互配套，才能使其对社会公众产生更大的吸引力，充分发挥其应有的社会保障效果。

因为，"以房养老"与"医养结合""居家养老"等在我国的养老事业中均是各有优势、各具特色的，而在我国的适用实践中又均暴露出弱点。因此，有必要构建相互之间的配套关系，使得其产生集约效力，并形成中国养老事业的制度特色。其中的"医养结合"是指医疗资源与养老资源相结合，既能够实现社会资源利用的最大化，又可以使老年人得到最快和最专业的医护治疗和专业化护理。一般意义上，单纯的养老院只是负责老年人的生活护理以及日常活动的组织，可以一个单位或者一个社区或者一个公寓的形式存在。而"医养结合"模式就是说养老院的医疗设施是以医院为依托，老人在养老院里得到的不仅是生活上的照顾，而且能够得到定期的医疗检查，生病时又可以得到及时的医治，并有专业的护理人员进行照顾，使老人康复。而老人身体健康之后再行入住到养老院，与其他老年人共度快乐的晚年生活。"医养结合"区别于传统的单纯为老年人提供基本生活需求的养老服务，它在传统的生活护理服务、精神心理服务、老年文化服务的基础之上，更加注重医疗康复保健服务，涵盖医疗服务、健康咨询服务、健康检查服务、疾病诊治和护理服务、大病康复服务以及临终关怀服务等。与一般的养老机构模式相比较，"医养结合"的服务对象重点是面向患有慢性病、易复发病、大病恢复期、残障以及绝症晚期老人提供养老和医疗服务。

但在实践中，"医养结合"的专业技术性也使其暴露出具有相当水平的医疗器械老年医疗护理专用人才短缺等问题。

而居家养老（服务），则是指以家庭为核心、以社区为依托、以专业化服务为依靠，为居住在家的老年人提供以解决日常生活困难为主要内容的社会化服务。服务内容包括生活照料与医疗服务以及精神关爱服务。主要形式有两种：一是由经过专业培训的服务人员上门为老年人开展照料服务；二是在社区创办老年人日间服务中心，为老年人提供日托服务。2014年我国社会的老龄人口突破2.5亿大关，因老龄人口比例严重超过老龄化标准而逐步进入老龄社会。随着老年人口的不断增多，各地开始对养老福利模式进行积极地探索。居家养老服务应运而生，现在全国各地高校已经陆续开办与养老相关的专业，相关产业更应该及时引进专业人才，完善我国养老模式。

上述情况表明，无论是发展以健康为先导的"医养结合"养老模式，还是"居家养老"模式都比较符合中国国情，但需要不断总结经验来提高其科学性。这均涉及资金的充足和有效运用，而只靠政府提供的补贴是难以彻底解决问题的。

以房养老则具有明显的资金优势，原因是保险公司作为以房养老的经营方，不仅可以利用其拥有的雄厚资金来参与养老事业的投资建设，履行其所承担的社会责任，更在于各家经营以房养老的保险公司能够在适用其手中持有的以房养老保险基金时，除了确保被保险人维持日常生活所需费用以外，还可以将相应的部分专项用于维持和发展"医养结合""居家养老"的资金缺口。不言而喻，将"以房养老"与"医养结合""居家养老"等模式相互结合，既可以解决所需资金的不足，逐步减轻甚至替代政府的财政负担，也可以构建符合中国国情、具有中国特色的综合型养老体系，提升我国养老事业的发展水平。

第四，扩大"以房养老"保险的保障内容，提升其综合保障功能，适应我国养老事业的现实需要。由于现有的"以房养老"的保险内容多限于支付养老金，不能适应"养老一族"的养老需求，因此"以房养老"的保障内容不应局限于支付养老保险金，而应扩大到老年人养老期间的照顾服务。相比较而言，老年人群体借助"以房养老"保险获取养老保险金而有一个稳定的经济来源，只是老年人购买"以房养老"保险的基本要求。而很多老年人的养老需求则更为强调得到生活支援、精神慰藉和养生照顾、医疗服务、健康管理等多方面。鉴于此，保险公司要想推广"以房养老"保险产品，就不能只把养老服务停留在给付养老保险金方面，而应当在扩大保险服务内容范围上予以突破。这可以借鉴台湾地区的保险公司销售"长期照护保险"的经验，将"以房养老"保险的保障内容扩大到养老照护的诸多方面，供老年人购买"以房养老"保险时，根据实际需要进行选择。既可以提高"以房养老"保险对老年人的吸引力，也有利于弥补当前养老产业对老年人群体提供的服务产品不足的巨大缺口。

第五，房产评估行业的主管部门应当就房产评估活动出台行业规则，以供保险公司在经营"以房养老"保险活动中作为聘任房产评估机构的依据。概括国外适用"住房反向抵押贷款"的经验，房地产评估机构参与其间，提供中立的、权威的房地产评估报告是确保老年人合法权益和减低保险公司经营风险的重要条件。而针对当前我国的房产评估行业因缺少统一的行业规则和房产评估业务平台而较少参与"以房养老"保险业务的情况，房产评估行业的主管部门应当就房产评估业务出台行业规则，制定房产评估机构的从业资格、业务标准、信誉等级、评估结果效力等规则，培养和树立房产评估行业的职业形象，以便让保险公司据以进行选择，确保其在经营"以房养老"保险业务过程中，

第二编 保险产品的制度创新与完善发展研究

选择具备国家级评估资格的房产评估机构进行评估活动。并以其评估结果作为预测经营风险和给付养老保险金数额的主要依据。

第六,关于现行的70年有限房屋产权制度所涉及的价格风险以及房屋产权到期后的处置问题是导致"以房养老"保险推广不力的又一重要因素。当然,解决此问题的最佳方案,是国家对于70年房屋产权届满后的处置方法做出明确的规定。然而,无论有无明文规定,保险公司均应当变等待为主动在"以房养老"保险制度设计上寻找出路。建议一,借鉴美国的(补充型)"公共保险"制度(为避免老年人最终的融资总额超过其提供抵押的不动产价值的风险,政府设立"公共保险"来补充该差价部分),国家在发展养老事业中为鼓励保险公司积极推广"以房养老"保险,授权各地方政府设立养老公共基金来填补老年人抵押房屋与实际获取养老保险金的差价,以此填补保险公司经营"以房养老"保险的实际亏损。建议二,借鉴日本发展"以房养老"制度的"连带保证人"经验,在设立"以房养老"保险时,允许老年人的子女作为连带保证人参与"以房养老"保险。当老年人去世后,若子女负责偿还养老款项的,则不必处置老年人抵押的房产;若在出现房产抵押价值低于养老款项数额时,子女承担偿付责任的,就可以打消保险公司经营"以房养老"保险的顾虑。

应当说,"以房养老"保险作为一项新的保险类型和新的养老产品,只要各级政府和保险公司采取人们喜闻乐见的方式,加以普及宣传和营销推广,就能够为社会公众逐渐接受。其中,政府的角色作用是不可缺少的。因为,"完全依靠商业机构的纯粹商业行为来推行'以房养老'保险困难重重,就需要政府出面推动"[1]。然而,不要期望"以房养老"保险在一夜之间就为全国人民所接受,因为它只是保险公司经营的众多保险产品的一种,同样存在着相应的市场风险。

---

[1] 李心愉:"'以房养老':剪不断理还乱的政府角色",载孙祁祥等:《中国保险市场热点问题评析(2013—2014)》,北京大学出版社2014年版,第225页。

第三编

保险实务研究

第三編

德國美學研究

以司法审判为视角论汽车责任保险的保障功能

刘建勋[*]

一、问题的提出：责任保险之保障功能的特殊性

责任保险属于财产保险业务。相对于同属财产保险的财产损失保险、信用保险和保证保险，责任保险具有特殊性，其特殊性主要表现在保险标的既不是有形财产，也不是积极的财产利益，而是被保险人对第三者依法应负之赔偿责任。保险标的是保险利益的载体，[❶] 保险标的的特殊性决定了保险利益的特殊性。正如许多学者所认为的，财产保险的保险利益可以分为积极利益和消极利益，[❷] 责任保险的保险利益即为消极利益。其消极性表现在，被保险人向第三者承担赔偿责任，势必造成自有财产的损失。作为保险标的的责任，其实质为债务，该债务的履行涉及保险合同当事人（保险人与被保险人）之外的第三者，即侵权之债或合同之债的债权人，该债务履行完毕将导致债权人实现债权。债权人实现债权的途径无非有二：或由保险人向其履行保险合同之债，或由被保险人向其履行侵权之债或合同之债。关于保险金的请求，第三者可以直接向保险人请求，被保险人可以请求保险人直接赔付第三者，被保险人也可以在赔偿第三者之后请求保险人向自己赔偿。由此可见，责任保险在保险目的上，与第三者之债权的实现密不可分。

为了更好地实现责任保险的目的，责任保险在其发展进程中，保险的性质与作用逐渐出现了三个方面的变化：第一，由最初的自愿保险，逐渐转变为在某些领域的强制保险。例如，世界上多数国家和地区均立法规定，有关汽车的责任保险是强制投保的险种。第二，由最初纯粹意义上的"责任"保险，逐渐转变为在某些特殊领域的"无责任"保险。例如，我国台湾地区的《强制汽车

---

[*] 北京西城区法院商事庭庭长。
[❶] 许崇苗、李利：《中国保险法原理与适用》，法律出版社2006年版，第231页。
[❷] 方乐华：《保险与保险法》，北京大学出版社2009年版，第146页。

责任保险法》，即直接规定保险人按照受害人之死亡伤残结果赔偿保险金，且保险赔付与被保险人是否应对该死伤结果承担赔偿责任无关。第三，在维持固有的"填补被保险人责任利益损失"之保障功能的同时，渐进衍生出"填补不特定第三者之损失"的功能，保障对象亦逐渐由特定化的被保险人演变为社会化的第三者。

保险人总是希望通过产品设计实现风险控制、风险管理和赢利，而社会化的被保险人和第三者总是希望责任保险产品具有更好的保障功能和优惠的费率，双方由此形成矛盾。通过总结审判经验，可以发现这些矛盾是相对集中并且带有规律性的。怎样恰当地处置这些矛盾，使保险人、被保险人、第三者在保险合同之上的权利义务归于公平，对于保险立法、司法审判、保险监管和保险业界而言，都是需要慎重思考的问题。其中，保险人对于责任保险合同的产品设计，对于合同保障功能的优化，起着最为重要的作用。

二、以审判实践为视角分析汽车责任保险的产品设计

目前法院受理的汽车责任保险纠纷案件主要涉及两个险种，即机动车第三者责任强制保险（以下简称交强险）和投保人自愿投保的机动车第三者责任保险（以下简称商业三者险）。[1] 法院受理案件的情况可以直观地反映社会矛盾，案件中反映出来的问题集中、尖锐，就说明某个社会领域存在的问题可能较为严重，这些问题往往是由于权利义务失衡所致。订立保险合同均采用保险人提供的格式条款，投保人对于格式条款只能选择接受（不接受是理论上的可能）。由此，保险人作为格式条款的提供者，应当承担相应的社会责任，使保险产品的保障功能更为优化，满足社会性的保险需求。近年来在审判活动中发现，针对汽车责任保险，某些纠纷表现得相对集中并且具有规律性，而这些纠纷大多与保险产品的设计有关，具体分析如下：

（一）关于第三者医疗费用中的自费金额

1. 争议以及合同约定

被投保了责任保险的汽车发生事故造成第三者人身损害后，保险人在理赔中对于第三者医疗费用中的自费金额往往予以拒赔，依据是合同的约定。目前的交强险条款约定，"保险人按照国家有关法律规定的赔偿范围、项目和标准以及交强险合同的约定，并根据国家基本医疗保险标准，在交强险的责任限额内核定人身伤亡的赔偿责任。"商业三者险条款的约定与此大致相同。保险人普遍将上述条款解释为，所谓国家基本医疗保险标准，是指按照社会保险有关

---

[1] 应当指出，交强险也是商业保险。在保险分类上，与商业保险对应的是社会保险；与强制保险对应的是自愿保险。本文从《最高人民法院关于审理道路交通事故损害赔偿案件适用法律若干问题的解释》的表述，将当事人自愿投保的机动车责任保险简称为商业三者险。

规定应当由社会保险机构负担的医疗费用，超出该范围的医疗费用保险人不予赔偿。保险相对人一方对上述合同条款普遍表示异议，[1]认为患者需要采用何种治疗手段的决定权属于医生，他们对于这些费用的发生既不能阻止也不能免责，保险人利用格式条款对此项损失免除责任缺乏合理性。

2. 法院裁判观点不一

鉴于保险人拒赔第三者医疗费用中的自费金额的依据是合同约定，因此法院针对此类纠纷的裁判焦点，不可避免地指向合同约定之效力。在实践中，不同法院的裁判思路迥然相异。观点一：上述条款中对于限制医疗费赔偿范围所使用的词句，诸如"按照国家有关法律、法规规定"及"按照国家基本医疗保险的标准"等表述含混不清，条款并未明确包含自费药不赔的内容，因此对于格式条款作出不利于保险人的解释，不支持保险人的免责抗辩。[2]观点二：约定自费药不赔的条款是格式合同中的免责条款，如果保险人在订立合同时未就上述条款履行提示注意义务和明确说明义务，免责条款即不生效，进而判定保险人承担赔偿责任。[3]观点三：保险条款的约定有效，保险人在理赔时对于医疗费用中的自费部分可以免责。[4]观点四：医疗费用中的自费金额也是合理的、必要的医疗支出，保险公司应予赔偿。[5]还有的法院进一步认为，格式合同中的"自费药不赔"条款免除了保险人的责任，排除了相对人的主要权利，因此是无效条款。[6]这两种观点在本质上没有区别，只是后者比前者就条款效力的表述更为明确。

综观上述四种裁判思路，其中第一种和第二种，分别以保险人提供之格式条款的文本瑕疵和保险人的缔约行为过错为视角，判定保险人承担赔偿责任，回避了问题的本质即条款效力之争议，只是一种权宜之计。第三种、第四种裁判思路才是真正的矛盾焦点所在，即保险人可否利用格式条款，将第三者医疗费用中的自费金额，排除在保险保障之外？换言之，第三者医疗费用中的自费金额，是否应当被纳入汽车责任保险的保障范围？

---

[1] 本文所称保险相对人，泛指投保人、被保险人、责任保险的第三者的部分或全部。

[2] 参见北京西城区人民法院判决书，(2013) 西民初字第17834号，原告王兵与被告中国人民财产保险股份有限公司北京市分公司金融街营业部财产保险合同纠纷案。

[3] 参见《最高人民法院公报》，2011年第3期，原告段天国与被告中国人民财产保险股份有限公司南京市支公司财产保险合同纠纷案。

[4] 参见广东省东莞市中级人民法院民事判决书，(2012) 东中法民一终字第1495号，上诉人郑海东与被上诉人中国平安财产保险股份有限公司东莞支公司财产保险合同纠纷案。

[5] 参见浙江省绍兴市中级人民法院民事判决书，(2012) 浙绍民终字第1214号，上诉人中国人寿财产保险股份有限公司绍兴中心支公司与被上诉人和某某等交通事故责任纠纷案。

[6] 参见湖南省常德市中级人民法院民事判决书，(2012) 常民四终字第170号，上诉人中国人民财产保险股份有限公司澧县支公司与被上诉人张朝平等交通事故责任纠纷案。

3. 责任保险之保险目的探究

在探究汽车责任保险之应有保障功能时，合同目的是重要的评判依据。所谓合同目的，是指当事人所欲实现的法律效果。[1] 关于汽车责任保险合同的目的，如下法律规定可以提供指引：一是《保险法》第 65 条第 4 款的规定，"责任保险是指以被保险人对第三者依法应负的赔偿责任为保险标的的保险。"上述定义意味着，责任保险的目的在于填补损失，且该损失与被保险人对第三者依法应负之赔偿责任有关。二是交强险条例第 1 条的规定，"为了保障机动车道路交通事故受害人依法得到赔偿，促进道路交通安全……制定本条例"。由此可见，保证交通事故受害人获得有效的保险救济，填补受害人因发生交通事故而造成的损失（以及由此派生的侵权人赔偿责任），是我国汽车责任保险应有目的。第三者医疗费用中的自费金额，只要是真实的和必要的，费用的发生即具有合理性，属于交通事故所造成损失的范畴，并且因此应当被纳入汽车责任保险的保障范围。汽车责任保险合同之格式条款，将第三者医疗费用中的自费金额排除在保障范围之外，不符合该保险之应有目的。

我国现行合同法有关合同目的的规定，主要涉及合同的解释以及当事人根本违约情形下的合同解除权，[2] 并未规定合同条款与合同目的的关系。有学者就此认为：合同目的处于合同的总纲地位，对于合同的运行具有不可替代的决定性作用，其他合同条款应当服从于最终目的。[3] 另有学者做出了如下论述：格式合同的免责条款不得违反合同主要目的、不得将免责条款之合意视为"自甘冒险"、非为企业合理化经营所必须的免责条款应从严规制[4]。这些学术观点虽然具有高度的合理性，但是法官难以具体运用并据此就受争议之条款的效力做出判断。保险法第 19 条规定，保险人提供的格式条款中，免除保险人依法应承担的义务或者加重投保人、被保险人责任的条款无效；排除投保人、被保险人或者受益人依法享有的权利的条款无效。在对上述法条进行文义解释的情况下，将格式合同中的"自费药免责"之条款认定为无效，在裁判逻辑上存在障碍，毕竟现行法律并未规定第三者医疗费用中的自费金额是否应当获得保险保障，即权利或义务的产生不具有依法性。

在国外立法例上，德国保险法就责任保险中的强制保险在第 114 条第 2 款规定，除非法律另有明确规定，否则只要未达到危及强制保险实现目标的程度，保险合同就可以更加详细地规定强制保险合同的内容和承保范围。[5] 据此

---

[1] 崔建远主编：《合同法》，法律出版社 2003 年版，第 308 页。
[2] 可参见《中华人民共和国合同法》第 94 条、第 125 条。
[3] 马忠法："合同目的的案例解析"，载《商法研究》2006 年第 3 期。
[4] 崔建远主编：《合同法》，法律出版社 2007 年版，第 371 页、第 372 页。
[5] 孙宏涛：《德国保险合同法》，中国法制出版社 2012 年版，第 85 页。

规定，保险人提供的格式条款，固然可以约定保险责任等具体内容，但是这些约定不能违反合同的目标，否则即存在效力瑕疵。这样的规定，对于我国汽车保险之格式条款的设计，乃至保险立法均有借鉴意义。

4. 第三者医疗费用中的自费金额被纳入保障范围的可行性与合理性

保险是一种管理风险的社会化措施，但是并不是任何一种风险都可以被纳入保险保障的范畴。一般来说，适合承保的风险应当满足以下要求：在经济上具有可行性；存在同分布的大量风险标的；损失的概率分布是可以被确定的；损失是可以确定和计量的。[1] 由社会保险机构决定其负担公众医疗费的范围和比例，是具有我国特色的社会保险制度。在此制度之下，须由当事人自行负担的医疗费用，涉及人员众多，金额亦不在少数，具有可保风险的特征，将此类费用纳入汽车责任保险的保障范围，在技术上具有可行性。另一方面，医疗的过程由医生主导，在医生建议交通事故受害人接受自费医疗项目的情形下，患者不会拒绝，作为侵权人的被保险人更不能制止。而且在交通事故损害赔偿纠纷案件中，法院在判决侵权人就被侵权人的医疗费用损失承担赔偿责任时，不会将其中的自费金额排除在赔偿责任之外。与此有关的赔偿责任系被保险人"依法应负"，完全符合保险法第65条有关责任保险之定义的规定，并因此应当成为责任保险的保险标的。

当前，多数法院在就此类案件作出裁判时，更倾向于将第三者医疗费用中的自费金额纳入保险责任之范围，要求保险人就上述费用给予赔偿，更是保险消费者一致的呼声。保险人应当正视这一现实，以更为积极的态度调整汽车责任保险产品的设计，将第三者医疗费用中的自费金额纳入保险保障范围。如此，公众可以获得更为优化的保险保障，同时不排除保险人适度增加保险费的可能性，未必不是一个双赢的局面。

（二）关于被保险人与第三者的自行和解以及保险人的核定

1. 争议以及合同约定

责任保险的保险标的是被保险人对第三者依法应负的赔偿责任，因此关于责任保险合同的履行，上述赔偿责任的确定至关重要，它引发保险赔偿并且是确定保险赔偿数额的依据。确定被保险人对第三者的赔偿责任无非两个途径，即有权机构（法院或仲裁机构）裁判或者当事人和解。和解在本质上是当事人意思自治的结果，法院调解、人民调解、行政机关调解所促成的和解均不能改变这一性质。在客观上存在如下可能性，即交通事故当事人通过自行和解确定的侵权人赔偿责任，与其依法应负的赔偿责任之间有出入，即便该和解结果经法院等有权机构审查确认亦如此。由此产生的问题是，保险人在向被保险人理

---

[1] 孙祁祥：《保险学》，北京大学出版社2005年版，第22页至第24页。

赔时，认为被保险人自行承诺的赔偿责任超过了其依法应当承担的金额，因此不同意全额赔偿。保险人的依据是合同，目前各保险人使用的交强险条款约定："保险事故发生之后，未经保险人书面同意，被保险人自行承诺或支付的赔偿金额，保险人在交强险责任限额内有权重新核定"。商业三者险条款的约定与此大致相同。保险人核定的结果，实为其对于被保险人向第三者承担的某些赔偿责任，拒绝给予保险赔偿。被保险人对此往往持有异议，认为其在通知保险人发生保险事故之后，保险人并未就交通事故的处理提供任何帮助或指导，却在纠纷处理完毕之后理赔时对被保险人百般苛刻，有违情理。

2. 责任保险人的纠纷参与权与代为抗辩义务

责任保险的保险人，对于被保险人与第三者的纠纷，既有参与纠纷之权利，也有代被保险人抗辩的第三者之义务，已为世界上多数国家和地区的保险立法所采纳。以德国保险法最有代表性。该法第 100 条规定，在责任保险中，对于保险期间内发生事故导致第三人向投保人提出索赔请求或第三人向投保人恶意诉讼的，保险人都有义务代替投保人应诉；第 105 条规定，投保人未经保险人许可而满足或者承认第三人之权利的当属无效，保险人有权拒绝承担保险责任。❶ 我国台湾地区保险法第 93 条亦规定：保险人得约定被保险人对于第三人就其责任所为之承认、和解或赔偿，未经其参与者，不受拘束。但经要保人或被保险人通知保险人参与而无正当理由拒绝或借故迟延者，不在此限。这些规定，在总体上保障了保险人权利义务的平衡，具有合理性。在国内亦早有学者提出，在被保险人因致人损害而遭受索赔时，不论该索赔是否以诉讼方式为之，保险人为被保险人的权益，应当承担对抗受害人索赔请求的义务，否则应向被保险人承担赔偿责任。❷

现行保险法修订草案第 51 条第 3 款规定："未经保险人参与，被保险人直接向第三者承认赔偿责任或与其达成和解协议的，保险人可以按照合同约定核定保险赔偿责任。"在采用格式条款订立合同的场合，"有约定即从其约定"的裁判思路不应无条件地适用于一切受争议条款。法院应当意识到，格式条款之上的合意并非磋商达成，是基于投保人的接受而达成（包括不得不接受，如交强险条款），因此法院应当对于约定是否真实合意、约定所承载的权利义务是否公平等问题保持必要的警惕。上述草案单方面赋予保险人权利，却没有为保险人设定义务，被删除自在情理之中。

3. 法院的裁判思路

在立法层面，固然可以搁置责任保险人对被保险人与第三者纠纷的参与

---

❶ 孙宏涛：《德国保险合同法》，中国法制出版社 2012 年版，第 83 页、84 页。
❷ 邹海林：《责任保险论》，法律出版社 1999 年版，第 164 页。

权、代为抗辩义务等问题，但是与此有关的争议不可能由于立法的模糊而消除。在审判实务中，法院通常对于合同约定的保险人事后核定权作出以下考量：一方面，责任保险的保险标的是被保险人对第三者依法应负的赔偿责任，因此被保险人自愿承担的赔偿责任不能没有依据地过分超过其法定责任。另一方面，作为侵权人的被保险人通过和解的方式尽快解决纠纷，以求通过民事赔偿数额的让步获得被侵权人的谅解，减轻或者免除侵权行为所可能带来的其他不利后果如刑事处罚，不属于主观上的过错和恶意，在保险人未就其依法应负之赔偿责任给予明确指引的情形下尤其如此。因此法院普遍采取的裁判思路是，只要被保险人自愿向第三者承担的赔偿责任未严重背离其依法应负之责，即确认该赔偿责任的合理性。例如，北京市高级人民法院曾经就此下发指导意见：责任保险的被保险人因给第三者造成损害，双方就赔偿数额达成调解的，应当作为保险人理赔数额的依据，但调解中的数额与保险人核定的理赔数额有较大差距的情形除外。[1] 这一裁判思路在事实上限制了保险人在被保险人赔偿之后的核定权。

4. 对于"保险人核定保险事故"的再思考

现行保险法没有规定保险人的代为抗辩义务，并不意味着保险人可以对被保险人与第三者的纠纷袖手旁观，被保险人抗辩成功则坐享其成，被保险人抗辩不成则事后核定以限制保险责任。即便在现行法的框架内，保险人的上述做法也有不妥。《保险法》第23条规定，保险人收到被保险人或者受益人的赔偿或者给付保险金的请求后，应当及时作出核定。实务中，保险人极少在保险事故发生后，被保险人赔偿第三者之前对保险事故进行核定，并在诉讼中就此解释为，被保险人虽然已就发生保险事故发出通知，并未提交正式的索赔申请书，因此未核定事故。就此笔者认为，索赔申请书是由保险人掌握的格式化文件，如果其不向相对人提供并指导填写，相对人就不可能提出保险人所谓的"正式索赔"。另一方面，被保险人将发生保险事故的情形通知保险人，目的当然在于启动索赔，保险人在收到发生事故的通知后，即应当指引相对人办理索赔程序（包括正确填写索赔文书），并相应开始核定保险事故的工作。所谓保险人核定保险事故，是指其对于保险事故的性质、原因和损失程度作出认定。在责任保险的场合，核定保险事故造成的损失，就是判定被保险人对第三者依法应负之赔偿责任的具体内容。

合同法第60条第2款规定，当事人应当遵循诚实信用原则，根据合同的性质、目的和交易习惯履行通知、协助、保密等义务。责任保险合同的特殊性

---

[1] 参见《北京市高级人民法院关于审理保险纠纷案件若干问题的指导意见》第26条，载刘兰芳主编《商事审判指导规范与适用》，法律出版社2009年版，第135页。

质决定了，保险人的协助义务应当包含协助被保险人对抗第三者。因此保险人有必要重新定位其对被保险人应负赔偿责任的核定，明晰该核定绝不仅是合同的权利，首先是法定的义务。履行义务的时点是否恰当，应当以是否有利于相对人为衡量标准，因此保险人完成核定应当在被保险人赔偿第三者之前，而不应在此之后。鉴于此，保险人有必要对现行汽车责任保险格式条款作出相应调整，将保险人核定保险事故细化为以下步骤：第一，保险人在收到相对人发生保险事故的通知后，告知被保险人不得擅自赔偿第三者；第二，保险人通知被保险人提交证据；第三，保险人核定被保险人对第三者依法应负之赔偿责任的具体范围与金额，将核定结果书面告知被保险人，并告知被保险人不能在核定金额之外自行承诺赔偿责任，否则保险免赔。按照这样的理赔思路，当事人的权利义务可以保持在相对平衡的状态。被保险人由于知识欠缺，在与第三者和解解决纠纷的过程中，自愿承担的赔偿责任不恰当地超过其依法应负之责的情形亦可有效避免。

（三）关于被保险人对第三者的精神损害赔偿义务

汽车责任保险事故主要是交通事故，若事故造成第三者死亡、伤残，即可能导致被保险人承担精神损害赔偿责任。按照现行交强险条款，被保险人应赔偿第三者的精神损害抚慰金，由保险人在死亡伤残赔偿限额内给予保障。但是在商业三者险的范畴内，各保险人一致将上述精神损害赔偿义务纳入保险人免责的范围。《最高人民法院关于审理道路交通事故损害赔偿案件适用法律若干问题的解释》第16条第2款规定：被侵权人或者其近亲属请求承保交强险的保险公司优先赔偿精神损害的，人民法院应予支持。按照这一规定，优先赔偿顺序的选择权属于被侵权人即责任保险的第三者。然而，如果精神损害赔偿责任未获得交强险的保障，该项损失将只能由被保险人（侵权人）自负，因此真正关心精神损害赔偿责任能否纳入交强险赔偿范围的并非被侵权人，而是侵权人。鉴于责任保险兼有填补第三者损失和填补被保险人赔偿责任的双重保障功能，所以将优先赔偿顺序的选择权单独赋予第三者实无充足理由。另有学者提出其他批评：交强险所承保的各种损失本来没有赔偿顺序，法院要求首先在交强险限额内支付精神损害抚慰金，导致交强险限额可支付的其他项目金额减少，而这些项目的金额能够在商业三者险限额内获得赔付，于是本不应当由商业三者险赔付的部分精神损害抚慰金，现在以其他项目赔偿的名义进入了商业三者险。恰当的做法是，精神损害不应首先在交强险项下全额赔付，而应当按比例赔付。❶ 此观点的合理性显而易见。

另一方面应当注意到，在交通事故引发的诸项赔偿义务中，精神损害赔偿

---

❶ 梁鹏：《评论与反思—发现保险法的精神》，西南财经大学出版社2011年版，第125页。

责任所占的比例并不高。以北京地区 2014 年裁判标准为例，交通事故致人死亡的，城镇居民死亡赔偿金数额为 806 420 元（40 321 元乘 20 年，60 周岁以上的，年龄每增加 1 岁减少 1 年，75 岁以上者为 201 605 元），精神损害抚慰金是死亡伤残赔偿金的 10%～20%。据此计算出的精神损害赔偿金额，如果与其他损失按比例在交强险项下获得赔偿，数额并不高。在交强险死亡伤残赔偿限额只有 11 万元的情形下，由交强险就精神损害给予保障，并没有十分明显的实际意义。此外精神损害赔偿责任就其功能而言，既有补偿，又有制裁，该赔偿责任是否有必要获得保险保障亦存疑问。有学者考察过国外立法，只有日本完全将精神损害列入交强险赔偿范围，其余国家则基本未将其列入保险责任。❶ 由交通事故侵权人自行承担一定数额的赔偿责任，有利于促使其提高安全驾驶之意识，从维护社会交通整体安全的角度出发，将侵权人的全部赔偿责任纳入保险保障范围未必是好事。鉴于此，保险人可以在征得保险监管机关同意的情形下，将交通事故所致精神损害，排除在交强险的保障范围之外，这样做并不会明显贬损交强险的整体保障功能。

三、结语

近年来交强险处于严重亏损的经营现状，背离了"不盈不亏"的设计初衷，❷ 这在根本上是不利于保险相对人的。产生亏损的原因，固然包括社会乃至司法对于责任保险保障功能的认知偏差，但是保险人对于保险产品的设计以及如何履行合同的观念，对于包括交强险在内的汽车责任保险的经营具有更为重要的影响。保险实务界应当认识到，一味地指责司法乃至保险立法是不能解决问题的，应当做好基础性工作，完善合同文本和合同履行，并据此促进保险立法和保险裁判水平的提升。

---

❶ 梁鹏：《评论与反思——发现保险法的精神》，西南财经大学出版社 2011 年版，第 126 页。
❷ 以 2010 年为例，交强险经营亏损 72 亿元。详见朱铭来："我国交强险经营若干法律问题评析"，载贾林青等主编《海商法保险法评论（第五卷）》，知识产权出版社 2012 年版，第 141 页。

论责任保险的发展趋向对现代侵权责任法的影响

贾林青　孙惠珍[*]

责任保险在当今的保险市场上属于后起之秀，它以两大突出特点而区别于人身保险和其他财产保险：首先是其保险标的为被保险人依法向第三人（受害人）承担的民事赔偿责任；其次是其得以适用的前提是侵权责任的存在，故而责任保险制度与侵权责任法存在着密切的关系。由此可见，责任保险的存在和发展必然影响到侵权责任法的适用发展与作用功能。尤其是在现代社会条件下，责任保险的适用范围不断扩大，保险险种日益增加，甚至其适用目标和法律价值亦发生着变化。这引发了法律界、理论界和实务界对责任保险制度的社会作用及其对现代侵权责任法的影响的不同评价。为此，笔者就责任保险的发展趋向对现代侵权责任法的影响谈谈自己的认识。

一、责任保险是现代财产保险家族的重要组成部分

1. 责任保险作为财产保险的一部分是产生于近代大机器工业生产的年轻成员。

与其他财产保险领域相比较，责任保险是比较年轻的财产保险类型。因为，世界上最早的责任保险单1855年产生于英国，应当说，责任保险在欧美国家成为自成体系的独立保险业务至今仅有160余年的历史[1]。不过，它伴随着人类社会的大机器工业、城市化进程、制造业和交通运输业的高速发展而成熟于20世纪70年代以后，它后来居上并取得了的长足的发展。如今，在经济发达的西方国家，责任保险的适用范围几乎覆盖了社会的所有领域，甚至成为衡量一个国家保险业发展水平以及该国经济发达程度的标志。究其根源，相应的责任保险制度的最早出现，起因于19世纪中叶西方国家大工业生产领域的产业工人们为了获取其在运用机器设备从事工业生产过程中的人身和经济保障

---

[*] 中国妇女活动中心副主任。

[1] 许谨良主编：《财产和责任保险》，复旦大学出版社1993年版，第428页。

而兴起日渐高涨的与工厂主抗争的浪潮。产业工人的抗争迫使西方各国的政府先后颁行劳工立法来确认工厂主所应承担的工伤赔偿责任，这为责任保险的产生和适用提供了基本的法律条件和社会空间。就保险市场而言，这意味着保险业已经从早期的单纯向有形财产提供保险保障而逐步扩展到将法律赔偿责任纳入其保险对象，成为保险技术由早期的粗放式经营步入精细化的成熟期的标志。原因在于，责任保险的制度设计具有的优越性，是用法律责任风险的转移机制所形成的社会分担结果取代了侵权责任法追究侵权人侵权责任，用其个人支付民事赔偿金的形式来接受法律惩戒的结果。

应当说，责任保险的迅速发展与城市化、商业活动，尤其是制造业的增长以及私人与公共交通的增长密不可分❶。由于近现代人类社会生活的范围不断扩展，社会活动的内容日新月异，人与人之间的交往日益复杂多样。同时，现代侵权责任法的规范调整也日臻完善，形成了方方面面的行为规则。它不仅有利于保护人们在各类社会活动中的权利和利益，也必然导致社会公众在日常的工作和生活中面临诸多行为规则的约束。因此，大家也必然涉及由于自己的过错甚至无过错状态下违反相关行为规则而侵害他人合法权益而向受害人承担民事赔偿责任。按照保险法理论，这种承担民事责任的可能性构成现代社会框架中的责任风险。仅以美国为例，由于美国有十分发达的侵权责任法，美国社会公众又普遍地习惯于通过诉讼来追究侵权人的侵权责任，保护自己的合法权益，故而美国社会上的责任风险可说是无所不在。而责任风险的重要特征就是无法对潜在风险做出充分精确的衡量和准确的预先评估，它意味着人们参与的各种社会活动，都可能面临诸如产品质量（食品安全）责任风险、生产安全责任风险、公众安全责任风险、职业责任风险等各种潜在的责任风险。因此，了解现代社会环境下产生各类责任风险的构成因素以及法律后果就显得非常重要，"只有掌握了风险的信息，才有可能识别出各种风险的来源，虽然有时只能对潜在损失的大小作出估计"❷。可见，责任保险制度现身于各国保险市场是近现代社会经济发展的客观需要，表明其被应用于保险市场是社会经济生活和法律制度发展的必然现象。

2. 责任保险已经成为西方国家保险市场上的重要组成部分。

时至今日，责任保险在美国、日本、英国、德国、法国等西方经济发达国家已经得到比较充分的发展和适用，已经成为其保险市场的重要组成部分，其保险费收入水平经常高于其他单一传统财产保险产品。

责任保险之所以跻身于现代保险产品之林，分析其原因无外乎如下两个方

---

❶ [美] 所罗门·许布纳，小肯尼思·布莱克，伯纳德·韦布著：《财产和责任保险（第四版）》，陈欣等译，中国人民大学出版社 2002 年版，第 384 页。

❷ 同上，第 368 页。

面，其一是各国的现代民事责任风险的客观存在培养了购买责任保险的需求群体。归纳现代各国的社会发展水平，大众的民主意识和法律意识的提升，其中，依法享有和行使民商事权利的要求促使人们在日常活动中时时都在用法律的视角来衡量自己和相关人的行为是否合法，避免因超越法律许可的空间而构成侵权。这当然有利于法律制度的贯彻和实行，同时，也必然催生相应的法律风险，并大有范围日益扩展而遍及社会各个领域的趋势。上述责任风险的范围扩大，其结果无疑是促使社会公众出于让其个体面临的责任风险转移给社会分担的目的，产生购买责任保险的需求，导致责任保险的需求群体的形成并日益增大存在的范围和数量。毋庸讳言，这是形成现代责任保险市场结构的客观原因，已经为各国责任保险制度发展的事实予以证实。

其二是相关法律制度，尤其是现代侵权责任法律制度的不断完善，为责任保险制度的适用提供了相应的法律基础。因此，凡是责任保险制度发达的国家，其各种侵权责任法也必然是最完备、最健全的。理由是明显的，没有规矩就不成方圆。只有现代社会中存在林林总总的侵权责任法律规范，才能够在现代信息和科技条件下的纷繁复杂的社会织就一张广泛分布的行为规则网，给人们相互之间的经济交往和衣食住行树立行为标准，约束彼此的各种行为。这不仅能够实现正常有序的社会经济秩序和生活习惯，也势必让大家在感觉到法律的权威性和约束力的同时，也往往意识到他的一举手一投足中不谨慎注意的话都有可能因为不懂法、不守法而产生法律责任的风险。由此可见，相关法律制度的完善和发展，必然成为责任保险迅速建设和发展的又一必要条件。这取决于责任保险的设计和适用与侵权责任法之间不可缺少的必然联系，即按照侵权责任法规定的法律规范衡量社会成员之行为是否构成侵权行为，是否应当依据侵权责任法而承担法律责任，使得侵权责任法成为确定保险人承担和履行责任保险项下之保险责任的标准依据，从而，失去了侵权责任法也就意味着责任保险没有适用的基础。原因在于，让责任风险演变成现实的需要侵权人予以承担的法律责任，必须借助法官运用相关的侵权责任法律规范对特定的加害人的致害行为加以认定，依法裁定加害人是否应当承担民事赔偿责任，而这恰恰是责任保险项下的保险人承担保险责任的必然前提。可见，侵权责任法的存在和完善成为责任保险得以建设和发展的法律条件。

3. 责任保险在中国保险市场的发展尚有巨大的空间。

责任保险在中国保险市场的存在时间更为短暂，从上世纪 50 年代曾经实行的强制财产保险的一部分起算，至今不过几十年。并且，责任保险作为独立险种加以适用的，更是起始于 1979 年以后。不仅如此，概括我国责任保险的整体情况，其中占绝大比例的是属于各类交通运输工具第三者责任保险，而其他责任保险或者仅仅适用于特定范围之内，或者由于社会公众的投保比率过低使其难以达到预期的社会效果。由此可见,责任保险在我国保险市场上尚处于起步阶段,表明我国的责任保险市场发展潜力巨大。因此,如何扩大责任保险的市场领域,丰富责任保险的保障内容和品质类型,完善责任保险市场体系成为当下我国保险立法的重中之重。为此,国务院于 2014 年 8 月发布的《关于加快发展现代保险服务业的若干意见》(简称"新国十条")将发展责任保险作为其所包含的十大方面的内容之一来加以阐述,从发挥保险的风险管理功能、完善社会治理体系的高度,提出了发展各类责任保险的规划,以便达到"充分发挥责任保险在事前风险防范、事中风险控制、事后理赔服务等方面的功能作用,用经济杠杆和多样化的责任保险产品化解民事责任纠纷"[1]。当然,在我国发展责任保险,不能一拥而上,一蹴而就。需要根据我国社会经济发展的客观要求,构建科学的合理的责任保险制度体系,用以满足中国社会发展的实际需要,促进中国社会的稳定发展。

应当看到,责任保险制度在西方国家发展中的成功经验也可以成为发展我国责任保险市场时加以借鉴的良策。一方面,伴随着中国社会经济的发展,社会成员之间的经济交往和社会活动的内容日益复杂多样,范围亦不断扩大,必然导致存在于诸多社会生产和生活领域的民商事责任风险必不可免(例如食品安全责任风险、环境污染责任风险、公众安全责任风险等),特别是互联网等现代信息技术的运用,更加提升了产生法律责任的风险概率。因此,拥有投保各种责任保险的需求群体的形成和扩大也就是不言而喻的。另一方面,我国法制建设的完善和发展也必然包含着民商事立法的丰富和完善,尤其是我国《合同法》《侵权责任法》等重要民事立法的颁行,都为责任保险的适用和发展创造了所需的法律环境。

但是,仅仅存在 30 余年的中国保险市场并未能够为责任保险的适用和发展提供充分的条件,与社会公众寻求责任保险加以保障的需求不相匹配。具体表现在,责任保险的适用范围和险种类型还很有限,并不能充分地发挥其维护和稳定社会秩序,补偿民商事活动中受害人权益的效用。加之保险业向社会公众宣传和普及责任保险的工作几乎是空白,难以让公众理解责任保险的价值作用,导致对责任保险存在着误解和疑窦,甚至形成对责任保险的指责和诟病。这些均对责任保险市场的培育和正常发展形成消极影响。因此,发展我国的责任保险市场,必须解决此类问题,才能够为责任保险市场的建设和发展创造良好的市场环境。

---

[1] 《国务院关于加快发展现代保险服务业的若干意见》(国发〔2014〕29 号),载《中国保险报》2014 年 8 月 14 日第 2 版。

二、责任保险制度的发展趋向

概括各国保险市场的情况，责任保险的适用和发展可说是方兴未艾，其适用范围必然不断扩大，其适用效果当然日益增强。特别是就中国而言，责任保险市场对中国社会经济的保障效用和保险市场的适用水平等，正表明其尚处于刚刚起步的状态，不仅其得以适用和发展的社会基础急待培育，而且其险种结构和设计水平更应当悉心研究，努力提升其科学性和适用性。同时责任保险的推广和宣传以及展业模式等均需要改革和完善，才能够满足完善和发展我国责任保险市场的要求。所以说，要改变我国责任保险市场在整个保险市场中的地位，提升其市场经营水平和技术含量都需要付出更大的努力和辛劳，只能用任重道远来加以形容。

而且，根据各国社会经济和保险市场的发展规律，也可以归纳出责任保险制度一般的发展走向，为决策者制定责任保险制度的发展战略提供依据。从一般意义上讲，责任保险制度的发展趋势可以表现为如下诸多方面：

1. 针对现代社会不断出现的新型责任风险，责任保险市场上的责任保险的险种必然不断增加，从而丰富市场产品类型，并逐渐形成门类齐全、险种众多、专业性强的责任保险体系。仅以我国责任保险市场的实践来看，近年来创新性出现的诉讼财产保全责任保险便是典型事例。它不仅有利于解决司法实践中执行难、保全难的问题，也实现了责任保险领域的创新发展需要。

2. 责任保险的承保范围不断扩张，由初期的单一的过错性侵权行为，而扩大适应于无过失责任领域。与现代侵权责任制度中的无过错责任的适用范围的逐步扩大相适应，责任保险亦将无过错责任纳入责任保险的承保范围，此后，又相继扩张到法定责任、严格责任等领域。如今，一张保险单就可以综合承保多种责任风险[1]。应当说，我国的环境责任保险就应当确立此类综合性的承保范围，才能够适应我国环境保护事业的需要。

3. 现代责任保险已经由单纯的市场商品交换行为逐步融入了执行政府政策的功能。由于各国政府发现责任保险具有向社会转移法律风险的作用，借助责任保险有助于将某些社会安全政策予以推广和落实。为此，政府采取立法手段确立相应的责任保险为强制保险，以政府强制力为依托强制推行适用，从而达到落实政府政策的效果。如今，各国的责任保险已经从当初的单一的自愿保险演变到适度推行的强制保险。

4. 在现代社会发展阶段，责任保险的适用目标逐步发生了转移。随着责

---

[1] [美]所罗门·许布纳，小肯尼思·布莱克，伯纳德·韦布著：《财产和责任保险（第四版）》，陈欣等译，中国人民大学出版社 2002 年版，第 384 页。

任保险的适用范围逐步扩大，其社会公益性日渐明显，这也促使责任保险之保障作用有所转变。即责任保险的保障目标逐渐从传统的用于填补被保险人因向第三人承担赔偿责任而遭受的经济损失，转向注重保护受害第三人的利益。与此相应地，责任保险关系中产生了受害第三人直接向保险人行使赔偿请求权制度。

但是，就责任保险的发展趋势来讲，理论界和实务界已经出现了不同的声音，并有可能对责任保险制度的发展产生相应的负面影响。其中的代表观点如下：

1. 很多民法学者认为，责任保险的适用和发展会对侵权责任法的预防功能产生减损的影响，质疑责任保险制度削弱了侵权责任法抑制侵权行为发生的作用[1]。该观点自责任保险制度产生之初就存在，其所持理由是，责任保险制度将侵权行为的损害赔偿责任的承担者由侵权行为人转变为保险公司，最终分散给同一种危险制造者之间共同承担，形成了损害赔偿责任社会化的效果，根本性地动摇了自罗马法以来确立的"谁侵权谁承担责任"的法律规则。此一适用效果所产生的作用，是将侵权人从承担损害赔偿责任的法律约束效力之下予以解脱，削弱了侵权责任法对侵权行为的抑制作用。

实际上，该学说始终伴随着责任保险制度的适用而存在，不少学者一直在指责，说责任保险制度"将加害人从承担损害赔偿责任的枷锁中解放出来，这在某种程度上将侵权行为法对于加害行为的抑制功能大打折扣"[2]。换言之，用保险人按照责任保险的约定替代侵权人依据侵权责任法理应向受害人承担的侵权责任，实质上不能让侵权人感觉到侵权责任法追究其侵权责任的切身压力，无异于免除了侵权责任法对侵权人的惩罚效果，不利于侵权责任法对于社会公众发挥其规范作用。更有甚者提出，责任保险的适用会助长保险领域"道德危险"的发生，让故意侵权的加害人逍遥法外。不过，该观点的形成虽然是根据保险公司在责任保险合同中设计内容而出现加害人免除支付民事赔偿金的表象，却未能透过现象而认识到其最终保护受害人的本质。

2. 有学者认为：责任保险制度的发展日益显现出与民事责任相互脱离而独立存在的趋势[3]。也就是说，随着责任保险在现代社会生活中适用范围的日益扩大，甚至遍及各个社会领域，特别是自强制责任保险在保险市场上出现和适用，责任保险项下的保险责任的独立性日益突出。因为，现代责任保险的重点，在于强调保险公司所应承担的保险赔偿责任或者定额给付责任，使得保

---

[1] 韩长印、韩永强：《保险法新论》，中国政法大学出版社 2010 年版，第 296 页。
[2] 同上注。
[3] 卞江生："对于责任保险偏离民事责任趋势的几点看法"，载贾林青等：《海商法保险法评论（第五卷）》，知识产权出版社 2012 年版。

险人承担的保险责任只是与受害人的损害结果相关联,却导致确认该保险责任之内容范围的根据逐渐地与被保险人依据侵权责任法是否承担民事赔偿责任以及承担赔偿责任的范围大小无关。

该学说不宜完全否定,因为,它一方面迎合了市场需要,有利于发挥责任保险特有的社会管理功能,能够及时补偿受害第三方的利益;另一方面也凸显了责任保险还有创新的必要,表明其作为一种保险经营内容,向社会提供保险保障的范围应当与时俱进,不断保持着持续创新的生命力。但是,必须确认责任保险的这一发展趋势是与侵权责任理论相悖的,道理是显而易见的,责任保险毕竟是保险市场经营的一部分,需要遵循保险市场运行的规律和习惯。这意味着责任保险自身的发展当然要符合特有的市场机制,从而,责任保险制度的发展与侵权责任法逐渐脱离,两者渐行渐远也就不足为奇。不过,这种分离只能是程度上的变化,不会发生根本性的本质变化,即责任保险制度与侵权责任法之间不可能截然分开,原因在于,责任保险的构建和适用必须建立在侵权责任基础之上,没有侵权责任也就不可能存在责任保险。这一不争的事实决定着侵权责任法成为责任保险的生命之源。

三、责任保险的发展对现代侵权责任法影响之我见

那么,对于如何评价上述的责任保险发展趋势对现代侵权责任法的影响,笔者的看法是:应当用积极的态度来认识责任保险制度在促进侵权责任法适用,充分保护受害第三人利益方面的作用,切忌过分夸大责任保险对现代侵权责任法的消极影响,以便于构建责任保险制度与现代侵权责任法之间的平衡发展关系,维护责任保险应有的积极层面的社会价值。此类正面的社会价值具体表现如下:

1. 责任保险追求的是实现侵权责任的社会化。道理在于,责任保险的适用机制在于利用保险服务的价格机制作用引导着其运行走向,是由一定社会领域内的多数的侵权责任群体分散承担诸多个体侵权责任的理念。这一责任保险机制的适用结果,无疑是借助责任分担群体的经济能够来加强个体的侵权责任人向受害人履行赔偿责任的经济实力,因此,确实提升了侵权责任人向受害第三人履行民事赔偿责任的能力,从而增强了受害第三人获取民事赔偿的实际效果。可见,这是与侵权责任法树立的惩罚侵权责任人之侵权行为,保护受害第三人合法权益的目标完全一致的。不仅未让侵权责任人逃避或者减轻所应承担的侵权责任,反而进一步确保侵权责任法惩罚侵权责任人,保护受害第三人的立法目的得到切实的贯彻。因为,保险人借助责任保险单作出的承担保险赔偿责任的承诺只能理解为,保险人是依据责任保险合同的约定来代表被保险人向

受害第三人支付保险赔偿金，并非是保险人替代被保险人赔偿第三人遭受的损失❶。

不仅如此，责任保险还给保险人提供了保护自身合法权益的法律条件，即保险人可以利用责任保险合同所约定的其享有的和解参与权和抗辩权等来保护自己的权益。这既是责任保险之对价属性的表现，也是责任保险之社会化价值使然。因为，让保险人得以在责任保险项下拥有诸如上述的合同权利作为平衡保险人与被保险人之间的利益冲突的法律手段，用以协调各个责任保险的保险责任规模，抑制过度的保险赔偿或者失衡的保险赔偿，维持责任保险总体上的正常发展，促进社会秩序和社会经济的稳定。

2. 责任保险在现代社会环境下的社会管理功能日渐明显，有利于完善社会治理体系。客观地讲，责任保险发展至今，已经由最初的依附于、服务于侵权责任法的从属地位逐渐转向相互并存，甚至是体现出与侵权责任法相脱离的趋势。这一独立性集中表明了责任保险日益突出的社会管理功能。因为，政府可以借助保险公司经营责任保险所提供的市场化服务，在公共服务领域提升社会管理效率。具体表现在，政府得以利用责任保险具有的化解社会矛盾和社会纠纷的功能作用，运用责任保险所包含的对价机制分别从事先风险预防、事中风险控制和事后理赔服务等各个环节实现化解侵权纠纷，及时履行责任的社会效果。从而，其在保障民事侵权中作为受害第三者的社会公众得到及时有效的保护，尽快恢复稳定和谐的社会秩序的同时，也提高了政府在风险管理角度对社会实施的高效率、快速的管理。

新兴的环境污染责任保险更凸显其社会管理的作用，即通过保险公司及时支付保险赔偿金给遭受环境污染的受害群体，具有减缓财政施救费用和救济费用的压力、安抚社会公众、稳定社会秩序的作用，有助于政府履行管理职责，实施社会管理。这意味着责任保险之社会管理功能的形成和发展能够满足现代社会发展的实际需要，并且，也反映出责任保险仍然具有持续的发展创新能力。正因为如此，国务院的"新国十条"将责任保险纳入社会治理体系的范畴。

3. 需要强调责任保险制度的适用目标是与侵权责任法相一致的，并且进一步强化了其适用效果。虽然责任保险的特异性导致其有脱离侵权责任法的趋向，会产生减损侵权责任法对侵权行为的预防和抑制功效的影响。例如，责任保险合同所约定的赔偿责任限额、比例赔偿、免赔额等条款的适用结果，使得保险人支付的保险赔偿金有可能与受害第三人因侵权而遭受的损失存在差额，

---

❶ [美] 所罗门·许布纳，小肯尼思·布莱克，伯纳德·韦布著：《财产和责任保险（第四版）》，陈欣等译，中国人民大学出版社 2002 年版，第 383 页。

被认为是降低和抑制了侵权责任法惩戒侵权人的效果。

对此，笔者却不以为然。因为，责任保险合同的此类约定条款不仅是保险经营活动特殊规律的反映，更是增强了侵权责任法的适用效果，具体表现在两个方面：其一是体现出责任保险制度与侵权责任法的适用目标的一致性。纵观责任保险的发展历程，它作为纯粹填补损害的保险制度，其适用目的存在着阶段性的差异，即已经由最初的填补被保险人因向受害第三人履行民事赔偿责任所遭受的损失，转变为注重保护受害第三人利益。这一转变恰恰与侵权责任法之适用目标的发展轨迹相一致。众所周知，现代侵权责任法的适用目标同样是从单纯注重惩罚侵权人转化为充分保护受害人。基于此，责任保险合同约定的赔偿责任限额、免赔额等条款是出于平衡社会分担的公平合理之需而采取的必要的调节手段。它不仅有利于维护社会公众在分担责任风险领域的利益平衡，促进责任保险市场的稳定运行和发展；也能够确保侵权行为的受害第三人切实获取损害赔偿，从而强化了现代侵权责任法保护受害人的目标。

其二是此类约定条款的适用，强化了侵权人承担和履行民事赔偿责任的"责任意识"。在保险实践中，正是由于上述约定条款的存在，才充分表明保险人承担和履行保险赔偿责任与侵权责任法认定的侵权人依法承担的民事赔偿责任之间的本质区别。前者是基于责任保险合同的约定而产生的合同之债务，保险人理应作为接受保险费的对价条件而按照责任保险合同的约定条件来予以履行。可见，保险人支付保险赔偿金绝不是替代作为被保险人的侵权人来履行侵权责任，故而，其属性根本不同于后者。而后者则是侵权人依据侵权责任法就其所为的侵权行为应当向受害人承担的侵权责任，属于侵权之债。不论保险人是否履行保险赔偿责任，该侵权责任均不能免除，只是处理的方法有所不同而已。如果保险人支付了保险赔偿金，就意味着侵权人是以被保险人的身份以付出保险费为对价而获取社会公众分担其责任风险。如果保险人没有支付保险赔偿金，便是侵权人自行履行侵权责任。正是在此意义上，侵权人依法所应承担的侵权责任中，由于保险人执行责任保险合同的赔偿限额、比例赔偿、免赔额等条款约定而未能为保险赔偿金所覆盖的部分，就仍然需要侵权人自行向受害人履行之。因此，上述条款约定内容存在的后果，必然可以打消被保险人有"投了责任保险就万事大吉"的侥幸心理，警示其时刻保持"责任意识"，要依法行事。这意味着上述条款的适用能够产生明显的强化侵权责任法之惩戒作用的社会效果。

总之，责任保险制度对于侵权责任法的上述积极作用显然盖过了其存在于个别的、局部的消极影响。因此，我们应当在保险实践中充分认识和发挥责任保险的积极作用，避免其消极影响的作用力，引导着责任保险制度正常稳定地发展。

四、构建恰如其分的责任保险制度体系,加强侵权责任法惩戒侵权行为的法律功能

为此,需要努力培养我国的责任保险市场,建设符合我国国情和社会发展需要的多层次、多类型的责任保险制度体系,改变现有的不成体系的、保险类型过于单一化、保险产品设计同一化、各产品类型之间发展不均衡的责任保险制度。笔者认为,应当根据各类责任保险与社会公众利益的联系和影响的不同,区分情况而循序渐进,优先解决当前急迫的社会问题,尤其要重视责任保险法律制度的优化建设。具体建议有如下三点:

第一,及时总结适用经验,修改完善交强险制度。众所周知,交强险的全称为机动车交通事故责任强制保险,它是根据 2006 年 7 月 1 日施行的《机动车交通事故责任强制保险条例》而在全国范围内统一适用的首个强制保险险种,用以取代此前在各地区依据地方性法规来强制适用的"机动车第三者责任保险"。总结交强险适用九年的经验,确实发挥了维护道路交通制度,保护社会公众合法权益的效果,但它也是在全社会不断引发讨论和争议的责任保险领域。分析其原因,一方面是随着我国社会经济的迅速发展,各类社会组织和公众个人的汽车保有量呈现上升趋势,国家针对我国汽车时代发布的政策和法律自然要引起重大的社会反响;另一方面的广大社会公众对于交强险的性质、特点和保障内容还不太了解,而各级政府对于交强险的宣传普及又较为欠缺。具体表现就是,用于规范调整交强险关系的《机动车交通事故责任强制保险条例》在保险实务和司法审判中的适用过程,经常因其规则内容存在的疏漏导致人们理解的不同或者适用标准的不一致,例如,认定交通侵权责任的规则原则是什么,交强险所应适用的赔偿范围,交强险是否采取法定的分项赔偿规则,交通事故受害人是否享有直接赔偿请求权,如何理解交强险的性质和特点等法律问题,均需要相关立法上明确无误地做出规定。

首先需要说明的是,借助在道路交通领域强制适用机动车因交通事故所需向第三人承担赔偿责任的强制保险并非我国特有,而是普遍存在于众多国家,只不过国际上通常称之为汽车第三者责任强制保险。诸如,德国是依据《车主赔偿责任保险法》予以强制推行;在日本,针对机动车的交通事故赔偿责任,该强制保险的保障范围限于机动车造成的人身伤亡的赔偿;而号称"超级汽车王国"的美国,自 1927 年由马萨诸塞州颁布实施《强制汽车责任保险法》至今,汽车责任强制保险已经在美国各州盛行。可见,有关机动车交通事故责任的强制保险是维护现代社会的道路安全秩序不可或缺的保险法律制度。因此,在我国称之为交强险的这一保险制度就应当成为我国责任保险领域的必要组成

部分。但因其存在的实际问题需要解决,则面对修改和完善交强险条例的呼声[1],应当尽快修改和完善交强险条例,提高交强险的科学性和实操性,统一保险实务和司法审判的适用标准,增强交强险的适用效果。

第二、亟须建立推广食品安全责任保险制度。

应当说,食品安全是近年来国人经常谈及的话题,由此可以看出社会对保险保障提出了新的要求。因为近年来困扰人们的一系列食品安全问题[2],不仅暴露出企业生产经营者天良沦丧的丑恶嘴脸,显现我国食品安全监督管理体制的诸多漏洞,更反映出社会公众在食品消费安全领域的需要亟待满足。

所以中国政府出于保障食品安全的需要,强调严厉打击食品生产中的非法添加物,严格食品质量标准,并加大了惩处力度,专家学者和社会公众也纷纷为此献计献策。笔者亦建言如下:我国经营财产保险或者专营责任保险业务的商业保险公司应当适应社会公众对食品安全的保障需求而尝试创设和推出食品安全责任保险。借助食品安全责任保险的保障功能和条款设计,以便能够达到督促包括食品产品的生产、经营以及运输、仓储和销售的企业认真履行其依法承担的食品安全责任,为广大消费者创造安全的生活环境的目的。因为推出食品安全责任保险有利于督促相关企业履行其依法承担的食品安全责任。这些企业作为食品安全责任保险中的被保险人,要想获得保险人提供的保险保障,就必须履行该责任保险所赋予的包括在食品产品生产经营过程中的安全注意义务等诸多义务,客观上达到提高食品产品的安全质量,降低发生食品安全事件的概率,维护广大消费者消费利益的目的。

然而,食品安全责任保险恰当的市场定位却是一个现实问题。笔者提出:首先,应将食品安全责任保险纳入商业保险的范畴。确认食品安全责任保险是我国商业保险家族的一员,保险公司经营该责任保险的过程,包括运作机制、保险内容和经营模式均应当按照中国保险市场的经济发展规律进行操作。

与此相适应,食品安全责任保险就属于社会保险。虽然适用食品安全责任保险的初衷是为了落实国家的食品安全政策,用以保护食品消费者权益,但是食品安全责任保险不是国家政府经办的社会保险,而是由商业保险公司自主经营的商业保险业务,它是按照中国保险市场的发展规律和社会公众获取该责任保险保障的需求来经营的,追求盈利是其作为商事经营者必然持有的经营目标。因而将食品安全责任保险与社会保险加以区别,是其准确的市场定位所需的必要步骤。同样,食品安全责任保险也应排除在政策保险范围之外。因为食

---

[1] 社会各界,包括理论界、实务界、司法界、律师界以及社会公众,均要求尽快修改和完善交强险条例,甚至有学者呼吁重构我国的交强险制度。

[2] 例如三鹿奶粉事件、"三聚氰胺事件""双汇瘦肉精事件"、地沟油事件等等,不一而足。

品安全责任保险并不是由国家设立的专门性保险机构或者授权商业保险公司经营相应的政策性保险业务来贯彻特定的政策性立法内容的保险活动。

其次,食品安全责任保险应当在财产保险范围内取代产品质量责任保险。因为按照保险法理论,食品安全责任保险作为独立的保险险种,其保险标的——基于食品安全事件行为导致食品的消费者(第三人)的人身伤害和财产损失而需要对该第三人进行民事赔偿——决定了其应当属于财产保险的范畴。故而,商业保险公司经营食品安全责任保险就应当保持财产保险的运行特点,确保其填补性的实现。并与人身保险(人寿保险)突出的给付性和返还性截然不同。

最后,食品安全责任保险是一种全新型的责任保险类型,适宜采取自愿保险与强制保险并存的市场格局。

与目前大多数学者认为的食品安全责任保险应当一律定性为强制保险的观点不同[1],笔者的看法是,需要确认食品安全责任保险在中国保险市场上的适用,应当建立自愿保险与强制保险并存的格局,即以自愿保险为主,而特定范围内则适用强制保险。

之所以食品安全责任保险应当以自愿保险为主,取决于中国保险市场的基本规律,即在保险立法和相关立法未有明文规定的情况下,食品安全责任保险的适用贯彻自愿原则,可以赋予当事人自愿决定的权利,使得任何一方都不得强制对方投保该责任保险。当然,针对社会公众的食品安全责任保险的需求,只要经营食品安全责任保险的财产保险公司和责任保险公司进行切实有效的宣传和推广,让食品生产经营企业准确了解该责任保险的保险内容、运行机制和保障效果等,就能够将投保食品安全责任保险的思想意识纳入各自的经营理念中,主动投保该责任保险。

而法定范围内的食品安全责任保险宜适用强制保险,在于政府为保护特定社会公众群体在食品消费过程中利益的需要。因为,强制保险实质上是对合同自由的限制,不应当成为市场活动的普遍现象,而应当属于例外,适用于需要用政府的社会公益政策施加影响和干预的特定情况。具体到保险领域,强制保险也就应当带有特定性。为此,不宜将所有的食品安全事件一律纳入食品安全责任强制保险的适用范围。正确的处理方法是:区别各类不同的情况,针对大中型食品企业或者儿童食品、老年食品、康复食品等特定消费群体需要的食品

---

[1] 参见中国人民大学法学院海商法保险法研究所与中国保险法学研究会共同举办的《责任保险在中国的适用与发展——暨产品安全责任保险研讨会论文集》所载李华著"论我国食品安全强制责任保险制度的构建",潘红艳著"食品安全强制责任保险的几点思考"。卢燕著"构建食品安全强制责任保险的必要性和可行性",载《商业时代》2009年第32期。段胜著"构建我国食品安全强制责任保险之我见",载《上海保险》2009年第1期。

纳入食品安全责任强制保险的适用范围。

第三、应当适度发展强制责任保险制度。

在现代商业保险领域，强制保险是与自愿保险相对应的保险类型，表现为根据国家的有关法律法规的规定，特定范围内的社会群体或者行业领域内的社会组织承担着投保特定保险的义务，无论其是否愿意，都必须参加该保险。显然，强制保险区别于自愿保险的特殊性，就在于其适用上具有法律的强制力，"强制要求符合条件的人员投保相应的保险，并进而通过保险分散相关行业的风险，减少社会矛盾，以实现和谐社会的基本目标"❶。责任保险基于其保护受害人利益，解决社会矛盾，维护社会秩序的功能而成为强制保险的适用区域，特别现代工业社会的违宪责任理念的形成和侵权责任的社会化发展趋势，越来越多的责任保险品种具有了强制性内容，改变了其原有的自愿保险的属性，成为落实国家特定政策的工具。因此，无论是在美国、英国等普通法系的代表性国家，还是德国、日本等大陆法系代表性国家，各自的商业保险市场上均存在着强制责任保险，只不过除了汽车责任强制保险以外，其他强制责任保险的种类、适用范围和覆盖区域因各国的经济发展水平和法律传统的差异而不尽相同。

就我国现有的强制责任保险的适用情况看，其受到责任保险制度总体发展的影响而有明显的局限性，主要集中在机动车第三者责任，船舶污染责任，煤炭、建筑等高危行业的意外伤害责任和旅行社职业责任等。涉及强制责任保险的立法也呈现出多个层面，包括了法律、行政法规，特别是地方性立法和部门规章等。因此，这些有关强制责任保险的规范性文件大多具有明显的地域性，规则内容过于简单，缺乏可操作性，并且往往与人身意外伤害保险相混同。因而改善我国强制责任保险落后的局面的首要环节就是加强涉及强制责任保险的立法水平。

但是需要强调的是，强制责任保险的适用，对于强化受害人保障体系，实现和谐社会建设和分散风险，实现政府的社会管理政策确实有特殊的意义。不过针对特定领域的风险责任决定是否借助强制保险手段加以转移，应当持有谨慎的态度。原因在于，以保险行使转移特定风险毕竟是通过合同方式来完成，应当主要建立在双方当事人自愿的基础上。而强制责任保险仅仅是责任保险市场上的一种类型，不应当成为责任保险的主流发展趋势。

因此，笔者认为应当适度发展我国的强制责任保险制度，谨慎地扩大新的强制责任保险的适用领域。针对特定的社会群体或者特定行业所面对的责任风

---

❶ 郭锋等著：《强制保险立法研究》，人民法院出版社2009年版，第1页。

险是否属于高于一般责任风险的高危程度，并且，这种高危风险又与公共利益密切相关，像环境污染责任、食品安全责任、医疗责任等都与社会公众的利益关系密切，对于整个社会会产生巨大的不利影响，故而，才属于强制责任保险的适用范围。而上述以外的一般社会风险，则应当在立法上加以引导，使得相应的社会公众树立投保的自觉意识，适用自愿责任保险。

保险法上告知义务违反与民法上欺诈之关系[*]

雷桂森[**]

我国《保险法》第 16 条对投保人的如实告知义务及违反该义务的法律后果进行了全面规定,为保险纠纷的司法裁判提供了较为明确的法律标准。但在有些问题上,保险法并未明文规定,譬如,保险法未规定投保人基于欺诈告知的法律后果。具体而言,投保人违反如实告知义务的行为与投保人订约时的欺诈行为,在法律后果上是否存在不同,在法律适用上是由保险法与合同法分别进行调整,还是由保险法一体调整,立法并未给出明确规定。德国新保险合同法规定投保人违反如实告知义务并不排除欺诈的适用[①]。我国也有学者认为,应该肯定欺诈情况下保险人撤销保险合同的权利,保险人在投保人或被保险人违反如实告知义务时,依保险法的规定有解除合同权,除此之外也可能依民法有关欺诈的规定行使撤销权,两者并行不悖[②]。按照上述观点,违反如实告知义务的行为亦可能同时构成欺诈,在此情况下,保险人既可以依据保险法行使合同解除权,也可以依据民法行使撤销权。鉴于司法实践中有关违反告知义务的案例很多,上述观点是否符合保险合同的特质和我国保险法第 16 条规定的立法初衷,能否在司法实践中予以采纳,将直接影响到司法裁判的结果,有深入探讨的必要。下面先看一个与此相关的真实案例。

一、据以研究的案例

原告韦某与被告保险公司签署《人身保险合同》,为其配偶即被保险人戴某投保了平安鑫盛终身寿险(分红型)、附加鑫盛重疾险。其中平安鑫盛终身寿险基本保险金额为 15 万元。在双方签署保险合同前,原告韦某与被告的业

---

[*] 该文原刊载于《人民司法》2013 年第 19 期。
[**] 深圳市福田区人民法院。
[①] 仲玮昕:"论德国保险法关于投保人违反告知义务规定对我国保险法的启示",载《法律适用》2012 年第 6 期。
[②] 樊启荣:《保险契约告知义务制度论》,中国政法大学出版社 2004 年版,第 306 页。

务员韦女士接洽购买保险时，便曾主动向被告业务员韦女士告知戴某因脑部肿瘤曾经在医院动过手术，并已康复，后面复查也没有再复发。如实告知这些情况后，原告韦某询问韦女士像戴某这种情况还能否承保。韦女士回复就当没有告诉她，她当作不知道，只要过了两年就没事了，随后双方签署了保险合同。后被保险人戴某因腹部肿胀前往医院检查，经检查为呼吸、循环衰竭，因肝功能衰竭治疗无效，于 2012 年 9 月 4 日死亡。随后，原告韦某向保险公司提出理赔，但被告保险公司拒绝理赔，原告遂诉至法院。

被告答辩称，首先，原告韦某对于《保险法》规定其应该履行如实告知义务及违反该义务的后果都非常了解，而且在涉案保险合同前期磋商过程中主动向被告工作人员建议"不告知""不告知就不查了"等言辞，足见其意在骗保；其次，原告韦某为使涉案的保险合同得以顺利承保，后续可以从被告处得到保险金，与韦女士恶意串通，故意隐瞒被保险人投保前做过重大头部手术的事实，从而使得涉案保险合同顺利承保。根据《民法通则》及《合同法》的规定，恶意串通，损害第三人利益的民事行为无效。故该二人在办理涉案保险合同前恶意串通企图损害被代理人（被告）利益的行为应认定为无效。如果本案中保险代理人与投保人之间的恶意串通损害被代理人利益的企图得逞，将不可避免的形成不良示范效应，也属于变相纵容"保险诈骗"的存在。再者，原告韦某在投保前已明知不实告知义务及其法律后果的情况下，故意构陷他人意图获利，明显存在过错。本案属于典型的保险代理人与保险客户之间的恶意串通、企图损害保险公司利益的案件，判决结果对于引导保险行业的健康发展有重要意义，故请法院谨慎处理为盼。

上述案例是笔者审理的一个真实案例。该案中的保险代理人在知道投保人未如实告知有关情况下，还促成了保险公司与投保人签订保险合同。在保险事故发生的情况下，投保人向保险公司索赔，并对其未履行如实告知义务的情况予以确认。该案的特殊性在于：被告保险公司在其抗辩理由中主张投保人有"骗保"行为，投保人有严重欺诈保险人从而签订保险合同的主观目的，保险合同应归于无效。很显然，保险人没有按照常规的思路，从保险法有关投保人违反如实告知义务的规定来进行抗辩，因为根据我国《保险法》第 16 条有关禁止反言的规定[1]，该种抗辩是不会被法院采信的；而是选择从民法与合同法的角度，以投保人欺诈为由主张合同无效。在法律适用上，该如何处理保险人的该种抗辩主张，该如何看待投保人的欺诈行为，该如何处理违反告知义务与欺诈的关系，都是值得研究的问题，也是引发作者撰写本文的最初动因。

---

[1] 参见我国《保险法》第 16 条第 6 款规定。

二、"并存适用说"与"排除适用说"之述评

告知义务是保险法上的特有概念和制度,它反映了保险合同和保险行业的特殊性——保险人依赖被保险人告知的内容评估风险,这是保险业赖以生存和合理运营的基础与前提。对投保人的如实告知义务及违反该义务的法律后果,我国《保险法》第16条用6个条款作了详细规定。投保人违反告知义务,使保险人意思表示发生错误,或因投保人之欺诈行为,诱使保险人订立合同的,保险人在知悉此种情形后,除依我国《保险法》第16条之规定行使合同解除权外,是否还可以依民法与合同法有关欺诈之规定,撤销其意思表示。这实质上涉及了告知义务违反与民法上欺诈规定之关系的问题。

我国司法实践中很少遇到保险人以投保人欺诈为由撤销保险合同的案例,我国理论界对此的讨论也不多。在大陆法系保险法理论上,对此主要有两种学说。一是"并存适用说"❶,亦称"重复适用说"。该说认为告知义务制度系基于保险制度及保险合同之特殊构造,所赋予投保人的一种负担,如有违反,即赋予保险人解除合同之权利;而民法上有关欺诈之规定,是因表意人意思表示之内容有被欺诈等情事时,表意人得撤销之,使之溯及既往的归于消灭之制度。从而告知义务之规定与民法关于欺诈之规定,两者之根据、要件及效果均不相同,而为各自独立之制度,并非处于特别法与普通法之关系,故保险法之规定并不排斥民法规定之适用。二是"排除适用说"❷。在采用民商分立体制国家又称"商法单独适用说"。该说基于当事人间利益均衡及权利关系之安定为出发点,认为告知义务之规定,系根据保险本质上之必要所为之特别规定,而民法欺诈之规定,系法律行为撤销之普通规定,倘保险法之规定与民法之规定发生竞合时,自应依特别法优于普通法之原则,适用保险法之特别规定。

保险法作为民法的特别法,对其无规定的事项,依法理应按照民法规定和精神予以处理。但应注意的是,只有在保险法未作规定的事项上,民法的相关规定才应予适用;如果保险法对某事项已经作了规定,则应排除民法相关规定对该事项的适用,以实现保险法关于该事项的特定立法目的。如所周知,保险合同关系与一般合同关系存在较大的差异,一般的合同关系在我国合同法分则中予以了明确规定,而保险合同关系则是通过保险法的形式予以单独规定。对于保险合同而言,其被誉为"最大诚信合同",对当事人的诚信要求尤其高,对当事人的欺诈行为也应该是最不能容忍的。因此,从保险合同的法理特质来讲,对投保人的欺诈订约行为,我国保险法不可能不予以调整和规范。鉴于

---

❶ [日]大森忠夫:《保险法》,有斐阁1970年版,第136页。
❷ [日]松本蒸治:《保险法》,中央大学1972年版,第108页。

第三编 保险实务研究

此，我们认为，对投保人欺诈告知的行为，保险人能否在享有保险法上的解除权外，另行享有合同法上的撤销权，并不能简单地从我国保险法未作出明确规定出发，进行形式判断，而应结合保险法的具体规定和立法目的，从利益衡量和法理基础的角度进行具体分析，看是否会引起法律上的矛盾和利益上的冲突。基于此思路，笔者并不赞同"并存适用说"的观点，理由如下：

（一）在投保人欺诈告知的情形下，如果保险人同时享有对合同的解除权和撤销权，则如何确定已签订保险合同的效力，将会是一个难题。因为，解除合同的前提是合同效力已经确定；而对于可撤销合同，一般认为该合同的效力处于不完全状态[1]，即对投保人是有拘束力，而对于享有撤销权的保险人是无拘束力的。因此，如果承认保险人对于投保人因欺诈告知而签订的合同，同时享有解除权和撤销权，则会导致对已成立保险合同的效力存在相互矛盾的认识，导致当事人无所适从，也势必影响已成立保险合同关系的稳定。而且，我国保险法明确规定了投保人对保险合同的任意解除权，包括对违反告知义务而签订的保险合同。如果保险人对投保人因欺诈告知而签订的保险合同享有撤销权，那么是否就不能赋予投保人对该种合同的任意解除权了？如果投保人对该种合同仍然享有任意解除权，那么保险人的撤销权在法律上处于并不稳定的状态，会因投保人行使解除权而消失，而这与撤销权的形成权性质并不相符。因为民法上的形成权，系由权利人的单方意思而生成，不受他人意思影响。因此，"并存适用说"在法理上有不能自圆其说的地方。

（二）关于保险人因投保人违反告知义务而解除合同的权利，我国保险法规定的最长期限是"自合同成立之日起两年内"，对权利人因对方欺诈而享有的撤销合同的权利，我国民法规定的最长期限是"自知道或者应当知道撤销事由之日起一年内"。因此，一般来说，权利人行使撤销权的期间较长，保险人行使解除权的期间较短。在保险人因法定期间已过而不能行使解除权时，如果采用"并存适用说"，则保险人还可以行使撤销权，显然对保险人有利而对投保人不利。我国保险法对保险人解除合同的权利在时间上予以限制，其目的就是为了强化投保人利益保护，而适当限制保险人利益。在我国保险立法已经确立不可抗辩条款，对保险人解除合同的权利进行了限制的情况下，保险人若能基于投保人的同一个行为，在依法不能行使解除权后，还可依法向投保人主张撤销权，这不只是有重复主张权利之嫌，更可能导致不可抗辩条款确立的平衡保险双方的立法目的落空，使利益的天平再次倾向保险人。因此，在我国保险法未确立不可抗辩条款的情形下，由于保险人对合同解除权的行使并不受时间限制，保险人有无撤销权并不会对保险双方的利益格局产生实质影响，但在确

---

[1] 韩世远：《合同法总论》，法律出版社 2004 年版，第 206 页。

立不可抗辩条款之后，若同时肯定保险人对因投保人欺诈告知而订立的保险合同的撤销权，将是对我国保险法确立不可抗辩条款精神的背离。

三、故意不履行如实告知义务与欺诈行为的相通性

民法上的欺诈是指以使他人陷于错误并因而为意思表示为目的，故意陈述虚伪事实或隐瞒真实情况的行为。对因欺诈而订立的合同，权利人可在法律规定的期间内行使撤销权。但在实务中，对于"欺诈"很难认定，因为"欺诈"是行为人的内心动机，与行为人的"故意"或者"过失"可以推定不同。

保险法上所谓"告知"，是指保险合同订立时，投保人或者被保险人向保险人所作的口头或者书面的陈述。"告知并非保险契约的一部分，但可以诱致保险契约的订立。"我国保险法没有使用"欺诈"一词，但使用了"故意不履行如实告知义务"与"因过失未履行告知义务"。一般认为，"故意不履行如实告知义务"大致等同于"欺诈"，但"欺诈"的范围要小于"故意"。对于欺诈行为的存在，需要保险人举证证明投保人主观上有"通过有意识地隐瞒事实来影响保险人的决定"的目的，而对"故意"的认定是推定的，并不需要保险人对投保人具有何种隐瞒目的进行举证证明。因此，从当事人举证的角度来讲，"故意不履行如实告知义务"的举证负担较"欺诈"要轻。

关于告知义务的规范目的，学者认为，"欺诈对于一切合同来讲，都是常见的；未告知和不实告知却是特殊的，只适用于以保险合同为主要例证的那类合同。"[1] 曼斯菲尔德曾指出："保险契约当事人告知义务之制度，在于防止欺诈及注重最大善意。"[2] 因此，从法制史角度来看，保险人以投保人或者被保险人不履行如实告知义务为由解除保险合同，最初正是基于"欺诈"理论而来。

在法律明确规定当事人有告知义务的情形下，单纯的沉默也可构成欺诈[3]。就保险合同的订立而言，我国保险法明确规定投保人就保险人的询问有如实告知的义务。因此，投保人在订立保险合同时，如果"故意不履行如实告知义务"，不管其表现形式是故意陈述虚假事实，还是消极隐瞒真实情况，在性质上均可认定为民法上的欺诈。可以说，"故意不履行如实告知义务"是欺诈的一种表现形式，是欺诈在保险合同领域的表述方式。"故意不履行如实告知义务"是从投保人行为的角度对欺诈行为的一种描述，这种表述方式使得保险人对投保人欺诈行为的证明有了比较客观的手段和方式，也使得保险人对投保人欺诈告知的举证有了具体的法律标准。

欺诈作为民法的抽象性概念，在不同的法律行为（合同）领域，应该会有

---

[1] [英]约翰·伯茨：《现代保险法》（中译本），陈丽洁译，河南人民出版社 1987 年版，第 63 页。
[2] 樊启荣：《保险契约告知义务制度论》，中国政法大学出版社 2004 年版，第 250 页。
[3] 韩世远：《合同法总论》，法律出版社 2004 年版，第 206 页。

不同的表现形式。在特定的合同领域，将当事人的欺诈行为予以具体化和类型化，以便于大众识别和司法裁判，是一种科学的立法方式。基于保险合同系最大诚信合同及投保人与保险人在信息占有上的不对称性，在保险人询问投保人时，投保人应当如实告知有关情况是保险法对投保人的最基本要求。因此，防范投保人在履行告知义务中的欺诈行为必然成为我国保险立法中的重要内容，也必然会体现在保险法的规定中。因此，基于"故意不履行如实告知义务"与欺诈行为在内涵上的相通性，认为投保人的欺诈告知行为被保险法中"故意不履行如实告知义务"这一概念所包含，应具有合理性，符合保险合同的特点和保险法的特别法性质。

投保人违反告知义务与投保人订约时实施欺诈行为，在可能侵害保险人的利益方面，也具有相通性和同一性。保险合同系射幸合同，保险利益能否实现具有不确定性。不管投保人与保险人订立保险合同，是否出于欺诈目的，投保人都只有在保险合同约定的承保风险实际发生时，才能实现其保险利益，而承保风险是否发生是一种客观事实，并不取决于投保人的主观目的或动机。因此，投保人违反告知义务与保险人订立保险合同，不论其是否具有欺诈的动机，在给保险人可能造成的损害后果，以及投保人可能获取的利益方面，不会产生任何差别。用同一法律规范对此调整，赋予两者统一的法律效果，并不会有损保险人的权益。同时，一般认为，欺诈行为侵害的主要是受欺诈人的自由订约权，但在保险合同的签订中，保险人的地位强于投保人或者被保险人是不争的事实。因此，即使会有投保人欺诈告知行为发生，总体而言，也很难侵害到保险人的合同自主权，法律对投保人的该种行为也没有特别规制的必要。因此，在告知义务的有关规定中对投保人的欺诈行为一并予以规范，符合保险合同的本质特征，不会导致保险人合法权益的减损，有利于该类纠纷的法律处理。

四、投保人欺诈行为能否适用保险法上的不可抗辩条款

保险法不可抗辩条款的基本含义是，保险人在保险合同成立并经过一定期间后，不得对被保险人任何未告知或隐瞒之事实提出抗辩以解除合同，保险人虽足以证明被保险人有故意违反告知义务之具体事实，仍不能免除给付保险金之责任。我国保险法第16条第3款确立了不可抗辩条款，其内容是"前款规定的合同解除权，自保险人知道有解除事由之日起，超过三十日不行使而消灭。自合同成立之日起超过二年的，保险人不得解除合同；发生保险事故的，保险人应当承担赔偿或者给付保险金的责任。"

在立法规定不可抗辩条款之前，对投保人违反告知义务的行为，保险人所享有的合同解除权是不受时间限制的，因此保险人对投保人的欺诈告知行为，

是否享有合同法上的撤销权，实际上并不重要，也不会对其利益保障产生障碍，因为解除合同和撤销合同在法律后果的主要方面是相同的，即投保人失其保险利益，保险人有权拒绝给付保险金。因此，无论是采"排除适用"说，还是采"并存适用"说，对司法实践的影响并不大。但在立法确立不可抗辩条款之后，保险人对保险合同的解除权在时间上受到了限制，在可抗辩期间经过后，保险人依法不能再行使保险合同的解除权，但是否依然可以行使民法所规定的撤销权呢？这是处理告知义务违反与民法上欺诈之关系中的核心问题，也是"并存适用"说与"排除适用"说实质区别所在，有必要予以辨明。

英美法理论主张，应当将欺诈性的误述分为一般性欺诈误述和严重性欺诈误述。对于一般性欺诈适用不可抗辩条款，而对严重性欺诈则不适用。也就是说，如果投保人的欺诈行为存在严重的道德风险，违反了公序良俗，动摇了保险制度的基础，保险人的解除权免于不可抗辩条款的约束❶。

大陆法系理论认为，对于投保人的欺诈行为，无须区分一般性欺诈和特别严重欺诈，欺诈性误述或隐瞒都可以适用不可抗辩条款。如大陆法系的日本、韩国和我国台湾地区的保险法立法并没有将欺诈行为排除在不可抗辩条款之外。德国则采用了另外一种做法，主张不可抗辩条款都不适用欺诈行为，只要投保人或被保险人有欺诈，在不可抗辩期间经过后，保险人仍然可以解除合同❷。

我国有学者主张，一般性欺诈适用不可抗辩条款，严重欺诈则不受不可抗辩条款的限制，其理由是：（1）就合同法效力而言，欺诈的合同可以撤销，其除斥期间为1年。如果不给保险人一个较长的期间，则会鼓励保险人在对方索赔时就主张撤销合同，这样对受益人或被保险人及其抚养、赡养的家属不利；（2）保险人具有经济上的明显优势，根据"深口袋"规则，欺诈行为适用不可抗辩条款并无不当；（3）保险合同为格式合同，合同双方谈判能力不对等，应适度向谈判能力弱的一方倾斜。但特别严重的欺诈违背了社会公共政策，那么该合同无效，其效力自始无效，自然不适用不可抗辩条款❸；（4）鉴于我国保险公司管理和评估风险的水平还不够高，我国不可抗辩条款只适用"重大过失"以下的误述或隐瞒❹。

从以上论述可知，投保方出于故意或欺诈目的，在缔约时对重要事实予以隐瞒或不实告知，经过可抗辩期间后，保险人是否应该受到不可抗辩条款的限制，能否再向投保人主张权利，各国立法和司法判例存在较大分歧。从不可抗辩条款在我国保险法第16条中的位置和内容表述来看，对投保人故意或者因

---

❶ [美]缪里尔.L.克劳福特：《人寿保险与健康保险》，周伏平译，经济科学出版社2000年版，第381页。
❷ 郭建：""《保险法》中不可抗辩条款若干法律问题之探讨"，载《法律适用》2011年第5期。
❸ 李庭朋：《保险合同告知义务研究》，法律出版社2006年版，第68页。
❹ 樊启荣：《保险契约告知义务制度》，中国政法大学出版社2004年版，第301页。

重大过失未履行如实告知义务的情形，均是适用的，并未区分投保人的违反告知义务的行为是否具有欺诈的故意，以及该种欺诈是一般性的还是严重的。因此，笔者主张，不管投保人订约时的欺诈行为是否严重，保险人主张解除合同的权利，均应受到不可抗辩条款的限制。具体理由在下文详述。

五、不可抗辩条款应适用于投保人欺诈行为的法理分析

在我国保险法已经确立比较全面的告知义务制度，特别是确立了不可抗辩条款，而未明确规定保险人撤销权的立法背景下，上述区分一般性欺诈和严重欺诈并异其法律效果的做法，实质上对保险人有利而对投保人不利，并且缺乏法理基础，具体理由如下：

（一）欺诈是一种主观的行为动机，一般情况下很难举证证明。因此，一般性欺诈与严重欺诈的区分，在实务中很难把握，存在相当的主观性和随意性。在此情形下，法官的自由裁量权过大，不利于对投保人利益的保护和保险关系的稳定。在保险纠纷诉至法院的情况下，保险人往往会想方设法把投保人的"故意"行为说成是"欺诈"甚至严重欺诈。我国保险法虽然将违反告知义务的行为，区分为"故意不履行如实告知义务"和"因过失未履行告知义务"，但在不可抗辩条款的适用上并没有区分不同效果，对投保人利益的保护是同等的。我国合同法对欺诈行为的调整也是一体的，并没有区分一般性欺诈与严重欺诈而异其法律效果。在保险法没有对投保人欺诈的法律效果做出特别规定的情形下，即使认为投保人的欺诈行为不在我国保险法告知义务违反之规定的调整范围之内，也应按合同法的规定对其效力进行认定。因此，在保险合同领域内，对投保人的欺诈行为进行区分并异其法律效果的做法并没有法律依据，而且在实践中很难把握，容易造成司法裁判标准的不统一。

（二）我国保险法确立的不可抗辩条款对投保人"故意不履行如实告知义务"的情形是完全适用的。在此规定下，区分投保人的"故意不履行如实告知义务"行为和欺诈行为，有无实际意义和合理依据，尚需探讨。首先，故意不履行如实告知义务与欺诈告知的法律后果没有本质不同。在保险法上，告知义务是投保人的被动义务，以保险人具体询问内容为限，投保人的"故意"或者"欺诈"均是在保险人询问的基础上作出的。在一般合同领域，欺诈行为一般是行为者主动或按照自己意思积极作为的结果，但在保险合同领域，是保险人的询问决定投保人的告知范围，因此，保险人始终是处于主动地位，对投保人投保行为可以进行多方面的控制或者影响。从告知义务的性质来看，其系先契约义务、不真正义务，违反者，不管其是基于"故意"还是"欺诈"，并非其行为违法，仅投保人失其保险利益而已。因此，不论投保人告知时是否有欺诈保险人的动机，只要其违反了如实告知义务，其法律效果就是确定的，可预见

的，区别对待缺乏利益基础。其次，我国保险法既规定了投保人的如实告知义务，又通过确立不可抗辩条款对保险人的合同解除权予以限制，体现的正是平衡保护保险合同双方的立法精神。实践中，投保人违反如实告知义务的情形，有些是无意的，有些是有意的。无意的违反告知义务，固然不能算是欺诈，但有意的违反告知义务，也未必全是出于欺诈目的。保险合同是不确定合同，保险合同成立时，投保人应给付保险费之债务内容固然已经确定，但保险人是否应履行保险金给付以及应给付之保险金额究竟多少，则须依不确定之事实——保险事故是否发生及其发生之结果而定。因此，投保人即使出于欺诈目的与保险人订立保险合同，也不能因此而获得额外利益，与投保人故意不履行如实告知义务而签订保险合同所能得到的保险利益是完全一样的。既然投保人无论是基于"故意"还是"欺诈"而签订保险合同，其在利益的获取上并没有任何差别，那么，在其法律效果的规定上，也应一同对待，才符合法理。

综上所述，无论是从投保人违反如实告知义务而可能失去的利益来看，还是从投保人因不可抗辩条款对保险人权利的限制而可能得到的利益来看，在投保人是基于故意而违反告知义务，或是基于欺诈而违反告知义务时，均没有不同或差别。因此，我国保险法对投保人违反如实告知义务所做的规定是全面而周到的，充分考虑到了告知义务与保险合同的固有性质，平衡了投保人和保险人的利益。鉴于此，我们主张，在解释论上，应当认为我国保险法对告知义务及其违反所作的规定，已经吸收了合同法有关欺诈行为的规定，对投保人违反告知义务的行为和投保人欺诈行为是采一体调整的模式，并不如德国那样采用分别调整模式。只有作如此解释，保险纠纷的法律的适用才能做到清晰明确，保险合同当事人的利益才能得到平衡保护，保险法确立不可抗辩条款的规范目的才不会落空。

结语

我国《保险法》第16条关于投保人如实告知义务及投保人违反如实告知义务法律后果的规定，实质上也是对投保人欺诈告知行为的法律规范和调整。我国保险法没有对投保人欺诈告知行为的法律后果进行特别规定，并不属于立法漏洞，实质上是排除了民法有关欺诈规定对投保人欺诈告知行为的适用。投保人违反如实告知义务的行为若同时构成欺诈，保险人的合同解除权亦应受到《保险法》第16条确立的不可抗辩条款的限制。前述案例中，保险公司从投保人欺诈的角度提出抗辩，法院亦应以我国《保险法》第16条相关规定为依据对其进行审查，而不应适用民法欺诈的规定予以认定。至于保险公司主张投保人与其代理人员恶意串通的问题，与诉争的保险纠纷并不属于同一法律关系，权利人可在保险纠纷审结后另循法律途径解决。

论保险公司在网络保单项下免责条款说明义务的审查与认定
——以保险审判实务为视角

宋　硕[*]　贾辰歌

一、保险审判实务提出的问题

众所周知，我国《保险法》第17条有关保险人的条款说明义务，尤其是该条第2款之免责条款的明确说明义务的规定，是当前保险审判中法官运用比率最高的条款之一。主要原因在于，投保人、被保险人起诉保险公司，要求保险公司履行保险责任的保险纠纷中，原告往往会援引该条款的规定来支持其诉求。但是，由于保险纠纷的案情复杂多样性和《保险法》第17条的规定过于笼统而欠缺实操性，更没有明确统一的法定标准，导致法官在运用该条款作为依据来审查和认定保险公司是否履行了条款说明义务时，会做出不同的理解，形成不尽相同的认定标准。

特别是伴随着近年来互联网等现代信息技术在中国的迅猛发展，互联网保险已经成为我国保险市场的重要组成部分，它不仅丰富了保险产品的类型，扩展了保险服务的范围，更作为新型的保险营销模式，而与传统的保险营销模式并驾齐驱。其中，网络投保方式就给人们的生活带来了便捷，也扩大了保险公司的展业空间，提高了签约的效率。但由于网络投保改变了传统面对面营销的模式，保险公司应当如何履行说明、提示义务，使得投保人能够明确知悉保险合同的权利、义务？这些都增加了法官运用《保险法》第17条处理保险纠纷案件时的难点和复杂程度，有必要加以研究和讨论。

二、用保险案例概括各方的观点

（一）案件梗概

本文仅以原告冀甲、冀乙、冀丙诉被告某财产保险有限公司北京分公司的

---

[*] 北京市海淀区人民法院法官。

意外伤害保险合同纠纷案为例，分析和讨论法官审理保险公司在网络保单项下免责条款说明义务的审查与认定问题。

原告冀甲、冀乙、冀丙诉被告某财产保险有限公司北京分公司的意外伤害保险合同纠纷案的案情简介如下：

2013年3月8日11时40分，赵丁驾驶着津JJ5119号解放牌轻型普通货车，沿102线由西向东行驶至61公里600米时，与肖戊骑行电动自行车由西向东向北过公路时相撞，造成车辆损坏、肖戊受伤经医院抢救无效死亡的交通事故。此次事故经河北省三河市公安局交通警察大队认定，肖戊的行为违反了《中华人民共和国道路交通安全法实施条例》有关"第七十条第一款，驾驶自行车、电动自行车、三轮车在路段上横过机动车道，应当下车推行，有人行横道或者行人过街设施的，应当从人行横道或者行人过街设施通过；没有人行横道、没有行人过街设施或者不便使用行人过街设施的，在确认安全后直行通过"之规定。最终，河北省三河市公安局交通警察大队认定，赵丁、肖戊均对此事故负有同等责任。

2013年4月2日，河北省三河市公安局段甲岭派出所出具死亡注销证明，该证明载明，肖戊因道路交通事故死亡，死亡日期为2013年3月14日。

在庭审过程中，冀甲、冀乙、冀丙共同申请证人尚A出庭作证。尚A称：肖戊当时是其单位的员工，其给肖戊向被告某财产保险有限公司北京分公司投保了意外伤害保险，但投保时并没有见到某财产保险有限公司北京分公司的意外伤害保险条款，也无人向其告知该保险条款中的免责条款。此外，尚A还表示保险卡是由某财产保险有限公司北京分公司的代理人激活的，代理人是靳庚和张辛，两人是夫妻关系。该代理人当时交给他的保险卡就是已经激活的了。此外，冀甲、冀乙、冀丙共同申请张辛出庭作证。张辛在出庭作证时称，其从北京某保险代理公司购进的保险卡后，卖给尚A。该保险卡是由其上网激活的，激活过程只是阅读完网页上的电子文档之后经点击而后进入下一步骤，并未有相应的语音提示对相应的意外伤害保险的免责条款进行说明。

在诉讼过程中，冀甲、冀乙、冀丙向法庭提交了相应的意外伤害保险单的打印件。该保险单上显示被保险人为肖戊，意外伤害身故及残疾保险金为10万元。保险单的效力开始日期为2013年3月8日零时起，保险单的效力结束日期为2014年3月7日二十四时止。原告冀甲、冀乙、冀丙提交该保险单作为证据的目的，是用以证明投保的事实。对此，被告某财产保险有限公司北京分公司予以认可。此外，原告冀甲、冀乙、冀丙还提交了被告某财产保险有限公司北京分公司向其出具的拒赔函。该拒赔函上所载明的拒赔原因为，根据道路交通事故认定书的认定，被保险人肖戊违反了《中华人民共和国道路交通安全法实施条例》有关"第七十条第一款"之规定，被保险人同肇事者均负此事故同等责任。根据某财产保险有限公司的个人人身意外伤害保险条款的第7条"期间除外"规定,被保险人在下列期间遭受伤害导致身故、残疾或烧烫伤的,保险人不承担给付保险金责任:(五)被保险人违反交通法规驾驶和乘坐摩托车、电动助力车期间;所以,对本次事故,我司不承担保险责任,不予理赔。原告冀甲、冀乙、冀丙提交该证据的目的,是用以证明被保险人肖戊因交通事故而导致其死亡之后,被告某财产保险有限公司北京分公司予以拒赔。对此,被告某财产保险有限公司北京分公司表示认可。

相应地,被告某财产保险有限公司北京分公司在诉讼中,也向法庭提交了某财产保险有限公司的个人人身意外伤害保险条款。该保险条款的第5条"保险责任"约定,在保险期间内,被保险人因遭受意外伤害事故导致身故、残疾或烧烫伤的,保险人依照下列约定给付保险金,且给付各项保险金之和不超过保险金额。(一)身故保险责任,在保险期间内,被保险人遭受意外伤害事故,并自事故发生之日起一百八十日内因该事故为直接原因身故的,保险人按照保险金额给付身故保险金,对该被保险人的保险责任终止……。同时,该保险条款的第七条"期间除外"中的第五项约定,被保险人违反交通法规驾驶或乘坐摩托车、电动助力车期间遭受伤害导致身故、残疾或烧烫伤的,保险人也不承担给付保险金责任。并且,该条款是以加黑加粗的字体予以标识。被告某财产保险有限公司北京分公司提交该证据的目的,是用以证明其拒赔的依据。

对此,冀甲、冀乙、冀丙对其真实性认可,但认为被告某财产保险有限公司北京分公司没有在投保时向投保人进行说明,而且,保险条款中的免责条款应当使用不同的字体,以便引起投保人的注意。此外,被告某财产保险有限公司北京分公司还提交了民安永通卡的激活流程打印件。该激活流程的第三步可以弹出保险条款的详细内容供被保险人阅读,其中的第7条第5项是以黑体字加黑加粗的字体予以标识。同时,在该激活流程的下方投保声明处显现如下内容:第一条载明,本人已经收到并已详细阅读了投保险种所对应的保险条款,对于其中免除和限制保险人责任的内容,本人已经理解并接受。某财产保险公司提交该证据用以证明公司在被保险人投保时向其告知了保险条款和保险责任,尽了告知义务。对此,冀甲、冀乙、冀丙对真实性认可,但认为保险合同是网签的,免责条款没有特殊字体,没有引起投保人注意,且未进行说明。

同时,某财产保险公司提交民安永通卡复印件,该复印件载明的投保注意事项的第五条规定,本卡适用《民安个人人身意外伤害保险条款》、《民安附加个人人身意外伤害医疗保险条款》、《民安附加个人人身意外伤害住院津贴保险条款》,投保人投保前请登录本公司网站详细阅读保险条款内容。某财产保险公司提交该证据用以证明卡单不是保险合同本身。此外,被告某财产保险公司称,除本案提交的证据以外,没有其他证据证明其对保险条款第7条第5项的相关内容进行过说明。某财产保险公司还表示本案所涉保险合同的保险金的给付应为法定继承。

法院另查明，河北省三河市齐心庄镇肖李庄村村民委员会于2014年2月25日开具证明，证明肖戊的父母双亲已经去世多年。而河北省三河市段甲岭镇十百户村民委员会于2014年2月25日出具证明，证明十百户村村民冀甲与妻子肖戊没有离过婚，两人育有一子一女，儿子叫冀乙，女儿叫冀丙。

（二）各方关于本案所持的观点

对于本案，各方的观点如下：

本案的原告冀甲、冀乙、冀丙认为，交通事故经河北省三河市公安交通警察大队交通事故认定书认定，双方负此次事故的同等责任，且被保险人肖戊在被告某财产保险公司处投了保险，意外伤害身故及残疾保险金100 000元，因此，被告某财产保险公司应当按照保险合同的约定履行赔偿义务。

被告某财产保险有限公司北京分公司认为：根据本案适用的保险条款的第7条第5项规定，本案中保险合同的被保险人肖戊违反交通法规而驾驶电动自行车期间发生交通事故，违反了保险合同的该项条款，依据该保险条款的规定以及交通主管机关出具的交通事故认定书的证明，某财产保险公司判定本案不属于其依约所应承担的保险责任范围，因此，决定不予理赔。

其次，法院的观点。

一审法院经审理后认为，本案中，依据道路交通事故认定书可知，保险合同的被保险人肖戊因违反《中华人民共和国道路交通安全法实施条例》规定，而在交通事故中与赵丁负有同等责任。本案中，双方争议焦点为，保险条款的第7条第5项是否对被保险人肖戊产生法律效力。对此，本院认为，保险条款的第7条第5项为免责条款，免除了保险人某财产保险公司的保险赔偿责任。因此，某财产保险公司应当在保险合同订立时向投保人进行明确的说明提示。本案中，根据被告某财产保险公司提交的保险条款及民安永通卡激活流程均可看出，被告某保险公司对涉案保险条款的第7条第5项是用加黑加粗的字体进行了标识，可以认定被告某财产保险公司已经对该免责条款进行了提示。但被告某财产保险公司并未提交证据证明其已就该免责条款的概念、内容及其法律后果采用书面或者口头形式向投保人作出常人能够理解的解释说明。理由是，本案中的民安永通卡的激活流程的打印件中的激活流程第三步下方的投保声明第一条虽然载明："本人已经收到并已详细阅读了投保险种所对应的保险条款，对于其中免除和限制保险人责任的内容，本人已经理解并接受"，但该条款的内容仅能认定投保人对保险条款的内容已经阅读，由于保险术语的专业性以及保险条款的先决性，决定了保险人应当就保险条款主动向投保人进行说明，如果在保险人未对保险条款中相应免责条款进行说明的情况下，就无法认定投保人能够对免责条款的内容以及相应的法律后果予以准确理解和判断。然而，依据现有证据无法证明被告某财产保险公司已经就保险条款的第 7 条第 5 项履行了明确说明义务，而肖戊在交通事故中虽有违反《中华人民共和国道路交通安全法实施条例》第 70 条第 1 款规定的行为，但是该法律条款并非行政法规的禁止性规定，故保险条款的第 7 条第 5 项对于被保险人肖戊应当不产生法律效力。现肖戊因交通事故而死亡，加之交通事故的另一方司机赵丁同样对交通事故负有同等责任，因此肖戊的死亡并非系其故意造成，应属意外事件。据此，被告某财产保险公司的辩称本院不予采纳，冀甲、冀乙、冀丙的诉讼请求是有事实及法律依据的，被告某财产保险公司应当向肖戊的法定继承人冀甲、冀乙、冀丙按照保险合同约定赔付意外伤害身故保险金 10 万元。

二审法院经审理认为，我国《保险法》及相关司法解释规定，对于保险合同中免除保险人责任的条款，保险人在订立合同时应当在投保单、保险单或者其他保险凭证上作出足以引起投保人注意的提示，并对该条款的内容以书面或者口头形式向投保人作出明确说明，未作提示或者说明的，该条款不产生效力。具体保险审判实务中，对于保险人对保险合同中有关免除保险人责任条款的概念、内容及其法律后果以书面或者口头形式向投保人作出常人能够理解解释说明的情形，人民法院应当认定保险人已经履行了《保险法》第 17 条第 2 款规定的明确说明义务。

就本案而言，根据被告某财产保险公司所提交的证据，现无法认定其就涉案之免责条款的概念、内容及其法律后果以书面或者口头形式向投保人作出常人能够理解的解释说明，且肖戊在事故中虽有违反《道路交通安全法实施条例》第 70 条第 1 款规定的情形，然而该条款亦非行政法规的禁止性规定，故涉案的免责条款对肖戊不应当产生效力。被告某财产保险公司的上诉理由，缺乏事实依据，其上诉要求，本院予以驳回。

三、笔者对于保险审判中审查和认定网上投保的观点和评析

应当说，近年来，互联网技术在我国社会生活中的普及发展已经是不争的事实，这不仅改变了社会公众在诸多社会领域的生活，也必然造成诸多法律制度的相应变化，并且，直接影响到司法审判实践。其中，互联网金融、互联网保险便是立法变化发展的首要领域，进而使得金融审判、保险审判活动等首当其冲地受到影响，并产生了新的法律适用问题。

仅以保险领域为例，互联网投保与传统保险产品销售模式相比较，其典型特色是投保人无须直接面对销售人员，节省了纷繁琐碎的签约步骤，其快速便捷、保密性高等优越性。但保险公司通过互联网媒介进行保险产品销售过程中，由于没有销售人员参与其间，如何就保险条款中的免责事项向投保人履行

说明义务就成为保险公司必须考虑应对的问题，已经成为需要妥善处理的首要难点。只有解决了该问题才能够满足《保险法》第17条第2款关于保险人承担免责条款的明确说明义务的要求。如果保险人无法举证证明其在网络投保模式下履行了法定的明确说明义务的，则其在网络保单中设计的免责条款依《保险法》的上述规定便不应当产生法律效力。而法院在保险审判过程中，对保险公司有关保险条款特别是免责条款的说明义务应坚持何种审查原则，才能够符合并实现《保险法》上述规定所体现的平衡投保人与保险人的利益冲突，保护投保人的合法权益的立法意图。

针对保险审判实务中，在适用《保险法》第17条第2款所规定的保险人之明确说明义务时，普遍存在的争议焦点有两个：一是该项义务的适用范围，二是衡量保险人是否履行的认定标准等。笔者对此发表如下看法，与同行们讨论和交流。

首先是《保险法》第17条第2款规定的"免除责任条款"的认定标准。

保险合同的订立应当遵循最大诚信原则，因而存在于保险合同之中的免除保险公司责任条款范围的确定，应当以相应的条款是否包含着相应免除责任的内容作为判断标准。实务中，这不仅包括注明为免除责任字样的条款，即明示的免责条款，还应当包括未注明免除责任字样但却能够通过推论等方式得出的保险公司对其他所有合同事项不承担赔偿责任结论的条款，即隐性的免责条款。具体到本案的案情，其涉案保险条款的第7条第5项的约定内容表明，被保险人违反交通法规驾驶或乘坐摩托车、电动助力车期间遭受伤害导致身故、残疾或烧烫伤的，保险人也不承担给付保险金责任。因此，该条款的规定内容当然应当纳入免责条款的范畴。

在本案中，有另一个需要引起注意的问题是如果涉及法律、行政法规中的禁止性规定，保险人是无须履行说明义务的。正如最高人民法院的《保险法司法解释二》第10条的规定：保险人将法律、行政法规中的禁止性规定情形作为保险合同免责条款的免责事由，保险人对该条款作出提示后，投保人、被保险人或者受益人以保险人未履行明确说明义务为由主张该条款不生效的，人民法院不予支持。之所以保险人无须就此履行说明义务，主要是基于法律、行政法规中已作出的禁止性规定，应当推定是为社会公众已经知悉的。

那么，应当如何对禁止性规定进行判断呢？从民法角度而言，对于禁止性规定的判断，应当坚持如下认定原则：一是如果既禁止特定的行为模式，也禁止特定的行为后果，则此类行为应当为绝对无效；二是如果法律仅仅是对特定的行为模式的方式加以禁止，但没有规定相应的法律后果。对此类行为就不能简单地判定为绝对无效，而需要结合禁止性规范禁止的行为主体、客体与内容进行综合考虑。结合本案案情，《中华人民共和国道路交通安全法实施条例》

第70条第1款规定：驾驶自行车、电动自行车、三轮车在路段上横过机动车道，应当下车推行，有人行横道或者行人过街设施的，应当从人行横道或者行人过街设施通过；没有人行横道、没有行人过街设施或者不便使用行人过街设施的，在确认安全后直行通过。从该条文的上述规定内容来讲，并不符合禁止性规定的基本特征，而就该条文的本质来讲，则应当确认其属于倡导性法律规定，因此，保险公司以此拒赔的前提是仍然需要履行相应的说明以及提示义务。

其次是保险公司在网络投保模式下如何履行说明义务。

网络保单即电子保单，有别于传统纸质保单，其特点是服务全程的电子化，即保险人借助互联网平台采取电子网络形式为投保人签发的保单，而不再提供纸质保单。投保人通过网络既可以与保险人签订保险合同，即为网络投保。它虽然免除了保险业务员与投保人之间面对面的签署保单方式，但并不能由此免除保险人对免责条款的说明和提示义务，否则将有可能使得被保险人的权益受损。根据我国《保险法》第17条的规定，所谓保险人承担的说明义务，具体是指保险人于保险合同订立阶段，依法应当履行的将其拟定的保险合同条款之中所含的保险专业术语以及有关的文件内容，向投保人陈述、解释清楚，以便投保人准确地理解自己在保险合同中的权利与义务以及各项法定义务。

我国《保险法》第17条和第18条规定了保险人对保险合同的一般条款负有"说明"义务，对免责条款负有"明确说明"义务。依照《保险法》第17条规定，保险人明确说明义务在履行方式上应当满足两方面的要求，第一，保险公司在订立保险合同时应当在投保单、保险单或者其他保险凭证上对免除责任条款作出足以引起投保人注意的提示。第二，保险公司对免除责任条款的内容应以书面或者口头形式向投保人作出明确说明。仅就保险人的提示义务而言，保险公司应当以醒目方式提示投保人阅读相关免责条款，例如以加大、加黑的字体或采用不同颜色印刷等特别标识对投保人予以提示，用以区别其他条款。再就说明义务而言，该项义务的履行并不以投保人的询问为前提。由于最高人民法院的《保险法司法解释二》对于以网络、电话等方式订立保险合同时，保险人应当如何履行说明和提示义务均作出了明确规定，这可以成为认定保险人履行条款说明义务和提示义务的依据。正如该解释的第12条规定：通过网络、电话等方式订立的保险合同，保险人以网页、音频、视频等形式对免除保险人责任条款予以提示和明确说明的，人民法院可以认定其履行了提示和明确说明义务。

从保险法角度讲，保险人承担的说明义务具有以下特点：第一，该说明义务具有法定性。保险人承担说明义务是其法定义务，不能以保险条款已经载明为由来对抗被保险人或受益人；第二，该说明义务具有先合同性。这集中表现在说明义务的履行领域应当是签订保险合同的过程中，即属于我国《合同法》

所规定的缔约义务。具体而言，保险人应当在保险合同的订立之前或者订立之时履行说明义务，向投保人详细说明保险条款的含义，并对投保人就此的询问作出回答；第三，该说明义务具有主动性。保险人是否需要对保险条款进行说明，并不以投保人就此进行询问或请求为前提，而要求保险人应当主动地、积极地向投保人履行说明的义务。结合网络投保的特点，对于免责条款的明确说明义务履行，笔者认为，应当具备以下三个方面要求：第一，以主动解释为原则。即保险人除了提示免责条款外，还应主动地解释免责条款的具体内容；第二，说明的内容应当是以普通人能够理解的程度为限。结合免责条款的内容作出判断，对于技术性强、比较晦涩的条款，保险人需要进行比较细致的说明，达到通常人所能理解的程度；第三，采用多种辅助手段来满足差异化需求。针对电子保单无法直接面对答疑的特点，应设置音频、视频、人工在线、人工电话等辅助方式，对经过说明后，投保人仍然难以准确理解或存有疑点的条款，做进一步对免责条款进行解释，保障其合法权益。

　　就本案而言，保险公司在网络上设计和提供给投保人操作的保单的激活流程仅仅是按设计程序的步骤进行点击，且在界面上的特定位置设计了投保声明处。第一条载明内容为：本人已经收到并已详细阅读了投保险种所对应的保险条款，对于其中免除和限制保险人责任的内容，本人已经理解并接受。但分析该声明条文的内容，只能表明保险条款经网络操作而提供给投保人自行阅读，并非是保险公司向投保人进行了相应的说明。即使是保险条款中用加粗的字体予以提示，这也只能证明保险公司对免责条款予以了提示，但免责条款中的罗列内容并不能等同于对免责条款进行了明确的说明，从而无法证明保险公司已就免责条款的内容及其法律后果向投保人予以告知，亦无法证明投保人对该条款的理解加以清晰地明确说明。而《保险法》第17条的规定，保险公司对于免责条款承担的法定义务是为两项，其一是提示义务；其二是说明义务；二者的履行应是缺一不可的。因此，如果保险公司仅仅是简单的在其网页上用文字方式对保险条款中的免责条款进行提示，并未采用网页、音频、视频等方式对保险条款特别是免责条款予以着重说明的，则无法认定其已经履行了法定的说明义务。

　　可见，在网络投保的过程中，电子条款的出现虽然简化了投保手续和流程，但是由于格式化的条款而保险公司并未加上直接具体的说明内容而表明履行说明义务的，其作用只能是等同于传统营销业务中的保险业务员直接将保险条款交付投保人，而并未作出相应的讲解与说明的情形。此种情况明显与现行《保险法》第17条的基本规定相违背。据此，在保险公司仅履行提示义务的情况下，若认定免责条款有效，则存在明显不公平，故认定的结果必然是该免责条款因保险公司未履行明确说明义务而对被保险人不产生法律效力。

论保险标的危险程度显著增加规则的司法适用

贾辰歌　宋　硕

一、保险审判引发的话题

保险标的因危险程度显著增加而遭受损害，保险公司如何承担保险责任，往往成为保险纠纷案例中双方当事人的争议焦点。在审判实践中，当事人（车主）擅自改变车辆用途，将非营运车辆用于营运用途，导致营运过程中发生交通事故，造成投保车辆损毁的，保险公司是否应当承担赔偿责任？便是此类的典型实例。

对此，笔者的看法是：保险标的的危险程度在保险合同成立之后，会随着客观环境的变化随时处于变动之中。鉴于保险标的的危险状况是保险人决定是否承保以及确定所应适用保险费率的重要依据，若在保险责任期间内保险标的危险程度显著增加的，仍然要求保险人继续依照之前签订保险合同时保险标的风险程度的约定维持原有保险合同效力，让保险公司据此承担保险责任，这对保险公司而言将会显失公平。因此，保险公司对于因保险标的危险程度显著增加而发生的保险事故不承担保险责任。才是公平合理的，我国《保险法》第52条正是在此意义上予以规定。但是，问题在于，如何在审判实践中依据该法条来认定保险标的危险程度是否显著增加？

二、以保险案例评析《保险法》第52条的适用

本文仅以刘甲诉某保险股份有限公司北京分公司财产保险合同纠纷案为例，加以分析。

（一）案情概况

2009年9月30日，北京某建材商贸中心（以下简称某商贸中心）为其名下的车牌号为京G64270的车辆投保了某保险股份有限公司的非营业用汽车保险（保险单号为C7110003581439）。保险期限自2009年10月1日零时起至2010年9月30日二十四时止。其中，机动车损失险的责任限额为265 300元、

第三者责任保险的责任限额为50万元。保险单记载投保车辆的使用性质为非营业货车。保险单特别约定处注明：该保单项下的保险车辆为非营运用车，若从事营运活动，出险后保险人不负赔偿责任。明示告知处注明：保险车辆转卖、转让、赠送他人、变更用途等，应书面告知本保险人并办理批改手续。

2010年7月9日，京G64270车辆上路行驶中与京BM1730车辆后部相撞，致使京BM1730车辆前部又与京MC8716车辆后部相撞，造成三车的损失。经交警认定，京G64270车辆的驾驶人应负全责。

2010年7月28日，京BM1730车辆司机吕乙就本案的交通事故分别将京G64270车辆司机傅丙（经查询，傅丙系某商贸中心业主刘甲的雇员）及车主某商贸中心诉至北京市西城区人民法院。随后，某商贸中心的业主刘甲自愿向吕乙赔偿误工费、车辆承包金等损失各2500元。

2010年8月16日，某保险股份有限公司出具一份《机动车保险索赔材料交接单》，确认收到某商贸中心就本案事故交来的索赔材料。随后，某保险股份有限公司又出具一份《机动车保险不受理索赔案件通知书》。该通知书的简况处记载：本车在行驶中前部与京BM1730车的后部相撞，京BM1730车的前部又与京MC8716车的后部相撞，造成三车损失，经交警裁定本车全责。后期经我司复勘员调查，发现标的车辆投保时为非营运车辆，但本次事故时却在从事营运。依据：本保险公司的《非营业汽车损失保险条款》第16条规定，在保险期间内，被保险机动车改装、加装或从事营业运输等，导致被保险机动车危险程度显著增加的，应当及时书面通知保险人。否则，因被保险机动车危险程度显著增加而发生的保险事故，保险人不承担赔偿责任。

在诉讼过程中，某保险公司向法院提交一份该公司于2010年7月12日对京G64270车辆司机傅丙的询问笔录，用于证明司机傅丙对刘甲将投保车辆用于营业用途的事实认可。该询问笔录记载的经傅丙认可的主要内容为：2010年7月9日晚23时20分左右，傅丙驾驶着京G64270车辆行驶在二环路复兴门自北向南方向时发生三车追尾事故；事故发生时傅丙车上载有20多吨从车公庄大街地铁六号线拉出的土方；行至复兴门桥时出的事故。本来是将渣土拉到位于南四环的旧宫；某商贸中心与地铁六号线施工方是租赁关系，由某商贸中心承包六号线车公庄大街几个地铁口的渣土清运工作。刘甲对该询问笔录的真实性不予认可，称该询问笔录在形式上不符合规定，因为是某保险公司自问自记的笔录不能体现真实性，从内容上看不能证明被保险车辆从非营业车辆变更成营业用途车辆。司机作为工作人员只管理拉车拉货，其他情况司机并不清楚。但刘甲认可询问笔录中傅丙签字的真实性。此外，刘甲表示其向吕乙赔偿的费用标准系根据出租车公司的日承包金计算而得。

同时，某保险公司又向法院提交一份于2010年7月15日对刘甲的询问笔录,用于证明刘甲认可将投保车辆用于营业用途。该询问笔录记载的经刘甲认可的主要内容为:傅丙是某商贸中心的司机,本案交通事故发生时刘甲派傅丙到地铁工地上拉渣土,送到丰台区旧宫;刘甲与市政公司就清理渣土达成口头协议,双方属于业务关系;一车渣土的清理价格双方未商量好,但双方一季度一结算,基本是一方土付给刘甲 30 多元。刘甲对该笔录的真实性不予认可,称笔录在形式上不符合规定,因为是自问自记的笔录不能体现真实性,从内容上不能体现出刘甲承认非营业车辆用于营业用途。多少钱没谈好也不能证明非营业车辆用于营业用途。笔录中记载的"基本是一方给刘甲 30 多元"中的"方"是指某商贸中心向修建地铁线的工程公司购买的渣土料。但刘甲对询问笔录中刘甲签字的真实性没有异议。

相应地,刘甲向本院提交一份协议书,该协议书记载:某建筑工程机械施工有限公司将中铁十六局集团有限公司北京地铁 6 号线一期八标 08 合同段施工过程中产生的沙砾料,以一次性包死的方式出售给刘甲。付款方式为每立方米单价 11.5 元。该协议书的落款处,加盖有某建筑工程机械施工有限公司的印章及刘甲的签名字样。刘甲提交该证据用以证明其系给修建地铁的工程公司付款并称某建筑工程机械施工有限公司就是事故发生时被保险车辆拉土的单位。

此外,某保险公司在诉讼中还向法院提交一份中国工商银行汇款凭证复印件,用于证明其已向刘甲赔付 2200 元。刘甲对该凭证的真实性不认可,称其只收到某保险公司交强险赔偿款 2000 元。

(二) 各方的观点

原告刘甲认为,其于 2009 年 9 月 30 日为其所有的牌照为京 G64270 的货车在某保险公司处投保了机动车保险。事故发生在保险期间内,且已经西城区交通支队西单大队出具交通事故责任认定书认定刘甲负全责。此次交通事故共造成刘甲的经济损失 22 695 元。在其向某保险公司递交了全部索赔资料后,某保险公司不应以车辆系非营业车辆为由拒绝承担保险责任。

被告某保险公司认为,其已通过交强险向刘甲支付了修理费 2200 元。而根据商业保险中《非营业用汽车保险条款》第 16 条及《机动车第三者保险条款》第 18 条规定,在保险期间内被保险机动车从事营业运输导致被保险机动车危险程度显著增加的,应当及时书面通知保险人,否则因被保险机动车危险显著增加而发生的保险事故,保险人不承担赔偿责任。另外,《保险法》第 52 条也有同类规定。某保险公司在交通事故发生后,对刘甲及其雇佣司机均进行了询问,他们均承认利用被保险车辆长期为地铁 6 号线清运渣土并收取费用,某保险公司认为:刘甲将投保非营业用车辆长期从事营业活动显著持续性的增加了被保险标的的危险程度,且未对某保险公司履行法定的通知义务,对此造成损害结果某保险公司不应当承担保险责任。

（三）法院的观点

法院经审理认为：某商贸中心与某保险公司于2009年9月30日签订的非营业用汽车保险合同，系双方真实意思表示，合同内容未违反国家法律、行政法规的禁止性规定，应属有效。

本案中，某保险公司表示其已在交强险项下向刘甲赔付了2200元，对此，刘甲只认可收到了2000元。本院认为，某保险公司虽提交中国工商银行汇款凭证复印件用以证明已向刘甲支付了2200元，但该汇款凭证为复印件，且刘甲亦对该证据的真实性不予认可，故对于某保险公司的辩称法院不予采信。

本案中，双方的争议焦点在于，被保险车辆在事故发生时是否正在从事营业运输活动。法院认为，根据傅丙及刘甲的询问笔录可知，刘甲曾与市政公司达成口头协议，由其承包地铁六号线的渣土清运工作，每方价格约30元。对此，刘甲虽提交了协议书用以证明其系给修建地铁的工程公司付款，但该协议书中的某建筑工程机械施工有限公司与刘甲在询问笔录中提到的市政公司的名称上并不一致，无法证明二者系同一单位。同时，协议书中约定的沙砾料单价为每立方米11.5元，而非询问笔录中所称运载的渣土，且在询问笔录中刘甲亦称价格为30多元。结合该两点，傅丙、刘甲于询问笔录之陈述与协议书中记载内容明显不同，故不能认定该协议书与本案存在直接联系。现刘甲对上述二份笔录上其本人及傅丙签字的真实性均不持异议。据此，根据本案现有证据并不能推翻傅丙、刘甲于两份询问笔录中的陈述之内容，法院对该二份询问笔录予以采信。

根据傅丙、刘甲于询问笔录的陈述之内容，事发时刘甲利用被保险车辆进行渣土清运属于有偿的运输行为，故应当认为刘甲于事故发生时正在利用被保险车辆从事营运活动。法院认为，保险标的的危险状况是保险人决定是否承保以及确定保险费率的重要依据，保险合同签订后，保险标的并不处于保险人的控制之下，其危险状况时刻处于变动之中。保险责任期内保险标的危险显著增加的，保险事故发生的概率及保险金覆盖率将陷入超过保险人订立合同时所能合理预算的概率，因此，我国法律明确规定被保险人对保险标的危险程度显著的增加负有通知义务。本案中，某保险公司承保的保险合同为非营业用汽车保险，双方亦在保险合同中明确约定：某商贸中心投保车辆系非营运车，现刘甲擅自改变车辆用途，将非营业用货车用于经营用途，此行为导致刘甲获得利益回报，而某保险公司承保车辆的使用频度势必增加，亦必然导致该保险车辆的危险程度增加。在刘甲未履行通知义务的情形之下，对于刘甲使用被保险机动车进行营运活动中发生交通事故导致的损失，某保险公司有权拒绝赔付非营业用汽车保险合同项下的保险赔偿金。据此，认定刘甲的诉讼请求，无事实及法律依据，法院不予支持。

三、笔者对《保险法》第52条适用的理解和分析

从一般意义上讲，保险作为提供保障的经济手段必然是面对一定的风险而存在适用价值的制度设计。不过，保险公司按照公平合理的原则，根据建立保险关系之时的风险程度来建立保险合同关系，而且按照双方的约定来收取保险费，并通过履行保险责任的方式向被保险人提供保险保障。但是，社会生活的复杂多样性决定着保险关系所涉及的风险因素有可能发生变化，这意味着保险事故发生的概率会发生变化，增加了保险公司在个体保险合同项下实际履行保险责任的比率，导致双方的利益关系失去平衡。因此，保险公司有必要基于公平原则而采取相应的举措来平衡其与投保人、被保险人之间的利益冲突，保险立法也需要对此类情况做出相应的规定，用以维系彼此之间在保险关系中的利益平衡。我国《保险法》第52条规定的价值便在于此，然而，能否正确地理解该法律条款的内容，并恰如其分地适用于处理保险纠纷案件则是更为重要的。

由于保险标的的危险程度在保险合同成立之后，会随着客观环境的变化随时处于变动之中。因此，保险标的的危险状况是保险人（保险公司）决定是否承保以及确定保险费率的重要依据。保险关系的相对人在保险合同成立之后，应当就保险标的之危险程度的显著增加向保险人履行通知义务，以及由此派生的保险人免责、保险费增加及保险人合同解除权，这所体现的就是保险交易活动中的对价平衡与情势变更规则。

同样是现实生活中发生的类似本案的三车相撞的交通事故，只因是将非营运车辆改变为营运用途，保险公司为何能够免除赔偿责任？这是由于不同的保险标的所面临的危险程度并不一致而导致的。原因是在本案中，运营车辆与自用车辆相比较发生交通事故的几率更大。保险公司通常通过"大数法则"与保险精算，核定各类保险标的相对具体的危险程度，据此确定不同的保险费率，并根据具体保险标的不同的危险程度分别适用于各个保险合同。如前所述，在保险合同成立后，保险标的的危险程度有可能发生变化，有可能是增加亦有可能是减少，轻微的增加或减少对于保险事故发生概率的影响，可被"大数法则"所忽略。但是，如果保险标的的危险程度发生显著的增加或减少，则保险责任与保险费之间的对价平衡就将被打破。由此而出现"情势变更"的情形，《保险法》的相关规定便为保险人和相对人分别提供了相应的救济措施。即当保险标的的危险程度明显减少时，该法第53条规定了保险人应当降低保险费；当保险标的的危险程度显著增加时，第52条则规定了保险相对人的通知义务，以及保险人解除保险合同的权利、增加保险费的权利和保险金赔付义务的免

除等。

(一) 如何认定保险标的的"危险程度显著增加"

《保险法》第 52 条规定了被保险人对保险标的危险程度显著增加负有的通知义务。因此，认定保险标的的危险程度是否显著增加便成为衡量被保险人履行该项通知义务的关键所在。所谓危险程度显著增加的通知义务，指的是保险合同订立后，在保险期间内保险标的的危险程度出现显著变化而使发生保险事故的可能性大为增加时，被保险人负有将该危险增加的状况及时通知保险人的义务。如若在保险责任期间内保险标的危险程度显著增加的，保险事故发生的概率及保险金覆盖必然将超过保险人订立合同时所能合理预计的概率。在此种情况下，如果继续依照之前的保险合同约定维持原有合同效力，要求保险公司仍然据此承担保险责任，则对保险公司而言将会显失公平。此外，对于由其他投保人交纳保费而汇集起来的保险基金而言，亦会因发生预料之外的保险赔偿费用，而可能引发保险基金透支风险的出现。因此，当前世界各国的保险立法大都规定了投保人及被保险人应就保险标的危险增加履行通知义务。

在保险审判实践中，对于保险标的的危险程度显著增加的认定，一般应当基于以下三个方面的因素加以考虑：(1) 保险标的的危险状态的增加需要达到一定的严重程度，如果危险程度仅仅是轻微的加重，对保险人履行保险责任并无明显的影响，则被保险人无须履行上述的通知义务；(2) 具有不可预见性，保险标的的危险程度的显著增加应当是保险人在签订保险合同时无法预见的，即未在保险人的预估风险范围之内；(3) 具有持续性，保险标的所增加的危险状态应当具有持续性，如果危险状态只是一时的改变且随即消失，则不属于显著增加的危险程度。

我国《保险法》目前仅规定了危险程度显著增加的通知义务，但并未对何谓危险程度显著增加的内涵和标准予以列明。因此，衡量保险标的危险程度显著增加的严重程度，就需要有明确的具体的科学的标准。参照西方国家相关立法，如意大利民法典规定了"危险程度显著增加"的标准，该法典第 1898 条第 1 款规定："在情况发生新变化并在契约缔结时为保险人所了解时，保险人会作出不同意保险或在增加保险费的条件下同意保险的决定，则投保人有义务将风险增大的变化立即通知保险人。"目前，各国立法均规定保险标的是由于轻微危险程度的增加，且并未严重影响保险人利益的，保险人无须对承保危险进行重新评估、核定保费或解除保险合同。参考国外立法例，结合我国的保险审判经验，对于保险标的危险程度的显著增加的认定标准应当以是否足以影响保险人决定是否同意承保或者提高保险费率为判断标准。

具体到本案的认定，某商贸中心向某保险公司投保了机动车商业保险。保险公司作为承保人，是依照保险合同约定的保险责任和投保人投保的适用于非营业车辆的保险险种来承担相应的保险责任。但根据保险公司提交的询问笔录，刘甲所雇用的司机傅丙在事发时将投保车辆用于有偿运输活动，已属营运用途。可见，本案的交通事故发生时，该投保车辆的用途已经超出了保险公司在涉案保险合同的承保范围之内。由于本案中的投保车辆在改变车辆用途的情况下上路行驶，这是保险公司在保险合同订立之时所无法预料的，而且，投保车辆从事有偿运输活动必然导致该车辆上路的频率和行驶里程大幅度增加，较之非营运车辆而言，该车辆发生交通事故的概率必然显著增加，超过保险公司对保险标的——非营业车辆进行评估的合理范畴，也必然导致涉案保险合同项下的承保成本上升。而对保险公司来讲，如果在此种情况下仍然按照原保险合同约定的非营业车辆的危险程度来承担保险责任，将表现出明显的不公平。据此，本案的被保险人将投保车辆改变车辆用途的行为，就应当被认定为保险标的（即投保的非营业车辆）的危险程度显著增加。

（二）保险标的的危险程度显著增加与事故的发生之间存在因果关系的，保险人不承担保险责任

事故发生与损失之间是否具有因果关系是保险人（保险公司）决定应否赔付保险金的首要条件。保险审判实践中，事故发生与损失之间因果关系的认定，对于判断被保险人所遭受的损失是否属于保险人所承保的风险所导致的，进而决定着保险人是否应当负有保险赔偿责任具有重要意义。虽然，我国《保险法》中并未对事故与损失之间的因果关系的认定和判断作出直接具体的规定，但在保险实务和司法实践以及各国保险立法和保险判例中，运用"近因原则"来判断保险人（保险公司）是否应当承担保险责任已成为一个重要的客观标准。

相比较而言，"近因原则"是保险领域特有的法律规则，往往被用于判断保险人是否承担保险责任的重要根据。所谓近因，就是指对于造成的损失具有最直接的、最有效的，起主导或支配性作用的原因。保险立法中的"近因原则"起源于海上保险，1906年英国的《海上保险法》第55条第1款即明确规定，"除本法或保险契约另有规定外，保险人对于因其承保危险近因所致之损害，负赔偿责任，但对于非因承保危险近因所致之损害，一律不负赔偿责任"。在保险实务中，只有当危险事故的发生与损失结果的形成之间，存在着直接的支配性的因果关系（近因）时，保险人才应当对该损失后果承担保险赔偿责任，该法律规则被称为"近因原则"。仅以机动车保险为例，如果导致被保险的机动车保险损失的交通事故的发生是由单一原因造成的，按照常识性原则判断，该原因当然就是造成车辆损失的"近因"。在这种情形下，如果该近因属于保险人承保范围的，保险人就要承担保险赔偿责任；如果该近因属于除外责任，则保险人无须承担保险赔偿责任。

就本案而言，双方当事人的争议焦点在于，被保险车辆在交通事故发生时是否正在从事营业运输活动。根据傅丙及刘甲的询问笔录可知，刘甲曾经与市政公司达成口头协议，由其承包地铁六号线的渣土清运工作，每方价格约30元。现刘甲对二份笔录上的其本人及傅丙签字的真实性均不持异议。据此判断，刘甲所雇用的司机傅丙在交通事故发生前就已知投保车辆从事有偿的运输行为，而本案的投保车辆亦是在该车辆从事有偿运输途中发生事故的，因此，可以认定该有偿运输行为是造成交通事故并导致涉案车辆损失发生的直接原因，系单一原因造成的事故。根据投保车辆在承保期间由被保险人擅自改变用途，亦未向保险公司履行法定的通知义务，也未变更相应的投保险种等情节来判断，加之本案中发生的交通事故又与投保车辆从事的有偿运输行为之间存在直接的支配性的因果关系。据此，认定保险公司不应当承担此次交通事故导致车辆损失的保险责任就是正确的。

需要注意的是，根据《保险法》第52条的规定精神，并非被保险人未将保险标的危险程度增加的情形通知保险人（保险公司），保险人（保险公司）就一概对于发生的保险事故免除其承担的保险责任。只有在实际发生的保险事故是由于保险标的的危险程度显著增加而导致的情形，保险公司的保险责任才得以依法予以免除。换言之，如果发生的保险事故与保险标的的危险程度显著增加并无关联的，即便被保险人未尽通知义务，保险公司亦应当承担相应的保险责任。

（三）被保险人将保险标的危险增加情况通知保险人后，因危险增加导致保险事故发生的，保险人是否应当承担赔偿责任？

理解《保险法》第52条第二款的规定，被保险人未就保险标的危险程度的显著增加履行法定通知义务的，保险人对于因保险标的的危险程度显著增加而发生的保险事故不承担赔偿保险金的责任。但如果被保险人按照合同约定履行了通知义务，保险人对于保险合同解除或增加保险费之前发生的保险事故是否承担保险责任，我国《保险法》并未作出直接规定。参考日本《保险法》第31条第二款有关保险合同解除效力的规定精神，保险人根据下列各项规定解除损害保险合同的，不承担该项规定的损害补偿责任。但该款的第二项又规定，从与解除有关的危险增加发生时开始至被解除止发生的保险事故造成的损失，不在此限。对此，国内有不同观点认为，由于保险事故发生时，保险人尚未解除合同，仍应当对合同解除前的保险事故承担责任。

笔者认为，如何在保险审判中处理此种情形应当区分不同情况，有针对性地予以区别判断。首先，对于保险人在合理期间内尚未及时作出反馈的情形，被保险人履行通知义务后，保险人需要对其通知的情形进行相应的审核，判断是否需要解除、增加保费或维持原有合同的效力。仅从危险程度显著增加造成损害结果发生的原因来看，一是因保险标的增加的危险本身并不属于保险人之保险责任的范畴，因为，此种危险本就不应当是由保险人承担保险责任的；二是保险标的所增加的危险属于可承保的范畴，但投保人、被保险人并未支付由此增加的保险费，在此情形下仍然要求保险人承担保险责任的话，将违背"对价平衡"的规则，明显违背公平原则。前述情形的判断，保险人往往需要进行评估判断与内部审核，难以在收到通知后立即对被保险人做出回复。因此，如果在合理审核期间内，严格把握自做出保险合同解除通知的时间点出发而认为其不具有溯及力，要求保险人承担赔偿责任的话，则会与保险法的基本原理相违背。

其次，对于保险人超过合理期间未作出反馈的情形，如果仅仅强调保险人的利益保护，当被保险人履行通知义务后，因保险人未能及时行使其法定权利，即增加保险费或解除合同的权利，则一旦因危险增加导致事故发生，将使被保险人的权益受到损害，却无法获得保险人的保险赔偿。因此，对于此种情形，笔者建议，应当对保险人的解除权利或增加保险费权利的行使，给予一定的期间限制。至于如何确定合理期间的期限，可以参考《保险法》第23条关于理赔期限的相关规定，以15日为限，情形复杂的不超过30日为宜。如果保险人未在该合理期间内行使解除权利或增加保险费的权利，则应当视为其放弃了相应的权利。从而因保险标的危险程度显著增加而发生的事故，保险公司就应当承担保险赔偿责任。

第三，对于保险人不行使保险合同解除权而是选择增加保险费，而投保人尚未补交保险费之时便发生事故的情形的处理。因保险合同并未解除，根据民商法的权利义务对等原则，如果发生的保险事故与保险标的的危险程度增加有关，且经保险人与投保人协商一致，投保人已经同意支付所增加的保险费的，由于保险合同并未解除，保险人对于发生的保险事故就不能免除保险责任。同时，保险人亦有权利要求投保人交纳增加的保险费。

海上货物运输之保险利益问题研究

王正华[*] 陈 洁[**]

一、据以研究的相关案情

2008年1月24日,某轻工有限公司(下称"轻工公司")与某国际货运代理有限公司(下称"货运公司")签订运输合同,约定由货运公司将轻工公司货物运输至莫斯科交给指定收货人。

当日,轻工公司与某保险公司(下称"保险公司")订立《进出口货运保险协议》,由保险公司为轻工公司提供货物运至俄罗斯的海洋运输保险,投保险种为一切险、交货不到险、战争险及罢工险。协议特别约定:在保险货物所装集装箱起运后累计90天,仍然没有收到承运人发出的到货通知,应于48小时内向保险公司报案。

2008年1月25日,轻工公司将货物交与货运公司运输,货运公司出具提货单。2008年1月27日,货物向海关申报出口,据出口货物报关单显示,发货单位及经营单位为轻工公司,成交方式为FOB。

2008年4月22日,因一直未收到提货通知,轻工公司向保险公司报案索赔,但遭保险公司拒赔。轻工公司遂向法院提起诉讼,要求保险公司赔付保险金及逾期利息。

二、关于保险利益的争议

经法院审理,本案共归纳出三个争议焦点,其中之一便是——轻工公司对保险标的是否具有保险利益。

对此,保险公司认为,本案是海上货物运输保险,提单是唯一物权凭证,但轻工公司没有提单正本证明其对保险标的享有权利,且其提供的提单复印件上的记载与本案不一致;此外,根据国际贸易术语解释通例,在FOB术语下,货物毁损灭失的风险以及保险利益自货物越过装运港船舷时转移给买方,故轻

---

[*] 北京市康达律师事务所律师。
[**] 北京市康达律师事务所律师。

工公司对保险标的不具有保险利益，无权向保险公司索赔。

后法庭审理认为：1. 涉案货物并未交付收货人，轻工公司仍为保险标的所有权人。尽管提单记载与本案不一致，但报关单上记载的提单号、集装箱号均与提单一致，且无证据证明轻工公司自愿放弃货物所有权；2. 尽管轻工公司与收货人使用了 FOB 价格术语，但该术语的原有内容在实际操作中已发生重大变化（已近乎 CIF），涉案货物无论是运输还是保险实际均由原告自行负责，也就是说，涉案货物运抵目的地的风险事实上是由原告自行承担。综上，法院认为本案轻工公司对保险标的具有保险利益。

三、海上货物运输中保险利益问题分析

通过上述案例，可发现本案涉及海上货物运输中保险利益的界定、转移及与海运单证关系等问题。由于海上保险利益问题涉及方面广，在实务中争议较大，且我国现行《保险法》及《海商法》对此规定甚不完善，因而有必要对该问题进行详细的探讨。

（一）保险利益含义及构成要素

1. 保险利益含义

英国《1906 年海上保险法》第 5 条规定："可保利益是指一个人与航海有利害关系，特别是当他与该航海或处在危险中的保险财产具有法律上或平衡的关系，如保险财产安全或及时抵达，他便能从中获取利益；反之，如果保险财产灭失、损坏或被滞留或招致有关责任，他的利益将受到损害。"[1]

美国纽约州保险法第 148 条规定："保险利益应当包括对财产的安全或保留或损毁或金钱损失，所存有的任何合法及实质性利益。"[2]美国法律的规定强调被保险人与保险标的形成经济利益关系，即仅要求被保险人对保险标的具有"经济利益"。

《1984 年澳大利亚联邦保险合同法》第 17 条规定：当普通保险的被保险人，由于保险标的被损害或损毁而已经遭受金钱或经济损失时，保险人不得仅因为该等损失发生之时被保险人对该财产无法律或衡平法上的利益而解除合同责任。"[3]

我国《保险法》第 12 条规定："保险利益是指投保人对保险标的具有的法律上承认的利益。"我国《海商法》没有直接关于保险利益的规定，但第 216

---

[1] 徐惠林：关于海上保险保险利益界定问题的探讨"，载《上海保险》2002 年第 11 期。
[2] 曾东红："论保险利益的法理观"，载《中山大学学报》（社会科学版）增版 1997 版，第 37 页。转引自：杨柳：《保险利益原则及其在海上保险中的应用》，上海海事大学 2007 年硕士论文。
[3] Peter Mann: Annotated Insurance contract Act, p.42. 转引自：杨柳：《保险利益原则及其在海上保险中的应用》，上海海事大学 2007 年硕士论文。

条规定了海上保险合同的定义:"海上保险合同,是指保险人按照约定,对被保险人遭受保险事故造成保险标的损失和产生的责任负赔偿责任,而由被保险人支付保险费的合同。"

2. 保险利益构成要素

由以上规定可总结出,海上货物运输中的保险利益,是指被保险人对保险标的具有法律上承认的利益,被保险人因该标的出险而损失或产生责任,该损失和责任受保险保障的经济利益。保险利益包含下列四个要素:

(1) 被保险人对货物有合法的利益。"法律上承认的利益"也就是依附在货物上的并被法律规范所认可的权利和承担的货物风险,这是获得保险保障的基础。

(2) 货物出险会对被保险人造成损失或产生责任。保险合同是赔偿合同,目的是转移风险、对保险事故造成被保险人的损失进行补偿。如果货物发生保险事故并不会使被保险人造成损失或产生责任,被保险人就无保险利益可言。

(3) 受保险保障的经济利益。保险利益是保险赔偿的先决条件,没有保险利益就无法得到保险保障,只有能通过货币形式计量的价值,才能获得保险保障。

(4) 保险利益是现实的经济利益。它不是没有根据的主观臆断的利益,是客观存在的利益。

(二) 保险利益与海上货物运输保险合同——对"法律上承认利益"的理解

我国《保险法》规定:"保险利益是指投保人对保险标的具有的法律上承认的利益。"但何为"法律上承认的利益"?法律并没有给出任何解释。这在实践中造成了不同的理解。

在一个相关的案例中,国内 A 公司的经营范围是生产五金铸件及五金制品,其与国外 B 公司签订货物买卖合同,约定 A 公司以 CFR 价格条件向 B 公司购买一批钢材。A 公司向保险人 C 公司投了海洋运输货物"平安险"。A 公司在尚未获得货物进口许可证之前,货物在开往国内港口途经日本海时因船舱进水,船货沉没,货物全损。A 公司持经 B 公司背书的指示提单和保险合同向 C 公司索赔。C 公司以 A 公司在货物出险时没有保险利益为由拒赔,从而引发诉讼。一审法院认为 A 公司在货物出险时有保险利益并判决 A 公司胜诉,二审法院撤销了一审判决并改判 A 公司败诉。其理由是:钢材是国家限制进口的货物,应该由核定经营的公司进口或申领进口许可证后方可进口。而 A 公司既不是国家核定经营的公司,在庭审的时候也没有出示进口许可证,所以其进口的钢材是不合法的,A 公司对此不能享有法律上承认的利益,并无保险利益可言,其以非法进口的钢材作为保险标的,与 C 公司所签订的保险合

同，应依法确认为无效，A 公司无权依据该保险合同向保险人 C 公司要求索赔。❶

从二审法院的观点来看，"法律上承认的利益"包含了行政管理及公共政策的范畴。但有的学者持不同意见，认为考察某人对某物是否具有"法律上承认的利益"，主要应考察人与物的关系，具体到本案来说，就是要考察法律上是否承认 A 公司对本案提单项的货物形成了所有权关系，或法律上是否承认 A 公司对本案提单项下的货物承担了风险，而不能以考察行政管理法律关系取而代之。❷

我们认为，二审法院的观点是合理的，"法律上承认的利益"应当做广义的理解，只要是违反我国法律规定的行为，无论是公法还是私法领域，均应视为不被法律所承认，这种情况下不应认为具有保险利益，保险合同为无效。

（三）保险利益与保险合同效力

保险利益与保险合同的效力关系紧密相连。在我国《保险法》修订之前，该法第 11 条规定："投保人对保险标的应当具有保险利益。投保人对保险标的不具有保险利益的，保险合同无效。"

但在国际贸易实务中，特别是在 FOB 和 CFR 价格条件下，作为负有投保义务的买方，因尚未取得货物所有权，其在购买保险时往往对货物不具有保险利益。实践中，保险人或其诉讼代理人常以《保险法》有关保险利益的规定进行抗辩，认为投保人在投保时对货物不具有保险利益，保险合同无效，保险人无须赔偿。

显然，修订之前的保险法的这一规定不能适应国际海运货物保险，因为国际海运货物的投保人在 CFR 和 FOB 价格条件下，买方在货物买卖合同签订后，货物装船前往往会购买货物保险，此时，作为买方既没有货物的所有权也没有承担货物的风险，当然对货物没有保险利益，但在实务中出于贸易合同的需要，不可能要求买方获取保险利益后才去购买保险。

修订后的《保险法》对上述规定做了较大的改动，该法第 12 条规定："财产保险的被保险人在保险事故发生时，对保险标的应当具有保险利益"。该规定也与大多数国家的立法相一致，也更加符合国际贸易的实践。这条规定说明，对于海上保险，以及一般的财产保险，法律关注的是在保险事故发生的那个时间点的状况。❸只要在损失发生时被保险人具有保险利益，就符合保险利益的要求，而合同订立时的状况并不是十分重要。根据这条规定，如果被保险人在订立保险合同的时候没有保险利益，保险合同并非无效，而只是一个附条

---

❶ 黄伟清："论国际海运货物保险的保险利益"，载《中国海商法年刊》2001 年第 12 卷，第 24~25 页。
❷ 同上。
❸ 黄晓鸥："海上货物运输保险的保险利益研究"，北京大学 2007 年硕士论文。

件生效的合同。如果在损失发生时，被保险人有保险利益，则合同有效；若损失发生时被保险人并不具有保险利益，保险合同是无效的，保险人可以不予赔偿。

(四) 保险利益转移

由于海上货物运输是一个动态的过程，期间无论是保险标的的转卖，保险单、提单的背书转让都是十分平常的事情，故保险利益转移也随之频频发生，如何界定保险利益的问题也成了国际贸易实务中的一个争议热点。

1. 保险利益转移的界定标准

关于保险利益的转移，英国《1906年海上保险法》第15条规定："被保险人于标的物让与或转移时，其保险合同的权利，除于受让人明白或当然同意转移外，并不因之转移。"[1]除此之外，目前通行的国际公约和国际惯例都没有确定相应的原则，我国《保险法》《海商法》亦对此无直接的相关的规定。实务中一般有以下两种界定标准：(1) 保险利益随保险标的所有权的转移而转移；(2) 保险利益随风险的转移而转移。

第一种观点看起来似乎最为合理。因为当买方取得标的物所有权的时候，他便成了货物的真正所有人，并据此拥有与标的物相关的一切利益，其同时享有该标的物的保险利益是毫无疑问的。但如果就此将保险利益的转移和所有权的转移相结合，在实务操作中无疑难以做到。例如，保险责任已开始且货物已经装船运输，但如果买方仍未获得物权凭证提单，则此时一旦货物灭失，买方因为没有提单而没有保险利益，保险公司可以拒赔。

笔者认为，将风险转移作为保险利益转移的标准较为合适。从根本上讲，保险合同的最终目的就是要弥补因风险而带来的损失，如果没有风险，也就无保险可言，保险本身就是同风险休戚相关的。再者，如不确立保险利益随风险转移的标准，在国际贸易中就可能出现这样的情形，当风险转移给被保险人的时候，他可能因为未取得保险利益而面临保险合同无效的危险。比如在FOB条件下，买方负责投保，投保时也许买方还不具有保险利益，但货物的风险是自货物越过船舷起，就转移给买方了，此时买方理应获得保险利益。如果适用保险利益随风险的转移而转移的理论，这一切就顺理成章了。

2. 保险利益随风险转移的司法实践

有这样一起案例：2000年9月27日某技术进出口公司代理某通信公司与阿尔卡特网络（亚洲）有限公司签订了数字数据网络设备国际货物买卖合同，约定的总价款为851 108美元，以FOB加拿大渥太华离岸价为价格条件。合同签订后，技术进出口公司与某运输公司联系运输事宜，某运输公司委托海外

---

[1] [英]《1906年海上保险法》，徐卓英译，对外贸易教育出版社1988年版。

运输商 Secure 公司负责海外运输。2000 年 11 月，技术进出口公司与某保险公司签署了一份《国际运输预约保险启运通知书》，载明：被保险人是技术进出口公司；价格条件是 EX-Work；投保险种为一切险；保险金额 978 774 美元。2000 年 11 月 16 日，被保险货物在渥太华 Secure 公司仓库被盗。同年 12 月 21 日，技术进出口公司向保险公司提出索赔，保险公司以技术进出口公司不具保险利益而主张合同无效并拒赔，技术进出口公司遂向法院起诉。

法院经审后认为，本案的焦点问题是保险利益的认定问题。本案中技术进出口公司是否有保险利益取决于其对买卖合同项下货物承担的风险，而对货物承担的风险及起始时间又取决于买卖合同约定的价格条件。本案买卖合同约定的价格条件 FOB 加拿大渥太华，意为货物在渥太华越过船舷或装机后，货物的风险才发生转移。在此之前，货物的风险则仍由卖方承担。因此，本案技术进出口公司购买货物在海外运输公司 Secure 公司仓库被盗时，技术进出口公司不具有保险利益。法院最终判定保险公司与技术进出口公司的保险合同因投保人对保险标的物不具有保险利益而无效，保险公司亦应退还保险费。❶此外，还有很多其他案例，均遵循了此观点。

3. 保险利益回转

当货物越过船舷后，买方承担货物风险并具有保险利益。一般情况下只有买方可以向保险人进行索赔，卖方因没有保险利益而无权向保险人进行索赔。但有一种例外情况，即买方退单、拒收货物、拒付货款时，买方的此种行为将产生保险利益回转的法律后果。关于保险利益回转，我国的《保险法》《海商法》都没有明确的条文规定，但我国《合同法》第 148 条规定了货物风险转移的情况，具体为"因标的物的质量不符合质量要求，致使不能实现合同目的的，买受人可以拒绝接受标的物或者解除合同。买受人拒绝接受标的物或者解除合同的，标的物毁损、灭失的风险由出卖人承担。"虽然《国际货物销售合同公约》也没有就保险利益回转作明确规定，但我们还是可以通过以上分析得出如下结论：因为收货人/买方拒绝收货，货物的风险由买方又转移到卖方，保险利益发生了回转。由以上分析可以看出，国际货物买卖中，保险利益的有无与风险的转移紧密联系在一起，保险利益的回转是随着货物风险的再次转移而发生回转的。❷

四、对海上货物运输保险实务的启示

在海上货物运输中，大多采用 FOB、CRF 的贸易方式。根据《国际贸易

---

❶ 卞江生："国际货物运输保险中投保人的保险利益如何认定"，载《金融时报》2003 年 7 月 3 日。转引自：杨柳：《保险利益原则及其在海上保险中的应用》，上海海事大学 2007 年硕士论文。

❷ "原告有诉权吗？浅评海上货物运输保险中的保险利益"，http://xuexi.huize.com/study/detal-6709.html。

术语解释通例》，在 FOB 和 CRF 条件下，货物的风险在装运港越过船舷时由买方承担，在此之前由卖方承担。同时，购买保险系买方义务。

保险实务中，常常是合同签订后货物未装船前，买方就向保险公司购买保险，但此时对货物并不具有保险利益。如果货物毁损灭失发生在货物越过船舷之前，由于买方未承担货物风险，货物也并未交付买方，则保险事故发生时买方对货物没有保险利益，根据我国《保险法》第 12 条，保险合同因此无效，买方不能获得保险赔偿。如何解决这一问题？笔者认为可以通过以下方式：

1. 卖方就装船前的风险另行向保险公司投保。

2. 买方投保时可将卖方作为共同被保险人或受益人对装船前货物投保。但这种方式的弊端是，即可能产生 FOB 合同的变形，而且此时买方仍然没有保险利益，需要卖方依据保单向保险公司提出索赔，此时卖方是否愿意配合买方，以及索赔得到的保险金是否会归还买方，都依赖于卖方的行为。

3. 在买卖合同中明确约定，买方承担自货物离开发货人仓库时直至抵达目的地收货人仓库的整个运输过程中的风险。

参考文献

[1] 英国海上保险法，1906.
[2] 杨柳. 保险利益原则及其在海上保险中的应用 [D]. 上海海事大学硕士论文，2007.
[3] 黄晓鸥. 海上货物运输保险的保险利益研究 [D]. 北京大学硕士论文，2007.
[4] 徐惠林. 关于海上保险保险利益界定问题的探讨 [J]. 上海保险，2002 (11).
[5] 曾东红. 论保险利益的法理观 [J]. 中山大学学报（社会科学版）增版，1997.
[6] 黄伟清. 论国际海运货物保险的保险利益 [J]. 中国海商法年刊，2001 (12).
[7] 卞江生. 国际货物运输保险中投保人的保险利益如何认定 [J]. 金融时报，2003.
[8] 原告有诉权吗？浅评海上货物运输保险中的保险利益 [EB/OL]. 2015. http://xuexi.huize.com.

P2P 网络借贷中的保证保险研究

岳晓琳[*]

一、保证保险概述

保证保险[1]，指投保人（债务人）向保险人交付保费，由保险人按约定，在被保险人（债权人）因投保人的作为或不作为而遭受损失时予以赔付的一种制度。

（一）保证保险的内涵

保证保险的基本内涵主要包括以下几个方面[2]：（1）合同涉及三个方面的当事人和保险关系人，即保险人、投保人和被保险人。（2）该合同承保的是信用，保险人必须严格审查投保人（债务人）的财力、资信及声誉等因素方能承保。保证保险是一种特殊的财产保险合同，保证保险合同承保的危险具有信用性，即保险人承担赔偿责任的危险事故并非意外事故或不可抗力，而是针对投保人信用不良造成的主观性危害，这在一般财产保险合同是被列为除外责任的。（3）合同产生的赔偿必须由投保人（债务人）予以偿还，投保人对保险人为其向被保险人支付的任何赔偿，均负有返还的义务，即保险人有权向投保人追偿。

（二）保证保险的法律性质和法律适用

关于保证保险的法律性质，理论界与实务界存在很大争议，尤其是作为最高司法机关的最高人民法院前后的观点也不统一。这个问题是保证保险纠纷中必须解决的首要问题，对该问题的不同认识将直接影响当事人之间权利义务的分配与风险负担，也直接影响保险人如何行使保险追偿权。目前，主要有以下三种观点[3]。

1. 保险说

此说认为，保证保险合同与保证合同存在本质上的区别，它应属于财产保

---

[*] 北京康达（杭州）律师事务所律师。
[1] 梁宇贤：《保险法新论》，中国人民大学出版社 2004 年版。
[2] 罗忠敏：《新保险法案例精析》，中国法制出版社 2009 年版。
[3] 王静：保证保险的法律性质及法律适用，http://www.czfalv.com/class/2857/2015060323067.shtm，郴州法律服务网 2015。

险的一种，其理由主要有：

1）保证合同属于典型的单务无偿合同，保证保险合同则是双务有偿合同。

2）保证属民事行为，对于保证人的资格，除了法律明令禁止的情形外，未有过多限制。而保险乃商事行为，保证保险中的保险人必须是依据保险法取得经营保证保险业务资格的保险公司。

1999年8月30日，中国保监会在《关于保证保险合同纠纷案的复函》（保监法〔1999〕第16号）中指出："保证保险是财产保险的一种，……是保险人向权利人提供担保的一种形式，……，在该案中，天字号矿与郴县保险公司之间签订了保证保险合同，因此，他们之间由履行该项合同之间所引起的纠纷，属于保险合同纠纷，应按保险合同的约定确定保险人是否应承担赔偿责任"。

目前理论界，多数意见认为保证保险符合保险的基本法律特征，是一种新型的财产保险，所承保的是被保险人的债权因债务人不履行义务而无法实现的信用风险。

2. 保证说

此说将保证保险视为保险公司以保险方式开办的保证业务，认为保证保险是有偿保证，其理由主要有：

1）保证保险合同包括三方当事人——保险公司、债务人及债权人，而一般保险合同仅有两方当事人。

2）保险是对因偶然事故所致损害进行填补，其所承保的危险应当具有偶发性，而保证保险合同将投保人未按期履行还款义务约定为保险事故发生，将投保人的故意行为也纳入了承保范围，不符合保险的特征。

3）保证保险并无预先的损失，保险费只是保险公司提供保证的手续费而非保险费。

4）保证人在承担保证责任后，有权向债务人追偿，而保证保险中的保险人在承担赔偿责任后即可以向债务人追偿。

5）保证保险合同不具有独立性，依附于借款合同，符合保证合同的特征。

2000年8月28日，最高人民法院《关于中国工商银行郴州市苏仙区支行与中保财产保险有限公司湖南省郴州市苏仙区支公司保证保险合同纠纷一案的请示报告的复函》（1999经监字第266号）中指出："保证保险虽是保险人开办的一个险种，其实质是保险人对债权的一种担保行为，……，应按借款保证合同纠纷处理，适用有关担保的法律"。

3. 二元说

此说认为，保证和保险尽管有区别，但二者并不排斥，尤其是双方在对被保险人保障与补偿方面的一致功能，使保险与保证这两种制度就有可能相关连接与配合，从而发挥保障与补偿方面的整合功能。保证保险具有保证与保险的二元属性，该制度蕴含着保障各方当事人合法权益的双重救济模式，保证保险合同的性质取决于当事人的主张与选择。

中国法学家梁慧星就主张[1]，保证保险采用保险合同的形式，属于"财产保险的一种"，则人民法院审理保证保险合同纠纷案件就应当适用保险法的规定；而保证保险的实质是"保险人对债权的一种担保行为"，则人民法院审理保证保险合同纠纷案件也应当适用担保法关于人的担保的规定。梁慧星提出了保证保险纠纷法律适用原则[2]：（1）对于保险法和担保法均有规定的事项，应当优先适用保险法的规定；（2）保险法虽有规定但适用该规定将违背保证保险合同的实质和目的的情形，应当适用担保法的规定，而不应当适用该保险法的规定；（3）对于保险法未有规定的事项，应当适用担保法的规定。

二、P2P 网络借贷中的保证保险

（一）P2P 网络借贷发展及现状

P2P 网络借贷（peer to peer），是指个体与个体之间通过互联网平台实现的直接借贷，是线下小额信用借贷线上化的一种表现，是伴随着互联网技术的快速发展和普及，互联网技术与现代金融相互融合的一种结果。P2P 网络借贷就是一种将小额度的资金聚集起来借贷给有资金需求人群的一种商业模型，借贷过程中，资料与资金、合同、手续等全部通过网络实现。

2007 年 7 月，我国第一家 P2P 网络借贷平台——拍拍贷在上海运营，拍拍贷作为第三方平台不放贷、不吸储，秉持"使朋友之间的借贷成为一种乐趣"的理念，提供中介服务。经过几年的试探摸索，P2P 网络借贷平台于 2011 年下半年开始进入高速发展阶段，近年来随着互联网技术、信息通信技术的不断突破，P2P 网络借贷作为一种以互联网为平台的融资模式，成为目前微型金融在网络时代的新趋势。根据网贷之家数据显示，截至 2015 年上半年，我国新上线网贷平台数量接近 900 家，月均复合增长率达 4.5%，2015 年 6 月底正常运营的 P2P 网贷平台共 2028 家。

P2P 网络借贷市场发展迅猛的同时，也带来了层出不穷的问题。作为金融领域新兴事物，P2P 网络借贷平台组织结构不完善、风险控制能力低；相关法律法规的出台具有滞后性，目前还没有一项单独的法律、法规出台对其进行规范，缺乏行业规则和准入标准，处于政府监管的灰色地带。2015 年上半年，我国 P2P 行业新增问题平台数量呈爆发式增长。据网贷之家数据显示，2015

---

[1] 梁慧星：保证保险合同纠纷案件的法律适用，中国法学网，2006。
[2] 同上。

年上半年问题平台高达419家,是去年同期的7.5倍,且已经超过去年全年问题平台数量(2014年为275家),其中6月份多达125家。

(二) P2P网络借贷中的保证保险

由于经济下行,个体工商户、中小企业的融资需求在下降,P2P借贷行业竞争激烈,P2P网络借贷平台面临着资产端压力,平台可选择的小额信用借款、担保借款资产也在减少,小额贷款的不良记录也正在增加,大家对于这部分资产的质量有所担忧。所以,从去年开始,继小额信用借款、担保借款之后,越来越多的P2P借贷平台开始把触角伸向票据、保理、租赁等金融资产。同时,为了缓解资产端压力,当前不少P2P平台在资产端主要通过与小贷、担保公司等机构合作的方式来运作,这一通道业务模式可迅速提高交易规模,成为P2P网络借贷的主流模式。

根据P2P网络借贷的主流业务模式,相应的新型保证保险产品应运而生,产品基本操作流程为:

1. P2P平台与小贷公司、担保公司、银行开展合作,由小贷公司、担保公司、银行推荐融资方。2015年7月18日,中国人民银行等十部委联合印发了《关于促进互联网金融健康发展的指导意见》,指导意见明确P2P网络借贷平台为信息中介性质,通过发布借款需求等方式为融资方和投资方的直接借贷提供信息服务。P2P网络借贷平台不参与融资,也不向投资人的收益提供任何其他保证。2015年8月6日,最高人民法院公布《关于审理民间借贷案件适用法律若干问题的规定》,规定P2P网络借贷平台仅提供媒介服务的,对贷款不承担担保责任,但P2P网络借贷平台通过网页、广告或者其他媒介明示其为借贷提供担保的除外。

2. 为了确保投资人的投资安全,融资方需向保险公司投保货币债务履约保证保险。其中融资人为投保人,投资人为被保险人,保险责任为在保险期间内投保人未履行与被保险人签订的债务合同中所约定的归还货币债务义务的,保险人按照保险合同的约定,负责向被保险人赔偿该合同项下投保人应偿还但未偿还的全部或部分货币债务。

3. 为了控制保险公司的风险,保险公司在承保时要求融资人或其他第三方为融资人投保的保证保险以及保险人的追偿权提供担保,担保形式一般包括保证、权利质押(一般为票据、存单、银行保函、银行授信等权利凭证)等。保险公司向投资方承担保险赔偿责任后,将启动保险追偿程序,向融资方或其他责任方追回已赔偿的保险金。

P2P网络借贷中保证保险涉及多方当事人和多种法律关系,主要包括:1) P2P借贷平台与担保公司、小贷公司、银行、保险公司间的合作关系,其中P2P网络借贷平台及担保公司、小贷公司、银行通过收取手续费盈利,而保险公司通过收取保险费盈利；2）投资人与融资人间的借贷关系。《关于促进互联网金融健康发展的指导意见》明确规定，投资人与融资人间的借贷关系属于民间借贷范畴，受合同法、民法通则等法律法规以及最高人民法院相关司法解释规范；3）保险公司与投资人、融资人间的保证保险合同关系；4）保险公司与融资人（投保人）、第三人（担保人）间的保险追偿以及追偿担保关系。

三、P2P 网络借贷中保证保险的风险控制

在 P2P 网络借贷中，P2P 平台只提供中介服务，为了确保借贷安全，P2P 平台对保险公司的保证保险产品要求非常严格，一般只要发生融资人不能归还借款本息的情形，保险公司就必须向投资人支付逾期本息。因此，做好风险控制，已成为保险公司开拓 P2P 网络借贷保证保险市场的核心内容。

（一）选择优质的 P2P 网络借贷平台合作

2015 年 7 月 18 日，央行等十部委联合发布《关于促进互联网金融健康发展的指导意见》，明确了 P2P 平台的信息中介属性，同时规定其资金需存管在符合条件的银行业金融机构，银行可能会选择实力较好的平台合作，随着资产获取、营销推广、系统维护等成本的大幅增加，实力薄弱的小平台将会被收购兼并或退出市场。保险公司开拓 P2P 网络借贷市场时，应将风控放在首要位置，选择优质的 P2P 网络借贷平台进行合作，从平台规模、组织架构、经营管理体制、资金安全管理制度、业务量、信誉度等各方面进行综合评估。

（二）优化项目设计

P2P 网络借贷中的保证保险，已突破传统的保证保险，特别是与网络，以及银行产品、证券基金、信托资管等多个金融领域密切相关，而这些领域一般都具有非常高的专业性。因而，保险公司的风险不仅来自于保险，更多的来自于整个合作项目中的非保险专业领域，保险公司必须对整个项目的各个环节进行综合性可行性分析，以实现优化项目设计、控制自身风险的目的。

1. 项目可行性分析，包括合法性、合规性、可实施性。以合规性为例：在 P2P 网络借贷项目中，为了保障借贷安全，融资人将承兑汇票转让给保险公司，承兑汇票到期日早于借款到期日，保险公司在承兑汇票到期后收回款项，并在借款到期日将该款项用于归还投资人的借款。在这个过程中，保险公司与融资人之间实际形成了委托关系，融资人委托保险公司归还借款，而融资人是通过转让承兑汇票的方式将委托支付的款项交付给保险公司。但这种委托关系，超出了保险公司的保险金融范围，可能被行政管理部门查处。因此，可以由保险公司旗下的小贷公司，以小贷公司名义为融资人提供借款归还委托服务，这样既能保证借款到期归还，也符合合规性要求，不会受到行政处罚。

2. 明确约定保险公司的权利义务。以保险公司拒绝承保的权利为例：在

目前的P2P网络借贷操作模式中，保险公司对融资人一般是不进行实质的资信审查的，一方面是因为加大了保险公司的成本，另一方面平台一般会与保险公司签订合作协议，对平台上融资人的投保需求，保险公司一般都是需要承保的。而融资人的资信情况直接影响了发生保险事故的概率，对于资信不良的融资人，保险公司承保后的风险较高。因此，保险公司在与平台签订合作协议时，明确约定特定情形下保险公司拒绝承保的权利就显得尤为重要。

3. 设计合理的项目操作流程。以委托支付为例：在P2P网络借贷中，平台通常会委托第三方银行对借贷资金提供资金监管清算服务，在第三方银行提供还款归集以及还款支付服务时，P2P网络借贷平台需要及时向第三方银行发出支付指令，而第三方必须按照支付指令在规定时间内划转指定金额的资金至指定账户，否则造成投资人未能按期收回借款本金的，保险公司就有可能需要承担保险赔偿责任。在P2P网络借贷中，时间节点环环相扣，不同的操作流程直接影响各方的权利义务，设计合理的项目流程能有效控制风险。

（三）做好保险追偿工作

在P2P网络借贷中，只要融资人逾期未归还借款本息，保险公司就要承担保险责任，很少存在保险公司能够拒赔的情形，因此，在保险事故发生之后，实现保险追偿权就成了保险公司控制风险的唯一途径。

1. 选择保险追偿的方式

这里的保险追偿是广义的追偿制度❶，既包括《保险法》第60条规定的保险代位求偿权，也包括保险追偿权，保险代位求偿权与保险追偿是两个极易混淆的概念。

1) 保证保险代位求偿权的行使。保险代位求偿权❷，是指当保险标的遭受保险事故造成的损失，依法应由第三者承担赔偿责任时，保险公司自支付保险赔偿金之日起，在赔偿金额的限度内，相应地取得向第三者请求赔偿的权利。

P2P网络借贷保证保险中的保险代位求偿权行使，与一般财产保险代位求偿权的行使要件一致，需要满足以下要件：

a) 被保险人因保险事故对第三者享有损失赔偿请求权。

b) 保险标的损失原因属于保险责任范围，即保险人负有赔偿义务。如果损失发生原因属于除外责任，那么保险人就没有赔偿义务，也就不会产生代位求偿权。

c) 保险人已经给付保险赔偿金。对第三者的赔偿请求权转移的时间界限

---

❶ 温世扬：《保险法》，法律出版社2003年版。
❷ 同上。

是保险人给付赔偿金,并且这种转移是基于法律规定,不需要被保险人授权或第三者同意,即只要保险人给付赔偿金,请求权便自动转移给保险人。

同时,由于保证保险与一般财产险相比具有一定的特殊性,保险人行使保险追偿权还需要关注以下两点:

第一点:保险人能否向投保人行使保险代位求偿权,即投保人是否具有"第三者"身份。一种意见认为,在保证保险中,投保人既是保险事故发生的责任方,也是保险合同的当事人,不符合保险法关于"第三者"的身份规定❶,而《保险法》第60条规定保险代位求偿权只能向保险合同之外的第三者行使,因此,保险人不能依据保险代位求偿权规定向投保人追偿。另一种意见认为,保险代位求偿权的对象原则上可以是被保险人以外的任意自然人或法人,但被保险人的家庭成员或者其组成人员除外❷。在保证保险中,投保人与被保险人不是同一人,投保人虽为保险合同的当事人,但并非保险合同的保障之对象,在保险事故发生时投保人对被保险人负有损害赔偿责任,不能因为保险合同的订立而免除其对被保险人所负赔偿责任。《保险法》第60条中的"第三者"应当是指保险人和被保险人之外的其他人,包括投保人,因此,保险人在向被保险人赔偿保险金后可直接向投保人行使保险代位求偿权。

实践中,保险追偿权无论是在立法还是司法实践中都是有争议的,保险人在赔偿保险金后直接向投保人行使保险代位求偿权是有一定的风险的。

第二点:保险人能否向主债务的担保人行使保险代位求偿权。

首先,实践中保险人向投保人行使保险代位求偿权尚具有不确定性,因此,保险人直接向投保人的担保人行使保险代位求偿权也是有风险的。再者,根据《物权法》第177条规定,"主债权消灭的,担保物权消灭",在保险人向被保险人支付保险金后,被保险人的主债权在保险金范围内得到清偿,相应金额的担保权也就消失,保险人再依据主债权的担保向担保人行使追偿权,也是存在法律障碍的。

2) 保证保险追偿权的行使。保险追偿一般指保险公司在履行财产保险赔付责任后,要求赔偿义务人承担全部或部分保险赔款的制度。现行保险法没有关于保险追偿权的规定,但在保证保险等保险险种中,保险追偿已成为基于保险合同产生的一项保险人的固有权利。

在保证保险中,根据保证保险保证性质学说,适用担保法解释第31条规定,"保证人承担保证责任后,有权向债务人追偿",保险人在赔偿保险金后可

---

❶ 白浩:《P2P网络借贷平台问题及解决对策》,河北大学硕士论文,2013。
❷ 王静:保证保险的法律性质及法律适用,http://www.czfalv.com/class/2857/2015060323067.shtm,2015。

以向投保人以及主债务的担保人追偿。

保证保险追偿权的行使要件：

a) 明确的追偿依据。追偿依据主要是保险合同约定。

b) 存在赔偿义务人。如果保险事故的发生是因为意外、不可抗力等外在的事由，保险人是无法追偿的，只有存在赔偿义务主体的情况下保险人才可以行使追偿权。在保证保险中，投保人与被保险人之间为合同关系，而合同为无过错责任，无论何种原因只要投保人未履行合同义务均需要承担赔偿责任（被保险人违约的除外），因此，只要发生保证保险事故，即始终存在赔偿义务人。

c) 保险人已经履行了赔偿责任。

显然，在P2P网络借贷保证保险中，保险人依据《保险法》第60条规定向投保人以及主债务的担保人行使保险代位求偿权的风险，高于保险人直接向保险事故责任人行使追偿权的风险，而保险人行使追偿权是基于明确的追偿依据。

因此，为确保保险人在承担保险责任后能够向投保人追回已赔偿的保险金，在保险人承保保证保险时，保险人应当尽量与投保人另外签署保险追偿协议，明确约定保险人依照保险合同约定承担保险赔偿责任后，有权在赔偿保险金范围内向投保人追偿；同时，为确保保险人能够向主债务的担保人行使追偿权，担保人应当一并签署保险追偿协议，明确约定担保人为保险人的追偿权提供担保。

2. 严格设计保险追偿担保方式

P2P网络借贷中的保证保险，不同于传统的保证保险产品，它涉及保险之外的多个领域，相应地，P2P网络借贷中的保证保险追偿也比传统保证保险追偿更加复杂、更加专业化，而最优化的保险追偿担保方式能够最大化地控制保险公司的风险。以电子银行承兑汇票担保项目为例：持有电子银行承兑汇票的融资人在P2P网络平台上借款，并向保险公司投保履约保证保险，而融资人以电子银行承兑汇票为保险公司的保险追偿权提供担保，可以通过以下几种方式设计电子银行承兑汇票担保。

第一种方式，借款人将电子银行承兑汇票质押给保险公司，为保险公司的保险追偿权提供质押担保。但电子银行承兑汇票质押需要背书才能防止融资人行使票据权利，而现在银行只办理将电子银行承兑汇票质押给银行以及信贷公司的背书手续，无法办理质押给保险公司的背书。此种情形下，融资人可以自由行使票据权利，给保险公司的权益带来极大风险。

第二种方式，借款人将电子银行承兑汇票依法转让给保险公司，电子银行承兑汇票到期后保险公司依法取得票款，并转为质押款，用于担保保险公司的保险追偿权。但根据《票据法》第10条规定，"票据的签发、取得和转让，应当遵循诚实信用的原则,具有真实的交易关系和债权债务关系",而保险公司与融资人之间的票据转让不具有真实的交易关系和债权债务关系。实践中,若出现恶意融资人,在取得借款后以票据转让不存在真实交易关系为由向法院起诉票据转让无效而将票据取回或者票据会被法院冻结或通知止付,那么,保险公司在借款到期后需要承担保险责任,且保险公司的追偿权也失去了质押担保。

第三种方式,以电子银行承兑汇票作为保证金为保险公司的保险追偿权提供现金质押担保。融资人向保险公司支付保证金用于担保保险公司的追偿权,而保证金的形式为电子银行承兑汇票,支付保证金的方式为将电子银行承兑汇票转让给保险公司,在电子银行承兑汇票到期,保险公司可以取得票款。

以上三种方式,明显第三种方式更有利维护保险公司的利益。

参考文献

[1] 温世扬. 保险法 [M]. 北京:法律出版社,2003。
[2] 梁宇贤. 保险法新论 [M]. 北京:中国人民大学出版社,2004。
[3] 罗忠敏. 新保险法案例精析 [M]. 北京:中国法制出版社,2009。
[4] 白浩. P2P网络借贷平台问题及解决对策 [D]. 河北大学硕士论文,2013。
[5] 王静. 保证保险的法律性质及法律适用 [EB/OL]. 2015. http://www.czfalv.com/class/2857/2015060323067.shtm。
[6] 梁慧星. 保证保险合同纠纷案件的法律适用 [EB/OL]. 2006. 中国法学网。

征 稿 说 明

《海商法保险法评论》（以下简称《评论》）是中国人民大学法学院海商法保险法研究所主办的科研刊物。自 2006 年创办至今，它已经出版了 7 卷，现正在编辑出版第 8 卷，并在我国海商法和保险法科研领域产生了较好的影响，获得了较高的评价。今后我们将继续按照每年一卷的频率努力进行该《评论》的编辑出版工作。

该《评论》的宗旨是努力开展海商法和保险法的科学研究，为我国海商法和保险法的科研交流提供一个必要的平台，促进我国海商法和保险法的科研水平。为此，热烈欢迎有志于海商法和保险法的科研、教学和实务工作的专家学者根据各自的工作特点和切身体会，采取各种形式来总结各自的体会，撰写相关文章，向该《评论》投稿。同时，该《评论》的编辑部也会根据各卷的主题和科研发展的需要，向相应的专家学者约请稿件。

因此，出于确保该《评论》良好声誉和保护各位作者的合法权益的目的，并提高该《评论》的编辑出版效率的需要，《海商法保险法评论》编辑部声明如下：不论是自愿向该《评论》投稿，或者经该《评论》编辑部邀请稿件的，只要是作者将各自稿件发送给该《评论》编辑的邮箱，并未明确提出特殊的具体要求的，均视为授权给该《评论》的主编和出版社，可以在各类正规合法的渠道使用该作品。该《评论》编辑部和出版社负有确保各位作者的署名权和获取报酬权利的责任。

《海商法保险法评论》编辑部
2017 年 2 月 1 日